Inhaltsverzeichnis

Produktiver Umgang mit dem Drama

Eine systematische Einführung in das
produktive Verstehen traditioneller
und moderner Dramenformen
und das Schreiben in ihnen

Für Schule (Sekundarstufe I und II) und Hochschule

Von

Günter Waldmann

4. Auflage

Schneider Verlag Hohengehren GmbH

Titelgestaltung

Wolfgang H. Ariwald, BDG, 59519 Möhnesee

Umwelthinweis:

Der Druck dieses Buches erfolgt aus Umweltgründen auf chlor- und säurefrei herge-
stelltem Papier

Waldmann, Günter:
Produktiver Umgang mit dem Drama : eine systematische Einführung in das
produktive Verstehen traditioneller und moderner Dramenformen und das
Schreiben in ihnen ; für Schule (Sekundarstufe I und II) und Hochschule /
von Günter Waldmann. – 4., unveränderte Aufl. –
Baltmannsweiler: Schneider-Verl. Hohengehren, 2004
 ISBN 3-89676-623-6

Systematische Inhaltsübersicht

0. Vorwort

Meine ersten Erfahrungen mit einem Dramentext machte ich 1941 an „Wilhelm
Tell": Wir gingen in der Untertertia das Drama Szene für Szene durch, und unser
Deutschlehrer sagte uns, welche Stellen wir als „geflügelt" und deshalb besonders
bedeutsam unterstreichen und verinnerlichen sollten: „Dem Nächsten muß man
helfen", „Ans Vaterland, ans teure, schließ dich an", „Die Axt im Haus erspart den
Zimmermann", „Wer gar zuviel bedenkt, wird wenig leisten" usw.; das Reclam-
Exemplar hab ich noch. Zum Ende dieser Behandlung musste dann jeder eine Stelle
des Dramas auswendig lernen und aufsagen und durfte je nach Aufwand und Ertrag
seiner Bemühung eine entsprechende Note erwarten: Weniger Bemühte und Risiko-
bereite – für jedes Mal, das man steckenblieb, musste man seinen Text einmal ab-
schreiben – wählten den Zwölfzeiler „Es lächelt der See, er ladet zum Bade"; eine
Eins war für Tells großen Monolog „Durch diese hohle Gasse muß er kommen" aus-
gelobt. Ich lernte ihn (und kann ihn noch heute), blieb nicht stecken, bekam aber,
weil eine Eins doch etwas ganz Besonderes sei, sagte der Lehrer, nur eine Zwei. Es
dauerte Jahrzehnte, bis ich zu Schiller und überhaupt zu Dramentexten ein natürli-
ches Verhältnis wiedererlangte. Dauerhaft blieb eine gewisse Nachdenklichkeit darüber, ob der Umgang mit Dramen in Schule und auch Hochschule wirklich so sein
muss, dass er die Schüler und Studenten oft mehr von ihnen weg als zu ihnen hinführt. Sie veranlasste dann im Lauf der Jahre, die ich als Lehrer an Schule und Hochschule verbrachte, zahlreiche Versuche (vgl. Waldmann 1984b), es anders und nach
Möglichkeit besser zu machen. Der Endertrag der erfolgreicheren Versuche liegt in
diesem Buch vor.

Es will dem Literaturunterricht und der Arbeit in Kursen und Seminaren dienen. Es
bringt eine *Einführung ins Drama*: führt ein in Strukturen und Formmittel, in konventionelle, moderne und gegenwärtige Formen des Dramas. Einführungen in das
Drama gibt es in einiger Zahl (etwa Greiner / Hasler / Kurzenberger / Pikulik 1982,
Geiger / Haarmann 1991, Asmuth 1994, Platz-Waury 1994); es sind analytisch ausge-
legte Einführungen in die Analyse von Dramen (die das Drama der Gegenwart i. a.
aussparen). Dieses Buch ist anders orientiert. Es führt aktiv und produktiv ins Drama ein und leitet systematisch zu aktivem Umgang und zu produktiver Erkundung
und Erprobung dramatischer Strukturen, Formen, Formmittel und Techniken
auch des Dramas der Gegenwart – im Literaturunterricht, in Kursen und Seminaren
an, – als erste Publikation dieser Art.

Inzwischen liegen zahlreiche Veröffentlichungen zum aktiven, handelnden, operati-
ven, kreativen, produktiven usw. Umgang mit *Lyrik* und *Erzähltexten* vor. Und man
kann einsichtig machen, dass solcher Umgang nicht etwa eine methodisch zwar er-
tragreiche, der Literatur selbst aber fremde Art des Umgehens mit ihr ist, die sie
zweck- und sinnentfremdet, sondern dass er produktions- und rezeptionsästhetisch,
also strukturell von der Literatur getragen, ja gefordert wird. Sieht man nach entsprechenden Arbeiten zum produktiven Umgang mit dem Drama, so trifft man zwar

auf einige Arbeiten zur „szenischen Interpretation" (etwa Scheller 1993, Schau 1991), doch sind sie nicht produktiv ausgelegt. Vereinzelte Vorschläge zu wirklich produktivem Umgang mit Dramen findet man zwar schon früh (etwa Pielow 1975), und auch in neuerer Zeit gibt es sie: eine größere Arbeit über „Das Drama im Unterricht" (Payrhuber 1991) beispielsweise enthält einige produktive Zugriffe, sie werden aber nicht systematisch entwickelt und bleiben einem insgesamt interpretativ ausgelegten Dramenumgang äußerlich. Erst in jüngster Zeit sind in einem Buch mehrere produktive Zugriffe an Dramentexten sinnvoll entwickelt worden; Erfahrungen mit dem eigenen Schreiben dramatischer Texte werden aber nicht angestrebt (Frommer 1995). So sind die Arbeiten zum produktiven Umgang mit dem Drama insgesamt wenig reichlich; eine größere systematische Arbeit dazu gibt es nicht. Und das ist eigentlich etwas verwunderlich. Denn dass dem Drama im Gegensatz etwa zu Lyrik und Erzähltexten ein aktiver, handelnder, produktiver Umgang weniger gemäß ist, kann ja wohl niemand ernstlich meinen. Wenn irgendeine Literaturgattung auf handelnde und produktive Aneignung hin angelegt ist, dann das Drama:

Im Unterschied zu anderen literarischen Texten wird ein Dramentext von seinem Autor nicht hauptsächlich geschrieben, um gelesen, sondern um auf der Bühne aufgeführt zu werden. Sein Text ist eigentlich kein Lesetext, sondern eine *Partitur*, ein *Spielentwurf*, eine *Anweisung* für seine aktive und produktive szenische Umsetzung. Wenn es auch die gängige Praxis vor allem in Schulen und Hochschulen ist, Dramentexte zu lesen und nur zu lesen, sollten sie deshalb, wenn sie schon nur gelesen werden, wenigstens auch auf ihre eigentliche szenische Bestimmung hin und damit handelnd und produktiv gelesen werden.

Darüber hinaus gibt es eine elementare Beziehung des Dramas zum *Handeln*: Im Drama geht es nicht wie häufig in der Lyrik um Stimmungen und Befindlichkeiten eines lyrischen Ich, es geht nicht wie beim Erzählen um vergangene innere und äußere Geschehnisse, die ein Erzähler erzählt, sondern es geht um das unablässig und unmittelbar von Figuren vorgeführte Handeln von Individuen. Anders gesagt: Was das Drama als ästhetisches Zeichensystem primär signifiziert, ist das handlungsfähige Individuum, das handelt und Handlung hervorbringt. Das Drama legt es so für seine Rezeption strukturell nahe, es selbst handelnd: aktiv und produktiv mitzuvollziehen. – Andere Aspekte, die für den handelnden und produktiven Umgang sprechen, gelten für das Drama wie für Lyrik und Erzähltexte: Wie jeder literarische Text ist der Dramentext, sehen wir nun einmal von seinem Partiturcharakter ab und nehmen ihn als bloßen literarischen Text, auf die *produktive Rezeption* seines Lesers hin angelegt, die aus ihm, der er als Text zunächst nur 'schematischer Entwurf' ist, erst das konkrete literarische Werk macht. Literarisches Lesen ist *produktives Lesen*, und es hat viel Sinn, deshalb das Lesen von Dramentexten in Schule und Hochschule immer auch als produktive Rezeption zu organisieren.

Der produktive Umgang mit dem Drama bringt (wie bei Lyrik und Erzähltexten) für den Literaturunterricht und die Arbeit in Kursen und Seminaren große methodische Vorteile der *literarischen Aneignung*: Wer das Drama erkundet, indem er selbst ein

Drama oder dramatische Sequenzen schreibt, wird dabei häufig seine eigene Situation und Befindlichkeit, wird seine subjektiven Interessen, Bedürfnisse und Probleme mit in sein Schreiben einbringen. Er macht dann aber andere Erfahrungen mit dem Drama, als wenn er es nur liest und analysiert: Wenn er einen Dramentext nach seinen Strukturen, Formen, Formmitteln und Techniken analysiert, geschieht das allermeist rein um ihrer willen (und deshalb selten hochmotiviert). Wenn er jedoch selbst ein Drama oder eine Dramensequenz schreibt und innerlich mehr oder weniger an dem beteiligt ist, was er schreibt, hat das Verstehen dramatischer Strukturen, Formen, Formmittel und Techniken und ihre Aneignung eine andere Qualität. Es dient nun auch dem subjektiven Zweck, sich mit ihrer Hilfe in seinen Einstellungen und Absichten, in seinen Interessen, Bedürfnissen und Problemen dramatisch überzeugend zu artikulieren und anderen mitzuteilen. Was sonst in der Schule und noch in der Hochschule durchweg schwierig und mühsam ist: Interesse für dramatische Formmerkmale zu wecken, ergibt sich so aus dem produktiven Umgang mit ihnen. Und was in der bloßen Analyse immer schwierig ist und manchmal kaum fassbar bleibt: die Funktionen und die Leistungen dramatischer Formen, Formmittel und Techniken aufzufassen, wird jetzt leicht und selbstverständlich – und intensiv – an der Wirkung der eigenen dramatischen Produktionen erfahren.

Es spricht also viel dafür, im Literaturunterricht und in literarischen Kursen und Seminaren mit dem Drama und gerade mit ihm produktiv umzugehen. Das ertragreichste Verfahren ist dabei sicherlich das des Learning by doing: Dramen, Klein- und Mini-Dramen oder Dramensequenzen selbst schreiben zu lassen. Hier gilt für das Drama, was Kästner für die Moral so formuliert: „Es gibt nichts Gutes / außer: Man tut es."[1] Nur ist das, anders als bei Lyrik und bei Erzählformen, nicht so ganz einfach: Es gibt bei gar nicht wenigen Schülern und Studenten ein Bedürfnis, selbst Lyrik zu schreiben. Alltägliches Erzählen kennt und praktiziert jeder, und es ist für manche kein großer Schritt, es in literarischen Formen geschehen zu lassen. Ein ähnliches individuelles Bedürfnis, Dramen zu schreiben, gibt es seltener. Nur wenige neigen, um ihre Befindlichkeit auszudrücken oder um ihre Erlebnisse darzustellen und zu verarbeiten, dazu, ein Drama zu schreiben. Das eigene Schreiben eines Dramas ist oft gebunden an eine Gruppe, aus der der Impuls dazu kommt, innerhalb derer man es schreibt, mit der man es spielt und vor der man es aufführt. Diese Arbeit mit der Gruppe kann dann sehr engagiert, ergiebig und lustvoll sein, sie kann auch dem Einzelnen für seine individuelle Selbstfindung und Selbstdarstellung viel bringen. Und eine solche Gruppensituation besteht an sich in der Klasse, im Kurs, im Seminar. Sie bedeutet aber noch nicht ohne weiteres eine Bereitschaft der Klasse, des Kurses, des Seminars, gemeinsam Dramen zu schreiben und zu spielen. Diese muss oft vom Lehrer, Kurs- oder Seminarleiter geweckt oder angestoßen werden, und es kommt viel darauf an, dafür die richtigen Impulse zu geben, interessante und ergiebige Aufgaben vorzuschlagen und so zu organisieren, dass sie für eine Gruppenarbeit attraktiv und lohnend, aber auch für die Einzelnen ergiebig sind und innere Beteiligung ermöglichen. Das ist, wie gesagt, nicht so ganz einfach. Dies Buch macht dafür viele Vorschläge.

Nun bringt das freie Schreiben von eigenen Dramen und Dramensequenzen wohl die intensivste Erfahrung mit dem Drama, es kann aber nicht die einzige und wird meist auch nicht die vorwiegende Form des Umgehens mit dem Drama im Literaturunterricht und in literarischen Kursen und Seminaren sein. Die üblichere Begegnung mit dem Drama in Schule und Hochschule findet nun einmal mit *Dramentexten* statt, die gelesen werden. Wie diese Begegnung aktiv und produktiv einzurichten und zu organisieren ist (auch wo und wie dabei analytische Zugriffe möglich und nötig sind), wird deshalb ebenfalls umfassend dargestellt. Das bringt es allerdings mit sich, dass das Buch zweigeteilt ist: Ein *erster Teil* (Kap. 1–3) widmet sich der Erkundung und Erarbeitung von Dramenformen und -mitteln durch das eigene freie *Schreiben von Dramen*. Ein *zweiter Teil* (Kap. 4–7) befasst sich mit der aktiven, szenischen und produktiven Erkundung und Erarbeitung von gegebenen *Dramentexten*: von Mini-Dramen, Dramenausschnitten und -sequenzen bis zur Ganzschrift. Das hat Folgen für den systematischen Verlauf der Darlegungen:

Das Buch verfährt im Prinzip und in größeren Teilen *systematisch*. Es ist aber nicht insgesamt – wie mein Lyrikbuch (1998b) und das Erzählbuch (Waldmann / Bothe 1992) – systematisch angelegt in der Weise, dass es sich strikt etwa am Strukturaufbau der Gattung Drama orientierte. Der Gesamtaufbau ist jetzt durch die bezeichneten methodischen Erfordernisse der produktiven Arbeit mit dem Drama bestimmt. So sind nur die einzelnen Teile systematisch gegliedert und dramentheoretische, dramengeschichtliche und dramendidaktische Ausführungen jeweils da eingefügt, wo sie Bezug auf die jeweilige Arbeit haben. Das dient der leichteren Benutzbarkeit der einzelnen Kapitel, lässt die Systematik der Gesamtanlage aber nicht deutlich hervortreten. Deshalb habe ich dem Inhaltsverzeichnis eine „Systematische Inhaltsübersicht" angefügt.

(Allgemeine Fragen einer produktiven Hermeneutik und der übergreifenden literaturtheoretischen und literaturdidaktischen Begründung des produktiven Umgangs mit Literatur sind in diesem Buch nur knapp thematisiert. Sie sind in dem Buch „Produktiver Umgang mit Literatur im Unterricht" [Waldmann 1998a] eingehend behandelt.)

Vorwort zur 2. Auflage

Der Text ist unverändert geblieben. Es wurden nur einige Druckfehler und Versehen korrigiert, und es wurden die Nachweise der eigenen Publikationen und die Verweise auf sie aktualisiert.

1. Dramatische Vorschule: Produktive Erarbeitung von Grundstrukturen des Dramas als Spieltext

Die folgenden ersten drei Kapitel versuchen, sich dem Drama so zu nähern, dass sie es als *Spieltext* fassen und seine Strukturen, Formen und Formmittel durch Erspielen zu erfassen suchen. Sie gehen dabei i. a. nicht von fertigen Dramentexten aus, sondern suchen dramatische Strukturen, Formen und Formmittel durch eigenes Schreiben dramatischer Spieltexte, also produktiv, zu erkunden und zu vermitteln. – In dem 1. Kapitel sollen in einer Art dramatischer Vorschule zunächst Grundstrukturen des Dramas als Spieltext erarbeitet werden: welche Art von Spiel das Drama ist und was es als Theaterspiel bedeutet, sodann wie es als Spieltext (mit Haupt- und Nebentext) organisiert ist. Vorher werden in kleinen dramatischen Vorübungen einige Grundmerkmale des Dramas ohne weitere analytische Absicht gleichsam naiv vergegenwärtigt, geschrieben und gespielt.

1.1. Das Drama als Spieltext in der Primar- und der ersten Hälfte der Sekundarstufe I

Eine sinnvolle Hinführung zu dramatischen Formen sollte bereits in der Grundschule beginnen. Schon von der 1. Klasse an können die Schüler und Schülerinnen mit szenischen Spielen umgehen und verschiedene Formen dramatischen Spiels erproben: Sie können:

– Gedichte (von Konkreter Poesie bis zur Ballade), kurze Prosatexte (Anekdoten, Kalendergeschichten usw.), vor allem Märchen szenisch darstellen;

– Texte pantomimisch darstellen und freie Pantomimen spielen;

– Stegreiftheater spielen;

– Kasperltheater spielen und Kasperlstücke verfassen;

– Marionetten-, Masken- und Schattentheater spielen und Stücke dafür verfassen;

– Stücke des Kinder- und Jugendtheaters spielen und in ihrer Art eigene Sequenzen schreiben;

– Rollenspiele, Interaktionsspiele, auch Planspiele machen.

Viele dieser Formen szenischen und dramatischen Spiels werden seit langem im Deutschunterricht der Grundschule und in der ersten Hälfte der Sekundarstufe I verwendet, und es gibt reichlich Literatur dazu (zur Orientierung über den neueren Stand verweise ich auf Schuster 1994 mit einer umfänglichen Bibliografie, für eine neuere Text- und Übungssammlung auf Schau 1991). Deshalb verzichte ich in diesem Buch auf eine Behandlung dieser Spiele und Spielformen und beschränke mich auf das Drama im engeren Sinne, auf das 'literarische' Drama, und gebe Anregungen, wie man im Unterricht der zweiten Hälfte der Sekundarstufe I und der Sekundarstufe II, in Kursen und Seminaren seine Strukturen, Formen und Formmittel produktiv und spielhaft erkunden und erarbeiten kann. Dabei sind Dramen des *Kin-*

der- und Jugendtheaters nicht ausdrücklich berücksichtigt, sie können aber ohne weiteres mit den dargestellten Verfahren und Zugriffen behandelt werden.

1.2. Dramatische Vorübungen: Eigenes Schreiben von dramatischen Spieltexten

Bevor wir die Grundstrukturen des Dramas in den nächsten Abschnitten systematisch erarbeiten, sollen in diesem 2. Abschnitt propädeutisch einige einfache Grundmerkmale des Dramas produktiv vergegenwärtigt werden. Die folgenden Aufgaben haben noch keinerlei analytische Absicht, sondern vergegenwärtigen nur, was einem beim Umgang mit einem Drama unmittelbar an einfachen Merkmalen auffällt:

– im Drama treten *Figuren* auf,
– die Figuren *reden* miteinander,
– dadurch ergibt sich eine *Handlung*,
– in der Handlung entwickeln sich *Konflikte* zwischen den Figuren.

1.2.1. Erste Schreibrunde: Figuren, Dialoge, Handlung im Drama

A1:   *Dramatische Figuren schreiben und spielen*

> Jemand ist in den falschen Zug eingestiegen. (Stanislawski 1988, Bd. 2, S. 339)

Bilden Sie etwa sechs Gruppen von vier bis fünf Teilnehmern, und schreiben Sie mit zwei Gruppen über diese Situation eine kurze Szene. Wählen Sie dabei bestimmte Figuren für den falsch Eingestiegenen (aggressive alte Frau, breitspuriger Tourist, rechthaberischer Akademiker, paranoider Neurotiker, farbige Ausländerin usw.) und für die Mitreisenden (Schülergruppe, Kegelklub, Fußballfans, verschiedene, u. a. seltsame Einzelreisende usw.). Spielen Sie Ihre Szenen und vergleichen Sie sie miteinander.

Diese Aufgabe ist eine der „Kleinen Szenen", an denen Stanislawski Schauspielschüler die Einfühlung in dramatische Rollen lernen ließ. Sie erfordert zunächst die Wahl bestimmter Figuren, die die einzelnen Rollen verkörpern und das dramatische Geschehen bestimmen. An dieser Aufgabe ist zu erfahren, dass in einem Drama Figuren nicht nur einfach vorkommen, sondern mehr oder weniger konstitutiv für das dramatische Geschehen sind: Verschiedene Figuren und unterschiedliche Figurenkonstellationen lassen völlig verschiedene dramatische Geschehensabläufe entstehen. Und dieses Geschehen wird umso 'dramatischer', je mehr unterschiedliche Figuren agieren, wenn also nicht nur ein einzelner falsch Eingestiegener (etwa ein praktizierender Neurotiker oder eine sprachunkundige Farbige) und eine homogene Gruppe (etwa angeheiterter Kegelbrüder oder rechtsradikaler Fußballfans) sich gegenüber stehen, sondern wenn der Einzelne auf eine in sich deutlich differenzierte Gruppe oder auf unterschiedliche Einzelreisende mit teilweise abartigen Einstellungen trifft.

Andere Aufgaben, die gegegenenfalls mit zur Wahl gestellt und ähnlich bearbeitet werden könnten, wären:

– Ein Mann kommt nach längerer Zeit aus einer Damentoilette und trifft auf einige wartende Frauen.

– In einem Mietshaus meint jemand, als er gerade unter die Dusche gehen will, es habe geklingelt, und sieht schnell an und vor der Wohnungstür nach, die hinter ihm zufällt; so treffen ihn Hausbewohner.

A2:   *Dramatische Dialoge schreiben und spielen*

Wolfgang Deichsel: *Kaufhausdetektiv* [2]

Nein, sie hat den Pullover nicht gestohlen, deswegen macht mir die Kundin ja auch jetzt Schwierigkeiten, sie will sich nicht länger festhalten lassen, vielleicht will sie mirs nicht sagen, weil ich der Detektiv bin, aber Sie als Chef des Kaufhauses kriegen vielleicht raus, warum die Frau den Pullover gekauft hat, den sie nicht braucht. – Ja! Gekauft! Das erklär ich doch dauernd. Sie hat einen Pullover gekauft, und als ich sie vernehme deswegen, gibt sie sofort zu, daß sie ihn nicht braucht, und als Grund für den Kauf gibt sie nur an, er wär zehn Mark billiger. Da wird man doch stutzig als alter Hase! Gut, ich warte auf Sie. Entschuldigen? Wieso soll ich mich entschuldigen bei der Frau? Ich war zwanzig Jahre bei der Kripo.

Schreiben Sie mit zwei der Gruppen, die Sie gebildet haben, auf der Grundlage dieses Telefonats den Dialog des Kaufhausdetektivs mit der Frau. Sie können dabei auch eine andere Frau mit hinzunehmen, die der Frau (oder dem Detektiv) hilft. Spielen sie Ihre Szenen und vergleichen Sie sie miteinander.

Das Telefonat bildet schon eine dramatische Situation. Eigentlich 'dramatische' Qualität erlangt der Vorgang aber erst, wenn ihn Figuren im Dialog miteinander darstellen. Und der Dialog wird umso spannender, je unterschiedlicher die Positionen der miteinander sprechenden Figuren sind. Das kann verstärkt werden, wenn eine zweite Frau noch mit hinzugenommen wird, die die an sich ja vernünftige, in seiner Position aber ganz abwegige Einstellung des Kaufhausdetektivs mit besonders grellen Argumenten attackiert oder ihm auch nachdrücklich, etwa mit ökologischen Argumenten, beisteht.

A3:   *Dramatische Handlungen schreiben und spielen*

Friedrich Karl Waechter: *Ich* [3]

Das Telefon klingelt. Ein Mann hebt ab.

MANN   Wie bitte? – Ich bin draußen? – Im Wald? – Ich kann mich da finden? – Wer ist denn da am Apparat? – Wie bitte? – Ich?

Schreiben Sie mit zwei der Gruppen, die Sie gebildet haben, einen Dramenanfang und eine Fortführung, sodass sich eine kleine Gesamthandlung ergibt, in der die Telefon-Szene, die dialogisch aufgefüllt werden sollte und gegebenenfalls ergänzt werden muss, den Mittelpunkt bildet. Spielen Sie Ihre Szenen und vergleichen Sie sie miteinander.

Die Aufgabe soll den Blick darauf lenken, dass ein Drama üblicherweise einen Verlauf hat, also nicht nur eine einzelne Situation oder eine Reihung von isolierten Situationen, sondern eine personale Handlung darstellt, deren Teile vor allem durch die handelnden Figuren eine mehr oder weniger enge Beziehung zueinander haben. Hier gilt es, einen Dramenanfang zu finden, der das seltsame Geschehen des Waechter-Textes verstehbar werden lässt und auf es hinführt. Das kann geschehen, indem der Mann etwa im Gespräch mit jemandem als sehr schwerhörig dargestellt wird (er versteht alles falsch) oder als psychisch gestört (er wähnt sich verfolgt, ist in einer Identitätskrise, leidet unter Ich-Verlust); oder indem eine vorausgehende Szene erkennbar macht, dass er Opfer eines Scherzes oder Anschlags von Bekannten ist, die ihn allgemein verunsichern, mit seiner Ich-Besessenheit aufziehen, für schizophren oder psychopathisch erklären wollen usw. Eine Fortführung sollte dann vor allem die Reaktion des Mannes zeigen und eine wie immer geartete 'Lösung' des Geschehens bringen, sodass eine kleine dramatische Gesamthandlung entsteht.

Wenn der Text zu schwierig scheint, kann auch ein leichterer und dann in ähnlicher Weise bearbeitet werden:

Todesanzeige

MANN *liest Zeitung* Nichts Gescheites ... „Bundestag vorzeitig aufgelöst." *Blättert um.* „Windrad auf dem Schauinsland." Wen interessiert denn das? *Blättert um.* Die Todesanzeigen ... Ach schau, der alte Kobenkötter ist abgekratzt. „Nach langem, mit Geduld ertragenem Leiden" – der und Geduld! Na, Hauptsache, er ist tot ... Aber da! „Plötzlich verschied ... Axel Beiß ... Beißner ... Das bin ja ich. Ich bin das! Wieso bin ich verschieden? Wieso steht das da?! „Die Beisetzung findet am Mittwoch ..." Heut ist Mittwoch! „... um 10 Uhr auf dem Ostfriedhof ..." In einer Stunde. In einer Stunde werd ich beerdigt! Da komme ich ... Blödsinn! Ich werd ... Ja, was werd ich denn ...?

1.2.2. Zweite Schreibrunde: Konflikte im Drama

A4:   *Dramatische Konflikte schreiben und spielen*

Wolfgang Deichsel: *Der Vater* [4]

Wart noch einen Augenblick, Kind. Ich komm sofort rüber. Ich bitte dich, nicht rausgehn, eine Minute, dann bin ich da. Bleib in der Kammer, deinem Vater zulieb, Mädchen. Und keine Schminke, ich bitte dich. Wenn sich dein Gesicht wirklich verwandelt hätte – ich kann das nicht feststellen, in acht Jahren verwandelt sich ein Gesicht auch so – dann kannst du sicher sein, ich finde ein Gegenmittel und es wird sich zurückverwandeln. Dann geh doch raus! Hau ab! Du ekelhafte Kröte. Die werden dich auslachen! Nein, sie werden nicht lachen, nicht weinen, nicht weinen, Vögelchen, geh nur, ich erlaube es, niemand wird lachen, vielleicht sind sie ganz nett zu dir, geh unter die Leute, Karin. Ich erklär den Versuch für abgebrochen! Aber hör auf zu weinen! Für mich bist du noch nicht reif, aber ich kann dich nicht halten. Was soll mir mein Geschöpf, wenn es im Unglück lebt! Vergnüge dich! Lach dir einen andern an! Wenn Henry nicht mehr kommt, ist er dumm genug, der wird selbst noch sehen, daß du anders bist als die, die draußen rumlaufen, es ist doch nicht meine Schuld. Ich hab den Kerl nie abgehalten zu dir hineinzugehn. Und auch du, mein Kind, auch du, wirst einsehen, daß die acht Jahre in der Kammer glückliche Jahre waren. Um Himmels willen bleib drin. Ich bin gleich bei dir. Wenn sie dich zerstören draußen, war alles umsonst.

Arbeiten Sie wieder in den Gruppen, die Sie zu den drei vorigen Aufgaben gebildet haben. Verständigen Sie sich zunächst darüber, worum es in dieser Szene eigentlich geht, was wohl geschehen ist und welcher Konflikt zugrunde lag. Wählen Sie dann für ihre Gruppe eine der folgenden Aufgaben:

a) Schreiben Sie die Auseinandersetzung zwischen dem Vater und Karin, nach der vor acht Jahren Karin in ihrer Kammer eingeschlossen blieb.

b) Schreiben Sie die Auseinandersetzung zwischen dem Vater und Karin, als er nach dem Telefonat zu ihr geht.

c) Schreiben Sie die Auseinandersetzung zwischen dem Vater und Karin / dem Vater und Henry / dem Vater, Karin und Henry, in der der Konflikt – wie immer – gelöst wird.

Spielen Sie Ihre Szenen.

Nachdem in der ersten Schreibrunde arbeitsteilig drei verschiedene Aufgaben zu unterschiedlichen Texten von den Gruppen bearbeitet worden sind, sollen in der zweiten Schreibrunde von den Gruppen drei Teilaufgaben zu einem Text behandelt werden. Bei diesen Aufgaben soll erfahren werden, dass dramatische Handlung vor allem Konflikthandlung ist, in der Konflikte entstehen, sich entwickeln, sich zuspitzen und gelöst werden. Um welche Konflikte es sich bei dem Deichsel-Text handelt, muss jede Gruppe zunächst herausfinden. Dabei können verschiedene Akzente gesetzt werden: Der Vater kann beispielsweise seine Tochter eingesperrt haben (oder unter der Vorgabe eines „Versuchs" so beeinflusst haben, dass sie sich selbst eingesperrt hat), weil er ihre Beziehung zu Henry missbilligt hat, weil er sie eifersüchtig nicht an einen anderen abgeben will, weil er die bestehende Gesellschaft ablehnt und sie nicht ihren Einflüssen aussetzen will, weil er paranoid ist, sich und sie verfolgt meint und sie von allen Menschen fernhalten will. Darzustellen ist nun entweder

a) der Beginn des Konflikts und warum und wie Karin eingesperrt wurde / sich einsperren ließ / sich selbst einsperrte; oder

b) der Höhepunkt des Konflikts nach dem Telefonat, wobei hauptsächlich die Gesprächsrolle von Karin auszufüllen ist; oder

c) eine wie immer geartete Lösung des Konflikts durch den Vater, Karin oder Henry.

1.2.3. Dritte Schreibrunde: Figuren, Dialoge, Handlungen, Konflikte zu einem Drama zusammenfügen

A5:   *Ein (kleines) Stationendrama schreiben und spielen*

Arbeiten Sie noch einmal in Ihren Gruppen. Nehmen Sie die beiden Szenen, die Sie mit Ihrer Gruppe in der ersten und zweiten Schreibrunde geschrieben haben, und dazu zwei (oder auch nur eine) der Szenen, die die anderen Gruppen in der ersten (gegebenenfalls zweiten) Schreibrunde geschrieben haben, und machen Sie daraus ein zusammenhängendes Stationendrama mit einer Mittelpunktsfigur: dem Vater, der gegebenenfalls das „Ich", der Kaufhausdetektiv und jemand aus dem Zugabteil ist. Dazu werden Sie einige eigene und vor allem dazugenommene Szenen verändern oder umschreiben müssen. Spielen Sie dann Ihre Dramen.

Die dritte Schreibrunde soll einige weitere Erfahrungen mit den bisher behandelten Merkmalen des Dramas ermöglichen:

Dramatische Figuren: Vor allem ist die Figur des Vaters so zu bearbeiten und gegebenenfalls zu entfalten, dass sie die Mittelpunktsfigur bildet, die alle Stationen miteinander verbindet. Dazu ist er, ausgehend von dem Persönlichkeitsprofil, das die jeweilige Gruppe in der zweiten Schreibrunde von ihm entworfen hat, als „Ich" und als Kaufhausdetektiv und als eine der Figuren aus dem Zugabteil so darzustellen, dass eine einheitliche Figur mit identischer Motivation und gleichen Verhaltensmustern entsteht.

Dramatischer Dialog: Die Dialogteile des Vaters und der anderen Figuren sind so zu fassen, dass sie zu den jetzt gewählten Rollen der Figuren passen und die Gesamtthematik des Stücks dialogisch realisieren.

Dramatische Handlung: Da ein Stationendrama entstehen soll, können die einzelnen Szenen in sich geschlossen bleiben und brauchen keine Übergänge, Anschlüsse und Verweise zu anderen Szenen zu enthalten (können es allerdings). Doch sollte eine Gesamtthematik, die sich etwa an der problematischen Figur des Vaters und seinem gestörten Verhältnis zu den Mitmenschen festmachen könnte, realisiert werden. Sodann müssen die einzelnen Szenen (Stationen) in eine Reihenfolge gebracht werden, und da ist darauf zu sehen, welche Szene sich als Anfang eignet, nämlich eine erste Anzeige der Gesamtthematik bringt, welche sie weiter entfaltet, zwischen welchen Szenen eine Progression stattfindet und welche Szene – es muss nicht die Konfliktlösungsszene sein – den Schluß des Dramas bilden kann.

Dramatische Konflikte: Wichtig für das Handlungsgefüge des Dramas ist, wie die Konflikte in ihm angesetzt sind: Ob eine lockere Folge verschiedenartiger Konflikte dargestellt wird oder ob eine Eskalation von bloßer Konfliktbereitschaft des Vaters (etwa im Zugabteil) über immer heftigere, von ihm provozierte und thematisch aufeinander bezogene Konflikte bis zu einer gewaltsamen Konfliktlösung (mit seiner Tochter) herausgearbeitet wird.

Eine wichtige Erfahrung dieser Schreibrunde ist *produktionsästhetischer* Art, die Erfahrung nämlich, dass ein Drama durchaus nicht als fertiges Ganzes dem Innern des Stückeschreibers entspringen muss, sondern dass es ohne weiteres möglich – und in der schriftstellerischen Praxis häufig üblich – ist, aus völlig unterschiedlichen Vorlagen und Stoffen, dabei teilweise in direkter Übernahme oder auch bei völliger Umarbeitung vorliegender Dramentexte, ein eigenes, stimmiges und spannendes Drama zu machen.

Diese „dramatischen Vorübungen" sind *methodisch* so konzipiert, dass sie drei Schreibrunden umfassen und auf die Produktion eines Dramas zielen. Dieses etwas aufwendige Programm kann natürlich verkürzt werden, indem man beispielweise auf die dritte Schreibrunde ganz verzichtet oder indem nur einzelne Aufgaben bearbeitet werden, etwa so, dass alle sieben Texte in die Klasse gegeben werden und jeder sich einen Text aussucht, den er allein oder mit anderen bearbeiten möchte. – Noch eine Erläuterung der Anweisung, die Gruppen sollten die von ihnen geschriebenen Dramentexte „*spielen*". Das meint natürlich nicht, dass die Texte auswendig gelernt und in Kostüm und Maske mit Requisiten und Dekoration theatermäßig aufgeführt werden. Das kann eine Gruppe natürlich tun, wenn sie Lust dazu hat, sie muss es aber nicht. Die selbstproduzierten Texte können von einer Gruppe, die dann vor der Klasse, dem Kurs oder Seminar sitzt, mit verteilten Rollen gelesen werden; sie können mit dem Blatt in der Hand in einer szenischen Lesung angespielt werden; sie können mit Kostümteilen und Requisiten teilweise auswendig gespielt, teilweise gelesen werden, und jede Gruppe kann die Art ihrer Präsentation wählen. Das gilt für alle Schreib- und Spielaufgaben dieses Buchs.

1.3. Das Drama als Spieltext: Spielen – Theaterspielen – alltägliches Theater – Theatertheater

Was bedeutet es eigentlich, dass das Drama 'gespielt' wird? Wir sehen Minna von Barnhelm oder Don Carlos auf der Bühne oder den beliebten Schauspieler X oder die gefeierte Schauspielerin Y in einem Film oder einem Fernsehspiel. Das mag eine besonders gute oder besonders schlechte Aufführung, ein öder Film oder ein großartiges Fernsehspiel sein, die Tatsache, dass da eine Dramenfigur auf der Bühne dargestellt ist oder ein Schauspieler bzw. eine Schauspielerin eine Rolle in einem Film oder einem Fernsehspiel spielt, ist völlig alltäglich und ganz und gar selbstverständlich. Dass, was da stattfindet, ein ganz und gar eigenartiges, eigentlich recht befremdliches und sogar problematisches Kunstgebilde ist, das unsere Kultur – und nur sie – hervorgebracht hat, das vermag heute praktisch niemand zu sehen, weil es eben zu selbstverständlich ist.

Bei der folgenden Betrachtung des Dramas als Spieltext wollen wir deshalb nicht von einem 'fertigen' Drama ausgehen, wollen einmal nicht so tun, als ob 'Drama' etwas natürlicherweise Gegebenes wäre, sondern es zunächst von verwandten Formen unseres Alltags aus betrachten, um so die Möglichkeit zu gewinnen (die nach Aristoteles der Beginn aller Erkenntnis ist; Met. I, 2. 982 b), uns über das Drama zu wundern und über es zu erstaunen. Wir gehen davon aus, dass das Drama darauf zielt, auf dem Theater gespielt zu werden, 'Theater-Spiel' zu werden, und wollen die beiden Elemente des *Spiel*s und des *Theater*s zunächst in unserer alltäglichen Lebenswirklichkeit betrachten:

A6:   *Spielen und Spielen spielen*

1. Besorgen Sie Kartenspiele oder Würfel. Bilden Sie mehrere Spielgruppen und spielen Sie in ihnen je eine Runde eines Karten- oder Würfelspiels. Überlegen Sie dann gemeinsam, was vor dem Spiel und während des Spiels vor sich gegangen ist:

   – wie Sie das Spiel bzw. die Spielregeln des Spiels gefunden haben;
   – welche Rolle die Spielregel bei Ihrem Spiel gespielt hat;
   – was Sie davon haben, wenn Sie solch ein Spiel – und vor allem von sich aus – spielen.

2. Stellen Sie sich nun vor, Ihr vorheriges Spiel hätte in einem Theaterstück, Film oder Fernsehspiel stattgefunden und hätte beispielsweise

   – ein Großmaul, das behauptet, alle Spiele der Welt zu können, blamieren, einen Spielverderber kurieren sollen;
   – über Rettung oder Ruin, Leben oder Tod eines der Spieler entschieden;
   – dazu gedient, einen gefährlichen Verbrecher, der ein Falschspieler (oder Linkshänder, jemand der in der Erregung stottert, der nicht rechnen kann usw.) ist, zu entlarven und zu fassen.

   Wählen Sie einen der Vorgänge oder erfinden Sie selbst einen. Entwerfen Sie ein entsprechendes Szenario, bestimmen Sie die Personen und ihre Rollen, und spielen Sie vor der Klasse, dem Kurs, dem Seminar eine kurze Sequenz, die einen Teil Ihres vorherigen Spiels enthält.

   Erörtern Sie, nachdem Sie einige dieser Sequenzen gesehen haben, was diese 'Spiele über ein Spiel' von den Karten- oder Würfelspielen, die Sie zuvor gespielt haben, unterscheidet, vor allem

   – was Sie in der Gruppe alles unternommen haben, um das 'Spiel über ein Spiel' spielen zu können;
   – welche Rolle die Spielregel nun gespielt hat;
   – was für Sie wichtig war bei diesem 'Spiel über ein Spiel' und was Sie davon hatten.

Mit unserer Aufgabe zum Spiel bewegen wir uns in einem wichtigen Themenbereich. Die überragende Bedeutung des Spiels für den Menschen ist oft hervorgehoben worden; Schiller etwa sagt in den „Briefen über die ästhetische Erziehung des Menschen": „der Mensch spielt nur, wo er in voller Bedeutung des Wortes Mensch ist, und *er ist nur da ganz Mensch, wo er spielt.*" (15. Brief. 1962, S. 618) Für Huizinga gilt, „daß menschliche Kultur im Spiel – als Spiel – aufkommt und sich entfaltet." (1956, S. 7) Wir können hier allerdings nicht den Gesamtbereich des komplexen Phänomens 'Spiel' behandeln, sondern blicken nur auf einige Aspekte hin, die für das Verständnis des Dramas von Belang sind. Der erste Aspekt ist der der *Spielregeln*:

Das erste, was die Spielgruppen machen mussten, um zum Spielen zu kommen, war, ein Spiel für sich zu wählen. Das war einfach, wenn in der Gruppe ein allen bekanntes Karten- oder Würfelspiel vorgeschlagen wurde. Falls jemand ein vorgeschlagenes Spiel nicht kannte, mussten ihm kurz die Spielregeln erklärt werden. Nur wenn etwa bei den Würflern niemand ein Spiel kannte, mussten die Spielregeln, nach denen man würfeln wollte, eben selbst aufgestellt werden. In jedem Falle brauchten die Spielgruppen Spielregeln, auf die sich die Spieler meist mit dem Spiel, das sie wählten, einigten. Welche sie wählten, lag bei ihnen.

Wenn die Spielregel aber einmal festgelegt ist, muss sie unbedingt eingehalten werden und darf vor allem nicht, weil es für jemanden gerade von Vorteil wäre, von ihm verändert werden. Versucht er es doch, verdirbt er das Spiel (ist ein „Spielverderber"). Das Spiel steht und fällt mit der Spielregel und ihrer Einhaltung: „Die Regeln eines Spiels sind unbedingt bindend und dulden keinen Zweifel." (Huizinga 1956, S. 18) Dabei ist die Spielregel für die Spieler ja nicht eine Einschränkung oder ein lästiger Zwang. Im Gegenteil. Oft sind Spielregeln sehr kompliziert, schwer zu merken und mühsam zu beherrschen. Doch macht das für viele gerade den Reiz eines so geregelten Spieles aus. Und nicht wenige neigen dazu, weitere Spielregeln zu erfinden und hinzuzufügen, die das Spiel noch schwieriger machen. Warum eigentlich? Was hat der davon, der in solcher Weise spielt?

Wer spielt, verhält sich ʼspielerischʼ: Er tut etwas nicht wegen eines bestimmten Nutzens oder Zwecks, nicht etwa zur Lebenserhaltung oder -sicherung, sondern unverbindlich und sozusagen nur probeweise. Er setzt seine Kräfte und Fähigkeiten um ihrer selbst willen ein, um sie zu betätigen, zu üben, mit anderen zu messen und sich in ihnen bestätigt und durch andere anerkannt zu fühlen. Dieses Spiel hat so seinen eigenen Ernst und ist nur dadurch richtiges Spiel: „nur der Ernst beim Spiel läßt das Spiel ganz Spiel sein." (Gadamer 1965, S. 97)

Dieser Ernst des Spiels manifestiert sich vor allem in der Spielregel. Ein Spiel, das beliebig und willkürlich wäre, würde keine Selbstbestätigung und Anerkennung liefern: Menschliches Zusammenleben ist bestimmt durch Regeln, die dem Einzelnen, wenn er interagiert, präsent und bewusst sind und deren Befolgung er von seinen Interaktionspartnern erwartet, so wie er weiß, dass ihre Befolgung von ihm erwartet wird. Dies regelorientierte Verhalten wird als einer der wichtigsten Vorgänge der Sozialisation und der Lebensbeherrschung ein Leben lang erfahren, gelernt, geübt. Ein entscheidendes Merkmal des Spiels ist nun, dieses für die Interaktion grundlegende Moment von Regelorientierung, -beherrschung und -befolgung in einem risikolosen zweckfreien Probehandeln, eben im Freiraum des Spiels, zu praktizieren; Piaget hat es eingehend beschrieben (1973, S. 7–118). Was man davon hat, ist die Selbstbestätigung, dass man gegenüber konkreten Anforderungen einer Situation (etwa beim Kartenspiel: gegenüber den Zufällen der Kartenzuteilung) und im Wettstreit mit Anderen Regeln beherrschen, mit ihnen sowohl über die Zwänge der Situation als auch über Andere zu siegen vermag und von ihnen darin anerkannt wird. Was der Spieler von einem solchen Spiel hat, bezieht sich also ganz auf den Spieler selbst, auf die Bestätigung und Anerkennung, die er subjektiv erfährt.

Das ist ganz anders, wenn ein solches Spielen gespielt, wenn es als *Theaterspiel* gespielt wird. Eine entscheidende Veränderung beschreibt Gadamer so:

> Es ist eine totale Wendung, die dem Spiel als Spiel geschieht, wenn es Schauspiel wird. Sie bringt den Zuschauer an die Stelle des Spielers. Er ist es – und nicht der Spieler –, für den und in dem das Spiel spielt. (Gadamer 1965, S. 105)

Beginnen wir zunächst bei den Erfahrungen der Spielgruppen. Was mussten sie unternehmen, um ihr 'Spiel über das Spiel' spielen zu können? Sie mussten die Geschichte wählen oder erfinden, die sie spielen wollten: die (fiktive) Handlung, als deren Teil das Karten- oder Würfelspiel stattfindet, und die (fiktiven) Figuren, die sie tragen. Das bedeutet allerdings noch keine „totale Wendung, die dem Spiel als Spiel geschieht"; es sind immer noch Elemente üblichen Spiels vorhanden, jetzt allerdings nicht des 'Regelspiels', sondern des 'Rollenspiels', wie es jedem als Indianer-, Räuber-, Soldaten-, Doktorspiel usw. bekannt ist, in dem die Spielenden in die Rollen bestimmter Figuren schlüpfen und in ihnen bestimmte, nämlich rollenspezifische Vorgänge spielen. Dies Rollenspiel führt in gewisser Weise das Regelspiel weiter: Die Regeln, die das menschliche Miteinander bestimmen, sind teilweise personal bezogen. Sie bilden dann bestimmte Ensembles personaler Verhaltensmuster, *sozialer Rollen*. Soziales Rollenverhalten ist nicht naturgegeben, es ist geschichtlich und gesellschaftlich geprägt und muss erlernt werden. Und eine wichtige Form, es zu erlernen, ist für das Kind, Rollenmuster und Rollenverhalten im Spiel (im Rollenspiel) zu antizipieren, zu erkunden, zu erproben und einzuüben.

Es sind also immer noch übliche Spielelemente, nämlich Elemente des Rollenspiels, mit denen die Spielgruppen gearbeitet haben. Doch werden diese Elemente, wird vor allem die Rolle in dem vorgegebenen Spielarrangement unserer Arbeitsaufgabe zu entscheidenden Elementen des *Theaterspiels* (der Begriff der 'Rolle' bezeichnet ja auch den früher auf eine Papierrolle geschriebenen Text des Schauspielers): Was die Spielgruppen tun mussten, um ihr 'Spiel über ein Spiel' spielen zu können, war, wie gesagt, dass sie eine fiktive Spielhandlung erfinden und fiktive Rollen erfinden und verteilen mussten. Bei dem Karten- oder Würfelspiel, das die Gruppe dann spielte, war dies Regelspiel selbst nicht mehr so wichtig, es konnte sogar einmal fehlerhaft sein, d. h. die Spielregeln konnten verletzt werden, denn es ging nicht mehr um die Selbstbestätigung und Anerkennung des Spielenden durch dieses Spiel. Und es ging auch nicht um die Selbsterfahrung im Spiel sozialer Rollen. Worum es ging, war, bei dem Spiel die Figurenrollen, etwa die des Angebers, des Spielverderbers, des Falschspielers, gut erkennbar und die Handlung, die sie hervorbrachten, deutlich auffassbar zu machen: beispielsweise wenn ein Western-Szenario gewählt worden war, den Killer/Outlaw und sein (Falsch-)Spielen, den Fremden/Rächer und wie er ihn entlarvt, die Ranger/Cowboys und wie sie trickreich mitspielen, den Sheriff und wie er den Bösen überführt und verhaftet.

Dass die Rollen gut erkennbar und die Handlung deutlich auffassbar sein sollen, meint dabei, dass sie dies für die *Zuschauer* sein sollen, auf die die ganze Veranstaltung eigentlich gezielt ist. Theaterspiel ist ein Spiel, das nicht um des Spielenden willen gespielt wird wie das Regel- und Rollenspiel, sondern das eine weitere Instanz als Spiel und Spieler aufweist: den Zuschauer, für den es gespielt wird. Theaterspiel ist Spiel: Schau-Spiel vor Zuschauern für Zuschauer. Das verändert das Spiel entscheidend, etwa den in ihm gesprochenen Dialog; er ist ein anderer, ob er nur zwischen Dialogpartnern oder vor Zuschauern gesprochen wird, „denn alles, was im Theaterdialog gesagt wird, zielt auf ihn und soll auf sein Bewußtsein wirken." (Mukařovský 1967, S. 151) Sicher können die Spielenden Bestätigung und Anerkennung auch auf die Art ihres Spielens erhalten. Die Bestätigung und Anerkennung ist aber immer bezogen auf Zuschauer und wie sie das Spielen aufnehmen. Und die Spielenden können durch das Spiel ihrer Rollen etwas über die Rollen und über sich erfahren. Doch bleibt ein großer Unterschied etwa zur Selbsterfahrung im Psychodrama und zur sozialen Rollenerfahrung im pädagogischen Rollenspiel oder im Brechtschen Lehrstück, denn das Spiel einer Theaterrolle bleibt vor allem gerichtet auf ihre Darstellung für die Zuschauer. Und das ist es auch, was die Spielgruppen von ihrem Theaterspielen vor allem gehabt haben werden: in fiktiven Rollen eine fiktive Handlung für ihre Zuschauer überzeugend, interessant, vielleicht spannend dargestellt zu haben.

Wir haben jetzt das Moment des 'Spiels' im Theaterspiel betrachtet und vom alltäglichen Spielen von Regel- und Rollenspielen abgehoben. Jetzt wollen wir das Moment des 'Theaters' im Theaterspiel betrachten und von der alltäglichen Form des Theaters abgrenzen. Dabei ist mit 'Theater' gemeint, so wie wir erarbeitet haben, dass es Spielen vor Zuschauern ist, doch kann dieses Spielen vor Zuschauern verschiedener Art sein:

A7: „Alltägliches Theater" (Brecht) – „Theatertheater" (Handke)

   Es stehen zwei Aufgaben zur Wahl:
   1. „Alltägliches Theater": Erinnern Sie sich an ein Ereignis, bei dem jemand sich in Ihrer Gegenwart sehr seltsam, unpassend oder provozierend verhalten hat oder Ihnen gegenüber unverschämt, ausfallend oder beleidigend wurde. Erzählen Sie es den Anderen möglichst eindringlich und machen Sie ihn/sie dazu nach.

   2. „Theatertheater": Führen Sie den folgenden Text mit verteilten Rollen als szenische Lesung auf (einzelne schwer darzustellende Aktionen können Sie pantomimisch andeuten):

   Max Frisch: *Der Stuhl* 5

   [Der Tischler will Andri nicht als Lehrling haben, weil er ihn – irrigerweise – für einen Juden hält.]

   Auftritt der Tischler.

   TISCHLER ... schreiben Sie diesen Herrschaften, ich heiße Prader. Ein Stuhl von Prader bricht nicht zusammen, das weiß jedes Kind, ein Stuhl von Prader ist ein Stuhl von Prader. Und überhaupt: bezahlt ist bezahlt. Mit einem Wort: Ich feilsche nicht. [...]

ANDRI   Heut ist Sonnabend.

TISCHLER   Was hat das damit zu tun?

ANDRI   Wegen meiner Lehrlingsprobe. Sie haben gesagt: Am letzten Sonnabend in diesem Monat. Hier ist mein erster Stuhl.

Der Tischler nimmt einen Stuhl.

Nicht dieser, Meister, der andere!

TISCHLER   Tischler werden ist nicht einfach, wenn's einer nicht im Blut hat. Nicht einfach. Woher sollst du's im Blut haben. Das hab ich deinem Vater aber gleich gesagt. Warum gehst du nicht in den Verkauf? Wenn einer nicht aufgewachsen ist mit dem Holz, siehst du, mit unserem Holz – lobpreiset eure Zedern vom Libanon, aber hierzuland wird in andorranischer Eiche gearbeitet, mein Junge.

ANDRI   Das ist Buche.

TISCHLER   Meinst du, du mußt mich belehren?

ANDRI   Sie wollen mich prüfen, meinte ich.

TISCHLER   *versucht ein Stuhlbein auszureißen.*

ANDRI   Meister, das ist aber nicht meiner!

TISCHLER   Da –

Der Tischler reißt ein erstes Stuhlbein aus.

Was hab ich gesagt?

Der Tischler reißt die anderen drei Stuhlbeine aus.

– wie die Froschbeine, wie die Froschbeine. Und so ein Humbug soll in den Verkauf. Ein Stuhl von Prader, weißt du, was das heißt? – da,

Der Tischler wirft ihm die Trümmer vor die Füße.

schau's dir an!

ANDRI   Sie irren sich.

TISCHLER   Hier – das ist ein Stuhl!

Der Tischler setzt sich auf den andern Stuhl.

Hundert Kilo, Gott sei's geklagt, hundert Kilo hab ich am Leib, aber was ein rechter Stuhl ist, das ächzt nicht, wenn ein rechter Mann sich draufsetzt, und das wackelt nicht. Ächzt das?

ANDRI   Nein.

TISCHLER   Wackelt das?

ANDRI   Nein.

TISCHLER   Also!

ANDRI   Das ist meiner. [...]

TISCHLER   Das laß dir eine Lehre sein. Aber ich hab's ja gewußt, du gehörst nicht in eine Werkstatt.

Der Tischler sitzt und stopft sich eine Pfeife.

Schad ums Holz.

ANDRI *schweigt.*

TISCHLER   Nimm das zum Heizen.

ANDRI   Nein.

TISCHLER   *zündet sich die Pfeife an.*

ANDRI   Das ist eine Gemeinheit!

Wählen Sie eine der beiden Aufgaben, für die zweite Aufgabe einen Partner. Führen Sie dann einige Beispiele des „alltäglichen Theaters" und danach des „Theatertheaters" vor der Klasse, dem Kurs, dem Seminar auf und überlegen Sie, was sie gemeinsam haben und was sie voneinander unterscheidet.

Die verwendeten Begriffe „alltägliches Theater" und „Theatertheater" stammen aus Brechts Gedicht „Über alltägliches Theater" (1991–94, Bd. 20.2, S. 857–860) und aus Peter Handkes Aufsatz „Straßentheater und Theatertheater" (1972, S. 51–55). Was kann die Arbeit über diese beiden Formen von 'Theater' ergeben?

1. Anders als beim alltäglichen Spielen von Regel- und Rollenspielen wird sowohl das alltägliche Theater als auch das Theatertheater nicht um des Spielenden willen, sondern wegen der Zuschauer und für die Zuschauer gespielt: Im alltäglichen Theater will derjenige, der sein Erlebnis vorstellt, den Anderen vorführen, was ihm mit jemandem passiert oder von ihm widerfahren ist, um dafür ihr Interesse, ihre Anteilnahme zu wecken, um vielleicht sogar ihre Stellungnahme dazu und ihren Beistand zu erreichen. Bei der Aufführung von „Der Stuhl" geht es (und tendenziell auch bei einer Leseaufführung mit verteilten Rollen) darum, den Zuschauern das, was Andri von dem Tischler widerfährt: die Mißachtung seiner Worte, seine Reduktion auf ein borniertes, vorurteilsbestimmtes Bild von ihm, die Verachtung seiner als Person, möglichst deutlich zu übermitteln.

2. Beim alltäglichen und beim Theatertheater geht es aber um etwas anderes: Wer den Anderen vorstellt, was er erlebt hat, will etwas sichtbar machen, was wirklich geschehen und ihm passiert ist: was wirkliche Personen tatsächlich getan und zu ihm gesagt haben. Wer die Szene „Der Stuhl" vorspielt, stellt etwas dar, was nicht wirklich geschehen, sondern von Max Frisch nach Zeit und Ort, nach den Personen und allem, was diese tun und sagen, erfunden worden ist.

3. Beim alltäglichen und beim Theatertheater handelt es sich um ein ganz anderes Spielen: Beim alltäglichen Theater soll für die Zuschauer sichtbar werden, was geschehen ist. Dazu braucht man den, mit dem man zu tun hatte, nicht in allem nachzumachen, muß vor allem nicht versuchen, wie er selbst zu sein und zu agieren, sondern es genügt, so viel von ihm darzustellen, dass er und sein Handeln auffassbar werden. Beim Theatertheater dagegen ist es wichtig, die gespielten Rollen möglichst lebendig auszufüllen. Die Darstellung ist umso eindringlicher und besser, je mehr die Figuren als lebendige Personen in Sprache, Gestik, Mimik, Verhalten dargestellt und so für die Zuschauer miterlebbar werden.

Das sind in etwa die Erfahrungen, die die Schüler oder Studenten bei ihren Arbeiten zum alltäglichen und zum Theatertheater gemacht haben können. Sie sollen im Folgenden noch etwas systematisiert und vertieft werden: Brecht hat sich eingehend mit dem „alltäglichen Theater" beschäftigt. So seien zunächst zwei Stellen angeführt, in denen er es beschreibt:

Das alltägliche, tausendfache und ruhmlose
Aber so sehr lebendige, irdische, aus dem Zusammenleben
Der Menschen gespeiste Theater, das auf der Straße sich abspielt.
Hier macht die Nachbarin den Hauswirt nach, deutlich zeigt sie
Seine Redeflut vorführend
Wie er versucht, das Gespräch abzubiegen
Von der Wasserleitung, die geborsten ist. In den Anlagen
Zeigen die Burschen den kichernden Mädchen
Abends, wie sie sich wehren und dabei
Geschickt die Brüste zeigen. Und jener Betrunkene
Zeigt den Pfarrer bei seiner Predigt, die Unbemittelten
Auf die reichen Auen des Paradieses verweisend. [...]
Seht dort den Mann an der Straßenecke! Er zeigt, wie
Der Unfall vor sich ging. Gerade
Überliefert er den Fahrer dem Urteil der Menge. Wie der
Hinter der Steuerung saß, und jetzt
Ahmt er den Überfahrenen nach, anscheinend
Einen alten Mann. Von beiden gibt er
Nur so viel, daß der Unfall verständlich wird, und doch
Genug, daß sie vor euren Augen erscheinen. (1991–94, Bd. 22.2, S. 857f.)

Dies „alltägliche Theater" ist eine alltägliche Erfahrung eines jeden. Die meisten Menschen – Ausnahmen bilden vor allem praktizierende Intellektuelle – geben die Äußerungen von jemandem bei einer auffallenden Begegnung mit ihm nicht in indirekter Rede wieder, sondern in direkter Rede, und auch nicht so, dass sie ihn einfach zitieren, sondern indem sie seine Rede in Intonation, Stimmlage und Stimmführung, in Mimik und Gestik mehr oder weniger deutlich nachmachen: indem sie in seine Rolle schlüpfen und ihn nachspielen, – vor Zuschauern. Das alltägliche Theater, Brecht spricht im „Messingkauf" von ihm als der „Demonstration an der Straßenecke" (1991–94, Bd. 22.1, S. 371), geschieht vor allem um der Zuschauer willen, denen es etwas demonstrieren will, und kaum um des Darstellenden willen, etwa wegen der Bewunderung, die ihm durch die Kunst seiner Darstellung zuteil werden könnte: „Der Demonstrierende braucht kein Künstler zu sein. Was er können muß, um seinen Zweck zu erreichen, kann praktisch jeder. [...] Eher ist seiner Perfektion eine Grenze gesetzt. Seine Demonstration würde gestört, wenn den Umstehenden seine Verwandlungsfähigkeit auffiele. Er hat es zu vermeiden, sich so aufzuführen, daß jemand ausruft: Wie lebenswahr stellt er doch einen Chauffeur dar!" (Brecht 1991–94, Bd. 22.1, S. 372) Der Darstellende macht den Hauswirt, die Mädchen, den Pfarrer, den Fahrer nach, er imitiert sie mehr oder weniger, aber spielt nicht, als ob er sie wäre. Er demonstriert sie nur.

Das alltägliche Theater ist primär gerichtet auf Wirklichkeit, die es seinen Zuschauern so wirklichkeitsgetreu wie möglich darstellen oder zeigen möchte. Wichtig ist daher (und besonders für Brecht, der in diesem alltäglichen Theater das „Grundmodell", die „Grundform" seines epischen Theaters sieht; S. 371), dass bei dem alltäglichen Theater völlig „ausfällt: die Bereitung der *Illusion*" (S. 372): Es soll nichts illusioniert und über das Hineinversetzen in die Illusion zum Zuschauer gebracht werden, sondern es soll den Zuschauern vorhandene Wirklichkeit, so wie sie ist, demonstriert, *gezeigt* werden (das „Zeigen" ist dann auch der Grundgestus von Brechts epischem Theater). – So viel zum alltäglichen Theater, wie Brecht es beschrieben hat. Was unterscheidet davon genauer das Theatertheater?

Die beträchtlichen Unterschiede werden beispielsweise deutlich, wenn man das Theatertheater in der Weise des alltäglichen Theaters beschreiben wollte: Wir sagten: 'Der Demonstrierende des alltäglichen Theaters macht den Fahrer nach, imitiert ihn, um den Zuschauern zu zeigen, was – wirklich – geschehen ist.' Würde man in ähnlicher Weise sagen: 'Der Darsteller des Tischlers in der Frisch-Szene macht den Tischler nach, imitiert ihn, um den Zuschauern zu zeigen, was – wirklich – geschehen ist', so wäre das offenbar sachlich wie sprachlich falsch. Man kann einfach nicht sagen, in der Frisch-Szene mache der Darsteller des Tischler den Tischler nach oder imitiere ihn. Man kann nur etwas 'imitieren', was es in der Wirklichkeit gibt, den Tischler gibt es in der Wirklichkeit aber nicht. Natürlich gibt es sein Verhalten (die Missachtung eines Menschen und aller seiner Argumente, seine menschenverachtende Festlegung auf eine Vorstellung von ihm usw.), aber der Tischler, der dieses Verhalten praktiziert, ist eine vom Autor erfundene Figur. Wenn ein Darsteller sie spielt, 'imitiert' er sie nicht; ein Schauspieler ist kein Imitator, der im Kabarett zu suchen wäre. Sondern der Darsteller *ist* der Tischler, – in gewisser Weise. In welcher Weise aber 'ist' der Darsteller der Tischler?

Hier hilft uns genaueres Achten auf den Sprachgebrauch weiter. Wir sagen in Bezug auf die Frisch-Szene: 'Der Schauspieler trat *als* Tischler auf', und wir sagen in Bezug auf ein wirkliches Geschehen: 'Der Einbrecher trat auf, *als ob* er der Tischler wäre, und erkundete so die Wohnung, in die er später einbrach.' Wir unterscheiden also sprachlich, ob jemand *als* jemand anderes auftritt oder ob er auftritt, *als ob* er jemand anderes wäre. Im letzten Fall handelt es sich um die Vortäuschung einer Wirklichkeit; wir drücken es durch den Konjunktiv 'wäre' aus. Im ersten Fall besteht gar kein Bezug zur Wirklichkeit: Wenn wir in Lessings „Emilia Galotti" den Graf Appiani auf der Bühne sehen, sehen wir ihn den Grafen spielen, sehen ihn *als* Grafen, aber nicht, *als ob* er in Wirklichkeit ein Graf wäre; jeder Zuschauer weiß, dass er ein Schauspieler und kein Adliger ist.

Hier ist eine Unterscheidung von Käte Hamburger (1968, S. 53–56) nützlich, die zwischen fingierter und fiktionaler Darstellung, zwischen *Fingiertheit* und *Fiktionalität* unterscheidet. Dabei ist das fingierte Auftreten (des Einbrechers) durch eine Als-ob-Struktur bestimmt, nämlich eine Täuschung, die eine vorgetäuschte Wirklichkeit spielt, während die fiktionale Bühnendarstellung (des Tischlers) durch eine Als-Struktur bestimmt ist und nicht beansprucht, Wirklichkeit zu sein. Was durch sie dargestellt wird, ist „Schein, Illusion von Wirklichkeit" (S. 55), eben *Fiktion* von Wirklichkeit.

Damit kommen wir wieder auf den Unterschied zwischen alltäglichem und Theatertheater zurück. Im alltäglichen Theater will der Demonstrierende den Zuschauern zeigen, was wirklich geschehen ist; hier geht es um Darstellung, um Bloßlegung, um Anprangerung von Wirklichkeit. Darum geht es im Theatertheater prinzipiell nicht, jedenfalls nicht unmittelbar. Das Theaterspiel (und das Drama, das ihm zu Grunde liegt) ist keine „Widerspiegelung", kein „Abbild" von Wirklichkeit, wie die marxistische Literaturtheorie es einmal wollte. Sein 'Wirklichkeits'status ist ein völlig anderer: Das Theatertheater ist (ästhetischer) Schein, ist (literarische) Illusion von Wirklichkeit, und als solche nicht auf reale Wirklichkeit, sondern unmittelbar nur auf sich selbst bezogen. Damit kann es dann allerdings etwas über Wirklichkeit aussagen, soll es i. a. ja auch und tut es nachdrücklich und wirksam: Die Frisch-Szene beispielsweise sagt etwas aus über Vorurteilsstrukturen, Projektionsstrategien, Unterdrückungsmechanismen in unserer Gesellschaft. Seinem 'Wirklichkeits'status als Theatertheater (oder als Drama) nach ist es aber nicht durch diese Beziehungen bestimmt, sondern allein durch seine ästhetisch selbstbezügliche literarische Fiktionalität (genauer s. Abschn. 2.1.1.).

Das bedeutet nun nicht, dass das Theater (das Drama) 'selbstgesetzlich' oder 'autonom' wäre, wie die Autonomieästhetik es sieht. Es ist beispielsweise stets, wie inzwischen wohl deutlich wurde, auf Zuschauer bezogen und damit durch sie bedingt. Und es meint auch nicht, dass die Formen des Theaters (des Dramas), dass etwa Figuren, Handlung, Ort und Zeit, Bühnenbild und Kostüme nur für sich bestünden und selbstgenügsam bloß auf sich selbst verwiesen. Das Theater (das Drama) ist ein umfassendes und vielgliedriges semiotisches System, ein ästhetisches *Zeichensystem*, in dem jede Form und jedes Merkmal bestimmte Zeichenbedeutungen aufweist. Diesen Aspekt wollen wir noch etwas näher erkunden.

1.4. Der Dramentext als Spieltext und als Zeichensystem der 'Personalität': Haupttext und Nebentext

Wir haben uns im vorhergehenden Abschnitt mit dem Theaterspiel befasst und wenden uns jetzt dem Dramentext zu, der diesem Theaterspiel zugrunde liegt, nämlich den *Spieltext* bildet, aufgrund und mit Hilfe dessen das Drama als Theaterspiel realisiert wird. Wir erkunden zunächst die Merkmale, die der Dramentext als Spieltext aufweist, und wie sie funktionieren:

A8:   *Der Haupttext des Dramas*

Bertolt Brecht: „... weil er Furcht hat" [6]

Er hat immer noch keine.
Seine Alte kauft ihm keine.
Aber sie muß doch wissen, daß er da geschunden wird.
Wenn sie den Zaster nicht hat ...
Wo ihn der Dicke so schon auf dem Strich hat!
Er lernt wieder. Das Mahnwort.
Jetzt lernt er es seit fünf Wochen und es sind nur zwei Strophen.
Er kann es doch schon lang.
Er bleibt doch nur stecken, weil er Furcht hat.
Das ist immer scheußlich komisch, nicht?
Zum Platzen. Kannst du's, Pschierer?

Sagen Sie mit wenigen Sätzen, wo, vielleicht auch wann Ihrer Ansicht nach diese Szene spielt, wer die Sprechenden sind und worum es geht.

Der Text ist das, was man bei einer Aufführung des Stücks von Brecht zu Beginn der 21. Szene hören würde. Es ist das Wichtigste, der *Haupttext* der Szene, lässt aber noch manches offen und im Unklaren: Wo und wann spielt die Szene? Wer spielt hier? Was ist es, das der eine immer noch nicht hat? Was ist das „Mahnwort"? Worum geht es insgesamt? Das kann geraten, sollte aber noch nicht verraten werden. Es genügt zunächst die Einsicht, dass zum Drama offenbar noch mehr als nur das gesprochene Wort, dass zum Haupttext noch ein *Nebentext* gehört.

A9:   *Haupttext und Nebentext des Dramas*

Carl Zuckmayer: *Eine Stunde vaterländischen Unterrichts*

„Bis hierher hat uns Gott geführt
In seiner großen Güte –"
Genug für heute. Gesangbücher einsammeln.
An Stelle einer Predigt wird heute zur Feier des vierzigsten Jahrestages unseres großen Sieges bei Sedan der Herr Direktor persönlich eine Stunde vaterländischen Unterricht abhalten.
Ahh –!
Wer war das? Nun, ich will annehmen, daß dies ein Laut aufrichtiger Freude war. Ihr wißt alle, wie viele Bevorzugungen und Erleichterungen ihr der Güte eures Direktors zu verdanken habt. Benehmt euch darnach.
Hinsetzen.
Guten Morgen, Leute!
Guten Morgen, Herr Direktor!

Das ist wieder der Haupttext eines Dramas, genauer: eines Aktanfangs. Überlegen Sie, worum es hier wohl gehen könnte. Lesen Sie dann den folgenden Text:

Carl Zuckmayer, aus: *Der Hauptmann von Köpenick* [7]

Die Zuchthauskapelle in der preußischen Strafanstalt Sonnenburg. Sie gleicht einem nüchternen Vortragssaal mit einem erhöhten Podium. Die einzelnen Sitze für die Sträflinge sind durch hohe Rücklehnen und gleichhohe Seitenwände voneinander getrennt, so daß jeder für sich allein in einem nach vorne offenen Holzkasten sitzt. Vergitterte Fenster. Wachen rechts und links am Ausgang. Die Aufseher sitzen abgesondert auf Stühlen.

DER ANSTALTSGEISTLICHE   *steht auf dem Podium, dirigiert*

DIE GEFANGENEN   *stehend, mit Gesangbüchern in der Hand, singen den Choral*

„Bis hierher hat uns Gott geführt
In seiner großen Güte –"

DER GEISTLICHE   *nach Schluß der Strophe*
Genug für heute. Gesangbücher einsammeln.

DIE AUFSEHER   *sammeln ein*

GEISTLICHER   An Stelle einer Predigt wird heute zur Feier des vierzigsten Jahrestages unseres großen Sieges bei Sedan der Herr Direktor persönlich eine Stunde vaterländischen Unterricht abhalten.

EIN STRÄFLING   *unsichtbar*   Ahh –!

GEISTLICHER   Wer war das? Nun, ich will annehmen, daß dies ein
Laut aufrichtiger Freude war. Ihr wißt alle, wie viele Bevorzugungen
und Erleichterungen ihr der Güte eures Direktors zu verdanken habt.
Benehmt euch darnach. Hinsetzen. *Er geht*

DIE GEFANGENEN   *setzen sich*

DIREKTOR   *tritt ein. Die Gefangenen springen auf . Der Direktor ist
ein würdiger Herr mit langem, grauem, in der Mitte zwiegeteiltem
Bart. Über dem Bart ein rundes, rosig freundliches Gesicht mit glän-
zender, glatter Stirn. Er trägt einen grauen Anzug mit langen Rock-
schößen.*

Guten Morgen, Leute!

DIE GEFANGENEN   *brüllen*   Guten Morgen, Herr Direktor!

Das ist der Haupttext zusammen mit dem Nebentext. Machen Sie sich klar,
was hier Haupttext und was Nebentext ist, was beide ausmacht und was sie
leisten.

Zur genaueren Bestimmung des Nebentextes betrachten Sie das Schriftbild:
Der ganze Text ist in drei verschiedenen Schriftarten gesetzt: in Normalschrift
oder Antiqua, *kursiv* und in GROSSBUCHSTABEN oder VERSALIEN
(manchmal auch in KAPITÄLCHEN). In welcher Schriftart ist der Haupttext gesetzt? Was steht beim Nebentext in welcher Schriftart, und was leistet es jeweils? Welche Bestandteile des Nebentextes könnten auch fehlen, welche
müssen unbedingt vorhanden sein?

A10:   *Eine Dramenszene mit Haupt- und Nebentext schreiben*

Schreiben Sie nach Ihrem Verständnis des Textes in A8 mit denjenigen Be-
standteilen des Nebentextes, die Sie für wichtig halten, einen eigenen Nebentext zu dem Haupttext und machen Sie so aus „. . . weil er Furcht hat" eine
richtige Dramenszene. Oder schreiben Sie zu einem bestimmten Thema, etwa zu dem Thema 'Schule' oder 'Elternhaus', frei eine eigene Dramenszene
mit Haupt- und Nebentext.

Untersuchen Sie dann Ihre Dramenszene daraufhin, welche Stellung Personen in ihr als Text und bei einer Aufführung des Textes, auf die der Text ja hin-
zielt, einnehmen:

1. Was bezieht sich vom Haupt- und im Nebentext auf Personen? Was ge-
    schieht damit bei einer Aufführung?

2. Was bezieht sich im Haupt- und im Nebentext nicht auf Personen? Was ge-
    schieht damit bei einer Aufführung?

3. Wie ist insgesamt das Verhältnis von Personen und nicht auf Personen Bezogenem im Dramentext und bei seiner Aufführung? Welche Funktion hat also bei der Aufführung der Nebentext für den Haupttext, und was bedeutet das wohl?

Die Unterscheidung von *Haupt-* und *Nebentext* des Dramas, mit der wir jetzt gearbeitet haben, stammt von Roman Ingarden:

> Vor allem ist auffallend, daß in einem „geschriebenen" Drama zwei verschiedene Texte nebeneinander laufen: einerseits der Nebentext, d. h. die Angaben darüber, wo, in welcher Zeit usw. sich die betreffende dargestellte Geschichte abspielt, wer gerade spricht und eventuell auch, was er momentan tut usw.; andererseits der Haupttext selbst. Der letztere besteht ausschließlich aus Sätzen, die von den dargestellten Personen „wirklich" *ausgesprochen* sind. [...] Aus den angegebenen Worten der sprechenden Personen sollten wir eigentlich alles erfahren, was für das betreffende Drama wesentlich ist. [...] Nur eines darf nicht fehlen: die Angabe, daß die zum Haupttext gehörenden Sätze eben „wirklich" *gesprochene* Sätze sind. [...] Insofern kann der Nebentext in einem geschriebenen Drama nie ganz fortfallen. Er gehört wesentlich zu diesem Typus von literarischen Werken. Aber er bleibt immer nur *Nebentext*, welcher für sich allein nicht einmal ein Skelett des Werkes bilden kann. Denken wir uns den Haupttext fort, so bleibt uns ein unverständlicher Trümmerhaufen übrig. (Ingarden 1965, S. 220–222; vgl. Pfister 1994, S. 35–38)

Bei seiner Unterscheidung zwischen den beiden Textarten im Drama hebt Ingarden eine Besonderheit des Dramas besonders hervor: dass ein Drama seinem entscheidenden Haupttext nach aus „'wirklich' *gesprochenen* Sätzen" besteht und der Nebentext vor allem die Funktion hat, das klarzustellen und einzurichten. Die andere Funktion des Nebentextes bezeichnet Ingarden an anderer Stelle so: „In einem Schauspiel fällt der Nebentext als *Text* fort." (1965, S. 339) Und auf die Aufführung ist das Drama allen seinen strukturellen Merkmalen nach ja gerichtet. Sieht man das Drama so an, könnte man sich schon einmal verwundert fragen: Was ist das für ein literarisches Gebilde, das aus zwei Textarten zusammengesetzt ist, von denen die entscheidende ausschließlich aus wörtlicher Rede besteht und die andere den Hauptzweck hat, das deutlich zu machen und dabei wegzufallen?

Das *Schriftbild* eines Dramentextes ist eigenartig und kompliziert (was viele, die nicht durch literarische Erziehung in Schule oder Elternhaus mit ihm vertraut gemacht worden sind, davon abhält, Dramen zu lesen). Der Dramentext von Zuckmayer enthält:

- In Antiqua: den Haupttext,
- in Versalien: die Personenangaben,
- kursiv: die Szenenanmerkungen (zu Beginn der Szene),
- kursiv: die Regieanweisungen (in der Szene).

Keine Schwierigkeiten des Verständnisses bereitet der Haupttext. Er besteht aus 'direkter Rede', aus Dialogen; und Dialoge gibt es auch in Romanen: Viele Romane enthalten größere dialogische Teile; und etwa im 18. Jahrhundert gab es nicht wenige Romane, die vorwiegend und einige, die ausschließlich dialogisch geschrieben waren. Dabei war es teilweise sogar üblich, die sprechenden Personen vor ihre Reden zu setzen. Dadurch entsteht allerdings noch kein Nebentext, dessen Funktionen und Schwierigkeiten eigener Art sind (vgl. Tschauder 1991). Verfolgen wir es an dem Nebentext des „Hauptmanns von Köpenick":

Die *Personenangaben* (in Versalien) geben an, welche Person – ich spreche dem unreflektierten Sprachgebrauch folgend in diesem Abschnitt von 'Personen', danach dann terminologisch exakt von 'Figuren' des Dramas – jeweils agiert bzw. spricht. Personenangaben müssen immer vorhanden sein; sie zeigen an, dass das ganze Drama nichts als Reden und Agieren von Personen ist. Bei einer Aufführung fallen sie zugunsten dessen fort, was sie angezeigt haben: des Redens und Agierens der wirklichen Personen der Schauspieler.

Die *Szenenanmerkung* (kursiv) ist ziemlich ausführlich; sie kann sehr knapp sein, sie kann aber auch weit ausführlicher sein und mehrere Seiten umfassen. Sie muss immer vorhanden sein, denn sie gibt vor allem an, wo (manchmal auch wann) eine Szene spielt. Hier wird ziemlich genau die Zuchthauskapelle in einer preußischen Strafanstalt beschrieben als der Ort, an dem die Personen des Dramas sich befinden und agieren. Bei einer Aufführung fällt der Text als Text fort, wird nämlich umgesetzt ins Bühnenbild, in dem und in Requisiten, mit denen die Schauspieler spielen.

Die *Regieanweisungen* (kursiv, manchmal auch in Klammern) sind ziemlich zahlreich und teilweise umfangreich. Sie können noch viel umfangreicher sein, aber auch sehr knapp in der Art des „*Er geht.*"; sie können sogar fehlen, wenn alles zum Verständnis bzw. für die Aufführung Notwendige sich aus dem Haupttext ergibt (der ja immer auf die Aufführung hin geschrieben ist und manchmal selbst auch Bühnen- und Spielanweisungen enthält; s. Greiner / Hasler / Kurzenberger / Pikulik 1982, Bd. 2, S. 73–83). Für das ganze Drama ist das aber sehr selten der Fall, sodass sie praktisch immer vorhanden sind. Sie stehen nach den Personenangaben und hinter oder auch in den Personenreden; sie haben ausschließlich Bezug auf die Personen. Sie bestimmen, was sie tun, wie sie agieren und in unserem Falle ausführlich, wie eine Person, der Direktor, aussieht, was er an hat, wie er auftritt. Bei einer Aufführung fallen die Regieanweisungen als Text fort, sie werden umgesetzt in Maske, Kostüm, Mimik, Gestik, in Agieren und Handeln wirklicher Personen, der Schauspieler.

Das etwa kann in den Arbeitsaufgaben A9 und A10 durch die Untersuchung des Zuckmayer-Textes erarbeitet und durch die Ausarbeitung des Brecht-Textes vergegenwärtigt werden. Das Wichtigste fasse ich in der Beantwortung der drei Fragen von A10 zusammen:

1. Der Haupttext ist insgesamt wörtliche Rede von Personen. Im Nebentext benennen die Personenangaben die redenden Personen und geben die Regieanweisungen an, wie die Personen aussehen, sich verhalten und agieren. Bei einer Aufführung

bleibt der Haupttext als Rede wirklicher Personen (der Schauspieler) bestehen, der Nebentext fällt weg: Die Personenangaben gehen auf in die wirklichen Personen (die Schauspieler); die Regieanweisungen werden umgesetzt in Maske, Kostüm, Mimik, Gestik, Verhalten, Agieren, Handeln wirklicher Personen (der Schauspieler).

2. In Haupt- und Nebentext bezieht sich nur die Szenenanmerkung zu einem mehr oder weniger großen Teil nicht auf Personen; sie gibt vor allem an, wo (manchmal auch wann) ein Drama oder ein Akt, eine Szene spielt. Bei einer Aufführung fällt sie als Text weg und wird umgesetzt in Bühnenbild und Requisiten, in dem und mit denen wirkliche Personen (die Schauspieler) agieren.

3. In dem aus Haupt- und Nebentext zusammengesetzten Drama sind Personen völlig beherrschend; Nicht-Personales wie Ort, Raum und Zeit tritt in den Hintergrund und bildet nur eines von vier Textelementen. Hauptsache ist der Haupttext, die wörtliche Rede von Personen; der Nebentext hat primär die Funktion, sie zu verwirklichen als wirkliche Rede wirklicher Personen (der Schauspieler) in der Aufführung.

Das Drama – und das Theater, dem es zugrunde liegt – ist ein großes, komplexes und kompliziertes ästhetisches *Zeichensystem*, ein semiotisches System, in dem jede Form und jedes Merkmal Zeichen sind, die etwas bedeuten, nämlich spezifisch 'dramatische' Bedeutungen übermitteln (s. Fischer-Lichte 1983, Andreotti 1996; für eine leichtfassliche Darstellung Esslin 1989). Die Grundbedeutung der Gesamtheit der dramatischen Zeichen des neuzeitlichen Dramas – und Theaters – ist die der 'Personalität'. Und das in völlig anderer und vor allem viel entschiedenerer Weise, als wenn etwa im Roman von dem Helden, seiner Entwicklung und seinen Handlungen erzählt wird oder als wenn sich in der Lyrik ein lyrisches Ich in seinen Gefühlen und seiner inneren Befindlichkeit nach darstellt. Doch ist diese Bestimmung noch sehr formal und auch pauschal: Das Zeichensystem der 'Personalität' des Dramas bzw. des Theaters bedeutet etwas Anderes in der Antike (wo es entstand) und im Mittelalter, im Barock, in der Aufklärung, in der Klassik, in der Romantik, im Realismus, im Naturalismus, in der Moderne. Das werden wir den wichtigeren Aspekten nach noch näher erkunden, erproben und erörtern. Ich fahre zunächst so fort, dass ich im nächsten Kapitel einige *Formen* des Dramas erarbeite, durch die diese Grundstruktur der 'Personalität' im neuzeitlichen Drama realisiert wird.

2. Produktive Erarbeitung dramatischer Formen

In diesem Kapitel sollen einige wichtige Formen des Dramas in ihren Funktionen und Leistungen erkundet werden: der Dialog, der Monolog und epische Strukturen. Dabei werden die einzelnen Formen nicht nacheinander abgehandelt, sondern innerhalb des produktiven Gesamtzusammenhangs eines dramatischen Projekts selbst erarbeitet. Das Projekt ist eine Szenenfolge „Die Leiden des Jungen Peter Weiss": Peter Weiss ist durch sein Jahrhundertwerk der „Ästhetik des Widerstands", ist als Dramatiker, der immer neue Formen des Dramas erprobt und zu gültiger Gestalt gebracht hat, literarisch so wichtig, bietet u. a. in seinem lebenslangen Bemühen, sich von den Prägungen seiner bürgerlichen Herkunft zu befreien, vor allem für Jugendliche so viele Möglichkeiten der Identifikation, dass es sehr lohnend ist, sich mit ihm näher zu beschäftigen. Wir gehen aus von Textstellen aus seinen autobiografischen Erzählungen „Abschied von den Eltern" (1961) und „Fluchtpunkt" (1962), von denen Weiss übrigens selbst einmal eine Dramatisierung plante und auch begonnen hat (s. Haiduk 1977, S. 121). Es geht also um die Umwandlung von Erzähltexten in dramatische Texte, d. h. bestimmte dramatische Formen sollen durch die Erfahrungen, die man bei der Umwandlung von Erzähltexten in dramatische Texte macht, genauer erkundet und verstanden werden: durch die Erfahrung der Verschiedenheit von Form, Funktion und Leistung von Erzähltexten und dramatischen Texten, vor allem durch die Erfahrung der Schwierigkeiten, die eine solche Umwandlung macht, und insbesondere der Widerstände, die dramatische Texte wegen ihrer bestimmten Form einer Umwandlung aus Erzähltexten entgegenstellen.

Die sechs Aufgaben können nacheinander gemeinsam behandelt werden. Sie können aber auch, und das ist die weitaus günstigere Arbeitsform, von *Arbeitsgruppen* erarbeitet werden. Die einzelnen Arbeitsgruppen sollten dann fünf bis sieben Mitglieder haben und können auch selbst wieder arbeitsteilig vorgehen. Die zu bearbeitenden Texte von Peter Weiss drucke ich zusammen am Ende des folgenden Abschnitts ab.

2.1. Dramenform und Erzählform: Umformung einer Erzählung in ein Drama

Zunächst einige biografische Informationen zu Peter Weiss: Peter Weiss wird 1916 in Nowawes (Neubabelsberg) bei Berlin geboren. Sein Vater stammt aus Ungarn, ist Textilkaufmann und später Textilfabrikant. Die Mutter stammt aus Basel, wo die Familie eine Uhrengroßhandlung hatte. Sie war Schauspielerin und hat unter Max Reinhardt in Berlin bedeutende Rollen gespielt. Mit ihrer Ehe, in der sie sechs Kinder hatte, verzichtet sie auf ihre Bühnenlaufbahn und lebt ihre starke Persönlichkeit in der Familie aus. Aus beruflichen Gründen wechselt die Familie mehrfach den Wohnort; da der Vater Jude ist, emigriert sie 1934 nach England, 1936 in die Tschechoslowakei, 1939 nach Schweden. Peter Weiss wird so nirgendwo heimisch. Seine Eltern sterben 1959, im gleichen Jahr beginnt er „Abschied von den Eltern" zu schreiben. (S. insgesamt vor allem Vogt 1987.)

A 11: *„Die Leiden des Jungen Peter Weiss" I: Umwandlung eines Erzähltextes mit Dialogen in eine dramatische Szene*

Peter Weiss, aus: *Abschied von den Eltern*

TEXT I

Schreiben Sie diesen Erzähltext um in eine dramatische Szene mit Haupt- und Nebentext.

Die Aufgabe knüpft an die vorhergehenden Aufgaben A9 und A10 zu Haupt- und Nebentext an und ist nicht schwierig, denn der Erzähltext ist stark dialogisch ausgelegt, sodass der ganze Haupttext der dramatischen Szene bereits vorgegeben ist. Es handelt sich nur noch darum, die vom Ich-Erzähler erzählten nicht-dialogischen Teile des Textes in Nebentexte umzusetzen:

– die *Personenangaben* vor die gesprochenen Texte zu setzen,

– zu Beginn der Szene eine *Szenenanmerkung* zu schreiben, in der der Ort der Handlung und die Situation zu Beginn der Szene beschrieben wird,

– nach einzelnen Personenangaben und gegebenenfalls innerhalb der Dialoge *Regieanweisungen* zu formulieren, die das Agieren der Personen, ihre Redeweise, ihre Mimik und Gestik angeben.

Überlegung wird dabei vor allem erfordern, wie viel von dem Erzähltext in Szenenanmerkung und Regieanweisungen übernommen werden soll, wie umfangreich und genau sie also sein sollen und auf was man auch verzichten kann. Das literarische Problem, dass hier eine Umwandlung einer Erzählung in die andere Gattung eines Dramas erfolgt, erfordert als solches kaum Überlegung: Dass beim Nebentext aus dem Präteritum Präsens und aus der Ich-Form eine Er-Form wird, dass der Ich-Erzähler wegfällt, dass ganz aus der reflexiven Perspektive eines Erzählers gesprochene Sätze (etwa: „Leben war Ernst, Mühe, Verantwortung.") wegfallen müssen, ergibt sich praktisch von selbst, wenn nun einmal ein Drama geschrieben und wenn dazu die Technik des Nebentextes verwendet wird. Zunächst sollen eben nur einfachere Erfahrungen mit dem Schreiben einer dramatischen Szene gesammelt werden; von dieser Art ist auch noch die nächste Aufgabe:

A12: *„Die Leiden des Jungen Peter Weiss" II: Umwandlung von zwei Erzähltexten mit Dialogen in eine dramatische Szene*

Peter Weiss, aus: *Abschied von den Eltern*

TEXTE II, A. und B.

Fassen Sie diese beiden Erzähltexte zu einem Vorgang zusammen und schreiben Sie sie um in eine dramatische Szene mit Haupt- und Nebentext.

Überlegen Sie, wenn Sie den Text geschrieben haben, was diesen dramatischen Text von dem Erzähltext unterscheidet: Wer spricht jeweils? Und wann spricht er?

Die Aufgabe ist zunächst ähnlich wie die vorhergehende: Der Haupttext der dramatischen Szene ist im Wesentlichen vorgegeben, und es handelt sich hauptsächlich darum, die vom Ich-Erzähler erzählten nicht-dialogischen Textteile in Nebentexte umzuformen. Anders ist, dass nun zwei Erzähltexte vorliegen, die aufeinander bezogen und zu einem Gesamtvorgang zusammengefügt werden müssen. Dafür wird es notwendig sein, noch einige verbindende Dialogteile zu schreiben. Sodann enthalten beide Texte größere Erzählphasen, und es ist etwas schwieriger, zu entscheiden, welche Teile in Szenenanmerkung und Regieanweisungen umgewandelt werden sollen und welche wegfallen können.

Aufgrund der Erfahrung mit dem Schreiben von zwei Dramenszenen ist nun die Frage möglich und sinnvoll, was mit der Umformung der Erzähltexte in Dramentexte eigentlich literarisch geschehen ist, was die Dramentexte von den Erzähltexten unterscheidet. Eine Antwort soll zunächst auf einfacher Ebene gefunden und dann an Hand der nachfolgenden Arbeitsaufgaben vertieft und differenziert werden:

1. Wer spricht in dem Erzähltext, wer spricht in dem Dramentext? Nehmen wir die Stelle, mit der der erste Erzähltext in A11 beginnt: „Während ich über meinem Tagebuch brütete, öffnete sich die Tür und mein Vater trat ein." Es spricht ein Erzähler, genauer ein Ich-Erzähler („Während ich …"), und er spricht im Präteritum („brütete", „öffnete sich", „trat ein"): Peter Weiss schreibt diese Auseinandersetzung mit seinen Eltern kurz nach ihrem Tod in den Jahren 1960/61 als etwa Vierundvierzigjähriger, und in dieser Rolle spricht auch sein Ich-Erzähler. Er spricht als Erwachsener, der sich an seine Jugend erinnert, an seine Eltern, an das, was damals geschah und was dabei gesprochen wurde. Anders der Dramentext. Wenn es nun im Haupttext heißt: „Ich mache meine Schulaufgaben", dann spricht da nicht mehr der Ich-Erzähler, der sich an das erinnert, was er damals gesagt hat, sondern es spricht der Junge selbst.

2. Wann spricht derjenige, der spricht, im Erzähltext und wann im Dramentext? Im Erzähltext spricht der Ich-Erzähler etwa dreißig Jahre später als die Ereignisse stattgefunden haben, die er von sich als Jungen erzählt. Im Dramentext spricht der Junge selbst das, was er vor etwa dreißig Jahren einmal gesprochen hat. Aber er spricht es nicht als etwas, was er früher einmal gesagt hat, er zitiert nicht seine Rede von vor dreißig Jahren, sondern er spricht es als etwas, was er als gegenwärtig lebender Mensch jetzt, in diesem Augenblicke sagt. Was im Erzähltext durch das Medium des Erzählers vermittelt wurde und als etwas *Vergangenes* erschien, ist im Dramentext unmittelbar da als etwas *Gegenwärtiges*.

A13:   *„Die Leiden des Jungen Peter Weiss" III: Umwandlung eines Erzähltextes ohne Dialoge in eine dramatische Szene*

> **Peter Weiss, aus: *Fluchtpunkt***
>
> TEXT III
>
> Schreiben Sie diesen Erzähltext um in eine dramatische Szene mit Haupt- und Nebentext.
>
> Überlegen Sie, wenn Sie den Text geschrieben haben, welche Schwierigkeiten Sie bei der Umwandlung in die Dramenform vor allem empfunden haben.

Diese Aufgabe ist entschieden schwieriger als die beiden vorhergehenden Aufgaben. Zunächst muß eine Gesamthandlung entworfen und, da die Erzählung zwei

Versionen anbietet, ein Schluss gewählt werden: ob der Freund ertrinkt oder ob er von einem Arbeiter gerettet wird oder ob das Ende offen bleibt. Schwierig ist, dass der Erzähltext überhaupt keine Dialoge aufweist; er ist 'reine' Erzählung, in der nur der Erzähler spricht und keine Personenreden wiedergibt. (Es ist sogar ein gewissermaßen potenzierter Erzähltext, der über Erzählen erzählt: der Ich-Erzähler, der in der Zeit von 1960/61 spricht, erzählt darüber, wie das Ich, von dem er erzählt, 1940 jemandem ein Erlebnis erzählt, das es als Junge etwa zwanzig Jahre vorher gehabt hat.)

Die Aufgabe, diesen Text zu dramatisieren, bedeutet, dass die einzelnen Handlungen, die erzählt werden, zwar bleiben sollen, dass sie aber durch das Sprechen von Personen dargestellt werden müssen. Es spricht nicht mehr der Erzähler, es sprechen nur noch die Personen, die zuvor nicht gesprochen haben. Anders gesagt: Der Erzähltext fällt als Text fort; für ihn muss ein dramatischer Haupttext geschrieben werden. Und nur Teile des Erzähltextes können in den dramatischen Nebentext übernommen werden. Folgende *Handlungsvorgänge* sind es vor allem, die dialogisch dargestellt werden könnten (sie können in der Gruppe arbeitsteilig geschrieben werden):

- Das Galeerensklaven-Spiel,
- die Ernennung des Jungen (Peter Weiss) zum Aufseher und sein Spiel als Aufseher,
- das Eindringen der Verfolger und das Übergehen des Jungen zu ihnen,
- die Gefangennahme und das Wegschleppen des Freundes durch die Verfolger unter Anführung des Jungen,
- die Verfolgung des Freundes,
- das Ende der Verfolgung: gegebenenfalls der Tod des Freundes oder seine Rettung durch einen Arbeiter.

Bei der Ausarbeitung dieser Handlungsvorgänge werden die Gruppen auf eine weitere Schwierigkeit treffen: Der Dialog ist das, was die sprechende Person in dem Augenblick sagt, wo sie spricht. So kann sie natürlich nicht sagen, was der Erzähler zwanzig oder vierzig Jahre später über das sagt, was sie damals getan hat. Der Junge kann nicht sagen: „Ich habe das Zeug in mir, an einer Exekution teilzunehmen." Er kann nur das sagen, was seiner damaligen Einsicht, was seinem damaligen Bewusstseinsstand entspricht. So kann er auch nicht sagen: „Aus Dankbarkeit, dass man mich verschont, dass man diesmal einen anderen gewählt hat, ergreife ich die Partei der Stärkeren und überbiete sie an Grausamkeit." Absehen davon, dass kaum eine Dialogsituation denkbar wäre, in der er so sprechen könnte, ist er auch nicht in der Lage, so zu sprechen. Sicherlich ist es u. a. dieser psychische Mechanismus, der sein Gewaltverhalten bestimmt, aber nach Bewusstseinsstand und sprachlichem Artikulationsvermögen ist er gar nicht fähig, ihn in dieser Weise zu beschreiben.

Diese Teile des Erzähltextes müssen also wegfallen. Doch gibt es da ein Problem: Fallen sie weg und wird nur das Gewaltverhalten des Jungen handlungsmäßig und dialogisch dargestellt, kann das Ganze missverständlich werden, denn es wird so möglicherweise nicht erkennbar, woher es eigentlich kommt: ob es etwa aus einer wie immer gearteten Disposition des Jungen zur Gewalt, ob es aus einer Anlage zu Brutalität und Sadismus stammt oder ob es aus Unsicherheit, aus dem Gefühl der Fremdheit und Unterlegenheit, ob es aus Angst kommt, die er überspielt und überkompensiert. Es wäre günstig, wenn das erkennbar würde, vielleicht sogar, woher Unsicherheit, Fremdheit und Unterlegenheitsgefühl, Angst denn kommen: etwa durch den ständigen Ortswechsel der Familie, der ihn nirgendwo heimisch werden lässt, etwa aus der repressiven familialen Situation des Jungen. Nur kann das Drama dies eben sehr schwer darstellen. Unmittelbar darstellen kann es nur, was ein Vierzehnjähriger tut, weiß und sagt, und nicht, was er zwanzig oder vierzig Jahre später über die psychischen Mechanismen und die sozialen Ursachen seines Handelns weiß.

Das ist eine wichtige Erfahrung über das Drama, die die Gruppen hier machen und machen sollen. Ihre Arbeit muss sie nicht behindern: Zunächst können sie versuchen, ob es nicht doch Möglichkeiten gibt, die Zusammenhänge, die das Handeln des Jungen bestimmen, durch das, was er sagt und tut, anzuzeigen. Und wenn das nicht möglich ist, ist es auch kein Nachteil: Die Szene, um die es in dieser Arbeitsaufgabe geht, ist ja nicht isoliert da, sondern steht und wird verstanden im Kontext der anderen Szenen. Alle Szenen eines Dramas stehen in Wechselbeziehung miteinander und 'interpretieren' sich gegenseitig. So können die anderen Szenen durchaus Sinnzusammenhänge in unserer Szene erkennbar werden lassen, die sie alleine noch nicht übermittelt. Und außerdem gibt es noch andere dramatische Formmittel, die das leisten, was der Dialog nicht leistet, und teilweise auch noch verwendet werden können, wenn der Dialog schon geschrieben ist. Um sie geht es in den folgenden Arbeitsaufgaben.

A14: *„Die Leiden des Jungen Peter Weiss" IV: Umwandlung eines komplexen Erzähltextes in eine dramatische Szene*

Peter Weiss, aus: *Abschied von den Eltern*
TEXT IV
1. Beginnen Sie mit dem Teil b., und machen Sie daraus eine dramatische Szene mit Haupt- und Nebentext.
2. Versuchen Sie dann, auch den Teil a. als dramatische Szene mit Haupt- und Nebentext zu schreiben. (Den Teil c. lassen wir zunächst unberücksichtigt.)

Zu 1: Der erste Teil der Arbeitsaufgabe ist einfach. Der Teil b. des Erzähltextes enthält die entscheidenden Dialogteile, die für den Haupttext nur noch etwas vervollständigt werden könnten mit dem, was der Vater sagt, was die Mutter sonst noch sagt, was der Junge sagt. Für die Behandlung der Figur des Fritz W und die Herstellung des Nebentextes zu ihm sei seine Charakterisierung durch Peter Weiss noch mitgeteilt: Fritz W

war in allem ein Gegensatz meines Vaters, er war kraftvoll, lebhaft, seine Sprache witzig und drastisch, er war kameradschaftlich im Umgang mit seinen Kindern und intim und vital in seiner Annäherung an meine Mutter, die in seiner Gegenwart aufblühte. Ich erfaßte deutlich die Rivalität die zwischen ihm und meinem Vater entstand, bei Fritz war sie überlegen und selbstsicher, bei meinem Vater äußerte sie sich in angestrengter Beherrschtheit.[8]

Zu 2: Der zweite Teil der Arbeitsaufgabe ist ungleich schwieriger. Der zu dramatisierende erste Teil a. des Erzähltextes enthält keine Dialoge und auch keine Vorgänge zwischen Personen, die dialogisiert werden könnten. Es wird ausschließlich erzählt, was der Junge tut: dass er sich mit dem Zeugnis, in dem steht, dass er nicht versetzt ist, nicht nach Hause traut, dass er Umwege macht und immer wieder nachsieht, ob der Satz noch dasteht. Wie soll das dramatisch dargestellt werden? Man könnte es dem Jungen zu Hause auf die Frage der Mutter oder des Vaters, wo er so lange gewesen ist und was er gemacht hat, erzählen lassen. Doch wäre es wenig wahrscheinlich, dass der Junge gerade in dieser Situation dazu bereit und in der Lage ist. Man könnte das wiederholte Nachsehen in dem Zeugnis, den Umstand, dass er sich nicht nach Hause wagt, zögernd geht und öfters stehen bleibt, aber auch darstellen und dabei verbalisieren lassen. Das ergäbe eine eigene kurze Szene, die der Szene zu Hause vorgeschaltet werden könnte. In ihr spricht der Junge nur zu sich selbst, er hält Selbstgespräche, spricht monologisch. Das ist allerdings durch den zu dramatisierenden Vorgang nahegelegt: In dem Erzähltext geht es nicht nur darum, was der Junge tut, sondern mehr noch um das, was er denkt, erwägt, fühlt, hofft, fürchtet: Dass er sich ganz vernichtet fühlt durch die Nichtversetzung, dass er sie gar nicht fassen kann und immer wieder hofft, sie sei nicht wahr, dass er sich nicht nach Hause traut und überlegt, von zu Hause auszureißen, das aber dann doch nicht wagt. Es geht in dieser Textstelle in der Hauptsache also um das, was *in* dem Jungen vor sich geht. Und um diese inneren Vorgänge darzustellen, ist fraglos das (laute) Selbstgespräch, ist der Monolog die angemessene dramatische Darstellungsform. Der Haupttext ist dann nicht mehr ein Dialog, sondern ein Monolog, der gesprochen wird, während der Junge zögernd geht, stehen bleibt, das Zeugnis herausholt, es liest usw., was der Nebentext darzustellen hat.

Damit sind wir auf die wichtige Dramenform des *Monologs* gekommen; die nächste Arbeitsaufgabe soll sie noch etwas näher erkunden und erproben. Zuvor eine allgemeine Bemerkung zum Monolog: Der Monolog stellt eine sehr künstliche Literaturform dar und wurde wegen seiner 'unrealistischen' Redeform in der Neuzeit häufig kritisch gesehen und abgelehnt: „Kluge Leute aber pflegen nicht laut zu reden, wenn sie allein sind", sagt Gottsched (1962, S. 648). Doch erfüllt er verschiedene wichtige Funktionen im Drama und hat sich deshalb in vielfältigen Formen immer wieder durchgesetzt und bis heute behauptet (s. Petsch 1945, S. 361–375; Matt 1976; Pfister 1994, S. 185–191). Bei dem vor allem wichtigen Typ des der Darstellung innerer Vorgänge dienenden Selbstgesprächs kann man u. a. zwei Situationen unterscheiden: Eine Figur steht (gegenwärtig) in einer Konflikt- oder Entscheidungssituation, und es soll dargestellt werden, was in ihr, in ihrem Bewusstsein vor sich geht und ihr Handeln bestimmt; das ist bei der Bearbeitung des Teils a. des vorliegenden Textes der

Fall. Oder eine Figur wird durch etwas in der Vergangenheit bestimmt oder bedrängt, und es soll dargestellt werden, wie die Figur es erinnert, was es für sie bedeutet und wie sie sich zu ihm verhält; darum geht es in der folgenden Arbeitsaufgabe.

A15:   *„Die Leiden des Jungen Peter Weiss" V: Umwandlung eines Erzähltextes in
        einen dramatischen Monolog*

> **Peter Weiss, aus: *Abschied von den Eltern***
>
> TEXT V
>
> Schreiben Sie diesen Erzähltext um in einen dramatischen Monolog mit
> Haupt- und Nebentext. Dabei können Sie den Text gegebenenfalls kürzen
> oder erweitern und auch die Reihenfolge verändern.

Es ist zunächst wichtig, bevor der Monolog geschrieben wird, ihn dramatisch zu situieren und es im Nebentext festzuhalten: Wann und in welcher Situation hat der
Junge ihn gesprochen: Nach dem Gespräch mit der Mutter, vor oder nach dem Gespräch mit dem Vater, nach der Begegnung mit Fritz W, vor dem „Pogrom"? Und wo
befindet er sich, als er ihn spricht: An seinem Schreibtisch, auf dem Schulweg, am
„Rand der Felder" usw.? Je nach dramatischer Situierung kann der Monolog verschiedene *thematische Akzente* haben. Er kann beispielsweise darstellen:

– Die allgemeine und von Anfang an vorhandene panische („es war der Anfang der
  Panik") „Furcht vor der Schule" und den Versuch, sich der Schule zu entziehen
  und vor ihr zu fliehen („floh ich");

– die Erfahrung der Schule als „Bedrohung", weil sie ihn „fangen" will, und das Be-
  streben, „sicher" und „frei" von dieser Bedrohung zu sein;

– die gleich auch die Schule bestimmende Fremdheitserfahrung, nicht zu den Anderen zu gehören („drinnen waren alle zur Gemeinschaft zusammengeschlossen"),
  die dann im „Pogrom"-Text so wichtig wird.

Und je nach Situierung und Akzentuierung kann der Monolog verschiedene *Formen*
aufweisen: Er kann beispielsweise

– die Vorgänge des ersten Schultages und die Empfindungen des Jungen bei ihnen
  mehr oder weniger *chronologisch* in der Erinnerung ablaufen lassen;

– um einzelne, immer wiederkehrende Begriffe oder auch nur um einen Begriff
  („Furcht", „Panik", „Fliehen", „Bedrohung", „Gemeinschaft") *kreisend* Erinne-
  rungsteile dazu zusammenstellen;

– *sprunghaft* in der Art des Bewusstseinsstroms Teile und Fetzen von Erinnerungen
  an Vorgänge, Handlungen, Empfindungen, Landschaftsbilder aneinanderreihen,
  und das gegebenenfalls – wie ja auch ein Teil des Erzähltextes – im Präsens.

Damit liegen fünf bzw., wenn der „Nicht-versetzt"-Text von A14 in zwei Teilen geschrieben ist, sechs Szenen vor, die noch in eine sinnvolle Reihenfolge gebracht werden können und dann ein eigenes kleines Drama abgeben. Ein Lehrer oder Kurs-
oder Seminarleiter, dem das inhaltlich und vor allem aufwandsmäßig reicht, kann es

dabei bewenden lassen. Doch möchte ich noch eine weitere Aufgabe vorschlagen: Was bisher erarbeitet worden ist, sind Grundformen des konventionellen neuzeitlichen Dramas. Um dieses Drama geht es uns zunächst (und im folgenden Abschnitt 2.2. wird seine Theorie entwickelt). Doch erkennt man seine Strukturen noch deutlicher, wenn man nicht nur seine Formen erarbeitet und erkundet, was sie leisten, sondern auch erprobt, was sie gerade nicht leisten, welche anderen dramatischen Formen das leisten, was sie nicht leisten, und wie es sich von diesen anderen Formen unterscheidet.

A16:   *„Die Leiden des Jungen Peter Weiss" VI: Umwandlung von Erzähltexten in 'epische' Teile eines Dramas – Präsentation des ganzen Stücks*

Der letzte Teil c. des „Nicht versetzt"-Textes in A14 blieb bisher unberücksichtigt. Überlegen Sie, ob Sie ihn mit anderen Formen als denen, mit denen Sie bisher gearbeitet haben, in Ihr Stück einfügen möchten. Diskutieren Sie Möglichkeiten dazu, und probieren Sie gegebenenfalls eine Möglichkeit aus.

Überlegen Sie, ob Sie in ähnlicher Weise auch einige der jetzt weggefallenen Teile aus dem „Pogrom"-Text in A13 mit in das Stück einbringen möchten. Vielleicht organisieren Sie dann auch die anderen Dramenszenen ähnlich oder ergänzen sie. Falls Sie dazu weiteres Textmaterial benötigen, können Sie die vier Stellen der TEXTE VI, A.–D. beliebig verwerten.

Bringen Sie dann die Szenen Ihres Stücks in eine sinnvolle dramatische Reihenfolge, und glätten Sie gegebenenfalls noch Unregelmäßigkeiten. Stellen Sie Ihr Stück in einer Lesung mit verteilten Rollen oder in einer szenischen Lesung dar oder führen Sie es als Schauspiel auf.

Der letzte Teil des „Nicht versetzt"-Textes enthält die gleichen Schwierigkeiten wie einige Sätze des „Pogrom"-Textes: Es ist nicht möglich, den Jungen zu den Eltern sagen zu lassen: „Jetzt könnt ihr keine Wut mehr haben. Der tüchtige und erfolgreiche Fritz W hat doch alle Schuld von mir genommen und mich dazu noch besonderer Ehrung für würdig gehalten." Der Erzähltext ist von dem Bewusstseinsstand aus und mit dem Artikulationsvermögen des erwachsenen Erzählers gesprochen und kann, wenn er glaubhaft sein soll, nicht einfach auf den Jungen übertragen werden. Will man ihn dennoch ins Drama hineinbringen, weil man das, was er aussagt, nicht wegfallen lassen will, so wird man i. a. den Bereich der dramatischen Gegenwart verlassen müssen und irgendeine Instanz außerhalb ihrer, die wie der Erzähler aus einer Distanz zu dem Geschehen und mit dem Überblick über es spricht, also eine *'epische'* Instanz, wählen. Eine solche 'epische' Instanz könnte auch die einzelnen Szenen des ganzen Stücks miteinander verbinden und 'anmoderieren', sie könnte sie erläutern und kommentieren. Das sollten die Gruppen erwägen, und darüber sollten sie diskutieren, wobei es aber durchaus möglich und legitim ist, dass sie für ihr Stück auf eine 'epische' Instanz verzichten.

Als 'epische' Instanz wäre beispielsweise denkbar:

– Ein neutraler 'Erzähler', der in der Er-Form (im Präteritum oder auch im Präsens)
   vor und teilweise nach den Szenen die wichtigsten Vorgänge und Zusammenhänge
   darstellt;

– ein 'Ich-Erzähler Peter Weiss', der Jahrzehnte nach den Ereignissen (im Präteritum) aus seiner späteren Sicht die Ereignisse einleitet und erläutert oder auch seinem Freund Max Bernsdorf erzählt;

– eine Figur aus den dramatischen Szenen, etwa Fritz W, die zu der Zeit (im Präsens)
   spricht, in der das Stück spielt, und sein Geschehen ergänzt und kommentiert;

– ein 'Ansager', 'Moderator', 'Spielleiter', 'Regisseur' usw., der mit dem Leben von
   Peter Weiss vertraut ist und in die Szenen einführt und sie kommentiert;

– eine 'Teilnehmerin' / ein 'Teilnehmer' der Arbeitsgruppe, die bzw. der über die Arbeit der Gruppe und darüber berichtet, wie die Gruppe Peter Weiss und die einzelnen Szenen aus seinem Leben versteht.

Zusammen mit dem Schreiben dieser 'epischen' Teile legen die Gruppen die *Reihenfolge* der Szenen so fest, dass durch ihre Aufeinanderfolge eine Hauptidee des
Stückes möglichst klar verwirklicht wird. Wichtig ist dabei vor allem, der „Pogrom"-
Szene einen sinnvollen Ort und eine Funktion innerhalb der anderen, auf Familie
und Schule gerichteten Szenen zu geben.

Die *Präsentation* kann von ganz anspruchsloser Vorstellung bis zur aufwendiger Aufführung reichen. Denkbar sind vor allem diese Formen:

– Lesen mit verteilten Rollen: die Gruppe sitzt im Halbkreis vor der Klasse, dem
   Kurs, dem Seminar und liest mit verteilten Rollen ihr Stück vor;

– szenische Lesung: die Teilnehmer sind ohne Kostüm und Maske und lesen ihre
   Rollen i. a. vom Blatt; Agieren, Mimik, Gestik erfolgen andeutungsweise, gegebenenfalls werden auch Teile des Nebentextes gelesen;

– Theateraufführung: Aufführung des Stücks in Kostüm und Maske mit Bühnenbild, Requisiten, Beleuchtung.

Diese Formen können natürlich auch gemischt werden, sodass etwa innerhalb der
szenischen Lesung eine Szene oder zwei Szenen als Theateraufführung präsentiert
werden.

Für die Theateraufführung, gegebenenfalls auch schon für die szenische Lesung
können als Element des Bühnenbildes oder statt seiner auch von Peter Weiss gemal-
te Bilder, die mit Dias oder Overhead projiziert werden, verwendet werden, etwa
seine Gemälde „Menschen in der Straßenbahn II" (1934), „Selbstporträt zwischen
Tod und Schwester" (1935), „Junge im Garten" (1938)[9], eine Illustration aus „Trak-
tat von der ausgestorbenen Welt" (1938/39)[10], vor allem aber die acht großartigen, in
der Weise von Max Ernst gearbeiteten Collagen zu der schwedischen Übersetzung
von „Abschied von den Eltern", von denen die Collage zur Mutter in diesem Band
abgebildet ist.[11]

Die Möglichkeiten der *Realisation* des Stücks sind vielfältig; die Arbeitsgruppen eines Seminars zum produktiven Umgang mit Literatur an der Pädagogischen Hochschule Freiburg im Sommersemester 1994 wählten u. a. diese:

– Chronologische Reihung der einzelnen Szenen ohne epische Instanz. Nach der „Einschulungs"-Szene ist die „Pogrom"-Szene mit offenem Schluss eingeblendet. Nach der „Vater"- und der „Mutter"-Szene ist wiederum jeweils die „Pogrom"-Szene vom Eintreffen der Verfolger ab eingeblendet und wird bei jedem Male brutaler; beim zweiten Mal endet sie mit der Intervention des Arbeiters, beim dritten Mal mit dem Tod des Freundes.

– Chronologische Reihung der einzelnen Szenen ohne epische Instanz, doch mit einem Vorspiel, in dem der ältere Peter Weiss erzählt, wie alles mit der Einschulung angefangen hat und unter welchen Zwängen sein Leben im Elternhaus und in der Schule stand.

– Szenenfolge der „Schul"- und „Elternhaus"-Szenen und als breiter ausgeführte Schlussszene, gleichsam als ihr 'Resultat', die „Pogrom"-Szene. Jede Szene ist eingeleitet bzw. wird danach kommentiert von dem älteren Peter Weiss.

– In einem 1. Akt breit ausgeführt der „Pogrom"; in einem 2. Akt eine Reihung von Szenen zu Schule und Elternhaus, in denen die Gewalt, der der Junge im Elternhaus ausgesetzt ist, dargestellt und seine Aggressivität in der „Pogrom"-Szene verständlich gemacht wird. Vor den Akten und Szenen und teilweise während ihrer wird das Geschehen auf einer zweiten Spielebene von dem älteren Peter Weiss im Gespräch mit seinem Freund Max Bernsdorf erklärt, kommentiert und diskutiert.

Peter Weiss, aus: *Abschied von den Eltern* **und** *Fluchtpunkt*

TEXT I

Während ich über meinem Tagebuch brütete, öffnete sich die Tür und mein Vater trat ein. Er sah mich am Schreibtisch hocken, bei irgendwelchen Beschäftigungen an denen er nie teilhaben durfte, er sah, wie hastig etwas in der Schublade verschwand. Was treibst du denn da, fragte er. Ich mache meine Schulaufgaben, sagte ich. Ja, darüber wollte ich gern mit dir sprechen, sagte er. Eine peinliche Spannung trat ein, wie immer bei solchen Gesprächen. Du bist jetzt alt genug, sagte er, daß ich einmal mit dir über Berufsfragen sprechen muß. Wie denkst du dir eigentlich deine Zukunft. Ich konnte auf diese quälende Frage nichts antworten. Mit einer Stimme, die verständnisvoll sein wollte, und die etwas von einem Gespräch von Mann zu Mann hatte, sagte er, ich schlage vor, daß du in die Handelsschule eintrittst und dann in mein Kontor kommst. Ich murmelte etwas davon, daß ich erst noch die Schule absolvieren wolle, damit konnte ich immerhin Zeit gewinnen. Mein Vater sagte, jetzt mit wachsender Ungeduld, dazu scheinst du doch kaum zu taugen, ich glaube nicht, daß du begabt genug dazu bist, und zum Studieren fehlt dir jede Ausdauer, du gehörst ins praktische Berufsleben. Sein Gesicht war grau und vergrämt. Wenn man vom Leben sprach, mußte man grau und vergrämt sein. Leben war Ernst, Mühe, Verantwortung. Mein Gesicht, das Gesicht eines Nichtskönners und Tagediebs, verzog sich zu einem verlege-

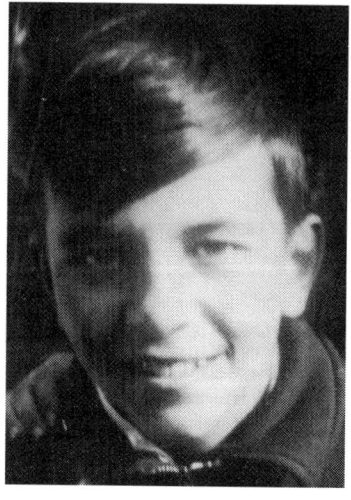

Peter Weiss (1933)   Der Vater in seinem Büro

nen, stereotypen Grinsen. Gekränkt sagte mein Vater, du brauchst gar nicht zu
lachen, das Leben ist kein Spaß, es wird Zeit, daß du einmal wirklich arbeiten
lernst.[12]

TEXTE II

[A.] In der lethargischen Stunde zwischen Zwei und Drei lag ich auf dem Sofa im
Wohnzimmer, die Hände unterm Kopf verschränkt, hinüberstarrend auf den
Farbdruck an der Wand, der Hannibals Grab darstellte. [...]

Das Fenster zur Straße stand offen, draußen staubte weißes Sonnenlicht, vom
Tennisplatz an der gegenüberliegenden Straßenseite tönten träge, dumpfe Ball-
schläge. Zuweilen summte dicht unterm Fenster ein Auto vorbei, oder eine Rad-
glocke klingelte. Der Gedanke an die Stadt draußen belebte mich [...].

Schon wollte ich aufstehen, da stand meine Mutter vor mir, nie merkte ich, wie
sie ins Zimmer kam, immer erschien sie plötzlich mitten im Zimmer, wie aus dem
Boden emporgewachsen, den Raum mit ihrer Allmacht beherrschend. Hast du
deine Aufgaben gemacht, fragte sie, und ich sank zurück in meine Müdigkeit.
Noch einmal fragte sie, bist du schon fertig mit deinen Aufgaben. Aus meiner
dumpfen Lage heraus antwortete ich, ich mache sie später. Sie aber rief, du
machst sie jetzt. Ich mache sie nachher, sagte ich, in einem schwachen Versuch
des Widerspruchs. Da hob sie, wie in einem Wappenschild, die Faust, und rief ihren Wappenspruch, Ich dulde keinen Widerspruch. Dicht trat sie an mich heran
und ihre Worte fielen wie Steine auf mich herab, du mußt büffeln und wieder büffeln, du hast noch ein paar Jahre, dann wirst du ins Leben hinaustreten und dazu
mußt du etwas können, sonst gehst du zugrunde. Sie zog mich an meinen
Schreibtisch zu den Schulbüchern. Du darfst mir keine Schande machen, sagte
sie. Ich leide schlaflose Nächte deinetwegen, ich bin verantwortlich für dich,
wenn du nichts kannst, dann fällt das auf mich zurück, leben heißt arbeiten, arbeiten und arbeiten und immer wieder arbeiten. Dann ließ sie mich allein.

[B.] Da war ich wieder der mißglückte Schüler, der eingesperrt im Zimmer saß, und das warme, brodelnde Leben draußen war unerreichbar. Da saß meine Mutter neben mir und verhörte mich, und ich konnte nichts. Schwein heißt pig, pig kommt von picken, pick, pick, pick, und sie umfaßte meinen Nacken und drückte meine Nase ins Vokabelheft, pick, pick, pick, so wirst du dirs wohl merken. Ich merkte es mir. Zuweilen konnte ich mit einem Schrei aus einem Traum auffahren, spürte noch den Griff von der Hand meiner Mutter im Nacken, spürte noch den Schlag von der Hand meiner Mutter an meiner Backe, hörte ihre rasende Stimme [...].[13]

TEXT III

[Nach der Emigration nach Schweden 1940 versucht sich Peter Weiss in Gesprächen mit seinem Freund Max Bernsdorf über die Fremdheit, die er überall – auch in der Familie – erfahren hat und über ihre Auswirkungen klarzuwerden und erzählt ihm u. a. ein Erlebnis aus seiner Jugend:]

Ich hatte einmal an einem Pogrom teilgenommen. Ich sah den Freund, über den wir hergefallen waren, vor mir. Seinem Aussehen und Namen nach mußte er Jude gewesen sein. In den Kellergewölben eines verlassenen Baugeländes hatten wir, inspiriert vom Film Ben Hur, Galeerensklaven gespielt. Wir saßen auf einem Brett und bewegten uns vor und zurück an imaginären Rudern. Das Leiden meines Freundes begann, als er mich zum Aufseher ernannte und ich die Peitsche über ihm schwingen mußte. Als die Verfolger zu uns eindrangen, war ich schon bereit, auf ihre Seite überzugehen, und der Galeerensklave wurde unser Opfer. Aus Dankbarkeit, daß man mich verschonte, daß man diesmal einen anderen gewählt hatte, ergriff ich die Partei der Stärkeren und überbot sie an Grausamkeit. Sie sollten ihren Irrtum nicht erkennen. Ich führte sie an und schleppte den Gefangenen an den Rand der überschwemmten Ausschachtungen. Wir warfen ihn auf ein Floß, stießen ihn hinaus ins Wasser und bombardierten ihn mit Lehmbrocken. Ich hatte ihn später immer wieder vor mir gesehen, wie er sich an den glitschigen Brettern festklammerte, vom gelben Wasser umspritzt, ich hörte ihn um Hilfe schreien und ich hörte meine eigenen anfeuernden Rufe, mit denen ich mich bei meinen neuen Verbündeten einschmeichelte und sie vom Gedanken, daß sie auch mich ergreifen und aussetzen könnten, ablenken wollte. Während des Erzählens war ich nicht sicher, wo die Wahrheit lag, bei der Vorstellung, die lange angehalten hatte, daß unser Opfer gekentert und ertrunken war, oder bei dem vermeintlichen Erinnerungsbild, daß ein Arbeiter auf dem Grundstück aufgetaucht war und zur Rettung kam. Deutlich sah ich nur, daß ich auf der Seite der Verfolger und Henker stehen konnte. Ich hatte das Zeug in mir, an einer Exekution teilzunehmen.[14]

TEXT IV

[a.] Ich kam mit dem Schulzeugnis nachhause, in dem ein schrecklicher Satz zu lesen war, ein Satz, vor dem mein ganzes Dasein zerbrechen wollte. Ich ging mit diesem Satz große Umwege, wagte mich nicht mit ihm nachhause, sah immer wieder nach, ob er nicht plötzlich verschwunden war, doch er stand immer da, klar und deutlich. Als ich schließlich doch nachhause kam, weil ich nicht die Kühnheit hatte, mich als Schiffsjunge nach Amerika anheuern zu lassen, saß bei meinen Eltern Fritz W.

[b.] Was machst du denn für ein betrübtes Gesicht, rief er mir zu. Ist es ein schlechtes Zeugnis, fragte meine Mutter besorgt, und mein Vater blickte mich an, als sehe er alles Unheil der Welt hinter mir aufgetürmt. Ich reichte das Zeugnis meiner Mutter hin, aber Fritz riß es mir aus der Hand und las es schon, und brach in schallendes Gelächter aus. Nicht versetzt, rief er, und schlug sich mit seiner kräftigen Hand auf die Schenkel. Nicht versetzt, rief er noch einmal, während meine Eltern abwechselnd ihn und mich verstört anstarrten, und zog mich zu sich heran, und schlug mir auf die Schultern. Nicht versetzt, genau wie ich, rief, ich bin viermal sitzen geblieben, alle begabten Männer sind in der Schule sitzen geblieben.

[c.] Damit war die Todesangst zerstäubt, alle Gefahr war vergangen. Aus den verwirrten Gesichtern mei-

Die Mutter als Schauspielerin in der Rolle einer Äbtissin (ca. 1913)

ner Eltern konnte sich keine Wut mehr hervorarbeiten, sie konnten mir nichts mehr vorwerfen, da ja Fritz W, dieser tüchtige und erfolgreiche Mann, alle Schuld von mir genommen hatte, und mich dazu noch besonderer Ehrung für würdig hielt.[15]

TEXT V

Es war der erste Schultag. Wir trugen jeder eine Tüte, voll von süßen, klebrigen Himbeerbonbons, zum ersten Schultag gehörte solch eine Tüte, von überall her strömten Kinder der Schule zu, und jedes trug eine Tüte zum Trost, und die Furcht vor der Schule ist klebrig und süß vom Geschmack der Himbeerbonbons. Doch vorm Schultor floh ich zurück, ich lief zurück über die schwarze, hartgestampfte Schlacke des Schulhofs, ich lief auf der weißen, staubigen Allee zurück, am Pfau und an den Schwänen vorüber, über den Steg der von der Allee aus über den Bach in den Park führte, hinein in die verwilderte Tiefe des Parks, bis an den Rand der Felder, ich kann es jetzt schildern, ich kann es jetzt überblicken, es war

Collage der Mutter aus „Abschied von den Eltern" (1962)

der erste Schultag, es war der Anfang, es war der Anfang der Panik, ich wollte mich nicht fangen lassen, ich floh keuchend, ich rang nach Atem, es brannte wie Feuer in meiner Kehle und in meiner Brust, und so stehe ich am Rand der Felder, und allmählich beruhigte sich mein Atem und ich fühle mich sicher, und eine Weile bin ich frei und losgelöst von allen Bedrohungen, vor mir wächst ein wilder Rosenbusch auf, und in den Dornen des Busches zittert die wollige Flocke vom Fell eines Hasen. Später an diesem Tag aber wurde ich von meiner Mutter zur Schule zurückgeleitet, später an diesem Tag stand ich mit meiner Mutter vor der Klassentür im Korridor, und meine Mutter klopfte an die Klassentür, und der Lehrer öffnete die Tür von innen, und drinnen wandten alle Gesichter sich mir entgegen, drinnen waren alle zur Gemeinschaft zusammengeschlossen und ich war der Zuspätgekommene.[16]

Bildnachweis: Peter Weiss: Peter Weiss. Leben und Werk / P. W.: Liv och verk. Hg. v. Gunilla Palmstierna-Weiss u. Jürgen Schütte. Frankfurt/M.: Suhrkamp 1991. S. 45 (Ausschnitt); Der Vater in seinem Büro: Ebd. S. 97; Die Mutter als Schauspielerin in der Rolle einer Äbtissin: Der Maler Peter Weiss. Bilder – Zeichnungen – Collagen – Filme. Berlin: Frölich & Kaufmann o. J. S. 13; Collage der Mutter aus „Abschied von den Eltern": Ebd. S. 265.

TEXTE VI

[A.] Meine Mutter war vor ihrer Ehe mit meinem Vater einige Jahre lang Schauspielerin gewesen, alte Programme bewiesen, daß sie in führenden Rollen auf
Reinhardts Bühne gestanden hatte. Sie war Tragödin, eine dominierende Erscheinung, mit ihrem hochgewachsenen Körper, ihren dunklen Augen und dem
schwarzen Haar. Sie erzählte, wie sie in einem Mysterienspiel, in dem sie die Äbtissin darstellte, einen Schrei auszustoßen hatte. Den Ton dieses Schreis, sagte
sie, fand sie jedesmal mit solcher Genauigkeit, daß die Musiker im Orchester ihre Instrumente danach stimmen konnten.[17]

[B.] Ich habe oft versucht, mich mit der Gestalt meiner Mutter und der Gestalt
meines Vaters auseinanderzusetzen, peilend zwischen Aufruhr und Unterwerfung. Nie habe ich das Wesen dieser beiden Portalfiguren meines Lebens fassen
und deuten können. Bei ihrem fast gleichzeitigen Tod sah ich, wie tief entfremdet
ich ihnen war. Die Trauer, die mich überkam, galt nicht ihnen, denn sie kannte ich
kaum, die Trauer galt dem Versäumten, das meine Kindheit und Jugend mit gäh-
nender Leere umgeben hatte.

[C.] Wenn das Beobachtende und Kontrollierende in mir ermüdet und mein Bewußtsein den Halt verliert, steigen die Impulse aus der frühesten Epoche meines
Lebens in mir auf, im Halbschlaf, im Traum, in Perioden des Niedergangs, erlebe
ich wieder die Hilflosigkeit, das Ausgeliefertsein und die blinde Auflehnung aus
jener Zeit, in der fremde Hände mich bändigten, kneteten und vergewaltigten.
Als meine Mutter mir einmal erzählte, meine ersten Worte seien gewesen, was
hab ich für ein schönes Leben, was hab ich für ein schönes Leben, hörte ich daraus den Klang von etwas Eingelerntem, Papageienhaftem, mit dem ich meine
Umwelt unterhalten oder verhöhnen wollte.

[D.] Zuhause lebte ich wie ein Belagerter. Mein Zimmer glich einer Festung. Die
Wände hatte ich angefüllt mit Bildern von Masken und Dämonen, und mit meinen eigenen Zeichnungen, die mit schreienden Figuren den Eintretenden zu-
rückschreckten. Ich fühlte die Sprengkraft, die in mir lag, und ich wußte, daß ich
mein Leben dem Ausdruck dieser Sprengkraft widmen mußte, zuhause aber sah
man meine Versuche als Verwirrungen an, mit denen man nicht ernsthaft zu rechnen brauchte.[18]

2.2. Dramentheoretischer Exkurs: Das neuzeitliche Drama und sein Weltbild

Die Arbeit an dem Peter-Weiss-Stück und vor allem die Umwandlung des Erzähltextes in einen Dramentext hat einiges von den besonderen Merkmale, Möglichkeiten
und Schwierigkeiten des Dramas sichtbar gemacht. Das soll im Folgenden knapp zusammengestellt und ein wenig systematisiert werden. Dabei wird das, was im vorstehenden Abschnitt 1.4. über das Drama als *Zeichensystem der 'Personalität'* erarbeitet worden ist, genauer und differenzierter gefaßt.

In dem Abschnitt „Die dramatische Poesie", der den Schlussteil von Hegels „Ästhe-tik" bildet, heißt es:

> Das Bedürfniß des Drama überhaupt ist die Darstellung gegenwärtiger mensch-licher Handlungen und Verhältnisse für das vorstellende Bewußtseyn, in dadurch sprachlicher Aeußerung der die Handlung ausdrückenden Personen. (Hegel 1953 f., Bd. 3, S. 480)

Damit sind wichtige Merkmale, die uns vorher begegnet sind, auf den Begriff ge-bracht:

1. Das Drama ist „Darstellung *gegenwärtiger* menschlicher Handlungen".
2. Diese Darstellung erfolgt durch „*sprachliche* Äußerung der ... Personen".
3. Insgesamt geschieht das Drama durch menschliche „Handlung ausdrückende *Personen*", geschieht durch personale *Subjektivität*.

2.2.1. Die Gegenwärtigkeit des Dramas

Das Drama geschieht „in unmittelbarer Gegenwärtigkeit" seiner Handlung (Hegel a. a. O., S. 479). Es gibt keinen Erzähler, der etwa in der Rolle dessen erzählt, der sich an ein vergangenes Geschehen erinnert, es nach den Reden und Handlungen der Beteiligten wiedergibt und in seinen Ursachen und in seiner Bedeutung über-schaut und wertet. Es gibt als Haupttext nur die 'direkte Rede' von dramatischen Fi-guren, also das, was Figuren gegenwärtig äußern. Und es ist darauf gezielt, dass ein Schauspieler, also ein gegenwärtiger Mensch, es als etwas spielt, nämlich spricht, das er im gegenwärtigen Augenblick sagt. Das begegnet uns zwar stets im Theater und täglich stundenlang in Film und Fernsehen, es ist aber dennoch nicht selbstverständ-lich. Was es bedeutet, zeigt sich genauer, wenn wir das 2. Merkmal betrachten:

2.2.2. Die ausschließliche Sprachlichkeit des Dramas

Die Umwandlung eines Erzähltextes in einen dramatischen Text bedeutet nicht nur, dass alles Erzählte in gegenwärtiges Handeln von Figuren umgeformt werden muss, sondern dass es auch sprachlich realisiert sein muss als das, was die Figuren gegen-wärtig zueinander sagen. Die dramatischen Figuren müssen ihr Empfinden, Den-ken, Wollen sprachlich artikulieren; die entscheidenden Vorgänge ihres Handelns, seine Motive und Absichten müssen – auch wenn sie üblicherweise ohne sprachliche Verlautbarung abzulaufen pflegen – sprachlich vorgestellt, also in Rede transfor-miert und dialogisch realisiert werden.

Das wurde bei der Umwandlung des Peter-Weiss-Textes schwierig, wenn in ihm Vor-gänge erzählt werden, die der Junge nach Alter und Bewusstseinsstand keinesfalls sprachlich zu artikulieren in der Lage ist. Die Figuren des Dramas müssen eben re-dende, dialogisierende Figuren sein, anders gesagt: nur redende und dialogisierende Figuren können dramatische Figuren sein. Gustav Freytag sagt sogar, der dramati-sche Held müsse die Fähigkeit besitzen, „sein Inneres in großartiger Weise mit einer gewissen Reichlichkeit der Worte auszudrücken" (1969, S. 58; der ganze Text weiter unten). Dabei weiß Freytag, dass das eine Stilisierung, dass es eigentlich unnatürlich ist. Er formuliert es so, die dramatische Kunst müsse zu dem natürlich Gegebenen „noch ein anderes mischen, was die Natur nicht bietet":

> Es wird also unvermeidlich sein, daß seine [des Dramas] Charaktere auch in den Momenten hoher Leidenschaft weit mehr von dieser inneren schöpferischen Kraft der Rede, von der unumschränkten Macht und Herrschaft über Sprache [...] verraten, als sie in der Natur jemals zeigen. (1969, S. 257)

Das bezieht sich unmittelbar auf das Drama, wie es in der Mitte des vorigen Jahrhunderts in Europa existierte, und gilt nicht uneingeschränkt. Schon Büchners „Woyzeck", dann das naturalistische, das neuere soziale Drama in der Volksstücktradition haben bewiesen, dass auch Figuren mit geringem Sprachvermögen dramatisch dargestellt werden können, und etwa Horvath, Fleißer, Kroetz haben gezeigt, dass sogar sprachliches Unvermögen und die Unfähigkeit zu sprachlicher Kommunikation, zum Dialog, dramatisch dargestellt werden können. Dennoch ist das nicht die Regel und nicht die Norm dramatischer Praxis bis heute. Für sie gilt im Prinzip nach wie vor, was Freytag ausführt. Es gilt, was Dürrenmatt in seinen „Theaterproblemen" so ausdrückt:

> Im Gegensatz zur Epik jedoch, die den Menschen zu beschreiben vermag, wie er ist, stellt die Kunst des Dramas den Menschen mit einer Einschränkung dar, die nicht zu umgehen ist und den Menschen auf der Bühne stilisiert. Dieser Einschränkung ist durch die Kunstgattung hervorgerufen. Der Mensch des Dramas ist ein redender Mensch, das ist seine Einschränkung, und die Handlung ist dazu da, den Menschen zu einer besonderen Rede zu zwingen. (1966, S. 111)

Es ist das entscheidende Merkmal des Dramas, dass es die Vorgänge, die es darstellt, versprachlichen, in direkte dialogische Rede der handelnden Figuren verwandeln muss. Und das ist gleichzeitig sein Problem, denn es ist teilweise unnatürlich (Freytag), es bildet eine Stilisierung der dramatischen Figuren und so eine „Einschränkung" des Dramas (Dürrenmatt). – Doch steht das in weiteren Zusammenhängen, hängt nämlich mit der 'Personalität' des Dramas zusammen:

2.2.3. Die Subjektivität des neuzeitlichen Dramas

Die entscheidende Erfahrung der Umformung eines Erzähltextes, der nicht vorwiegend dialogisch ist, in einen dramatischen Text ist, dass alles Erzählte umgewandelt werden muss in Handlung von sprechenden Figuren und wegfällt, wenn das nicht möglich ist. Diese Umwandlung ist nicht so schwierig, wenn es um Interaktionen zwischen dramatischen Figuren geht. Sie ist schwierig und oft unmöglich, wenn die Bedeutung dessen, was die Figuren tun, und seiner Folgen und Auswirkungen, wenn die Ursachen, wegen derer sie es tun, und die Bedingungen und Einflüsse, denen sie dabei unterliegen, dargestellt werden sollen, – was dem Erzähltext ja mühelos möglich ist. Denn im Drama gibt es eben nur die gegenwärtige Figur, das Drama ist eine extrem reduzierte oder fragmentarische Darstellung von Wirklichkeit: Nach Käte

Hamburger stellt das Drama „gewissermaßen die reine platonische Idee fragmentarisch erlebter Wirklichkeit dar". (1968, S. 162) Reduziert oder fragmentarisch ist die
Wirklichkeitsdarstellung des Dramas deshalb, weil in ihr die vielfältigen kollektiven
und umweltlichen, die außer- und überindividuellen, die naturhaften, kulturellen,
geschichtlichen, gesellschaftlichen, politischen, ökonomischen Bedingungen, die
die Wirklichkeit und jeden Menschen in ihr entscheidend prägen und bestimmen, *als
solche* so gut wie ausgeklammert sind. Zwar können wenige von ihnen durch Bühnenbild und Kostüm angezeigt werden, im entscheidenden dramatischen Haupttext
erscheinen sie aber nur indirekt als Auswirkungen an der dramatischen Figur, als Reaktion der Figur auf sie. Sie sind so stets durch das Medium der dramatischen Figur,
durch das sie hindurchgegangen sind, geformt und verformt und stellen wenigstens
so sehr diese Figur wie die auf sie wirkenden Bedingungen und Verhältnisse seiner
Umwelt dar. Brecht fasst es so:

> Diese Umwelt war natürlich auch im bisherigen Drama gezeigt worden, jedoch
> nicht als selbständiges Element, sondern nur von der Mittelpunktsfigur des Dra-
> mas aus. Sie erstand aus der Reaktion des Helden auf sie. Sie wurde gesehen, wie
> der Sturm „gesehen" werden kann, wenn man auf einer unbewegten Wasserflä-
> che die Schiffe ihre Segel entfalten und die Segel sich biegen sieht. (1991–94,
> Bd. 22.1, S. 108; genauer in A20)

Jemand könnte einwenden, Brecht sehe das so, weil es ihm bekanntermaßen auf die
Darstellung der 'umweltlichen', der gesellschaftlichen Verhältnisse durch das Drama ankomme. Deshalb sei noch ein anderer wichtiger Dramentheoretiker herangezogen, der ganz bürgerlichen Einstellungen verpflichtet und sozialistischer Gesin-
nung unverdächtig ist. Gustav Freytag schreibt 1863 (der Anfang war schon zitiert
worden), für das Drama sei es notwendig,

> daß der Held die Fähigkeit besitzt, sein Inneres in großartiger Weise mit einer ge-
> wissen Reichlichkeit der Worte auszudrücken, und da diese Forderungen bei sol-
> chen Menschen, welche dem Leben der Neuzeit angehören, sich steigern, so
> wird auch dem modernen Helden auf der Bühne ein tüchtiges Maß seiner Zeit-
> bildung unentbehrlich sein. Denn nur dadurch erhält er innere Freiheit. Deshalb
> sind solche Klassen der Gesellschaft, welche bis in unsere Zeit unter dem Zwang
> epischer Verhältnisse stehen, deren Leben vorzugsweise durch die Gewohnhei-
> ten ihres Kreises gerichtet wird, welche noch unter dem Druck solcher Zustände
> dahinsiechen, die der Hörer übersieht und als ein Unrecht verurteilt, [...] zu
> Helden des Dramas nicht gut verwendbar [...].

Wenn vollends ein Dichter die Kunst dazu entwürdigen wollte, gesellschaftliche
Verbildungen des wirklichen Lebens, Gewaltherrschaft der Reichen, die ge-
quälte Lage Gedrückter, die Stellung der Armen, welche von der Gesellschaft
fast nur Leiden empfangen, streitlustig und tendenzvoll zur Handlung eines
Dramas zu verwerten, so würde er durch solche Arbeit wahrscheinlich die Teilnahme seiner Zuschauer lebhaft erregen, aber diese Teilnahme würde am Ende
des Stückes in einer quälenden Verstimmung untergehen. (1969, S. 58 f.)

Dafür, dass das nicht ausnahmslos gilt, sind etwa Büchners „Woyzeck" und Hauptmanns „Weber", sind die Werke Horvaths, Fleißers, Brechts überzeugende Beispiele. Freytag formuliert das bürgerliche Verständnis des Dramas, aber nicht nur als
Alibi für bürgerlichen Individualismus und soziale Instinktlosigkeit. Sondern er beschreibt bei aller Enge des Blicks die *strukturelle* Eigenart des neuzeitlichen Dramas, dass sich in ihm alles um die Figur des Helden dreht, der aus sich in „innerer
Freiheit" handeln muss und daher keinen außerindividuellen Bedingungen und
Zwängen unterliegen und deshalb auch nicht aus Schichten stammen darf, die durch
den „Druck" gesellschaftlicher Verhältnisse geprägt sind. Auf keinen Fall werden an
dem Helden solche außerindividuellen Bedingungen, die ihn bestimmen, keinesfalls
werden etwa gesellschaftliche Verhältnisse als solche, werden Gewaltherrschaft, Unterdrückung, Armut dargestellt. Und nicht, weil Freytag sie nicht sieht oder sie uner-
heblich findet – „die Sorge um Besserung der armen und gedrückten Klassen soll ein
wichtiger Teil unserer Arbeit im wirklichen Leben sein", sagt er in diesem Zusam-
menhang (1969, S. 59) –, aber das neuzeitliche Drama ist strukturell, nach Art seines
ästhetischen Zeichensystems nicht der eigentliche Ort, um sie darzustellen.

Im neuzeitlichen Drama geht es strukturell um anderes. Hegel betont es unermüd-
lich: „von allem aber, was vor sich geht, muß es die Aeußerlichkeit abstreifen, und an
deren Stelle das thätige und selbstbewußte Individuum setzen." (1953f., Bd. 3,
S. 482) Das Drama ist getragen von den „selbständig aus sich handelnden Individu-
en" (S. 482); das das Drama bestimmende Prinzip ist „das Innere des sich aus sich
bestimmenden Individuums" (S. 483); oder in anderer Terminologie: was das Drama ausmacht, ist „die Subjektivität als solche in ihrer ungefesselten Selbstbestimmung und Freiheit" (S. 527). Es ist nicht nur so, dass die Person, das Individuum,
das Subjekt im neuzeitlichen Drama eine besondere Bedeutung hat, sondern dies
Drama ist ein ästhetisches Zeichensystem, das ein Weltbild signifiziert, in dem das
Subjekt Sinnzentrum ist: das *neuzeitliche Weltbild der Subjektivität*. Dieses Drama
entstand zur Zeit der Renaissance und der Aufklärung. Es entstand also in der Zeit,
in der sich das Weltbild der 'Subjektivität' durchsetzte, das bis zu unserem Jahrhundert herrscht und grundsätzlich erst von der Postmoderne – und u. a. dem gegenwärtigen Drama (s. Kap. 7) – infrage gestellt wurde. (Vgl. Andreotti 1996, S. 90–96.)

Dieses neuzeitliche Weltbild sei wenigstens in ganz groben Umrissen nach einigen
Aspekten skizziert: In der *Sprache* ändert sich mit der Neuzeit ein symptomatischer
Wortgebrauch. 'Subjekt': das sub-jectum (griech.: hypokeímenon), wörtlich 'das
Zugrundeliegende' als die 'Basis' aller Wirklichkeit, ist in der Antike und im Mittelalter natürlicherweise die Welt; ihm stellt sich – etwa im Vorgang des Erkennens –
der Mensch als ein 'Objekt', ein ob-jectum: ein 'Entgegenstehendes', gegenüber.
Seit der Neuzeit ist nun der Mensch das 'Subjekt', das sub-jectum, das allem Zugrundeliegende: ist „der Mensch als Subjekt Maß und Mitte des Seienden" (Heidegger
1977, S. 110; s. 87f., 106–111), und die Welt ist das, was ihm, seinem Erkennen und
seinem Zugriff, als 'Objekt' gegenüber- oder entgegensteht.

In der *Philosophie* ist es Descartes, der mit seiner bekannten Argumentation diese Wende dokumentiert: Um als Grundlage der Wissenschaft etwas absolut Sicheres, eine unbezweifelbare Wahrheit zu haben, geht er nicht, wie es bis dahin etwa für antikes Denken völlig selbstverständlich war, von der Welt und ihrer Existenz aus, weil sie vom Menschen ganz unterschiedlich und nie sicher erfahren werden kann. Er geht vom Menschen und der Selbstgewissheit seiner Vernunft aus: Die menschliche Vernunft ist unbezweifelbar, denn auch wenn sie sich selbst bezweifeln wollte, etabliert sie sich mit diesem Zweifeln als Zweifel und beweist sich damit unzweifelbar selbst („cogito ergo sum": dubito, ergo dubitans sum). Orientierungsmitte des Erkennens und Sinnzentrum der Wirklichkeit ist das Subjekt.

Ähnliches geschieht in der *Malerei*. Nicht die Wirklichkeit, wie sie ist, wird mehr dargestellt, sondern die 'subjektive' Weise, wie der Mensch sie jeweils von seinem bestimmten Standpunkt aus oder in seiner bestimmten 'Perspektive' sieht. Bis heute ist die Zentralperspektive, wie sie seit der Renaissance verwendet wurde, die Weise, wie – wenn schon nicht mehr die Maler, so doch – die meisten Menschen über das zentralperspektivisch zeichnende Objektiv (das besser 'Subjektiv' heißen sollte) von Fotoapparat, Film-, Fernseh-, Video-Kamera die Welt dargestellt sehen (vgl. Gebser 1949, S. 23–49).

Und in der *Ökonomie* hat sich mit dem Bürgertum seit dem Frühkapitalismus eine Wirtschaftsform entwickelt und durchgesetzt, die auf dem freien Wettbewerb der konkurrierenden Individuen beruht, in der also, wie Kant es in seiner „Idee zu einer allgemeinen Geschichte in weltbürgerlicher Absicht" formuliert, letztlich 'subjektive' „Ehrsucht, Herrschsucht oder Habsucht" der einzelnen Individuen (Vierter Satz. 1968, Bd. 8, S. 21) die treibende Kraft und das Sinnprinzip des gesellschaftlichen Lebens sind.

Und dieses Weltbild des Subjekts als Sinnmitte der Wirklichkeit ist es, das die neuzeitliche *Literatur* durch bestimmte literarische Formen darstellt, das sie mit ihren verschiedenen literarischen Zeichensystemen bedeutet. Literarische Formen sind keine neutralen zeitlosen 'Formen an sich', sondern geschichtlich bedingt und geprägt. Sie sind diejenigen Formen, in denen bestimmte geschichtliche Inhalte, Probleme, Vorgänge, Entwicklungen deshalb dargestellt worden sind, weil eben sie (und nicht beliebige andere literarische Formen) die adäquaten Mittel ihrer Darstellung waren: weil sie ihnen formal homolog waren. Literarische Formen bedeuten und transportieren i. a. bestimmte geschichtliche Einstellungen, Anschauungen, Weltbilder, Ideologien. So bedeuten und übermitteln etwa die Erzählformen des neuzeitlichen Romans das Weltbild der Neuzeit (s. Waldmann 1976, insbes. S. 212–251). So bedeuten und übermitteln die *Dramenformen* des neuzeitlichen Dramas, wie es in England um und mit Shakespeare, wie es in Frankreich mit Corneille und Racine, wie es in Deutschland mit Lessing entstand, das neuzeitliche Weltbild von Renaissance und Aufklärung, das neuzeitliche Weltbild der *Subjektivität*: „der Subjektivität als solcher in ihrer ungefesselten Selbstbestimmung und Freiheit" (Hegel).

Der erste Abschnitt 3.1. des folgenden Kapitel stellt knapp die theoretische Begründung des neuzeitlichen Dramas durch Lessings Dramentheorie dar, er ergänzt also
die strukturelle Analyse des vorliegenden Abschnitts um eine historische. Er enthält
eine Arbeitsaufgabe über Textstellen aus Lessings „Hamburgischer Dramaturgie".
Wenn die vorstehenden Ausführungen über die Merkmale und das Weltbild des neuzeitlichen Dramas als solche besprochen werden sollen, so eignet sich dafür diese Arbeitsaufgabe.

3. Analytische und produktive Erarbeitung von Formtypen des Dramas

3.0. Einleitung

Dieses Kapitel soll einige der wichtigeren Formtypen des neuzeitlichen und modernen Dramas erarbeiten:

- das geschlossene Drama,
- das offene Drama,
- das epische Theater,
- das Lehrstück,
- das dokumentarische Theater.

Wir gehen *idealtypisch* vor und stellen die jeweiligen Formtypen möglichst rein als solche dar. In der dramatischen Praxis sind sie allerdings fast immer und oft vielfältig vermischt. Doch können solche Mischformen erst dann nach Gestalt und Funktion erkannt und verstanden werden, wenn zunächst die Elemente, aus denen sie zusammengesetzt sind, aufgefaßt worden sind.

Das Kapitel ist *methodisch* als größere Gruppenarbeit konzipiert: Fünf Arbeitsgruppen bearbeiten arbeitsteilig jeweils einen Formtyp, analysieren dazu einen Text und stellen an ihm die wichtigeren Formelemente ihres Dramentyps fest, mit denen sie dann ein eigenes (Kurz-)Drama schreiben. Das ist insgesamt wie für jede Gruppe ein großes und anspruchsvolles Projekt, das gut geplant sein muss. Deshalb werden für jede Arbeitsgruppe ergiebige Dramentexte sowie Texte über sie vorgeschlagen und detaillierte Arbeitsaufträge formuliert. Auch die möglichen Erträge der Arbeit mit diesen Texten sowie die literarischen Zusammenhänge, in denen sie stehen, werden verhältnismäßig ausführlich dargestellt, damit der Lehrer, der Kurs- oder Seminarleiter sich schnell informieren und seinen Gruppen bei Schwierigkeiten oder Fragen rasch raten kann. Doch bleibt eine *Schwierigkeit*: Auch eine genaue Bearbeitung der Texte und der Arbeitsaufträge lässt eine Gruppe, die sich zum ersten Mal selbstständig mit einem Drama Goethes, Büchners, Brechts oder Weiss' befasst, noch nicht wissen, worauf es bei ihrer Arbeit denn nun hauptsächlich ankommt, weil sie den Problemhorizont nicht kennt, in dem ihre Arbeit vor allem steht. Deshalb ist den fünf Gruppenarbeiten eine analytische Aufgabe mit Texten aus Lessings „Hamburgischer Dramaturgie" vorgeschaltet. Sie gibt den dramengeschichtlichen bzw. dramentheoretischen Bezugsrahmen vor, in dem die Arbeitsaufgaben stehen, denn sie beschreibt einen Dramentyp, den die einzelnen zu bearbeitenden Dramen entweder genau realisieren oder mehr oder weniger stark modifizieren oder zu denen sie direkte Gegenmodelle bilden. An ihm können sich die Gruppen bei ihrer Arbeit dann positiv oder negativ orientieren.

Wenn dem Lehrer, dem Kurs- oder Seminarleiter die Arbeit mit den Lessing-Texten aber nicht günstig, etwa zu theoretisch oder entlegen erscheint, gibt es die andere Möglichkeit, dass er die erste Arbeitsaufgabe zum geschlossenen Drama nicht an eine Gruppe gibt, sondern selbst gemeinsam mit der Klasse, dem Kurs oder dem Seminar behandelt; eine Produktion dafür entfällt. Dann ist mit Goethes „Iphigenie" und dem geschlossenen Drama eine Kontrastfolie geschaffen, an der die Gruppen die Arbeit an ihrem Dramentyp orientieren und gegen die sie ihre Dramen halten können. So steht zwar eine Gruppenaufgabe weniger zur Verfügung, doch können die anderen Aufgaben ja mehrfach besetzt werden. Die vorliegende Ausarbeitung erlaubt beide Möglichkeiten: die Arbeit mit dem dramengeschichtlichen Vorlauf „Lessing" wie mit dem Dramenmodell „Iphigenie", – nur sollte eine von ihnen unbedingt gewählt werden.

Natürlich muss nicht unbedingt in Gruppen gearbeitet werden. Die Aufgaben zu den verschiedenen Formtypen können auch nacheinander gemeinsam von der ganzen Klasse, dem ganzen Kurs oder Seminar behandelt werden, und es können in größeren Abständen einzelne Aufgaben, vielleicht in Zweiergruppen (Goethe / Büchner; Brecht: episches Theater / Weiss; Brecht: episches Theater / Lehrstück, oder anders) oder es kann nur eine einzelne Aufgabe behandelt werden, – mit produktiver Anwendung oder auch ohne sie. Sodann kann es teilweise sinnvoll sein, wenn die Gruppen bzw. die Klasse, der Kurs oder das Seminar die zu bearbeitenden Dramentexte nicht nur lesen, sondern auch *szenisch* erarbeiten (s. Abschn. 4.2.).

Zu den Inhalten der Arbeit: Als Beispieltexte, an denen die Merkmale der jeweiligen Dramentypen erarbeitet werden, wurden ausschließlich Klassiker der jeweiligen Formtypen gewählt, um den Analysen und Produktionen wirklich repräsentative Dramen zugrunde zu legen. Für die Schule ist so Gelegenheit gegeben, notwendige Pflicht- oder Kanonlektüren auf andere Art als üblich und zudem gegebenenfalls en bloc zu behandeln. Die *Dramenanalysen* sind verschiedenartig angesetzt. Zunächst werden die einzelnen Dramentypen in unterschiedlichen Auswahlformen vorgeschlagen:

1. Das geschlossene Drama mit drei einzelnen Szenen aus Goethes „Iphigenie";

2. das offene Drama mit einer Kurzfassung der Haupthandlung von Büchners „Woyzeck";

3. das epische Theater mit drei einzelnen Szenen aus Brechts „Mutter Courage" zusammen mit Stellen einer früheren Fassung;

4. das Lehrstück mit dem einen Teil eines zweiteiligen Lehrstücks, dem „Jasager" von Brecht, zusammen mit Boals Darstellung einer vergleichbaren Dramenform, seines Forumtheaters;

5. das dokumentarische Theater mit einem „Gesang" aus Peter Weiss' „Die Ermittlung".

Den Dramen bzw. Dramenauszügen sind jeweils dramaturgische oder dramentheoretische Texte der Autoren (Brecht, Weiss) bzw. aus der Literatur (Gottsched) und Sekundärliteratur (Klotz) beigefügt, mit deren Hilfe die Dramen analysiert werden sollten. Darüber hinaus können die Arbeitsgruppen natürlich, wenn sie ihre Arbeit mit größerem Aufwand betreiben wollen, die ganzen Dramen, aber auch weitere Ausführungen der Autoren bzw. weitere Sekundärliteratur zu ihrem Autor und seinen Werken, die zu diesen Dramen in Fülle vorliegt und leicht zu beschaffen ist, heranziehen.

Die Unterschiedlichkeit der einzelnen Dramentypen wird deutlicher erkennbar, wenn bei der Schlusspräsentation der Eigenproduktionen verschiedene Realisationen der Dramentypen zum selben Thema vorgeführt werden. Deshalb sollten sich alle Teilnehmer vorher nach Möglichkeit auf ein gemeinsames Thema ihrer Produktionen einigen. Dieses Thema kann sehr verschieden sein. Es kann über aktuelle Vorfälle, über regionale Ereignisse, über Vorgänge der eigenen Schule / Hochschule handeln; es kann zwischenmenschliche, gesellschaftliche, politische Probleme betreffen. Dazu ein paar Vorschläge aus einem Seminar an der Pädagogischen Hochschule Freiburg im Wintersemester 1994/95 (gewählt wurde der erste Vorschlag, in dessen Bearbeitung aber fast alle anderen Vorschläge mit einbezogen wurden.):

– Liebe heute,
– Warten auf ein Wunder,
– Männerrollen – Frauenrollen,
– Fremdsein,
– Arbeit und Arbeitslosigkeit,
– Macht und Angst,
– die alltägliche Gewalt.

3.1. Dramengeschichtlicher und -theoretischer Vorlauf: Merkmale des neuzeitlichen Dramas nach Lessings „Hamburgischer Dramaturgie"

A17: *Lessings Dramentheorie – Analyse einiger Grundmerkmale des neuzeitlichen Dramas*

Gotthold Ephraim Lessing: *Hamburgische Dramaturgie* (1767–1768)

[Aus dem 70. Stück:] In der Natur ist alles mit allem verbunden; alles durchkreuzt sich, alles wechselt mit allem, alles verändert sich eines in das andere. Aber nach dieser unendlichen Mannigfaltigkeit ist sie nur ein Schauspiel für einen unendlichen Geist [Gott]. Um endliche Geister [die Menschen] an dem Genusse desselben Anteil nehmen zu lassen, mußten diese das Vermögen erhalten, ihr Schranken zu geben, die sie nicht hat; das Vermögen abzusondern, und ihre Aufmerksamkeit nach Gutdünken lenken zu können.

Dieses Vermögen üben wir in allen Augenblicken des Lebens; ohne dasselbe würde es für uns gar kein Leben geben; wir würden vor allzu verschiedenen Empfindungen nichts empfinden; wir würden ein beständiger Raub des gegenwärtigen Eindruckes sein; wir würden träumen, ohne zu wissen, was wir träumen.

Die Bestimmung der Kunst ist, uns in dem Reiche des Schönen [des 'Ästhetischen': der Kunstwerke] dieser Absonderung zu überheben, uns die Fixierung unserer Aufmerksamkeit zu erleichtern. Alles, was wir in der Natur von einem Gegenstande [...] in unsern Gedanken absondern, oder absondern zu können wünschen, sondert sie wirklich ab, und gewährt uns diesen Gegenstand [...] so lauter und bündig, als es nur immer die Empfindung, die sie erregen sollen, verstattet.

[Aus dem 34. Stück:] [Das literarische Kunstwerk ist die] Welt eines Genies, das – (es sei mir erlaubt, den Schöpfer ohne Namen durch sein edelstes Geschöpf zu bezeichnen!) das, sage ich, um das höchste Genie [Gott] im kleinen nachzuahmen, die Teile der gegenwärtigen Welt versetzt, vertauscht, verringert, vermehrt, um sich ein eigenes Ganze daraus zu machen, mit dem es seine eigene Absichten verbindet.

[Aus dem 30. Stück:] Das Genie können nur Begebenheiten beschäftigen, die in einander gegründet sind, nur Ketten von Ursachen und Wirkungen. Diese auf jene zurück zu führen, jene gegen diese abzuwägen, überall das Ungefähr [den Zufall] auszuschließen, alles, was geschieht, so geschehen zu lassen, daß es nicht anders geschehen können: das, das ist seine Sache [...].

[Aus dem 31. Stück:] Der Poet findet in der Geschichte eine Frau, die Mann und Söhne mordet; eine solche Tat kann Schrecken und Mitleid erwecken, und er nimmt sich vor, sie in einer Tragödie zu behandeln. Aber die Geschichte sagt ihm weiter nichts, als das bloße Faktum, und dieses ist eben so gräßlich als außerordentlich. Es gibt höchstens drei Szenen, und da es von allen näheren Umständen entblößt ist, drei unwahrscheinliche Szenen. – Was tut also der Poet?

[... Er wird] vor allen Dingen bedacht sein, eine Reihe von Ursachen und Wirkungen zu erfinden, nach welcher jene unwahrscheinliche Verbrechen nicht wohl anders, als sie geschehen müssen. Unzufrieden, ihre Möglichkeit bloß auf die historische Glaubwürdigkeit zu gründen, wird er suchen, die Charaktere seiner Personen so anzulegen; wird er suchen, die Vorfälle, welche diese Charaktere in Handlung setzen, so notwendig einen aus dem andern entspringen zu lassen; wird er suchen, die Leidenschaften nach eines jeden Charakter so genau abzumessen; wird er suchen, diese Leidenschaften durch so allmähliche Stufen durchzuführen: daß wir überall nichts als den natürlichsten, ordentlichsten Verlauf wahrnehmen; daß wir bei jedem Schritte, den er seine Personen tun läßt, bekennen müssen, wir würden ihn in dem nämlichen Grade der Leidenschaft, bei der nämlichen Lage der Sachen, selbst getan haben. (Lessing 1954, S. 358f., 175, 155f., 164f.)

Überlegen Sie sich gemeinsam Antworten auf diese Fragen:

a) In welchem Verhältnis steht nach Lessing die Kunst allgemein zur Wirklichkeit („Natur"), und was leistet sie dadurch?

b) Das literarische Kunstwerk soll ein „eigenes Ganze" bilden. Wodurch ist diese 'Ganzheitlichkeit' des literarischen Kunstwerks bestimmt?

c) Um das Kunstwerk als „eigenes Ganze" herzustellen, werden nicht nur Teile der Wirklichkeit „abgesondert" („verringert"), sondern auch „vermehrt": Was wird „abgesondert", was wird „vermehrt" und ausgestaltet? Was leistet dieser Vorgang für die Rezeption?

d) Was bedeuten diese „Absonderung" und „Vermehrung" für das Verhältnis des literarischen Kunstwerks zur – vor allem geschichtlichen und gesellschaftlichen – Wirklichkeit?

Die einzelnen Arbeitsgruppen können sich dann bei ihrer Arbeit überlegen, wie sich ihr Dramentyp zu dieser Dramentheorie verhält: Verwirklicht er sie, ist er anders orientiert, versucht er sie aufzuheben und das Gegenteil zu realisieren?

In den vier Auszügen aus der „Hamburgischen Dramaturgie" geht es vor allem um das, was wir im letzten Abschnitt des vorangehenden Kapitels im Ausgang von Argumentationen Hegels und Freytags über das neuzeitliche Drama und sein Weltbild erarbeitet haben. Die Lessing-Texte sind zunächst, wie gesagt, hierher gesetzt worden, weil es für die Gruppenarbeit über die Dramentypen nützlich sein kann, einige übergreifende kunst- und dramentheoretische Aspekte zu kennen, durch die sich der dramentheoretische Ort des eigenen Dramentyps leichter bestimmen lässt. Da die entscheidenden dramentheoretischen und -geschichtlichen Zusammenhänge bereits im vorangehenden Abschnitt dargestellt worden sind, werden sie hier nicht noch einmal ausgeführt. Es werden bloß die Argumentationen Lessings verdeutlicht, und es wird jeweils nur kurz angezeigt, wie sie dem zuvor Erarbeiteten entsprechen. Dabei soll aber, und das ist die andere Absicht dieses Abschnitts, deutlich werden, wie sich das neuzeitliche Drama und sein Weltbild bei Lessing und durch ihn innerhalb bestimmter geschichtlicher Bedingungen herausbildet. Es soll also das neuzeitliche Drama mit seinen Merkmalen und seinem Weltbild an Lessings Dramentheorie *geschichtlich* festgemacht werden. – Ich gehe zunächst auf die vier Fragen der Arbeitsaufgabe ein und behandle dann einige weitere Aspekte:

(a) Das Grundmerkmal der Kunst ist nach den Auszügen aus dem 70. Stück die „Absonderung". Was allgemein ein Merkmal menschlicher Wahrnehmungs- und Erkenntnisfähigkeit ist, betreibt sie ausschließlich, gezielt und intensiv. Sie sondert aus der „unendlichen Mannigfaltigkeit" der Wirklichkeit so viel ab, dass ihre Gegenstände, auf die für uns jeweils wichtigsten Strukturen und Merkmale reduziert, von uns sicher und genau auffassbar und verstehbar werden. Das Kunstwerk bedeutet eine intensivere Wahrnehmung ermöglichende *Reduktion* von Wirklichkeit. In vergleichbarer Weise versteht Lévi-Strauss das Kunstwerk als „verkleinertes Modell" (in der

Art von Modellautos, Buddelschiffen, Japanischen Gärten usw.): weil in ihnen die Wirklichkeit „quantitativ vermindert ist, erscheint sie uns qualitativ vereinfacht. Genauer gesagt, diese quantitative Umsetzung steigert und vervielfältigt unsere Macht über das Abbild des Gegenstandes; durch das Abbild kann die Sache erfaßt, in der Hand gewogen, mit einem einzigen Blick festgehalten werden." (Lévi-Strauss 1968, S. 37) Wir haben im vorhergehenden Abschnitt gesehen, dass das Drama eine „fragmentarisch erlebte" (Hamburger), eine reduzierte Wirklichkeit ist. Das hat es, das wird nun von Lessings Argumentation aus sichtbar, mit allen Kunstwerken gemeinsam. Wichtig für die Erkenntnis des Dramas im Unterschied zu anderen Kunstwerken und literarischen Gattungen ist nun, *was* bei ihm von der Wirklichkeit „abgesondert" ist bzw. auf welchen Teil der Wirklichkeit es reduziert ist. Das hängt u. a. mit dem Gestaltbegriff des literarischen Kunstwerks zusammen:

(b) Das literarische Kunstwerk, und damit ist bei Lessing praktisch stets das Drama gemeint, ist nach dem 34. Stück ein „eigenes Ganze" von besonderer Dignität, denn in ihm ahmt der Autor das göttliche Werk der Schöpfung nach. Damit ist (durch den verwendeten Begriff des „Genies") zunächst auf die besondere „Schöpfer"kraft des Autors hingewiesen, die sich in seinem Werk darstellt, aber auch etwas über die Art des Werkes gesagt: 'Schöpfung' bedeutet, wie vor allem Jacobis Berichte über seine Gespräche mit Lessing ausweisen (s. Jacobi 1785, S. 1–48; auch in Daunicht 1971, S. 498–513), für den an Spinoza orientierten, entschieden pantheistisch eingestellten Lessing nicht im christlichen Sinne das unbegreifliche Werk eines jenseitigen Gottes, sondern im Sinne antiken Kosmosdenkens das sinn-, ordnungs- und regelhafte und darin göttliche All der Welt. Für das literarische Kunstwerk meint eine solche Bestimmung als 'Schöpfung', dass es vor allem als strukturell streng gefügtes Gebilde verstanden ist, so wie es das 30. Stück ausführt: Als Werk, das ausschließlich durch notwendig ineinander gegründete Kausalketten von „Ursachen und Wirkungen" bestimmt ist. Mit dieser kausallogischen und rationalistischen Auffassung ist Lessing ganz der Aufklärung verpflichtet. Wichtig für das Drama ist nun, wie es als solch kausallogisches Ganzes zustandekommt:

(c) Lessing beschreibt in 31. Stück, wie ein Drama der Art, wie er es fordert, entsteht: Das bloße Faktum einer Mordtat reicht nicht für ein Drama, sie muss in umfassendere Zusammenhänge gestellt werden. Solche wären beispielsweise Umwelt und 'Milieu' der handelnden Personen: wären die geschichtlichen Bedingungen, die gesellschaftlichen und ökonomischen Verhältnisse und Zwänge, vielleicht die politischen Nöte und Bedrängungen, die ihre Sozialisation geprägt haben und ihr Leben und Handeln bestimmen. All das wird von Lessing „abgesondert": die „historische Glaubwürdigkeit" des Verbrechens interessiert ihn nicht; das dramatische Geschehen wird um alle geschichtlichen, gesellschaftlichen, ökonomischen, politischen Umstände und Bedingungen „verringert". Ausführlich „vermehrt" und ausgestaltet werden dafür die Charaktere der Personen, und allein aus ihnen entsteht die dramatische Handlung. Eben das bewirkt dann die 'Ganzheitlichkeit' dieses Dramas, den strikten Kausalnexus „von Ursachen und Wirkungen": Alles dramatische Geschehen entspringt ausschließlich und „notwendig" aus den Charakteren der Personen. Das ist die absolute *Personalität* des neuzeitlichen Dramas, das in Deutschland entscheidend durch Lessing geprägt wurde, so wie sie im vorhergehenden Abschnitt genauer beschrieben wurde. Es ist der exakte Ausdruck des in Deutschland maßgeblich von der bürgerlichen Aufklärung eingeführten und vertretenen Weltbildes der *Subjektivität*: „der Subjektivität als solcher in ihrer ungefesselten Selbstbestimmung und Freiheit" (Hegel). – Für die Rezeption leistet diese Reduktion auf die dramatischen Personen und deren 'kausallogische' Ausgestaltung Beträchtliches: Es wird ein überschaubares und gut nachvollziehbares dramatisches Geschehen entworfen, gut nachvollziehbar vor allem deshalb, weil die dramatischen Figuren optimal zur Identifikation, zum Einfühlen, Mitfühlen und Mitleiden geeignet sind.

(d) Die geschichtliche und gesellschaftliche Wirklichkeit ist als solche aus diesem Drama „ausgesondert": Da die Bedeutung der Personen für das dramatische Geschehen so stark „vermehrt" worden ist, können geschichtliche und gesellschaftliche Wirklichkeit an und neben den Personen i. a. nur noch personal vermittelt und indirekt erscheinen.

Damit haben wir die vier Fragen der Arbeitsaufgabe knapp behandelt. Dabei sind wir allerdings auf einige für Lessing besonders wichtige Begriffe gar nicht oder noch nicht genügend eingegangen: auf den Begriff des „Genies" im 34. und 30. Stück und auf das Verhältnis von „Charakteren" und „Handlung" sowie auf die Erweckung von „Schrecken und Mitleid" im 31. Stück. Wir behandeln diese Begriffe noch kurz und können damit, da sie gleichzeitig repräsentative Aspekte der kommunikationsästhetischen Einheit Autor – Text – Rezipient betreffen, das Prinzip der Subjektivität bei Lessing noch etwas systematischer in seinen dramentheoretischen Zusammenhängen fassen.

Beginnen wir mit Lessings Vorstellung vom *Autor,* mit seinem Begriff des *Genies*: Es mag etwas verwundern, diesen Begriff der Sturm-und-Drang- oder Genie-Zeit gerade bei dem prominenten Aufklärer Lessing zu finden. Doch ist für Lessing der Begriff des *Genies* ein wichtiges Mittel, um sich von der rationalistischen Formkultur des „Witzes" (esprit) als einem Formprinzip bloßer Geistreichigkeit und dessen Verständnis des Dichters, wie es Frühaufklärung und Rokokodichtung bestimmt haben, abzugrenzen und zu einem vertieften Verständnis von Literatur und literarischer Produktion zu kommen. So stellt er in der „Hamburgischen Dramaturgie" mehrfach dem „bloß witzigen Kopf" das „Genie" gegenüber (1. Stück. Lessing 1954, S. 12). Und das, obwohl er in seiner Frühzeit, in der Lyrik und in gewisser Weise noch in „Minna von Barnhelm" dem Formprinzip des Witzes entschieden verpflichtet ist (s. Böckmann 1949, S. 530–546; vgl. in: Bauer 1968, S. 176–195) und obwohl er nicht glaubt, selbst ein Genie und damit ein wirklicher Dichter zu sein:

Ich bin weder Schauspieler, noch Dichter.
Man erweiset mir zwar manchmal die Ehre, mich für den letztern zu erkennen. Aber nur, weil man mich verkennt. [...] Ich fühle die lebendige Quelle nicht in mir, die durch eigene Kraft sich empor arbeitet, durch eigene Kraft in so reichen,

so frischen, so reinen Strahlen aufschießt: ich muß alles durch Druckwerk und Röhren aus mir herauf pressen. (Letztes Stück. S. 505)

Dabei spricht Lessing nicht der völligen Willkür und Regellosigkeit 'genialischen' Schaffens das Wort, wie es die Stürmer und Dränger dann taten, sondern sieht – darin durchaus aufklärerisch – die künstlerische Regelhaftigkeit, etwa die kausallogischer Verknüpfung, eben durch das Genie gewährleistet, geradezu „aus ihm hergeleitet" (96. Stück. S. 482). Entscheidend für Lessing ist am Genie-Begriff, was er in der zitierten Stelle gleich zweimal sagt: dass das Schaffen des Genies „durch eigene Kraft" erfolgt, also nicht in gesellschaftliche, etwa höfische Konventionen eingebunden ist und keinen einengenden Formtraditionen verpflichtet ist, sondern allein und ausschließlich in der *Subjektivität* des Autors begründet ist.

Ähnlich subjektivistisch ist Lessings Auffassung des dramatischen *Textes*, speziell des Dramenvorgangs und der dramatischen Personen. Wichtig ist hier das Verhältnis von dramatischer *Handlung* und dramatischen *Charakteren*. Für Aristoteles sind in der dramatischen Handlung immer auch überindividuelle Mächte (das Schicksal, die Götter) wirksam, und die Personen sind Teil des Geschehens. In der „Poetik" heißt es:

Die Tragödie ist nicht die Nachahmung [d. h. die dramatische Darstellung] von Menschen, sondern von Handlungen und Lebensweisen, von Glück und Unglück. [... In ihr handeln die Menschen] also nicht, um die Charaktere darzustellen, sondern in den Handlungen sind auch die Charaktere eingeschlossen. [...] Es könnte ja auch ohne Handlung gar keine Tragödie entstehen, dagegen wohl ohne Charaktere. (1450a. 1966, S. 34f.)

Ganz anders Lessing (der Aristoteles' „Poetik" eigentlich für ein „unfehlbares Werk" hält; Letztes Stück. S. 511): Für ihn ist die Handlung, sind die „Fakta" des dramatischen Geschehens ganz sekundär, primär ist der Charakter; er allein bringt sie hervor, und keine außer- oder überindividuelle Macht ist an ihnen in erwähnenswertem Maße beteiligt. Deshalb ist es für Lessing so,

daß die Charaktere dem Dichter weit heiliger sein müssen, als die Fakta [...], weil, wenn jene genau beobachtet werden, diese, insofern sie eine Folge von jenen sind, von selbst nicht viel anders ausfallen können. [...] Die Fakta betrachten wir als etwas Zufälliges, als etwas, das mehreren Personen gemein sein kann; die Charaktere hingegen als etwas Wesentliches und Eigentümliches. (33. Stück. S. 172f.)

Das ist offenbar die genaue Gegenposition zu Aristoteles, zur dramatischen Theorie und Praxis und zum Weltbild der Antike: die Position unbedingter Subjektivität.

Sehen wir auf den Bereich des *Rezipienten*: Die Rezeption dieses ganz vom Charakter bestimmten Dramas ist entsprechend subjektiv. In dem Auszug aus dem 31. Stück spricht Lessing davon, dass die beschriebene Mordtat „*Schrecken und Mitleid* erwecken" kann. So bestimmt Aristoteles die Wirkung der Tragödie in seiner berühmten und vielumstrittenen Definition der Tragödie (1449b. 1966, S. 33). Später ändert Lessing den Wortgebrauch und spricht von „Furcht und Mitleid", die die Tragödie erregen soll. Der Altphilologe Schadewaldt sagt dazu: „Nicht Furcht und Mitleid [...], sondern Schrecken (Schauder) und Jammer erregt nach dem ursprünglichen Grundsinn des Aristoteles die Tragödie. [–] Dem phóbos [= Schrecken ... ist] das Bedrohende, Übergewaltig-Nahende, das Ungeheure des Schicksals (Daímon) zugeordnet. Dem éleos [= Jammer], als dem elementar aufrührenden Jammer entspricht die Übergewalt des Leids, das vernichtet." (1968, S. 338, 340) Für Lessing sieht das ganz anders aus. In einem Brief an Friedrich Nicolai im November 1756 schreibt er:

> Kurz, ich finde keine einzige Leidenschaft, die das Trauerspiel in dem Zuschauer rege macht, als das Mitleiden. [–]

> Das Trauerspiel soll so viel Mitleid erwecken, als es nur immer kann. [–]

> Wenn es also wahr ist, daß die ganze Kunst des tragischen Dichters auf die sichere Erregung und Dauer des einzigen Mitleidens geht, so sage ich nunmehr, die Bestimmung der Tragödie ist diese: sie soll *unsre Fähigkeit, Mitleid zu fühlen,* erweitern. (Lessing 1967, S. 52, 55, 54)

Das bedeutet für die Definition des Aristoteles, an der Lessing durchaus festhält:

> Man hat ihn falsch verstanden, falsch übersetzt. Er spricht von Mitleid und Furcht, nicht von Mitleid und Schrecken; und seine Furcht ist durchaus nicht die Furcht, welche uns das bevorstehende Übel eines andern, für diesen andern, erweckt, sondern es ist die Furcht, welche aus unserer Ähnlichkeit mit der leidenden Person für uns selbst entspringt; es ist die Furcht, daß die Unglücksfälle, die wir über diese verhänget sehen, uns selbst treffen können; es ist die Furcht, daß wir der bemitleidete Gegenstand selbst werden können. Mit einem Worte: diese Furcht ist das auf uns selbst bezogene Mitleid. (75. Stück. S. 381)

Das bedeutet: Die ganze Wirkung und Leistung des Dramas besteht für Lessing darin, dass der Zuschauer sich mit den „Charakteren" identifiziert, sich in sie einfühlt und mit ihnen mitleidet. Jede Erfahrung überindividueller Mächte wie des Schicksals in der Antike, jede Erfahrung gesellschaftlicher Verhältnisse und Zwänge – das hat Lessing ausführlich dargelegt (s. Brief an Nicolai vom 29. November 1756. Lessing 1967, S. 69–71; vgl. dazu Szondi 1973, S. 160–165) – wird gezielt eliminiert. Die Furcht, zu der er den Schrecken herabmildert, ist nicht mehr Furcht vor irgendeiner furchterregenden 'furchtbaren' Macht, die den Menschen bestimmt oder bedroht, ist nicht einmal Furcht vor dem „Übel", das der dramatischen Person droht, sondern ist Furcht, dass den Zuschauer dasselbe „Übel" treffen könnte, und so Mitleid des Zuschauers mit sich, Selbstmitleid. Damit ist das Konzept von phóbos und éleos, das nach Aristoteles vor allem der Erfahrung der Mächte dienen soll, die den Menschen bestimmen, bei Lessing ausdrücklich auf Mitleiden des Zuschauers mit dem dramatischen Charakter und Mitleid des Zuschauers mit sich selbst, also auf mitfühlende Erfahrung – schicksalloser und weltfreier – isolierter Subjektivität abgestellt. – Das hat das neuzeitliche Drama in Deutschland entscheidend – positiv und negativ – geprägt. Wie es das Drama Lessings selbst bestimmt, soll wenigstens kurz an Lessings „Emilia Galotti" skizziert werden.

3.1.1. Dramenanalytischer Exkurs: Gotthold Ephraim Lessing: *„Emilia Galotti"*

Lessings Drama „Emilia Galotti" (vgl. zu weiterer Information Barner 1987, S. 200–215) greift den Stoff der Virginia-Geschichte auf, wie sie Titus Livius überliefert hat (Ab urbe condita III, 44 ff.). Sie spielt im Rom des 5. Jahrhunderts zur Zeit der Ständekämpfe zwischen Patriziern und Plebejern. Die patrizischen Decemvirn und an ihrer Spitze Appius Claudius versuchen, ihre Macht auf Kosten der Plebejer auszudehnen. Appius verliebt sich in ein Mädchen aus dem Plebejerstand, Virginia, dessen Vater Lucius Virginius ein angesehener plebejischer Offizier ist. Appius gelingt es, Virginia in seinen Machtbereich zu ziehen. Doch bevor er sie endgültig in seine Gewalt bekommt, ersticht ihr Vater sie, um ihre Freiheit zu retten, und verflucht Appius. Darauf bricht ein Aufstand aus, Appius kommt ins Gefängnis, wo er sich selbst tötet, und die Rechte der Plebejer werden wiederhergestellt.

Lessing verlegt die Geschichte in ein italienisches Renaissance-Fürstentum. Auch bei ihm geht es darum, dass ein Herrscher, der Prinz von Guastalla, versucht, ein Mädchen, die bürgerliche Emilia Galotti, in seine Gewalt zu bringen, und ihr Vater sie ersticht. Anders als bei Livius hat diese Tat aber keinen politischen Hintergrund und auch keinerlei politische Folgen, soll es nicht haben. Lessing schreibt in einem Brief an Friedrich Nicolai:

> Er [Lessing] hat nämlich die Geschichte der römischen Virginia von allem dem abgesondert, was sie für den ganzen Staat interessant machte; er hat geglaubt, daß das Schicksal einer Tochter, die von ihrem Vater umgebracht wird, dem ihre Tugend werter ist, als ihr Leben, für sich schon tragisch genug, und fähig genug sei, die ganze Seele zu erschüttern, wenn auch gleich kein Umsturz der ganzen Staatsverfassung darauf folgte. [19]

Lessing hat seine Geschichte „von allem dem abgesondert", hat alles weggelassen, was sie gesellschaftlich oder politisch „interessant machte", und es soll auch keine gesellschaftliche oder politische Veränderung, kein „Umsturz" aus ihr folgen. Lessing geht es um das Geschehen zwischen einer Tochter, deren Tugend gefährdet ist, und ihrem Vater, der sie umbringt, um ihre Ehre zu retten. Es geht ihm um ein „tragisches" Geschehen zwischen zwei dramatischen Charakteren, das fähig ist, „die ganze Seele zu erschüttern": „Eine Rose gebrochen, ehe der Sturm sie entblättert", wie Emilia es vor ihrem Tode ausdrückt. [20]

„Emilia Galotti" ist kein politisches Drama; aber es enthält eine Menge politischer Implikationen und Aspekte, die nur jeweils im Kontext individuellen 'charakterlichen' Geschehens stehen und so ihre direkte politische Bedeutung einbüßen oder ihrer Aussage nach undeutlich und ambivalent werden. Nehmen wir die häufig vertretene Auffassung, das Drama behandle den Klassengegensatz von Bürgertum und Adel und betreibe Gesellschaftskritik am System des Feudalismus, und beginnen wir mit der Figur des Prinzen, dem Vertreter feudaler Allein- und Gewaltherrschaft. Er ist durchaus nicht als gewalttätiger Despot gezeichnet, sondern als ein Fürst, „der sich zumindest in seinem *Selbst*verständnis der bürgerlich-empfindsamen Herzenswelt zugehörig fühlt." (Schulte-Sasse 1975, S. 59) Als Fürst handelt er dennoch willkürlich, bedenken- und verantwortungslos und ist unter anderem dadurch, dass er den skrupellosen Marinelli mit der Verwirklichung seiner Absichten betraut, schuld am Tod Appianis, des Verlobten Emilias, und Emilias. Das ist eine deutliche Kritik am feudalen Herrscher. Doch wenn er am Ende sagt, und das sind die letzten Worte des Dramas: „Ist es, zum Unglücke so mancher, nicht genug, daß Fürsten Menschen sind: müssen sich auch noch Teufel [Marinelli] in ihren Freund verstellen?" (V,8; S. 318), dann muss man wohl nicht schließen, dass Fürsten, weil sie eben nur Menschen sind, deshalb keine Herrscher mehr sein dürfen und das Feudalsystem abzuschaffen ist. Das Problem des Stücks ist das individuelle Problem dieses schwachen und charakterlosen Prinzen, und man kann durchaus auch folgern, dass deshalb ein starker, charaktervoller, moralisch verantwortungsbewusster Fürst das Problem beseitigen würde und das System bleiben kann. Oder kann man sagen, Lessing habe mit seinem Drama dazu ermuntern wollen, im Sinne des bürgerlichen Moralisierungsprogramms der fünfziger und sechziger Jahre des 18. Jahrhunderts (s. Schulte-Sasse 1975, S. 23–28) durch Moralisierung der Herrscher das bestehende Herrschaftssystem zu reformieren und zu verändern? Das scheint mir, abgesehen davon, dass dies ja auch eine ganz 'individuelle' Lösung des gesellschaftlichen Problems wäre, völlig am Dramengeschehen und an der Figur des Prinzen vorbeizusehen.

Doch gibt es im Stück eine andere Systemkritik am Feudalismus: die von Emilia und vor allem von ihrem Vater Odoardo gelebte entschiedene, im Falle Odoardos rigide und geradezu fanatische moralische Haltung. Mit ihr stellte sich das Bürgertum gegen die Unmoralität der Höfe und der Fürsten und bezog Selbstbewusstsein und Selbstwertgefühl aus diesem gelebten Kontrastprogramm extremer Tugendhaftigkeit. Es war der nicht politisch, sondern privat gelebte moralische Protest des tugendhaften Individuums gegen die Unmoral der Herrschenden. Was bedeutet es praktisch im Handeln gegen sie? Dass sie aus moralischer (und religiöser) Skrupelhaftigkeit unangetastet bleiben und Odoardo nicht, wie es politisch nahegelegen hätte, den Prinz, sondern seine eigene Tochter umbringt und sich damit zugrunde richtet. Der private moralische Protest der Bürger gegen die Herrschenden lässt diese unbehelligt, und die tugendhaften Bürger vernichten sich selbst. Dass eben das Lessings Systemkritik am Feudalismus sein soll – Lessing weckt so „in den Zuschauern das Gefühl für die 'Unmöglichkeit' des despotischen Regimes [...]: das ist der revolutionäre Schritt, der zu der Erkenntnis führt, daß Verhältnisse, die nicht sein sollten, geändert werden müssen." (Rilla 1958, S. 277) – ist wohl recht unwahrscheinlich. Wenn schon eine politische Kritik vorliegen soll, dann wohl eher am Bürgertum und daran, dass es mit seiner individualistischen und privatistischen Tugendpraxis nichts an der politischen Wirklichkeit zu ändern vermag und diese eher stabilisiert und sich schadet. Dass Lessing so gedacht haben könnte, ist gut möglich, dass das Hauptanliegen und die „Botschaft" der „Emilia Galotti" ist, muss man aber wohl nicht annehmen. Lessing schreibt 1772 gerade in Bezug auf den Schluss an seinen Bruder: „Hier kommt endlich der Schluß. [...] Du siehst wohl, daß es weiter nichts, als eine modernisierte, von allem Staatsinteresse befreite 'Virginia' sein soll."[21]

1758 hat er Nicolai geschrieben, er habe von der Virginia-Geschichte alles weggelassen, was gesellschaftlich und politisch von Interesse sein könnte, und es gehe ihm allein darum, eine „tragische" Geschichte darzustellen, die fähig ist, „die ganze Seele zu erschüttern": Lessings Intention mit dem Stück ist in den 14 Jahren von der ersten Arbeitsphase an ihm 1758 bis zu seiner Vollendung 1772 (also nach der „Hamburgischen Dramaturgie") völlig gleich geblieben. Warum soll man ihm nicht abnehmen, dass es ihm in der „Emilia Galotti" im Sinne der Dramentheorie der „Hamburgischen Dramaturgie" vor allem darum geht, an tragischen inneren und äußeren Konflikten bedeutender, einfühlende Identifikation ermöglichender Charaktere Furcht und Mitleid des Zuschauers zu erwecken? Dazu braucht er – produktionsästhetisch gesehen – konkrete Charaktere in bestimmter Zeit und in bestimmten gesellschaftlichen Verhältnissen. Sie stellen so immer auch diese Verhältnisse mit dar, es geht aber nicht um sie, sondern um die in ihnen lebenden und tragisch scheiternden individuellen dramatischen Charaktere.

3.2. Das geschlossene Drama: Analyse und Produktion

A18: *Goethe: „Iphigenie" – Erarbeitung der Merkmale des geschlossenen Dramas an drei Szenen und Eigenproduktion*

Johann Wolfgang Goethe: *Iphigenie auf Tauris* [22]

[Iphigenie, Tochter des griechischen Königs und Feldherrn Agamemnon, hatte geopfert werden sollen, um günstigen Wind für die Fahrt der Griechen gegen Troja zu erlangen. Doch die Göttin Diana hat sie in eine Wolke gehüllt und nach Tauris getragen. Dort wirkt sie als Priesterin Dianas Gutes für das Volk und hat vor allem den alten Brauch abgeschafft, dass jeder Fremde geopfert wird. Der König Thoas wirbt um ihre Hand, sie möchte aber zurück nach Griechenland. – Inzwischen ist Iphigenies Vater Agamemnon nach der Rückkehr von Troja von seiner Frau ermordet und diese dann von ihrem Sohn Orest, dem Bruder Iphigenies, getötet worden. Der Fluch des Muttermordes lastet schwer auf ihm; nach einer Weissagung Apollons wird er sich lösen, wenn er seine Schwester – Orest deutet es als das Götterbild Dianas, der Schwester Apollons – von Tauris nach Griechenland zurückbringt.

Das Drama spielt in einem „Hain vor Dianens Tempel". 1. Akt: Thoas bittet noch einmal um Iphigenies Hand, sie weist ihn zurück, und zornig befiehlt er ihr, die Opferung von zwei Fremden, die ergriffen worden sind, vorzubereiten. 2. Akt: Es sind Orest und sein Freund Pylades, die Iphigenie so opfern soll. 3. Akt: Als sie Iphigenie übergeben werden, erkennen sich die Geschwister, von Orest weicht der Fluch. 4. Akt: Orest und Pylades planen die Flucht und den Raub des Götterbildes und sagen Iphigenie, wie sie mit der Ausrede, das durch den Fremden entweihte Götterbild am Meer reinigen zu müssen, das Opfer hinauszögern und den König täuschen kann. Der lässt gleich darauf die Durchführung des Opfers anmahnen.]

PYLADES Wo ist sie? Daß ich ihr mit schnellen Worten
Die frohe Botschaft unsrer Rettung bringe!

[...]

So schaff uns Luft,
Daß wir aufs eiligste, den heilgen Schatz
Dem rauhunwürdgen Volk entwendend, fliehn.
Was sinnest du? Auf einmal überschwebt
Ein stiller Trauerzug die freie Stirne.

[...]

IPHIGENIE O trüg ich doch ein männlich Herz in mir,
Das, wenn es einen kühnen Vorsatz hegt,
Vor jeder andern Stimme sich verschließt! (IV,4, V. 1532–1603, 1633–
1679)

*

THOAS *allein.* Entsetzlich wechselt mir der Grimm im Busen:
Erst gegen sie, die ich so heilig hielt,

[...]

so sucht sie sich
Den Weg durch List und Trug, und meine Güte
Scheint ihr ein alt verjährtes Eigentum. (V,2, V. 1783–1803)

*

IPHIGENIE Du forderst mich! Was bringt dich zu uns her?
THOAS Du schiebst das Opfer auf; sag' an, warum?

[...]

IPHIGENIE Wenn zu den Meinen je
Mir Rückkehr zubereitet wär, schwurst
Du, mich zu lassen; und sie ist es nun. (V,3, V. 1804–1872)

[Orest und Pylades treten auf. Orest erkennt, dass Apollon nicht das Götterbild sondern die Schwester Iphigenie nach Griechenland zu bringen
befahl, um den Fluch zu lösen. Thoas läßt sie, versöhnt durch Iphigenies
Verhalten, gehen.]

Sie finden drei wichtige (teilweise gekürzte) Szenen von Goethes „Iphigenie"
nachgewiesen mit einer knappen Inhaltsangabe des Dramas. Machen Sie sich
zunächst mit den drei Szenen und dem, worum es in ihnen geht, vertraut, indem Sie sie in der Gruppe mit verteilten Rollen lesen, vielleicht auch szenisch
erarbeiten, und die folgenden Fragen beantworten:

a) Durch welche hauptsächlichen Charaktermerkmale sind Thoas, Pylades
und Iphigenie bestimmt, und welche Eigenschaften sind vor allem leitend
für sie? Weist Iphigenie spezifisch 'weibliche' Eigenschaften auf?

b) Wie entsteht durch das Gegenspiel der Figuren die dramatische Handlung, und durch welche Hauptmerkmale ist sie bestimmt?

c) Haben die Probleme, um die es geht, hat vor allem das Verhalten Iphigenies heute noch Belang?

Erarbeiten Sie nun die wichtigeren Formmerkmale der „Iphigenie". – In der Aufklärung hat Gottsched die Hauptmerkmale des Dramas in einem seinerzeit berühmten Werk dargestellt. Seine Bestimmungen sind vor allem am antiken Drama orientiert und gelten weithin bis heute für das geschlossene Drama. Seine Begründungen dieser Merkmale sind meist sehr schlicht, wenn nicht falsch. Sie können sich für Ihre Erarbeitung der Formmerkmale der „Iphigenie" im Großen an seinen Ausführungen orientieren, die einzelnen Bestimmungen aber differenzierter treffen und gegebenenfalls besser begründen:

Johann Christoph Gottsched: *Versuch einer critischen Dichtkunst* (1730)

Ein Trauerspiel muß eine dreyfache Einheit haben, wenn ich so reden darf: Die Einheit der Handlung, der Zeit, und des Ortes. Von allen dreyen müssen wir insonderheit handeln.

[A.] Die ganze Fabel hat nur eine Hauptabsicht; nämlich einen moralischen Satz: also muß sie auch nur eine Haupthandlung haben, um derentwegen alles übrige vorgeht. [...]

[B.) Die Einheit der Zeit ist das andere, das in der Tragödie unentbehrlich ist. [...] Oder wie ist es wahrscheinlich, daß man es auf der Schaubühne etlichemal Abend werden sieht; und doch selbst, ohne zu essen, oder zu trinken, oder zu schlafen, immer auf einer Stelle sitzen bleibt? Die besten Fabeln würden also eigentlich die jenigen seyn, die nicht mehr Zeit nöthig gehabt hätten, wirklich zu geschehen, als sie zur Vorstellung brauchen; das ist etwa zwey oder drey Stunden: und so sind die Fabeln der meisten griechischen Tragödien beschaffen. [...]

[C.] Zum dritten gehöret zur Tragödie die Einigkeit des Ortes. Die Zuschauer bleiben auf einer Stelle sitzen: folglich müssen auch die spielenden Personen alle auf einem Platze bleiben, den jene übersehen können, ohne ihren Ort zu ändern. So ist z. E. im Oedipus der Schauplatz auf dem Vorhofe des königlichen thebanischen Schlosses, darinn Oedipus wohnet. Alles, was in der ganzen Tragödie vorgeht, das geschieht vor diesem Palaste. [...] Es ist also in einer regelmäßigen Tragödie nicht erlaubt, den Schauplatz zu ändern. Wo man ist, da muß man bleiben; und daher auch nicht in dem ersten Aufzuge im Walde, in dem andern in der Stadt, in dem dritten im Kriege, und in dem vierten in einem Garten, oder auf der See seyn. Das sind lauter Fehler wider die Wahrscheinlichkeit.

[D.] Ich komme nunmehr auf die Charactere der Tragödie, dadurch die ganze Fabel ihr rechtes Leben bekömmt. [... Es muß] der Poet seinen Hauptpersonen eine solche Gemüthsbeschaffenheit geben, daraus man ihre künftigen Handlungen wahrscheinlich vermuthen und wenn sie geschehen, leicht begreifen kann. [...] Ein widersprechender Character ist ein Ungeheuer, das in der Natur nicht vorkömmt: daher muß ein Geiziger geizig, ein Stolzer stolz, ein Hitziger hitzig, ein Verzagter verzagt seyn und bleiben; es würde denn in der Fabel durch besondere Umstände wahrscheinlich gemacht, daß er sich ein wenig geändert hätte. Denn eine gänzliche Aenderung des Naturells oder Characters ist ohnedieß in so kurzer Zeit unmöglich. (Gottsched 1962, S. 613–616, 618 f.)

Strukturmerkmale des geschlossenen / offenen Dramas

1.   Die Raumgestaltung
1.1. Gibt es einen einzigen Ort, oder spielen die einzelnen Szenen an mehreren Orten?
1.2. Ist der Ort bloßer und selbst unspezifischer Spielort der Figuren, oder ist er konkret und hat eigene Bedeutung für die Handlung?
2.   Die Zeitgestaltung
2.1. Entspricht die dargestellte Zeit der Zeit, die zur Aufführung des Stücks benötigt wird, oder erstreckt sie sich länger und gegebenenfalls viel länger? Gibt es eine einheitliche durchlaufende Zeit, oder bestehen kleinere oder größere Zeitsprünge zwischen den Szenen?
2.2. Wird vorausgegangenes oder zukünftiges Geschehen von größerem Belang, oder ist nur das Gegenwärtige von Bedeutung?
3.   Handlung und Handlungsführung
3.1. Wie ist das Verhältnis der einzelnen Szenen zueinander: Bilden sie eine kausal verknüpfte Entwicklung, oder sind sie selbständig und unverbunden, beginnen und enden unvermittelt, sodass man sie auch vertauschen könnte?
3.2. Gibt es eine einheitliche, sich konsequent entwickelnde Haupthandlung oder verschiedene und verschiedenartige Handlungsstränge?
4.   Die Figurendarstellung
4.1. Aus welcher sozialen Schicht stammen die Hauptfiguren, wie ist ihr Sprach- und Dialogvermögen? Sind sie vor allem durch Überlegung, Reflexion, Bewusstheit oder durch Emotionen, Ängste, Visionen bestimmt?
4.2. Sind die Figuren durch einen Hauptcharakterzug geprägte, homogene Charaktere, oder sind sie durch verschiedenartige Charakterzüge bestimmt? Was veranlasst sie hauptsächlich zum Handeln: ihre Charaktere oder die Situation, in der sie stehen? Sind sie die bewussten und aktiven Träger der Handlung?
4.3. Ergibt sich die Handlung durch das Aufeinanderprallen der Charaktere und ihrer Absichten (Personenduell) oder durch das Reagieren Einzelner auf Situationen, die sie bestimmen? Welches Bild des Menschen und seiner Stellung in der Welt wird so gezeichnet?
4.4. In welcher Beziehung stehen die jeweiligen Merkmale der Raum-, Zeit- und Handlungsgestaltung zu den Merkmalen der Figurendarstellung?

Stellen Sie die Ergebnisse Ihrer Analysen für die anderen Gruppen kurz auf einem *Arbeitspapier,* das Sie bei der Präsentation an alle verteilen, zusammen. Überlegen Sie, welche Formmerkmale Ihres Dramentyps Sie für wichtig und ergiebig halten und bei einer eigenen Produktion verwenden wollen.

Schreiben Sie nun über das von allen gemeinsam beschlossene Thema mit diesen Formmerkmalen ein *(Kurz-)Drama.* Bei der *Präsentation* Ihrer Arbeit stellen Sie zunächst das Drama vor, an dem Sie gearbeitet haben (etwa indem Sie den Inhalt referieren oder eine Szene mit verteilten Rollen sprechen), und anhand des Arbeitspapiers kurz die Ergebnisse Ihrer Textarbeit und die für Sie wichtigen Merkmale Ihres Dramentyps. Präsentieren Sie nun Ihr Stück, indem Sie es mit verteilten Rollen lesen, in einer szenischen Lesung oder durch eine Theateraufführung (s. o. zu A16).

Die ursprüngliche Prosafassung von Goethes „Iphigenie auf Tauris" entstand 1779 als Festspiel für den Hof in Weimar, dem Goethe als hoher Beamter und Freund des Herzogs Karl August von Sachsen-Weimar eng verbunden war. Die endgültige Versfassung wurde 1786 in Italien vollendet und im folgenden Jahr veröffentlicht. Den Stoff nahm Goethe aus Euripides' Drama „Iphigenie auf Tauris". (Vgl. Borchmeyer 1992, S. 121–132.) – Mit der „Iphigenie" behandelt die Gruppe (die Klasse, der Kurs, das Seminar) ein Drama, das in besonderem Maße als klassisch gelten kann (zum gegenwärtigen Diskussionsstand s. Jeßing 1995, S. 63–73). Zunächst weil es besonders rein die klassische Form des geschlossenen Dramas aufweist, sodann, weil es gültig die Ideen und Ideale der deutschen Klassik repräsentiert. Beides hängt eng miteinander zusammen, und die Textarbeit der Gruppe ist mit der getroffenen Textauswahl so angesetzt, dass sie vor allem diese beiden Aspekte und ihre Wechselbeziehung zum Gegenstand hat: die geschlossene Form des Dramas und die Ideale von Humanität und Menschlichkeit. Das bedeutet allerdings, dass andere wichtige Aspekte des Dramas unmittelbar nicht in den Blick genommen werden. Es fehlt vor allem der Aspekt, dass sich Humanität und Menschlichkeit vor der Folie und in Ablösung von der mythischen Macht der Götter vollzieht. Es fehlt deshalb auch die Figur, die dem schicksalhaften Wirken der Götter vor allem ausgesetzt ist: Orest. Doch können wir diese Reduktion vornehmen, weil es sich in der „Iphigenie" nicht wie etwa in Sophokles' „Oidipus" um den Kampf zwischen selbstbewusstem Individuum und göttlichen Mächten handelt, bei dem der Mensch gerade durch seine individuellen Kräfte scheitert und so die Macht der Götter erweist. In der „Iphigenie" entfaltet sich die eigene ethische Kraft des Menschen nicht im Kampf gegen die Götter, sondern sie wird sichtbar in ihrer Selbstgesetzlichkeit vor dem Hintergrund einer durch mythische Mächte bestimmten Welt. Tragend, nämlich das dramatische Geschehen bestimmend, sind die eigenen inneren Kräfte des Menschen: „Iphigenie" ist ein „Drama der Autonomie" (Rasch 1979). Deshalb ist es legitim, auch nur diese Kräfte, die dann die Form des geschlossenen Dramas bedingen, in den Mittelpunkt der Arbeit an der „Iphigenie" zu stellen. (Wir werden allerdings auch auf die Bedeutung der mythischen Mächte für das dramatische Geschehen in einem Exkurs kurz eingehen.)

(a) Das dramatische Geschehen wird getragen durch eine bestimmte Konstellation der Figuren, genauer: durch ihre bestimmten Charaktere und die aus ihnen entspringende Weise, ihre Absichten und Ziele mit- und gegeneinander zu verfolgen. Das zu erarbeiten ist die erste Aufgabe der Gruppe. (Sie kann es auch szenisch erarbeiten, etwa indem sie Rollenbiografien der drei Figuren erstellt, ihre Körper- und Sprechhaltungen erkundet und Standbilder von ihnen baut; s. Abschn. 4.2., Nr. 4.2.3.– 4.2.8.)

Thoas, König der Taurier, ist der Herrscher von Tauris, der Halbinsel Krim. Er hat gerade einen Feldzug beendet, in dem er das Reich der Feinde zerstört hat, die seinen letzten Sohn getötet hatten, und begehrt nun Iphigenie zur Frau, um von ihr einen Nachfolger haben und damit auch in seiner Stellung als König gesichert sein zu können. Er ist unumschränkter Herrscher seines Volkes; er kennt Anderen gegenüber nur die Haltung des Befehlens („Er, der nur / Gewohnt ist, zu befehlen", V. 165 f.) und von Anderen die Haltung des Gehorchens: einen allgemeinen „fröhlichen Gehorsam" (V. 239). Er will Iphigenie „besitzen" (V. 187) und findet es völlig unerträglich, dass sie sich weigert, ihn zu heiraten, und sich „ein eigen Schicksal" aussinnt (*V. 1799*). Er duldet keinen Willen neben seinem und will lieber die „Sklaverei" für seine Untertanen, in der er sie „Der Freiheit ganz beraubt", wenn sie nur „leicht gehorchen" (*V. 1787–1789*). Er ist aber mehr als der „barbarische" Herrscher eines „rohen" Volkes (s. *V. 1937*). Und er ist nicht böswillig oder gar schlecht. Iphigenie sagt, er habe ein „großes Herz" (V. 270), er habe ihr „Gutes" getan und sei ihr „zweiter Vater" geworden (*V. 1644, 1641*). So hat er ja auch unter ihrem Einfluss auf das blutige Opfer verzichtet und folgt am Ende der „Stimme / Der Wahrheit und der Menschlichkeit" (*V. 1937 f.*) und lässt Iphigenie ziehen.

Pylades stammt aus einem griechischen Adelsgeschlecht. Sein Vater ist der Schwager von König Agamemnon. Nach dessen Ermordung nahm er Agamemnons Sohn Orest bei sich auf, und Pylades und Orest wuchsen zusammen in enger Freundschaft auf. Pylades ist ein ganz rational orientierter Mensch, sein erklärtes Vorbild ist der kluge und „listenreiche" Odysseus: „Mir scheinet List und Klugheit nicht den Mann / Zu schänden, der sich kühnen Taten weiht." (V. 766 f.) Er ist es, der sich den Plan zur Befreiung Iphigenies und zur Entführung des Götterbildes ausdenkt und mit Iphigenie ein „kluges Wort" (V. 1398, *1569*) verabredet, mit dem sie den König täuschen soll. Als die Ausführung des Plans auf Schwierigkeiten stößt, macht er sich zwar Vorwürfe: „Warum dacht ich nicht / Auf diesen Fall voraus, und lehrte dich / Auch dieser Fordrung auszuweichen!" (*V. 1584–1586*), findet aber sogleich eine neue List und vermag die widerstrebende Iphigenie mit der Kraft seiner Argumente dazu zu überreden (*V. 1665 f.*), in seinen Plan einzuwilligen.

Iphigenie ist die älteste Tochter Agamemnons, des Königs von Mykene und des Feldherrn des griechischen Feldzugs gegen Troja; sie ist eine „Königstochter" (V. 435), eine „Fürstin" (*V. 1824*). Sie sollte in Aulis geopfert werden, um Diana zu versöhnen und günstigen Wind für die Fahrt nach Troja zu erlangen. Diana hat sie aber vom Opferaltar nach Tauris entführt, wo sie seit mehr als zehn Jahren Priesterin der Diana ist. Iphigenie stammt aus einem Geschlecht, das unvorstellbare Bluttaten begangen hat (s. V. 306–388). Vor allem dies, aber auch die Erfahrung der eigenen Opferung (und Rettung) und ihre Tätigkeit als Priesterin lässt sie ganz von der Absicht bestimmt sein, selbst rein von Schuld zu bleiben. Denn sie hofft, „Dereinst mit reiner Hand und reinem Herzen / Die schwerbefleckte Wohnung zu entsühnen." (V. 1701 f.), und bittet Thoas: „Laß mich mit reinem Herzen, reiner Hand / Hinübergehn und unser Haus entsühnen." (*V. 1968 f.*) Pylades nennt sie eine „reine Seele" (*V. 1583, s. 1874*). Ihr Handeln ist nicht, wie das des Pylades, rational bestimmt: „Um Guts zu tun, brauchts keiner Überlegung." (V. 1989), und: „Ich untersuche nicht, ich fühle nur." (*V. 1650*) Ihr Handeln hat psychische Ursachen und ist vor allem durch seelische Motive geprägt; sie ist eine „reine", eine „hohe Seele" (V. 2143), eine „schöne Seele" (V. 1493).

Iphigenie lebt in einer Männerwelt und fühlt sich als Frau in ihr unterprivilegiert: „Der Frauen Zustand ist beklagenswert" (V. 24), „ein unnütz Leben" ist übliches „Frauenschicksal" (V. 115 f.); sie fühlt sich nach den Maßstäben der Männerwelt, die sie i. a. teilt, als Frau in ihr unterlegen: Die „Schwachheit" der Frau (*V. 1857*) bewirkt, dass ihr „arm Geschlecht" eben „nicht herrlich" ist wie das der Männer (V. 481 f.). So wünscht sie sich gelegentlich „ein männlich Herz" (*V. 1677*) und fragt sich, ob „denn zur unerhörten Tat der Mann / Allein das Recht" hat (*V. 1892 f.*). Doch hat sie durchaus ein eigenes weibliches Rollenverständnis und ein Bewusstsein spezifisch 'weiblicher' Mittel und Möglichkeiten. Und diese werden stark herausgestellt und entschieden idealisiert, denn allein mit ihren seelischen Kräften bringt sie ihre „unerhörte Tat" zustande, mit der sie in der Männerwelt und über sie siegt. (Vgl. Kafitz 1989, S. 113–116)

(b) Das dramatische Geschehen entsteht nun dadurch, dass alle Figuren je nach ihrem Charakter und ihren Eigenschaften ihre Absichten und Ziele gegen die anderen Figuren durchzusetzen suchen. (Das kann auch *szenisch erarbeitet* werden, indem man sich die Figuren 'privat' äußern lässt und ihre inneren Vorgänge bewusst macht; s. Abschn. 4.2., Nr. 4.2.9.–4.2.12.)

Thoas versucht mit den Mitteln seiner Herrschergewalt gegenüber Iphigenie, sie als Frau zu gewinnen, und gegenüber Pylades, dessen Pläne, Iphigenie zu befreien und das Götterbild zu entführen, zu vereiteln. *Pylades* versucht mit den Mitteln der Vernunft gegenüber Thoas, ihn mit Lügen zu überlisten und seine und Iphigenies Flucht und die Entführung des Götterbildes zu erreichen, und gegenüber Iphigenie, ihr Widerstreben zu überwinden und sie zur Mithilfe bei seinem Plan zu überreden. *Iphigenie* versucht mit den Mitteln ihrer Seele, den König von der Heirat abzubringen und ihn dazu zu veranlassen, zunächst sie und dann ihren Bruder und Pylades in die Heimat fahren zu lassen, und gegenüber Pylades, das nicht mit List und Lüge, sondern durch Wahrhaftigkeit zu erreichen.

Iphigenies Handeln ist es, das das dramatische Geschehen entscheidend bestimmt; deshalb sollte es etwas genauer betrachtet werden: Pylades rät ihr, wie sie den Fluchtplan befördern könnte, der ihn und Orest, die in tödlicher Gefahr sind, retten würde. Iphigenie hat Bedenken, den König, der ihr Gutes tat, zu betrügen. Auch auf Pylades' Einwand: „Der deinen Bruder schlachtet, dem entfliehst du" (*V. 1643*), erwidert sie: „Allein mein eigen Herz ist nicht befriedigt" (*V. 1648*) und „Ganz unbefleckt genießt sich nur das Herz." (*V. 1652*) Sie steht offenbar in einem Dilemma: Ihren Bruder durch eine Lüge zu retten, dadurch aber die seelische Reinheit zu verlieren, mit der sie ihr Geschlecht entsühnen will (s. V. 1689–1717; s. Borchmeyer 1992, S. 142–145). Und nachdem sie dann dem König den Anschlag offenbart hat, sieht sie zwar, dass sie ihren Bruder und Pylades „übereilt / Vorsätzlich" in Gefahr gestürzt hat (V. 1947f.), aber sie musste so handeln, denn nur so, und allein darauf kommt es ihr an, hat sie ihre „Seele" vom Verrat gerettet (V. 2008). Die entscheidenden Vorgänge des Dramas sind innerseelische Vorgänge, es ist seiner eigentlichen dramatischen Substanz nach ein *Seelendrama*.

Wie extrem individuelle seelische Vorgänge und Motive dies Drama bestimmen, erkennt man besonders gut, wenn man danach sieht, welche Rolle das gesellschaftliche Umfeld spielt, in dem sich die Handlung vollzieht. Es wird nämlich genannt: das *Volk* der Taurier. Seit Iphigenie im Lande ist, regiert der König weniger despotisch: es fühlt „jeglicher ein besser Los" (V. 133). Mehr noch: das Heer verlangt schon lange die blutigen Opfer nicht mehr (V. 1468f.), es ist „ein neues Volk" im Entstehen (V. 1480). Wenn Iphigenie bleiben und den König heiraten würde, würde sie „dem Volke, dem ein Gott dich brachte, / Des neuen Glückes ewge Quelle" (V. 140). Ein Vertreter des Volkes bittet sie deshalb inständig: „O wende nicht von uns, was du vermagst! / Du endest leicht, was du begonnen hast" (V. 1475f.) Das Volk braucht sie, hier liegt eine große gesellschaftliche und politische Aufgabe für sie. Für ihre Entscheidung, ob sie den Fluchtplan unterstützen und den König hintergehen soll, spielt das alles allerdings überhaupt keine Rolle, es wird nicht mit einem Wort erwähnt. Es geht ausschließlich um den seelischen Konflikt Iphigenies.

(c) Angesichts dieser extremen Orientierung kann man sich fragen, ob dieser Rigorismus seelischer Reinheit, wenn wir ihn dann noch aus dem für uns irrelevanten Bezugsrahmen lösen, dass durch ihn irgendetwas „entsühnt" werden soll, heute noch Belang hat: Geht es hier um mehr als um weltfernen, idealistisch überdrehten individuellen Selbstgenuß seelischer Subtilitäten („Ganz unbefleckt *genießt sich* [!] nur das Herz")? Dass Goethe sich mit seiner „Iphigenie" außerhalb der konkreten gesellschaftlichen, politischen, ökonomischen Wirklichkeiten seiner Zeit bewegte (s. Jeßing 1995, S. 63–65), war ihm durchaus bewusst. So schreibt er über die „Iphigenie" an Charlotte von Stein aus Apolda: „Hier will das Drama gar nicht fort, es ist verflucht, der König von Tauris soll reden als wenn kein Strumpfwürcker in Apolde hungerte."[23] Hier liegt allerdings auch nicht das Anliegen des Stücks, um das wir uns deshalb noch etwas eingehender kümmern müssen: In der „Iphigenie" geht es entscheidend um die „Wahrheit", zunächst zwischen Orest und Iphigenie: „zwischen uns / Sei Wahrheit!" (V. 1080f.), dann zwischen Iphigenie und Thoas: „Gewalt und List, der Männer höchster Ruhm, / Wird durch die Wahrheit dieser hohen Seele / Beschämt" (V. 2142–2144; vgl. *1917–1919, 1938*), genauer: darum, die Wahrheit zu sagen, also um die *Wahrhaftigkeit*. Sie und ihr Verhältnis zur Lüge, vor allem zur Notlüge, sind philosophisch vielfach diskutiert worden. Besonders rigoros versteht sie Kant in seiner Abhandlung „Über ein vermeintes Recht aus Menschenliebe zu lügen": „Es ist also ein heiliges, unbedingt gebietendes, durch keine Convenienzen [Rücksichten auf Umstände] einzuschränkendes Vernunftgebot: in allen Erklärungen *wahrhaftig* (ehrlich) zu sein." (Kant 1968, Bd. 8, S. 427)

Allerdings ist mit diesem rigiden Gebot im Ernstfall oft wenig geholfen. Deshalb betont beispielsweise Jaspers, „daß es dieses allgemeine Gesetz nicht losgelöst von der Kommunikation zwischen Mensch und Mensch gibt", und legt dar, dass die Wahrhaftigkeit verschiedene Formen annehmen und Einschränkungen erleiden muss je nach dem Mensch, mit dem und der Situation, in der ich mit ihm kommuniziere (Jaspers 1947, S. 483, S. 483–487). Andererseits setzt aber in einer normalen Kommunikationssituation, etwa in einem Gespräch, „ein jeder unwillkürlich die Wahrhaftigkeit in ihr voraus. Er nimmt das Gesagte für wirklich gemeint." (Nicolai Hartmann 1962, S. 461, vgl. 460–464) Und dies ist nun doch der übergeordnete Aspekt: Dass es ohne die Grundannahme von Wahrhaftigkeit, über die ich im Gespräch mit Anderen prinzipiell voraussetzen kann, dass sie mich nicht alle unablässig belügen, überhaupt keine Kommunikation, kein menschliches Miteinander geben kann. Wahrhaftigkeit ist nicht nur eine wichtige Voraussetzung geglückter Kommunikation, sie ist, Kantisch gesagt, die Bedingung der Möglichkeit von Kommunikation, von menschlichem Zusammenleben überhaupt und damit einer der wenigen heute noch fraglos gültigen ethischen Grundwerte. Ähnlich sieht es Habermas, für den die Wahrhaftigkeit eine der Voraussetzungen dafür ist, in einer Gesellschaft „symmetrische" Kommunikationsverhältnisse herzustellen, in denen keiner durch den Anderen offen (mit Gewalt) oder verdeckt (durch Lüge und Verstellung) an einem freien Diskurs gehindert wird. Die Wahrhaftigkeit ist so, völlig unabhängig davon, wie verlogen einzelne Mitmenschen, die Politik und die Medien faktisch sind, ein „Vorgriff" auf eine „ideale Sprechsituation" und damit der notwendige, wenn auch mehr oder weniger utopische „Vorschein" einer idealen „Lebensform" (Habermas 1971, S. 131–141).

Eben darum geht es in der „Iphigenie": durch Wahrhaftigkeit eine „symmetrische" Sprech- und Kommunikationssituation zwischen Iphigenie und Thoas und zwischen Griechen und Tauriern einzurichten, die ohne Gewalt, aber auch ohne Lüge und Hinterlist ist: eine ideale, von Mitmenschlichkeit und Humanität geprägte Lebensform (s. Fischer-Lichte 1990, Bd. 1, S. 322–333). Das Drama spiegelt keine Wirklichkeit wieder: „Die Abgehobenheit und Distanz dieses Ideals von jeglicher historisch gesellschaftlicher Wirklichkeit wird im Drama selbst betont." (Ebd. S. 331); es gibt den auch für seine Zeit idealen Entwurf eines wesentlichen menschlichen Grundverhaltens, das in Reinform, als utopisches Ideal, antizipiert wird. Diesem Inhalt entspricht die Form des geschlossenen Dramas, in der das dargestellt wird.

Exkurs: Bevor wir damit zu den Strukturmerkmalen des geschlossenen Dramas kommen, noch ein knapper Exkurs zur Stellung der *Götter* in der „Iphigenie". Die

Götter bilden die Macht, die Iphigenies Geschlecht der Tantaliden heimgesucht hat, der Orest ausgesetzt ist und die Iphigenie, wie sie es vor allem im „Parzenlied" (V. 1726–1766) ausdrückt, fürchtet. Dennoch besteht in Goethes Drama insgesamt und vor allem bei Iphigenie ein völlig anderes Verhältnis zu den Göttern als im antiken Drama, etwa in der Vorlage, der „Iphigenie auf Tauris" von Euripides. Zunächst ist Iphigenie eine andere bei Goethe als bei Euripides: Bei Goethe hat sie die blutigen Menschenopfer abgeschafft; bei Euripides führt sie sie seit ihrer Ankunft durch: „Ich opfre jeden nach der Stadt uraltem Brauch" (V. 38[24]). Bei Goethe widersetzt sie sich dem lügnerischen Plan des Pylades; bei Euripides ist sie es, die den listigen Plan ausdenkt – „Im Ränkespinnen sind die Fraun doch gar geschickt" (V. 1032) – und mit geschickten Lügen durchführt. Es ist bei Euripides dann auch nicht Iphigenie, die durch ihre Kraft, also durch ihre List und ihre Lügen den Konflikt löst und den Bruder rettet, sondern im entscheidenden Augenblick greifen die Götter ein und bestimmen den Ausgang des Geschehens: Als 'deus ex machina' erscheint Athene über dem Tempel und gebietet, dass Orest Iphigenie nach Griechenland führen und das Götterbild mitnehmen und dass Thoas nicht zürnen soll. Nicht Iphigenie also ist es, die das Geschehen durch ihre Wahrhaftigkeit bestimmt, nicht ein Mensch, sondern die Macht der Götter. Und so findet auch die symbolträchtige Auflösung des Orakels, dass die Entsühnung Orests nicht durch die Rückführung des Götterbilds der Schwester Apollons, sondern durch die seiner eigenen Schwester, also nicht durch eine göttliche Veranstaltung, sondern durch den Menschen erfolgt, nur bei Goethe statt. Hier „haben die Götter keine Bedeutung mehr. Auf den Menschen kommt es an und sein Tun" (Hamburger 1962, S. 104). Die mythische Macht der Götter ist bei Goethe der Hintergrund, vor dem das dramatische Geschehen abläuft, es ist selbst aber nicht durch sie und auch nicht durch den Kampf gegen sie bestimmt, sondern durch die selbstgesetzliche Kraft des 'human' handelnden Menschen.

Strukturmerkmale des geschlossenen Dramas

Einige wichtige Aspekte der Formanalyse des geschlossenen Dramas können zunächst an den Auszügen aus Gottscheds „Versuch einer critischen Dichtkunst" aufgefasst und gegebenenfalls im Ausgang von seinen teilweise seltsamen Begründungen andiskutiert werden. Eine genauere Behandlung (vgl. Klotz 1969 passim) erfolgt dann anhand der Fragen (hier ist eine andere Reihenfolge als bei Gottsched gewählt; die Behandlung der Strukturmerkmale des offenen Dramas erfolgt dann parallel):

(1.)   Die Raumgestaltung

(1.1.)   Das Drama spielt an einem einzigen Ort, dem „Hain vor Dianens Tempel". Es gibt keinen Ortswechsel; über das, was an anderen Orten geschieht, etwa bei dem Schiff der Griechen, wird nur berichtet. Das Drama weist so eine Einheit des Orts und damit eine große räumliche Geschlossenheit auf.

(1.2.)   Der Ort hat keine eigene Bedeutung für die Handlung. Er prägt weder durch seine Geschichte oder als soziales Umfeld (Milieu) die Figuren und ihr Handeln, er hat keine symbolische Bedeutung, und er bestimmt das Handlungsgeschehen nicht selbst mit. Orest wird nicht durch den heiligen Ort erlöst, sondern durch Iphigenie: „Von dir berührt, / War ich geheilt" (V. 2119f.). Der Ort ist selbst ziemlich unspezifisch, er ist eigentlich bloß Spielplatz der Figuren.

(2.)   Die Zeitgestaltung

(2.1.) Die Aufführungsdauer des Stücks beträgt etwa eine bis eineinhalbe Stunde. Ungefähr so lange dauert auch die in ihm dargestellte Handlung. Es gibt in ihr keine Zeitsprünge, keine Raffungen oder Dehnungen der Zeit, die Zeit läuft einheitlich durch. Der dramatische Zeitablauf ist ziemlich identisch mit dem in ihm dargestellten zeitlichen Geschehen. Das Drama weist so eine Einheit der Zeit und damit eine große zeitliche Geschlossenheit auf.

(2.2.) Die Dimension, in der die Zeit real abläuft, die Gegenwart, ist ständig relativiert: Das Handeln der Figuren geschieht nicht aus der Gegenwart, sondern ist entscheidend bedingt durch die Vergangenheit: den Fluch der Tantaliden, den trojanischen Krieg, die Opferung und Rettung Iphigenies, den Muttermord Orests, das Orakel Apollons. Und es geschieht auf Zukunft hin: Iphigenie lebt völlig auf die Rückkehr nach Griechenland und die Entsühnung ihres Hauses hin; das gegenwärtige Schicksal des Thoas oder gar des Volks der Taurier bedeutet ihr wenig bis nichts. Orest und Pylades handeln ganz auf das Ziel der Heilung Orests hin. Das Jetzt und Hier der Gegenwart ist ständig überschritten zur Vergangenheit und zur Zukunft hin. Die Zeit hat keine eigene gegenwärtige, etwa geschichtlich oder gesellschaftlich geprägte Realität. Sie hat auch als Zeitablauf keine eigene Bedeutung für die dramatische Handlung: ihr Ablauf bedrängt, bedroht oder entlastet, befreit nicht. Sie bietet nur den zeitlichen Rahmen für das – vergangenheitsbestimmte und zukunftsgerichtete – Handeln der Figuren.

(3.)   Handlung und Handlungsführung

(3.1.) Die einzelnen Szenen folgen notwendig aufeinander; jede gründet in der vorigen und führt auf die nächste zu. Die Handlungsführung bildet einen streng gefügten Kausalzusammenhang, in dem jede Handlung und jede Handlungseinheit (Szene) ihren logischen Ort hat. Es würde das ganze Stück zerstören, wenn man Szenenteile oder ganze Szenen miteinander vertauschte.

(3.2.) Das Stück hat eine einheitliche Haupthandlung, die sich konsequent entwickelt. Sie läuft linear und kontinuierlich ab und realisiert so einen bestimmten notwendigen Handlungsvorgang. Mit Gustav Freytag (1969, S. 102–122) kann man ihn so beschreiben („Exposition", „Peripetie" und „Katastrophe" sind Begriffe des Aristoteles):

1. Akt: „Einleitung" (Exposition): „das erregende Moment" der Werbung des Thoas und seiner Weisung an Iphigenie, zu opfern.

2. Akt: „Steigerung": „das tragische Moment", dass Iphigenie ihren von ihr unerkannten Bruder opfern soll.

3. Akt: „Höhenpunkt": Wiedererkennung der Geschwister, Heilung Orests.

4. Akt: „Fall oder Umkehr" (Peripetie): „das Moment der letzten Spannung" des Fluchtplans, aber auch des inneren Konflikts Iphigenies.

5. Akt: „Katastrophe": Lösung durch Iphigenies Bekenntnis.

(4.)   Die Figurendarstellung

(4.1.)   Die Hauptfiguren stammen alle aus den führenden sozialen Schichten, sind König, Tochter und Sohn eines Königs, Adliger. Sie verfügen – auch der 'barbarische' König Thoas – über ein großes Sprachvermögen und können mühelos ihre Empfindungen und Absichten versprachlichen und dialogisch realisieren (vgl. Zimmer 1982, S. 132–134). Sie besitzen alle ein hohes Reflexionsvermögen; Pylades handelt ganz rational, Iphigenie und Thoas auch emotional, dabei aber immer bewusst und überlegt.

(4.2.)   Die Figuren sind homogene Charaktere, die ganz durch einen beherrschenden Charakterzug geprägt sind. Ihr Handeln wird durch ihre entscheidenden Charaktermerkmale bestimmt. Sie sind die bewussten und aktiven Träger der Handlung.

(4.3.) Die Handlung ergibt sich durch das Aufeinanderprallen der Charaktere und ihrer Absichten, vor allem dadurch, dass Iphigenie ihre seelische Orientierung durchsetzt. Die Handlung nimmt dabei mehrfach die Form des Duells zwischen den Figuren mit dem ganzen Vokabular wirklichen Kampfes an („Schwert – verteidigen – Schwert – Los der Waffen – Streiter – Feind"; *V. 1861–1867*). Handlung entsteht durch Spiel und Gegenspiel von Personen: Der Mensch ist es, der autonom, allein aus sich und unbeeinflusst von geschichtlichen und gesellschaftlichen Prägungen und Bedingungen, Geschehen in dieser Welt hervorbringt, – ein ideales bzw. idealistisches Bild vom Menschen und seiner Stellung in der Welt.

(4.4.) Man kann fragen, warum das geschlossene Drama, so wie es der abstrakten Gestalt nach ja auch Gottsched beschreibt, all diese Formen aufweist. Da greifen Gottscheds Begründungen teilweise zu kurz: Die Einheit des Raums und der Zeit gründet wohl kaum darin, dass das Drama anders nicht „wahrscheinlich" wäre (B.), die Einheit der Handlung nicht darin, dass das Drama nur einen einzigen „moralischen Satz" (A.) darstellen darf. Es hat vielmehr mit dem zu tun, was er für die Charaktere ausführt, die zwar nicht so eng wie bei ihm als bloße Typen gefasst sein sollten, doch in der Tat nicht in sich „widersprechend" sein dürfen, sodass man aus ihnen ihre „Handlungen ... begreifen" kann (D.):

Die „Einheit" des *Raums* gründet darin, dass er kein konkreter Ort, keine wirkliche Umwelt ist, sondern praktisch entwelteter Spielort der Figuren. Und die „Einheit" der *Zeit* gründet darin, dass sie keine reale geschichtliche oder gegenwärtige Zeit ist, sondern praktisch weltloser Spielrahmen der Figuren. Diese sind autonome Subjekte und bringen allein aus ihren individuellen Charakteren und deren Wechselspiel Geschehen, *Handlung* hervor, abgelöst von den Prägungen, Bedingungen, Einwirkungen der konkreten Welt und Zeit und deshalb 'einheitlich', kontinuierlich, kausativ, schlüssig, notwendig. Es ist so, wie Lessing es dramentheoretisch abgeleitet hat (s. den vorhergehenden Abschn. 3.2.): Das geschlossene Drama ist ein reduzier-

tes, ein „verkleinertes Modell" der Wirklichkeit, bei dem die umweltlich-gesell-
schaftlichen und die zeitlich-geschichtlichen Bedingungen konsequent „abgesondert" sind und allein aus dem Zusammenspiel der Charaktere der Figuren das geschlossene „eigene Ganze" eines „notwendigen", überschaubar nach „Ursachen
und Wirkungen" organisierten dramatischen Geschehens entsteht, – die adäquate
Dramenform für die Darstellung autonomer Personalität und idealer Humanität. –
So viel zu den Hauptmerkmalen des geschlossenen Dramas, mit denen bzw. mit den
wichtigsten von ihnen die Gruppe nun ein eigenes (Kurz-)Drama schreiben kann.

3.3. Das offene Drama: Analyse und Produktion

A19:   *Büchner: „Woyzeck" – Erarbeitung der Merkmale des offenen Dramas an
Szenen der Haupthandlung und Eigenproduktion*

Georg Büchner: *Woyzeck* [25]

[I.] *Freies Feld. Die Stadt in der Ferne. Woyzeck und Andres schneiden
Stöcke im Gebüsch.*

WOYZECK Ja Andres; den Streif da über das Gras hin, da rollt abends
der Kopf, es hob ihn einmal einer auf, er meint' es wär' ein Igel. Drei
Tag und drei Nächt und er lag auf den Hobelspänen *(leise)* Andres, das
waren die Freimaurer, ich hab's, die Freimaurer, still!

ANDRES *(singt)* Saßen dort zwei Hasen
Fraßen ab das grüne, grüne Gras . . .

WOYZECK Still! Es geht was!

ANDRES   Fraßen ab das grüne, grüne Gras
Bis auf den Rasen.

WOYZECK Es geht hinter mir, unter mir *(stampft auf den Boden)* hohl,
hörst du? Alles hohl da unten. Die Freimaurer!

ANDRES Ich fürcht mich.

WOYZECK 's ist so kurios still. Man möcht den Atem halten. Andres!

ANDRES Was?

WOYZECK Red was! *(Starrt in die Gegend.)* Andres! Wie hell! Ein Feuer fährt um den Himmel und ein Getös herunter wie Posaunen. Wie's
heraufzieht! Fort. Sieh nicht hinter dich. *(Reißt ihn in's Gebüsch.)*

ANDRES *(nach einer Pause)* Woyzeck! Hörst du's noch?

WOYZECK Still, alles still, als wär die Welt tot.

ANDRES Hörst du? Sie trommeln drin. Wir müssen fort.

[II.] *Marie (mit ihrem Kind am Fenster). Margreth. Der Zapfenstreich
geht vorbei, der Tambourmajor voran.*

MARIE *(das Kind wippend auf dem Arm).* He Bub! Sa ra ra ra! Hörst?
Da kommen sie.

MARGRETH Was ein Mann, wie ein Baum.

MARIE Er steht auf seinen Füßen wie ein Löw.

(Tambourmajor grüßt.)

MARGRETH Ei, was freundliche Auge, Frau Nachbarin, so was is man an ihr nit gewöhnt.

MARIE *(singt)* Soldaten das sind schöne Bursch ...

MARGRETH Ihre Auge glänze ja noch.

MARIE Und wenn! Trag Sie ihre Auge zum Jud und laß Sie sie putzen, vielleicht glänze sie noch, daß man sie für zwei Knöpf verkaufe könnt.

MARGRETH Was Sie? Sie? Frau Jungfer, ich bin eine honette Person, aber Sie, Sie guckt siebe Paar lederne Hose durch.

MARIE Luder! *(Schlägt das Fenster [zu].)* Komm mein Bub. Was die Leut wollen. Bist doch nur en arm Hurenkind und machst deiner Mutter Freud mit deim unehrliche Gesicht. Sa! Sa! [...]

[III.] *Marie sitzt, ihr Kind auf dem Schoß, ein Stückchen Spiegel in der Hand.*

MARIE *(bespiegelt sich)* Was die Steine glänze! Was sind's für? Was hat er gesagt? – Schlaf Bub! Drück die Auge zu, fest, *(das Kind versteckt die Augen hinter den Händen)* noch fester, bleib so, still oder er holt dich. *(Singt.)*

> Mädel mach's Ladel zu
> 's kommt e Zigeunerbu
> Führt dich an deiner Hand
> Fort in's Zigeunerland.

(Spiegelt sich wieder.) 's ist gewiß Gold! Unsereins hat nur ein Eckchen in der Welt und ein Stückchen Spiegel und doch hab' ich einen so roten Mund als die großen Madamen mit ihren Spiegeln von oben bis unten und ihren schönen Herrn, die ihnen die Händ küssen, ich bin nur ein arm Weibsbild. – *(Das Kind richtet sich auf.)* Still Bub, die Auge zu, das Schlafengelchen! Wie's an der Wand läuft *(sie blinkt mit dem Glas)* die Auge zu, oder es sieht dir hinein, daß du blind wirst.

(Woyzeck tritt herein, hinter sie. Sie fährt auf, mit den Händen nach den Ohren.)

WOYZECK Was hast du?

MARIE Nix.

WOYZECK Unter deinen Fingern glänzt's ja.

MARIE Ein Ohrringlein; hab's gefunden!

WOYZECK Ich hab' so noch nix gefunden, zwei auf einmal.

MARIE Bin ich ein Mensch?

WOYZECK 's ist gut, Marie. – Was der Bub schläft. Greif' ihm unter's Ärmchen der Stuhl drückt ihn. Die hellen Tropfen stehn ihm auf der Stirn; alles Arbeit unter der Sonn, sogar Schweiß im Schlaf. Wir arme Leut! Das is wieder Geld Marie, die Löhnung und was von mein'm Hauptmann.

MARIE Gott vergelt's Franz.

WOYZECK Ich muß fort. Heut Abend, Marie. Adies.

MARIE *(allein, nach einer Pause)* Ich bin doch ein schlecht Mensch. Ich könnt' mich erstechen. – Ach! Was Welt? Geht doch alles zum Teufel, Mann und Weib.

[IV.] *Marie. Tambourmajor.*

TAMBOURMAJOR Marie!

MARIE *(ihn ansehend, mit Ausdruck)* Geh' einmal vor dich hin. – Über die Brust wie ein Rind und ein Bart wie ein Löw. – So ist keiner. – Ich bin stolz vor allen Weibern.

TAMBOURMAJOR Wenn ich am Sonntag erst den großen Federbusch hab' und die weiße Handschuh, Donnerwetter, Marie, der Prinz sagt immer: Mensch, er ist ein Kerl.

MARIE *(spöttisch)* Ach was! *(Tritt vor ihn hin.)* Mann!

TAMBOURMAJOR Und du bist auch ein Weibsbild, Sapperment, wir wollen eine Zucht von Tambourmajors anlegen – He? *(Er umfaßt sie.)*

MARIE *(verstimmt)* Laß mich!

TAMBOURMAJOR Wild Tier.

MARIE *(heftig)* Rühr mich an!

TAMBOURMAJOR Sieht dir der Teufel aus den Augen?

MARIE Meintwegen. Es ist alles eins.

[V.] *Marie. Woyzeck.*

WOYZECK *(sieht sie starr an, schüttelt den Kopf)* Hm! Ich seh nichts, ich seh nichts. Oh, man müßt's sehen, man müßt's greifen könne mit Fäusten.

MARIE *(verschüchtert)* Was hast du Franz? Du bist hirnwütig – Franz.

WOYZECK Eine Sünde so dick und so breit. (Es stinkt daß man die Engelchen zum Himmel hinaus räuchern könnt.) Du hast ein roten Mund Marie. Keine Blase drauf? Marie, du bist schön wie die Sünde – Kann die Todsünde so schön sein?

MARIE Franz, du red'st im Fieber.

WOYZECK Teufel! – Hat er da gestande, so, so?

MARIE Dieweil der Tag lang und die Welt alt ist, könn' viel Mensche an eim Platz stehn, einer nach dem andern.

WOYZECK Ich hab ihn gesehn.

MARIE Man kann viel sehn, wenn man zwei Augen hat und man nicht blind ist und die Sonn scheint.

[VI.] *Freies Feld.*

WOYZECK Immer zu! Immer zu! Still Musik. – *(Reckt sich gegen den Boden.)* Ha was, was sagt ihr? Lauter, lauter, – stich, stich die Zickwolfin tot? stich, stich die Zickwolfin tot. Soll ich? Muß ich? Hör ich's da auch, sagt's der Wind auch? Hör ich's immer, immer zu, stich tot, tot.

[VII.] *Wirtshaus. Tambourmajor. Woyzeck. Leute.*

TAMBOURMAJOR Ich bin ein Mann! *(Schlägt sich auf die Brust.)* Ein Mann sag' ich. Wer will was? Wer kein besoffn Herrgott ist der laß sich von mir. Ich will ihm die Nas ins Arschloch prügeln. Ich will – *(zu Woyzeck)* da Kerl, sauf, der Mann muß saufen, ich wollt die Welt wär Schnaps, Schnaps.

WOYZECK *(pfeift)*

TAMBOURMAJOR Kerl, soll ich dir die Zung aus dem Hals ziehe und sie um den Leib herumwickle? *(Sie ringen, Woyzeck verliert.)* Soll ich dir noch so viel Atem lassen als en Altweiberfurz, soll ich?

WOYZECK *(setzt sich erschöpft zitternd auf die Bank)*

TAMBOURMAJOR Der Kerl soll dunkelblau pfeifen.
Ha. Brandewein das ist mein Leben
Brandwein gibt Courage!

EINE Der hat sei Fett.

ANDRE Er blut.

WOYZECK Eins nach dem andern.

[VIII.] *Marie und Woyzeck.*

MARIE Also dort hinaus ist die Stadt 's ist finster.

WOYZECK Du sollst noch bleiben. Komm setz dich.

MARIE Aber ich muß fort.

WOYZECK Du wirst dir die Füße nicht wundlaufen.

MARIE Wie bist du auch?

WOYZECK Weißt du auch wie lang es just ist Marie –

MARIE An Pfingsten zwei Jahr.

WOYZECK Weißt du auch wie lang es noch sein wird?

MARIE Ich muß fort das Nachtessen richten.

WOYZECK Friert's dich Marie, und doch bist du warm. Was du heiße Lippen hast! (Heiß, heißen Hurenatem und doch möcht' ich den Himmel geben sie noch einmal zu küssen.) Sterben und wenn man kalt ist, so friert man nicht mehr. Du wirst vom Morgentau nicht frieren.

MARIE Was sagst du?

WOYZECK Nix. *(Schweigen.)*

MARIE Was der Mond rot aufgeht.

WOYZECK Wie ein blutig Eisen.

MARIE Was hast du vor? Franz, du bist so blaß. Franz halt. Um des Himmels willen, Hü Hülfe ...

WOYZECK Nimm das und das! Kannst du nicht sterben. So! So! Ha sie zuckt noch, noch nicht noch nicht? Immer noch? *(Stößt zu.)* Bist du tot? Tot! Tot! *(Es kommen Leute, läuft weg.)*

Sie finden hier die wichtigsten Szenen der Haupthandlung 'Woyzeck – Marie'. Machen Sie sich zunächst mit ihnen und dem, worum es in ihnen geht, vertraut, indem Sie sie in der Gruppe mit verteilten Rollen lesen, vielleicht auch szenisch erarbeiten, und die folgenden Fragen beantworten:

a) Wo und wann dürfte das Stück spielen? Welche Stellung haben Woyzeck, Marie und der Tambourmajor in der Gesellschaft? Welche Eigenschaften weisen sie hauptsächlich auf?

b) Wodurch wird das Handeln der drei Figuren vor allem bestimmt, und welches sind die Gründe für Woyzecks, Maries und des Tambourmajors Handeln?

Volker Klotz: *Das offene Drama*

[1. Raum:] Die Ortsfülle fügt sich der Tendenz, den Helden mit möglichst vielen Aspekten seines Gegenspielers Welt zu konfrontieren. Sie läßt ihn Mannigfaltigkeit des Raumganzen der Welt in vielen bezeichnenden Raumabschnitten erleben.

[2. Zeit:] Im geschlossenen Drama tilgt der stets bewußte Zeitablauf des Ganzen die Gegenwart der Teile, im offenen Drama schwindet der Zeitablauf des Ganzen unter der bedrängenden Gegenwart des Augenblicks. Die einzelnen Szenen sind nicht mehr durch zeitliche Rückwärts- und Vorwärtsbezüge engagierte Kettenglieder, sie sind autonom.

Wir erleben die Personen in ihren eigentümlichen Situationen. Aus diesen Situationen heraus sprechen und handeln sie spontan. Sie sind eingepflanzt in ein genaues Hier und Jetzt, sie stehen im Wirkungsfeld spezifischer Räume und Dinge. Für sie ist ständig Gegenwart, ganze Gegenwart, die alle Vorwärts- und Rückwärtsbrücken einreißt, worauf die Personen sich selbst und das Geschehen im Stadium der Entwicklung sehen könnten. Als Abstandslose sind sie unfähig, das Jetzt einzuordnen in Zusammenhänge, es zu messen an Vergangenem und Kommendem.

[3. Handlung:] Die Szene im offenen Drama ist Ausschnitt, herausgebrochenes Stück aus einem großen, komplexen Geschehnisganzen, das größer und umfassender ist als die im Drama erscheinende Handlung. Dieses große Geschehen begann, ehe der Vorhang am Anfang sich öffnet, und es dauert meist noch fort, wenn der Vorhang am Schluß des Dramas gefallen ist.

Ebenso wenig wie das Drama als Ganzes kennen die einzelnen Szenen Exposition und Entwicklung. Immer wieder drängt sich ihr Ausschnittcharakter hervor, sie sind nicht dienender Teil, untergeordnetes Glied, sondern bezeichnendes Stück, herausgebrochen, herausgestückelt aus einem großen Ganzen [...]. Dies herausgebrochene Stück, die Szene, ist an seinen Rändern, seinen Konturen nicht geglättet, so daß es etwa, um im Bild zu bleiben, als sauberer Kubus lückenlos an seinen vorausgehenden und nachfolgenden Szenenkubus sich anschlösse, nein, die Ränder sind gezackt und riessig.

[4. Figuren:] Das offene Drama kennt das unausgesprochene Gebot der Mündigkeit, der geschlossenen Persönlichkeit nicht. Seine Personen sind nicht alle oder nicht immer im vollen Bewusstsein ihrer selbst. Vielen fehlt insgesamt oder zeitweise die Reife und Vollendung zur Person, ohne die sie im geschlossenen Drama als Handelnde oder Leidende überhaupt nicht als vollwertig zählten.

Die für das geschlossene Drama bezeichnende Duellsituation zwischen gleichartigen Gegnern in vorgeprägten auserlesenen Fechtfiguren (Maria Stuart contra Elisabeth, Iphigenie contra Thoas, Mithridate contra Monime) weicht dem unübersichtlichen dumpfen Kampf des Einzelnen gegen einen anonymen Gegner, gegen eine ganze Welt. (Klotz 1969, S. 120, 119, 140, 149 f., 110, 137 f., 108)

Erarbeiten Sie nun anhand der Fragen in „Strukturmerkmale des geschlossenen / offenen Dramas" aus der vorhergehenden Arbeitsaufgabe die wichtigeren Formmerkmale des offenen Dramas. Dazu können Sie die vorstehendenen Ausführungen von Volker Klotz verwenden.

Stellen Sie dann, wie es in der vorhergehenden Arbeitsaufgabe genauer beschrieben ist, die Ergebnisse Ihrer Arbeit zusammen, und machen Sie mit den Merkmalen des offenen Dramas, die Sie für wichtig halten, ein eigenes (Kurz-)Drama zu dem gemeinsamen Thema, das Sie zusammen mit Ihren Arbeitsergebnissen präsentieren.

Büchner schrieb die Szenen des „Woyzeck" 1836/37 als Dreiundzwanzigjähriger in Straßburg. Er hatte 1834 in Gießen und Darmstadt nach französischem Vorbild Sektionen der revolutionären „Gesellschaft der Menschenrechte" gegründet und zusammen mit Ludwig Weidig die Kampfschrift des „Hessischen Landboten" verfasst, in der die drückenden sozialen Verhältnisse im Großherzogtum Hessen angeprangert werden und zum Aufstand aufgerufen wird. 1835 war er, weil er befürchten musste, deshalb verhaftet zu werden, aus Darmstadt nach Straßburg geflohen. Den Stoff zu seinem Drama fand Büchner vor allem in den gerichtsmedizinischen Gutachten über einen Mordfall in Leipzig, bei dem 1821 der möglicherweise nicht zurechnungsfähige Perückenmacher, Diener und Soldat Woyzeck aus Eifersucht eine Frau erstochen hatte; er wurde 1824 in Leipzig öffentlich hingerichtet (s. Mayer 1963).

Das Drama liegt nicht als geschlossener Text vor, sondern nur in der Form sehr uneinheitlicher Entwürfe und Fragmente, genauer: in vier vielfach voneinander verschiedenen Handschriften, von denen keine den endgültigen Gesamtablauf des

Stückes erkennen läßt (s. Meier 1980, S. 24–32). So ist die Textforschung seit langem bemüht, das Verhältnis der einzelnen Szenen zueinander zu klären. Bei den wiederholten Versuchen, eine spielbare Werkfassung herzustellen, sind inzwischen nicht wenige Szenen in unterschiedlicher Reihenfolge an ganz verschiedenen Stellen des Dramas erschienen. Eine allgemein anerkannte gesicherte Textgestalt aller Teile des Dramas gibt es bis heute nicht.

Mit dem „Woyzeck" behandelt die Gruppe (die Klasse, der Kurs, das Seminar) das erste und eins der bedeutendsten sozialen Dramen Deutschlands. Und sie behandelt ein Drama, das in besonderem Maße repräsentativ für das offene Drama ist. Beides, die offene Form des Dramas und seine soziale Thematik, hängen eng miteinander zusammen, und es wird die Aufgabe der Gruppe sein, vor allem diese Wechselbeziehung zu erarbeiten. Sie würde noch etwas plastischer, wenn die soziale Thematik des Dramas noch breiter, wenn nämlich insbesondere mit den (vielverhandelten) Hauptmann- und Doktorszenen ein größerer Sozialzusammenhang behandelt würde, doch lässt sich auch bei der hier vorgenommenen Reduktion auf die Woyzeck-Marie-Handlung alles Wichtige völlig eindeutig herausarbeiten. (Falls das Drama zunächst szenisch erarbeitet werden soll, kann dafür die eingehende szenische Interpretation von Scheller 1989 herangezogen werden.)

(a) Das Stück spielt im vorigen Jahrhundert (wohl in den zwanziger Jahren) wahrscheinlich in einer kleinen hessischen Garnisonstadt. Unsere Szenen (in denen ja der Hauptmann und der Doktor fehlen) handeln ausschließlich in der sozial unteren Schicht unter meist „arme Leut" (Sz. III).

Woyzeck: Woyzeck ist einfacher Stadtsoldat: „Wehrmann. Füsilier" (S. 39). Er steht auf der untersten Stufe der militärischen Rangordnung wie der gesellschaftlichen Anerkennung; er hat zu seiner Zeit weniger Ansehen als etwa ein Tagelöhner. Er bekommt nur ganz geringen Lohn und bessert ihn auf durch Dienstleistungen für seinen Hauptmann (Sz. III) und dadurch, dass er sich vertraglich dem Doktor für das ernährungsphysiologische Experiment zur Verfügung stellt, über einen längeren Zeitraum nur Erbsen zu essen (S. 25f.), was ihm physisch und auch psychisch sehr zusetzt. Er ist dreißig Jahre und unverheiratet und lebt mit Marie zusammen, mit der er ein Kind hat. Er ist fürsorglich und unterhält sie und das Kind mit Teilen seines Lohns und den Nebenverdiensten. Er wohnt in der Kaserne. Er hat apokalyptische Halluzinationen, hört Stimmen und leidet – das übernimmt Büchner von dem historischen Woyzeck (Clarus-Gutachten 1824. Mayer 1963, S. 84, 98–100) – unter der Wahnvorstellung, von feindlichen Mächten, den „Freimaurern", verfolgt zu werden (Sz. I, VI; S. 27).

Marie: Sie hat keinen Beruf und lebt wohl in dem Armenhaus der Stadt. Sie ist mit dem einfachen Soldaten Woyzeck zusammen und hat ein Kind von ihm. Damit steht sie nach der Einschätzung der Gesellschaft ihrer Zeit am untersten Rand des sozialen Ansehens, ist fast eine Prostituierte. Das sieht sie auch selbst: sie spricht von dem „unehrlichen Gesicht" ihres Kindes, das nur ein „arm Hurenkind" ist (Sz. II), wehrt sich aber entschieden gegen diese Einschätzung und verlangt von Woyzeck – „Bin ich ein Mensch [eine Hure]?" (Sz. III) –, dass er sie widerlegt. Sie empfindet die Ar-

mut und Hoffnungslosigkeit ihres Lebens stark: „ich bin nur ein arm Weibsbild"
(Sz. III) und sehnt sich nach einem besseren Leben. Sie ist vital und heißblütig und
lässt sich mit dem Tambourmajor ein, hat deshalb aber ein schlechtes Gewissen: „Ich
bin doch ein schlecht Mensch." (Sz. III)

Tambourmajor: Er ist kein „Major", also kein Offizier; er gehört „wie Woyzeck zu
den untergeordneten Soldaten und unterscheidet sich sozial nicht wesentlich von
diesem" (Meier 1980, S. 41). Aber er ist eine stattliche Erscheinung und trägt vor allem eine prächtige Uniform, mit der er bei den Paraden die glanzvolle Seite des Mili-
tärs und die Macht des Herrscherhauses repräsentiert. Er wirkt damit faszinierend
auf die Frauen und ist stolz auf seine Erscheinung und seine Männlichkeit, ist aber
auch sehr darauf aus, dass sie anerkannt wird. Der Grund ist, dass er innerlich
schwach ist. So trinkt er und braucht den Alkohol, weil er nur durch ihn Selbstbewusstsein und Mut bekommt: „Brandewein das ist mein Leben / Brandwein gibt
Courage!" (Sz. VII).

(b) Wodurch wird das Handeln dieser Figuren vor allem bestimmt? Ich behandle sie
in umgekehrter Reihenfolge: Dass der *Tambourmajor* ein Verhältnis mit Marie beginnt, hat zunächst den einfachen Grund, dass er von ihr sexuell angezogen ist und
sie von seiner Erscheinung und Gestalt fasziniert ist. Dann wird aber eine große Rolle spielen, dass er sich dabei von ihr bewundern lassen und ihr und sich seine Männlichkeit beweisen kann. Wie wichtig der letzte Aspekt ist, zeigt die Wirtshausszene:
Dass er den Streit mit Woyzeck beginnt, gründet wohl nicht nur in einer persönlichen
Neigung zur Gewalttätigkeit, sondern vor allem darin, dass er unablässig darauf aus
ist, seine Männlichkeit und seinen Selbstwert bestätigt zu bekommen. Er ist innerlich schwach, und seine Schwäche ist wesentlich durch seine gesellschaftliche Situation produziert. Denn sein Lebenssinn als Tambourmajor besteht darin, als glänzen-
des Schaustück zu fungieren, womit „er als bloßes Ausstellungsstück erscheint und
nicht als Person. Er zeigt sich hier als völlig entfremdete Figur, die keine Eigenexi-
stenz besitzt." (Meier 1980, S. 40) Dass die Motive seines Verhaltens und Handelns
durch seine gesellschaftliche Situation bedingt sind, ist ihm natürlich nicht bewusst.

Ähnlich wie der Tambourmajor handelt *Marie*, bedingt durch ihre gesellschaftliche
Situation und in Reaktion auf sie, aber etwas bewusster als er. Dass sie sich mit dem
Tambourmajor einlässt, hat mit ihrem sinnlichen Temperament zu tun, vor allem
aber damit, dass mit dem prächtigen und begehrten Mann ein zeitweiliges Vergessen
der Erbärmlichkeit ihrer Lage und dass mit dem Schmuck, den er zu schenken vermag, der Schein der Teilhabe am Leben der großen Welt und der Gedanke möglich
wird, nicht an sich weniger wert zu sein als „die großen Madamen" (Sz. III). Sie hat
ein schlechtes Gewissen deshalb und fühlt sich schuldig: „Ich könnt' mich erstechen". Sie beschwichtigt ihre Schuldgefühle damit, dass ohnehin die Welt verdorben
und verloren ist: „Ach! Was Welt? Geht doch alles zum Teufel, Mann und Weib."
(Sz. III), „Es ist alles eins." (Sz. IV) Dass aber konkrete gesellschaftliche Verhältnisse und Missstände an ihrem Schicksal schuld sind und ihr Verhalten zum Tambourmajor, aber auch zu ihrem Kind, an das sie mit ihrem disziplinierenden Psychoterror

die Unterdrückungsmechanismen, denen sie unterliegt, ungehemmt weitergibt, kann sie nicht sehen.

Wenn man fragt, wodurch das Handeln *Woyzecks* bestimmt ist, muss man zunächst sehen, wodurch sein Nicht-Handeln, nämlich zunächst Marie und dem Tambourmajor gegenüber, bedingt ist: Er erkennt klar, dass Marie die Ohrringe nicht gefunden haben kann; er fragt aber nicht weiter nach und beschuldigt sie nicht, sondern lenkt gleich ein: „'s ist gut, Marie", und gibt ihr sein Geld (Sz. III). Möglicherweise vermeidet er hier die Auseinandersetzung, weil er sich bei dem, was er in seiner Situation einer Frau wie Marie bieten kann, einfach nicht das Recht zuspricht, über sie verfügen und sie kontrollieren zu dürfen. Der Tambourmajor provoziert ihn, er reagiert nur ganz verhalten und wehrt sich nicht ausdrücklich. Wahrscheinlich scheut er die Auseinandersetzung, weil er sich in seiner desolaten physischen Situation dem Tambourmajor unterlegen fühlt. Ähnlich ist es bei seinem Verhalten gegenüber dem Hauptmann und dem Doktor (S. 19 f., 25 f.), die ihn erniedrigen und zugrunde richten. Er wehrt sich nicht gegen sie, weil er von ihnen abhängig ist: Der Hauptmann ist sein Vorgesetzter, und beide lassen ihn, was er dringend für Marie braucht, etwas dazuverdienen. Die soziale Situation, in der er sich befindet, entfremdet ihm seine eigenen Möglichkeiten (s. Jancke 1975, S. 280–285), lähmt ihn und macht es ihm unmöglich zu handeln.

Wenn er dann handelt, nämlich Marie tötet, ist es wie ein gewaltsamer Ausbruch aus dieser Handlungsunfähigkeit. Er ist mit Maries Untreue in seiner einzigen menschlichen Bindung getroffen und überreagiert darauf und gleichzeitig auf die Lähmung, in die seine Situation ihn sonst versetzt. Er reagiert damit vielleicht auch auf die Kräfte, die ihn verfolgen, die „Freimaurer", in denen sich für ihn die Verhältnisse, die ihn bedrängen und zerstören, gestalthaft verdichtet haben, indem er nun einmal nicht flieht, sondern handelt. Alles das ist unbewusst, und auch den Entschluss, Marie zu töten, fasst er nicht bewusst, sondern er folgt darin den 'Stimmen', die „immer zu" auf ihn einreden: „stich, stich die Zickwolfin tot. Soll ich? Muß ich? [...] Hör ich's immer, immer zu, stich tot, tot." (Sz. VI) Büchner folgt hier dem Bericht über den historischen Woyzeck, in dem es heißt, es habe ihm zugerufen: „stich die Frau Woostin tot! wobei er gedacht: das tust du nicht, die Stimme aber erwidert habe: Du tust es doch." (Clarus-Gutachten 1824. Mayer 1963, S. 90, s. 103) Wichtig ist für Büchner hier offenbar der innere Konflikt zwischen dem, was in Woyzeck vor sich geht und ihn zur Tat treibt, dem er eine 'Stimme' gibt, und der 'Stimme' seines Gewissens, wobei dann das Bündel psychischer Antriebe, mit denen er eruptiv auf seine Notsituation reagiert, die Oberhand behält und er Marie tötet. Es ist nicht so wichtig, dabei den Grad und die Form von Woyzecks möglichem Wahnsinn zu diagnostizieren. Wichtig ist, dass er zu dem, was er tut und wie er es tut, durch die selbstentfremdende Situation, in der er lebt, getrieben wird: „Woyzecks Tun erscheint [...] als Wirkung und Produkt sozialer Verhältnisse." (Mayer 1963, S. 64) Man missversteht das Drama und Büchner völlig, wenn man meint, Woyzeck gehorche mit seiner Tat gerade keinen „sozialen Bedingungen", sondern „einem in der Innerlichkeit des wesentlichen Menschen gebietenden *Muß*" (May 1969, S. 250).

In der „Iphigenie" handeln die Figuren rein aus sich und den Kräften ihrer Persönlichkeit; im „Woyzeck" handeln sie, geprägt und bedingt durch die sozialen Verhältnisse, in denen sie leben. Die offene Form ist die Dramenform, in der das dramatisch darstellbar wird:

Strukturmerkmale des offenen Dramas
Wichtige Aspekte der Strukturanalyse kann die Gruppe (die Klasse, der Kurs, das Seminar) aus den Auszügen des Buchs von Volker Klotz (das selbst häufig auch auf den „Woyzeck" Bezug nimmt; S. 97–214 passim) entnehmen. Die Analyse verläuft parallel zu der der „Iphigenie".

(1.)   Die Raumgestaltung

(1.1.) Es gibt keinen einheitlichen Ort des Geschehens. Unsere Auszüge spielen an ganz verschiedenen Orten: In Maries Zimmer, im Wirtshaus, an verschiedenen Stellen im Freien. Im ganzen Drama ist es noch deutlicher: Es spielt an wenigstens zwölf verschiedenen Orten. In dieser „Ortsfülle" erscheinen die Situationen, die die Personen so entscheidend bedingen, es erscheinen möglichst viele Aspekte ihres „Gegenspielers Welt" (Klotz Nr. 1).

(1.2.) Die Orte sind konkret und bedeutsam für das dramatische Geschehen, in unseren Auszügen etwa die Enge von Maries Zimmer und die Weite der unbegrenzten Natur (s. Klotz 1969, S. 124f.). Teilweise stellen sie – wie für Woyzeck die „Natur" (s. S. 25f.) auf dem Feld – Kräfte dar, die unmittelbar und tätig die Personen und das Geschehen beeinflussen.

(2.)   Die Zeitgestaltung

(2.1.) Die in dem Stück dargestellte Zeit ist sehr viel länger als die Aufführungsdauer des Stücks. Zwischen den einzelnen Szenen liegen i. a. Stunden, meist ein Tag oder sogar mehrere Tage; es gibt keinen geschlossenen Zeitablauf, kein zeitliches Kontinuum. Die Gesamtdauer der in dem Drama dargestellten Zeit dürfte Wochen betragen.

(2.2.) Vorausgegangenes oder zukünftiges Geschehen spielt für das Handeln der Figuren keine Rolle. Sie orientieren sich von keiner Vergangenheit her – Erinnerungen haben keinen Belang – und auf keine Zukunft hin: Absichten, Pläne, Erwartungen gibt es nicht. Ein Zeitablauf existiert für sie im Grunde nicht, „für sie ist ständig Gegenwart" (Klotz Nr. 2). Sie leben ganz aus dem Augenblick, sind eingebunden in das bedrängende Jetzt und Hier ihrer augenblicklichen Situation, die sie und ihr Handeln bestimmt. Und wenn Vergangenheit und Zukunft ausnahmsweise einmal genannt werden, nämlich von Woyzeck in der Mordszene – „Weißt du auch wie lang es just ist Marie – [...] Weißt du auch wie lang es noch sein wird?" (Sz. VIII) – dann nicht, um sich an ihnen zu orientieren, sondern um sie gleich darauf mit dem Mord auszulöschen.

(3.)   Handlung und Handlungsführung

(3.1.) Die einzelnen Szenen folgen nicht notwendig aufeinander, sie gründen nicht
in den vorhergehenden und führen nicht auf die folgenden zu; sie sind selbständig
und unverbunden. Sie stellen nicht Teile eines Handlungsverlaufs dar, den die Figuren hervorbringen, sondern einzelne Situationen, in denen die Figuren stehen. Diese Situationen übersteigen die Figuren entschieden, sie sind die Teile der Wirklichkeit, in denen die Figuren leben. Sie bzw. die einzelnen Szenen, in denen sie erscheinen, sind deshalb nur „Ausschnitt, herausgebrochenes Stück" (Klotz Nr. 3) aus dem
Ganzen von Welt und beginnen und enden i. a. unvermittelt. Weil die einzelnen Szenen so selbständig und unverbunden sind, können manche von ihnen auch ohne weiteres miteinander vertauscht werden. Die Textgeschichte des „Woyzeck" besteht geradezu aus der unablässigen Vertauschung und Neuordnung der einzelnen Szenen,
wobei, wie die Rezeptionsgeschichte belegt, diese Szenenanordnungen und selbst
früheste, die heute als ganz inakzeptabel gelten, noch Wesentliches der dramatischen Substanz des Stücks übermittelt haben.

(3.2.) Es gibt keine sich konsequent auseinander entwickelnde Haupthandlung,
sondern nur einzelne Handlungsteile und -stränge, die teilweise miteinander in Beziehung stehen, teilweise aber auch völlig beziehungslos neben- oder nacheinander
stehen und erst durch den Gesamtverlauf des Stücks einander zugeordnet sind. Das
ist bereits an unseren acht Szenen erkennbar, obwohl sie gezielt als Darstellung eines
bestimmten Handlungsstrangs, der Woyzeck-Marie-Handlung, ausgewählt wurden.
In dem ganzen Stück, bei dem noch die Hauptmann-, Doktor-, Kasernen-, Jahr-
markt- und Narr-Szenen hinzukommen, ist es noch deutlicher.

(4.)   Die Figurendarstellung

(4.1.) Die Figuren stammen alle aus der untersten sozialen Schicht. Ihre geistige
Bildung ist gering, ihr Sprachvermögen begrenzt: Syntaktisch aufwendige Formulie-
rungen, mit denen sie ihre Wirklichkeit sprachlich nach Sinnzusammenhängen ord-
neten, kommen nicht vor, auch etwas umfangreichere Sätze sind selten (am ehesten
bei Marie). Woyzeck spricht in kurzen, parataktisch gereihten, oft unvollständigen
Sätzen. Die Figuren bringen kein wirkliches Gespräch miteinander zustande, ihre
dialogische Fähigkeit ist begrenzt (s. Zimmer 1982, S. 162–164). Sie besitzen fast
keine Fähigkeit der Überlegung und Reflexion. Ihr Handeln ist ganz stark bestimmt
von ihren Emotionen, bei Woyzeck zudem von seinen Ängsten und Visionen, und in
seinen entscheidenden Antrieben und Motiven ganz unbewusst.

(4.2.) Die Figuren sind keine geschlossenen, homogenen Charaktere, sondern alle
irgendwie gebrochen, vor allem Woyzeck. Zum Handeln bestimmt werden sie wesentlich durch die gesellschaftliche und soziale Situation, in der sie sich befinden,
und auf die sie weithin bewusstlos reagieren. Sie sind nicht die bewussten und aktiven Träger der Handlung.

(4.3.) So ergibt sich die Handlung nicht dadurch, dass die einzelnen Figuren ihre jeweiligen, durch ihre Charaktere getragenen Absichten gegeneinander durchsetzen.

Woyzeck und Marie kämpfen nicht mit den individuellen Kräften ihrer Persönlichkeiten gegeneinander, auch nicht Woyzeck und der Tambourmajor. Was die beiden zum Kampf im Wirtshaus und Woyzeck zum Mord an Marie treibt, sind weithin die sozialen Verhältnisse, in denen sie leben und auf die sie in dieser Weise reagieren. Es wird damit ein Bild des Menschen gezeichnet, dessen Handeln von vielfachen Bedingungen und Zwängen seiner geschichtlichen, gesellschaftlichen, politischen und ökonomischen Verhältnisse bedingt ist. Eben darum ging es Büchner. So lässt er Lenz in dem „Kunstgespräch" sagen:

> Ich verlange in allem Leben, Möglichkeit des Daseins, und dann ist's gut; wir haben dann nicht zu fragen, ob es schön, ob es häßlich ist. [...]

> Man muß die Menschkeit lieben, um in das eigentümliche Wesen jedes einzudringen, es darf einem keiner zu gering, keiner zu häßlich sein, erst dann kann man sie verstehen.[26]

Und in einem Brief schreibt er 1834:

> *Ich verachte Niemanden*, am wenigsten wegen seines Verstandes oder seiner Bildung, weil es in Niemands Gewalt liegt, kein Dummkopf oder kein Verbrecher zu werden, – weil wir durch gleiche Umstände wohl Alle gleich würden, und weil die Umstände außer uns liegen.[27]

(4.4.) Das offene Drama weist die jetzt beschriebenen Merkmale der Raum-, Zeit- und Handlungsgestaltung vor allem deshalb auf, weil die Figuren, die das dramatische Geschehen bestimmen, in bestimmter Weise gestaltet sind: Sie sind nicht die autonomen Träger der Handlung, sondern durch ihre soziale Situation bedingt. So ist der Raum nicht neutraler Spielort der Figuren, sondern hat als die situative Bedingung ihres Handelns eigene und dabei vielgestaltige Bedeutung. Die Zeit ist nicht weltloser Spielrahmen der Figuren, sondern konkret gelebter Augenblick bestimmter geschichtlich-zeitlicher Verhältnisse. Und in der Handlung entfalten sich nicht konsequent und kausal die Charaktere der Figuren, sondern reihen sich die Begegnungen der Figuren mit ihrer Welt und deren Verhältnissen.

Dies sind die Hauptmerkmale des offenen Dramas, mit denen bzw. mit den wichtigsten von ihnen die Gruppe nun ein eigenes (Kurz-)Drama schreiben sollte.

3.4. Das epische Theater: Analyse und Eigenproduktion

A20:   *Brecht: „Mutter Courage" – Erarbeitung der Merkmale des epischen Theaters an drei Szenen mit Textvarianten und Eigenproduktion*

Bertolt Brecht: *Mutter Courage und ihre Kinder* [28]

DER ANSAGER Verehrtes Publikum, Sie sehen heut
    Eine finstere Geschicht, liebe Leut
    Erschrecket nicht, es handelt sich um Krieg und zwar
    Um einen, der dauerte 30 Jahr.
    Aber sie geht nicht über einen großen Schlachten- und Kriegshelden
    Sondern um Leut, die gar nicht als Kriegsleut gelten

Nämlich um solche, die im Troß dahinter bleiben
Und nur im Krieg ihr kleines Geschäft betreiben.[29]

Endfassung Szene 1 (Ausschnitte und Schluß) [30]
FRÜHJAHR 1624. DER FELDHAUPTMANN OCHSENSTJER-
NA WIRBT IN DALARNE TRUPPEN FÜR DEN FELDZUG
IN POLEN. DER MARKETENDERIN ANNA VIERLING, BE-
KANNT UNTER DEM NAMEN MUTTER COURAGE,
KOMMT EIN SOHN ABHANDEN.
Landstraße in Stadtnähe. [...]
[Mutter Courage begegnet einem Feldwebel und einem Werber. Der Wer-
ber versucht, ihren Sohn Eilif als Soldat zu werben.]
MUTTER COURAGE Er ist ein ganzes Kind. Ihr wollt ihn mir zur
    Schlachtbank führen, ich kenne euch. Ihr kriegt fünf Gulden für ihn.
    [...]
DER FELDWEBEL So, den Butzen soll dein Krieg fressen, und die Bir-
    ne soll er ausspucken! Deine Brut soll dir fett werden vom Krieg, und
    ihm gezinst wird nicht. Er kann schauen, wie er zu seine Sach kommt,
    wie? Heißt dich Courage, he? Und fürchtest den Krieg, deinen Brot-
    geber?
    [Um dem Feldwebel die Tödlichkeit seines Kriegshandwerks zu be-
    weisen, läßt Mutter Courage ihn aus seinem Helm Lose ziehen und
    spielt ihm ein Los zu, das den Tod bedeutet. Als ihre beiden Söhne
    dennoch Soldat werden wollen, sagt sie auch ihnen wie ihrer Tochter
    Kattrin, um sie davon abzuhalten und zur Vorsicht zu mahnen, den
    Tod voraus.]
MUTTER COURAGE [...] So jetzt wißt ihr. Seid alle vorsichtig, ihr
    habts nötig. Und jetzt steigen wir auf und fahren weiter.
    Sie gibt dem Feldwebel seinen Helm zurück und besteigt den Wagen.
    [...]
DER FELDWEBEL *nachblickend*:
    Will vom Krieg leben
    Wird ihm wohl müssen auch was geben.

Ursprüngliche Fassung Szene 1 (aus dem Schluß) [31]
MUTTER COURAGE ... Seid alle vorsichtig, ihr habts nötig. Und jetzt
    steigen wir auf und fahren weiter.
DER FELDWEBEL Ich fühl mich gar nicht wohl.
DER WERBER Vielleicht hast du dich dabei erkältet, wie du den Helm
    weggegeben hast, im Wind. *Der Feldwebel reißt den Helm an sich.*
MUTTER COURAGE Und du gib mir meine Papiere her. Es kann sie
    noch ein anderer verlangen, und dann bin ich ohne Papiere. *Sie sam-
    meln sie in die Zinnbüchse.*
DER WERBER *zu Eilif*: Du kannst dir die Stiefel ja wenigstens an-
    schauen. Und dann heben wir einen unter Männern. Und damit zu
    siehst, ich hab Handgeld bei mir, komm hinter den Wagen. *Sie gehen
    hinter den Wagen.*

DER FELDWEBEL Ich versteh nicht. Immer halt ich mich dahinter. Einen sicheren Platz, als wenn du Feldwebel bist, gibts nicht. Da kannst du die andern vorschicken, daß sie sich Ruhm erwerben. Mein ganzes Mittag ist mir versaut. Ich weiß genau, nix werd ich hinunterbringen.

MUTTER COURAGE *auf ihn zu:* So sollst du dirs nicht zu Herzen nehmen, daß du nicht mehr essen kannst. Halt dich nur dahinten. Da, nimm einen Schluck Schnaps, Mann, und nix für ungut. *Sie gibt ihm zu trinken aus dem Wagen.*

DER WERBER *hat Eilif untern Arm genommen und zieht ihn nach hinten mit sich fort:* Du bist hin so oder so. Ein Kreuz hast du gezogen, was weiter? Zehn Gulden auf die Hand und ein mutiger Mensch bist du und kämpfst für den König und die Weiber reißen sich um dich. Und mich darfst du in die Fresse haun, weil ich dich beleidigt habe. *Beide ab. Die stumme Kattrin stößt rauhe Laute aus, weil sie die Entführung bemerkt hat.*

MUTTER COURAGE Gleich, Kattrin, gleich. Dem Feldwebel ist schlecht, er ist ein Abergläubischer, das hab ich noch nicht gewußt. Und jetzt fahrn wir weiter. Wo ist denn der Eilif hin?

SCHWEIZERKAS Er muß mit dem Werber weg sein. Er hat die ganze Zeit mit ihm geredet.

Endfassung Szene 6 (Schluß) und Szene 7 [32]

VOR DER STADT INGOLSTADT IN BAYERN WOHNT DIE COURAGE DEM BEGRÄBNIS DES GEFALLENEN KAISERLICHEN FELDHAUPTMANNS TILLY BEI. ES FINDEN GESPRÄCHE ÜBER KRIEGSHELDEN UND DIE DAUER DES KRIEGES STATT. DER FELDPREDIGER BEKLAGT, DASS SEINE TALENTE BRACHLIEGEN [...]. MAN SCHREIBT DAS JAHR 1632.

Im Innern eines Marketenderzeltes mit einem Ausschank nach hinten zu. Regen. In der Ferne Trommeln und Trauermusik. [...]

MUTTER COURAGE Feldprediger, sein Sie gescheit. Sie sind mir sympathisch, ich möcht Ihnen nicht den Kopf waschen müssen. Auf was ich aus bin, ist, mich und meine Kinder durchbringen mit meinem Wagen.
[...]

MUTTER COURAGE [...]
Schon manchen sah ich sich abjagen.
In Eil nach einer Ruhestatt –
Liegt er dann drin, mag er sich fragen
Warums ihm so geeilet hat.

Sie ziehen weiter.

Ursprüngliche Fassung Szene VII [33]

Landstraße. Der Feldprediger, Mutter Courage und Kattrin ziehen den Planwagen. Er ist schmutzig und verwahrlost, jedoch hängen die neuen Waren dran.

MUTTER COURAGE *singt:*

So mancher wollt so manches haben
Was es für manchen gar nicht gab.
Sich einen Unterstand zu graben
Grub er sich nur ein hastig Grab.
Schon manchen sah ich sich abjagen
In Eil macht einer Ruhestatt
Liegt er dann drin, mag er sich fragen
Warum ihms so geeilet hat.

Den Refrain „Das Frühjahr kommt" bläst sie auf der Mundharmonika.

Bei der Uraufführung der „Mutter Courage" 1941 in Zürich sprach die Presse „von einer Niobetragödie und von der erschütternden Lebenskraft des Muttertiers" (Brecht 1991–94, Bd. 24, S. 260). Brecht fand sein Stück damit völlig missverstanden, und um seine Aussage deutlicher zu machen, änderte er für die Berliner Aufführung 1949 (mit Helene Weigel als Mutter Courage) einige Szenen. Im Vorstehenden finden Sie (teilweise gekürzt) drei Szenen der für die Berliner Aufführung geänderten Endfassung nachgewiesen und zwei Teile der ursprünglichen, in Zürich gespielten Fassung abgedruckt.

Machen Sie sich mit den Szenen vertraut, indem Sie die beiden Fassungen in der Gruppe mit verteilten Rollen lesen, vielleicht auch szenisch erarbeiten. Vergleichen Sie dann die ursprünglichen Fassungen und die Endfassungen miteinander, und machen Sie sich die Veränderungen und ihre Absicht klar. Erarbeiten Sie dabei vor allem:

a) Wie ist in den beiden Fassungen der 1. Szene das Verhältnis von 'Händlerin' und 'Mutter' bei Mutter Courage (dabei können Sie Nr. 1 und 2 der nachstehenden Äußerungen Brechts zur „Mutter Courage" heranziehen)?

b) Wie ist in der 6. und in den beiden Fassungen der 7. Szene das Verhältnis Mutter Courages zum Krieg (dabei können Sie außerdem Nr. 3 der nachstehenden Äußerungen Brechts verwenden)?

Bertolt Brecht: *Zu „Mutter Courage"*

[1.] *Mutter Courage, in zweifacher Art dargestellt*

Bei der üblichen Darstellungsart, welche Einfühlung in die Hauptperson bewirkt, [... erscheint die Courage] hauptsächlich als Mutter, und Niobe gleich vermag sie ihre Kinder nicht vor dem Verhängnis Krieg zu schützen. [...] Demgegenüber behandelte die Weigel, eine Technik anwendend, die restlose Einfühlung verhinderte, den Beruf der Händlerin nicht als einen eben natürlichen, sondern als einen historischen, das heißt einer historischen und *vergänglichen* Epoche angehörend, und den Krieg als die beste Zeit für den Handel. Der Handel war auch hier eine selbstverständliche Erwerbsquelle, aber doch eine verschmutzte, aus der die Courage Tod trank. Die Händlerin-Mutter wurde ein großer lebender Widerspruch, und er war es, der sie verunstaltete und deformierte, bis zur Unkenntlichkeit. [...] Nach der Verunstaltung der Tochter verdammte sie den Krieg mit ebenso tiefer Ehrlichkeit, als sie ihn in der unmittelbar folgenden Szene pries. So gestaltete sie die Gegensätze in aller Abruptheit und Unversöhnlichkeit. [...] Die dem Publikum tief fühlbare Tragik der Courage und ihres Lebens bestand darin, daß hier ein entsetzlicher Widerspruch bestand, der einen Menschen vernichtete, ein Widerspruch, der gelöst werden konnte, aber nur von der Gesellschaft selbst und in langen, schrecklichen Kämpfen. Und die sittliche Überlegenheit dieser Art der Darstellung bestand darin, daß der Mensch als zerstörbar gezeigt wurde, selbst der Lebenskräftigste! (1991–94, Bd. 23, S. 408–410)

[2.] *[Für die Aufführung in Göttingen 1956]*

Es wird jetzt, wo das deutsche Wirtschaftswunder und die Politik der Stärke in so drohender Weise Arm in Arm auftreten, besonders wichtig, die Courage als Händlerin zu spielen, die im Krieg ihren Schnitt machen möchte. Ihr Händlertum hält sie für Muttertum, aber es zerstört ihre Kinder, eines nach dem anderen. (1991–94, Bd. 24, S. 274)

[3.] In den Bauernkriegen, dem größten Unglück der deutschen Geschichte, war, was das Soziale betrifft, der Reformation der Reißzahn gezogen worden. Übrig blieben die Geschäfte und der Zynismus. Die Courage – dies sei gesagt, der theatralischen Darstellung zu helfen – erkennt zusammen mit ihren Freunden und Gästen und nahezu jedermann das rein merkantile Wesen des Kriegs: das ist gerade, was sie anzieht. Sie glaubt an den Krieg bis zuletzt. Es geht ihr nicht einmal auf, daß man eine große Schere haben muß, um am Krieg seinen Schnitt zu machen. Die Zuschauer bei Katastrophen erwarten ja zu Unrecht, daß die Betroffenen daraus lernen werden. Solang die Masse das *Objekt* der Politik ist, kann sie, was mit ihr geschieht, nicht als einen Versuch, sondern nur als ein Schicksal ansehen; sie lernt so wenig aus der Katastrophe wie das Versuchskarnickel über Biologie lernt. Dem Stückschreiber obliegt es nicht, die Courage am Ende sehend zu machen – sie sieht einiges, gegen die Mitte des Stückes zu, am Ende der sechsten Szene, und verliert dann die Sicht wieder –, ihm kommt es darauf an, daß der Zuschauer sieht. (1991–94, Bd. 24, S. 264)

Bertolt Brecht, aus: *Das epische Theater*

[4.] Es soll hier nicht auseinandergesetzt werden, wodurch die lange für unüberbrückbar angesehenen Gegensätze zwischen Epik und Dramatik ihre Starre verloren, [...] sie taten dies in einem Zeitpunkt, wo die wichtigsten Vorgänge unter Menschen nicht mehr so einfach dargestellt werden konnten, indem man die bewegenden Kräfte personifizierte oder die Personen unter unsichtbare, metaphysische Kräfte stellte.

Zum Verständnis der Vorgänge war es nötig geworden, die *Umwelt*, in der die Menschen lebten, groß und „bedeutend" zur Geltung zu bringen.

Diese Umwelt war natürlich auch im bisherigen Drama gezeigt worden, jedoch nicht als selbständiges Element, sondern nur von der Mittelpunkts-figur des Dramas aus. Sie erstand aus der Reaktion des Helden auf sie. Sie wurde gesehen, wie der Sturm „gesehen" werden kann, wenn man auf einer unbewegten Wasserfläche die Schiffe ihre Segel entfalten und die Segel sich biegen sieht. Im epischen Theater sollte sie selbständig in Erscheinung treten.

Die Bühne begann zu erzählen. [...] Nicht nur der Hintergrund nahm Stellung zu den Vorgängen auf der Bühne, indem er auf großen Tafeln gleichzeitige andere Vorgänge an andern Orten in die Erinnerung rief, Aussprüche von Personen durch projizierte Dokumente belegte oder widerlegte, zu abstrakten Gesprächen sinnlich faßbare, konkrete Zahlen lieferte, [...] – auch die Schauspieler vollzogen die Verwandlung nicht vollständig, sondern hielten Abstand zu der von ihnen dargestellten Figur, ja, forderten deutlich zur Kritik auf.

Von keiner Seite wurde es dem Zuschauer weiterhin ermöglicht, durch einfache Einfühlung in dramatische Personen sich kritiklos (und praktisch folgenlos) Erlebnissen hinzugeben. Die Darstellung setzte die Stoffe und Vorgänge einem Entfremdungsprozeß aus. Es war die Entfremdung, welche nötig ist, damit verstanden werden kann. Bei allem „Selbstverständlichen" wird auf das Verstehen einfach verzichtet. (1991–94, Bd. 22.1, S. 108f.)

Bertolt Brecht, aus: *Über experimentelles Theater*

[5.] Einfühlung in änderbare Menschen, vermeidbare Handlungen, überflüssigen Schmerz usw. ist nicht möglich. [...] Einfühlen kann man sich nur in den Menschen, der seines Schicksals Sterne in der eigenen Brust trägt, ungleich uns.

Was ist Verfremdung?

Einen Vorgang oder einen Charakter verfremden heißt zunächst einfach, dem Vorgang oder dem Charakter das Selbstverständliche, Bekannte, Einleuchtende zu nehmen und über ihn Staunen und Neugierde zu erzeugen. [...] Verfremden heißt also historisieren, heißt Vorgänge und Personen als historisch, also als vergänglich darstellen. [...]

Was ist damit gewonnen? Damit ist gewonnen, daß der Zuschauer die Menschen auf der Bühne nicht mehr als ganz unänderbare, unbeeinflußbare, ihrem Schicksal hilflos ausgelieferte dargestellt sieht. Er sieht: dieser Mensch ist so und so, weil die Verhältnisse so und so sind. Und die Verhältnisse sind so und so, weil der Mensch so und so ist. Er ist aber nicht nur so vorstellbar, wie er ist, sondern auch anders, so wie er sein könnte, und auch die Verhältnisse sind anders vorstellbar, als sie sind. Damit ist gewonnen, daß der Zuschauer im Theater eine neue Haltung bekommt. Er bekommt den Abbildern der Menschenwelt auf der Bühne gegenüber jetzt dieselbe Haltung, die er, als Mensch dieses Jahrhunderts, der Natur gegenüber hat. Er wird auch im Theater empfangen als der große Änderer, der in die Naturprozesse und die gesellschaftlichen Prozesse einzugreifen vermag, der die Welt nicht mehr nur hinnimmt, sondern sie meistert. Das Theater versucht nicht mehr, ihn besoffen zu machen, ihn mit Illusionen auszustatten, ihn die Welt vergessen zu machen, ihn mit seinem Schicksal auszusöhnen. Das Theater legt ihm nunmehr die Welt vor zum Zugriff. (1991–94, Bd. 22.1, S. 552 f., 554 f.)

Erarbeiten Sie nun an den Dramentexten, an den Äußerungen Brechts zur „Mutter Courage" und an seinen dramentheoretischen Ausführung die wichtigsten Merkmale des *epischen Theaters*:

c) Wie bewirkt eine bestimmte Gestaltung der Hauptfigur, dass ihr Handeln nicht allein aus ihrem Charakter entsprungen, sondern auch durch die gesellschaftlichen und ökonomischen *Verhältnisse* bedingt erscheint?

d) Warum ist Brecht gegen die bloße *Einfühlung* in die Figuren, und wie verhindert er sie?

e) Welche Bedeutung hat die *Verfremdung* bei Brecht, und inwiefern ist sie ein *episches* Kunstmittel? Welche Mittel epischer Verfremdung verwendet Brecht in der „Mutter Courage"?

f) Welche weiteren Mittel *epischer Verfremdung* nennt Brecht in Text Nr. 4, welche benutzt er sonst noch, und welche kennen Sie außerdem oder könnten Sie sich vorstellen?

Stellen Sie nun, wie es in der Arbeitsaufgabe zum geschlossenen Drama genauer beschrieben ist, die Ergebnisse Ihrer Arbeit zusammen, und machen Sie mit den epischen Merkmalen, die Sie für wichtig halten, zu dem gemeinsamen Thema ein eigenes episches (Kurz-)Drama, das Sie zusammen mit Ihren Arbeitsergebnissen präsentieren.

Brecht schrieb das Drama „Mutter Courage und ihre Kinder" während der Zeit des Nationalsozialismus 1939 im Exil in Schweden; 1941 wurde es im Schauspielhaus in Zürich uraufgeführt. Als Vorlage für die Figur der Mutter Courage diente Brecht Grimmelshausens Erzählung „Trutz Simplex, oder ausführliche und wunderseltsame Lebensbeschreibung der Erzbetrügerin und Landstörzerin Courasche [...]" von 1670. Das Drama „Mutter Courage" kann als besonders repräsentatives Beispiel des epischen Theaters gelten, dennoch wird man nicht leicht den Eindruck haben, dass es sich fundamental und in jeder Hinsicht von jedem herkömmlichen Drama unterscheidet. In der Tat schafft Brecht mit ihm ja auch nicht ein völlig neues Theater gleichsam aus dem Nichts, sondern übernimmt zahlreiche konzeptionelle, formale und technische Momente aus vielen Dramenformen der Vergangenheit, etwa aus dem antiken, dem spätmittelalterlichen und barocken, dem asiatischen, dem elisabethanischen Theater, aus dem Drama der Aufklärung, des Sturm und Drang, des Vormärz, des Naturalismus und Expressionismus und aus dem proletarisch-revolutionären Theater (s. Eckhardt 1983, S. 105–196). Darum handelt es sich hier auch nicht, sondern um den besonderen Dramentyp, den Brecht aus all diesen Elementen schafft, seine Merkmale, Absichten, Leistungen. – Worum es einem Autor bei seinen Werken geht, wird besonders gut deutlich, wenn er ein Stück umändert, damit es die Wirkung erzielt, die ihm wichtig ist. So lassen sich einige Merkmale und die Absicht des epischen Theaters gut an den Veränderungen erkennen, die Brecht an Teilen der „Mutter Courage" vorgenommen hat. Beginnen wir mit dem veränderten Stück aus der 1. Szene:

(a) Die veränderte Sequenz ist länger als die ursprüngliche Fassung, denn es ist ein neues Handlungselement eingefügt worden: der Handel um die Schnalle. In der ursprünglichen Fassung geht der Werber mit Eilif hinter den Wagen, überredet ihn dort und geht mit ihm fort. Die Courage bemerkt es nicht, weil sie sich des Feldwebels annimmt, dem wegen ihrer Todesprophezeiung schlecht ist: „Gleich, Kattrin, gleich. Dem Feldwebel ist schlecht". In der veränderten Fassung wird sie gezielt in einen Handel verwickelt, um sie abzulenken, und sie fällt darauf herein und geht sogar mit hinter den Wagen, obwohl sie die Notwendigkeit dazu nicht einsieht: „Ich finds nicht zugig." (S. 17) Aber sie kann der Möglichkeit, ein Geschäft zu machen, einfach nicht widerstehen, und sie bemerkt das Fortgehen Eilifs nicht, weil sie mit dem Handel beschäftigt ist: „Gleich, Kattrin, gleich. Der Herr Feldwebel zahlt noch." (S. 18)

In der ursprünglichen Fassung verliert sie ihren Sohn, weil sie sich mitmenschlich, gleichsam mütterlich um jemanden kümmert, dem sie Leid zugefügt hat. In der veränderten Fassung verliert sie ihren Sohn, weil sie ungedingt und gerade jetzt ein Geschäft machen muss. Sie ist die geldgierige Händlerin: im entscheidenden Augenblick prüft sie erst noch das Geld, und ihr Sohn wird Soldat und so sterben. Ganz ähnlich ist die Situation bei den beiden anderen Kindern: Kattrin wird verletzt, weil sie ihr eingeschärft hat, die Waren nicht im Stich zu lassen (s. S. 73). Sie kommt um, während die Courage versucht, billig Waren einzukaufen: „Wenns nicht in die Stadt gangen wären, Ihren Schnitt zu machen, wärs vielleicht nicht passiert." (S. 107[34]) Und Schweizerkas wird erschossen, weil sie zu lange um das Lösegeld feilscht: „ich hab zu lang gehandelt." (S. 53[35])

Brecht will durch seine Änderung deutlich machen: Die Courage verliert ihre Kinder nicht als 'mütterliche' Frau, sondern weil sie Händlerin ist. Es ist nicht die schicksalhafte Tragik eines „großen Mutterherzens" oder einer „Urmutter", wie es nach der Züricher Uraufführung hieß (Müller 1982, S. 57 f.), sondern die eigene Schuld der Geschäftsfrau Courage. Dabei ist aber kein Zweifel daran, dass sie *Mutter* ist; das belegt der erste Textausschnitt aus der 1. Szene eindringlich. Sie unternimmt alles Denkbare, um Eilif davor zu bewahren, Soldat zu werden: Sie lässt um Hilfe rufen, zieht das Messer und will die Werber niederstechen, sagt dem Soldaten und ihren Kindern den Tod voraus, wenn sie sich mit dem Krieg einlassen. Sie tut es als Mutter, um ihrem Sohn zu helfen. Und auch als Händlerin handelt sie ja im Interesse ihrer Kinder, die sie mit ihrem Marketenderhandel ernähren und durch den Krieg bringen will: „Auf was ich aus bin, ist, mich und meine Kinder durchbringen mit meinem Wagen." (S. 72) Mutter zu ihren Kindern ist sie, indem sie – erfolgreiche – Marketenderin ist; sie ist „Händlerin-Mutter" (Brecht-Text Nr. 1).

Nur: als Marketenderin lebt sie im Krieg vom Krieg und kann nicht verhindern, dass der Krieg auch sie und ihre Kinder betrifft: „Deine Brut soll dir fett werden vom

Krieg, und ihm gezinst wird nicht." (S. 13) Und der Schlusssatz dieser Szene: „Will vom Krieg leben / Wird ihm wohl müssen auch was geben." (S. 19) So wird sie, eben weil sie als Marketenderin für ihre Kinder sorgen will, die Ursache davon, dass sie vom Krieg vernichtet werden. Brecht sagt so: „die C. ist geschäftsfrau, weil sie mutter ist, sie kann nicht mutter sein, weil sie geschäftsfrau ist." (Müller 1982, S. 68) Denn Mutter kann sie nur als Händlerin sein, und als Händlerin liefert sie ihre Kinder dem Tod aus. Als „Händlerin-Mutter" ist sie „ein großer lebender Widerspruch", und dieser Widerspruch macht ihre „Tragik" aus (Brecht-Text Nr. 1). Sie kann, ja sie darf nicht anders handeln, als sie es tut, und genau durch dieses Handeln vernichtet sie ihre Kinder und sich als Mutter.

(b) Das Verhältnis der Mutter Courage zum *Krieg* wird in der 6. und 7. Szene genauer dargestellt. Zum Ende der 6. Szene ist Kattrin überfallen und verwundet worden, weil sie sich, wie die Courage es ihr eingeschärft hat, die Waren nicht hat nehmen lassen. Die Courage dazu: „Das ist der Krieg. Eine schöne Einnahmequell!" (S. 73) Und allgemeiner über den Krieg, der ihre Tochter verunstaltet und ihr inzwischen die beiden Söhne genommen hat: „Der Krieg soll verflucht sein." (S. 74) Die kurze 7. Szene schließt in der ursprünglichen Fassung hier an: Die Courage ist weiterhin Marketenderin; es geht ihr nicht besonders gut, aber sie hat neue Waren und ist im Geschäft. Das Lied, das sie singt, spiegelt ihre Situation wider: Sie möchte etwas haben, was es für sie nicht geben kann, einen „Unterstand", eine „Ruhestatt", einen friedlichen Ort. Sie tröstet sich damit, dass für manchen ein solcher „Unterstand" in den unberechenbaren Kriegswirren nur ein „hastig Grab" geworden ist. Eine resignative Haltung, die der kritischen Einstellung zum Krieg am Schluss der vorhergehenden Szene entspricht.

In der veränderten Fassung der 7. Szene ist das alles ganz anders: Ihr Wagen ist nicht mehr „schmutzig und verwahrlost", sondern sie ist „auf der Höhe ihrer geschäftlichen Laufbahn" und „trägt eine Kette mit Silbertalern" (S. 75). Mit dem, was sie sagt, knüpft sie zwar an das an, was sie zum Schluß der vorigen Szene gesagt hat, aber so, dass sie nun das genaue Gegenteil sagt. Ihrem Zweifel an dem Krieg als Einnahmequelle steht gegenüber: „der Krieg nährt seine Leute besser." Ihrem Fluch auf den Krieg steht entgegen: „Ich laß mir den Krieg von euch nicht madig machen." (S. 75) Und ihr Lied über ihre Sehnsucht nach Sesshaftigkeit und Frieden wird umgedreht zu einem Lied über die Nutzlosigkeit und Gefahr des „Seßhaftwerdens". Das bedeutet: Trotz des Verlusts der beiden Söhne und der Verunstaltung ihrer Tochter glaubt sie unverrückbar an den Krieg. Sie begreift nicht, „daß man eine große Schere haben muß, um am Krieg seinen Schnitt zu machen", und sonst nur sein Opfer bleibt; „sie sieht einiges [...] am Ende der sechsten Szene, und verliert dann die Sicht wieder" (Brecht-Text Nr. 3). Insgesamt ist sie wie blind, sie sieht weder die Widersprüchlichkeit ihres Verhaltens und ihrer ganzen Händlerin-Mutter-Rolle noch die Tödlichkeit ihrer gesellschaftlichen Situation.

Offenbar geht es Brecht bei den Änderungen der 7. Szene darum, die Widersprüchlichkeit des Verhaltens der Courage und ihre Blindheit – daran etwas erkennen soll der Zuschauer (Brecht-Text Nr. 3) – herauszustellen. Die dramaturgische Konzeption, die dahintersteht, die des *epischen Theaters*, hat Brecht häufig und ausführlich dargestellt. An den Brecht-Texten Nr. 3–6 kann die Gruppe (die Klasse, der Kurs, das Seminar) etwas im Bereich des Folgenden erarbeiten (ich folge den Fragen c–f):

(c) Die dramatische Handlung der „Mutter Courage" entsteht nicht dadurch, dass hier ein Mensch einen bestimmten Charakter hat, die Courage etwa den der „Mütterlichkeit", der ihr zum 'Schicksal' wird, weil sie ihn in jeder Situation, und selbst im Krieg als Marketenderin ausleben muss. Was ihr Schicksal bestimmt, ist nicht nur etwas in ihr (ihres „Schicksals Sterne", mit den Worten aus Schillers „Wallenstein", liegen nicht in ihrer „eigenen Brust"; Nr. 5), sondern gleichzeitig etwas 'außer ihr': sind die gesellschaftlichen und ökonomischen Verhältnisse, in denen und mit Hilfe derer sie Mutter zu sein versucht, die nämlich so sind, dass sie das zwar zu ermöglichen versprechen, und so lässt sie sich auch ganz auf sie ein, ist wirkliche Händlerin, gleichzeitig aber so weit über die Möglichkeiten und das Verstehensvermögen der Courage hinausgehen, dass ihr Tun das genaue Gegenteil dessen bewirkt, was es erreichen sollte, und so ihre Kinder und sie als Mutter vernichtet. An der Blindheit der Courage und der Widersprüchlichkeit ihres Handelns wird nicht nur ein bestimmter Charakter, sondern werden auch gesellschaftliche und ökonomische Verhältnisse sichtbar.

(d) Das Handeln der Courage ist widersprüchlich. Sie handelt nicht so, wie eine Mutter selbstverständlich, bekanntermaßen und einleuchtenderweise handelt, sondern so, dass es „Staunen und Neugierde" erzeugt (Nr. 6), dass es den Zuschauer vor allem befremdet. Der sieht jedoch dadurch: „dieser Mensch ist so und so, weil die Verhältnisse so und so sind." (Ebd.) Er versteht: die Verhältnisse könnten aber anders sein, und dann wäre auch dieser Mensch anders. Er erkennt: dieser Mensch ist nicht einem unveränderlichen „Schicksal hilflos ausgeliefert" (Ebd.), sondern könnte auch anders handeln, sein Leid könnte vermieden werden. Das sieht, versteht, erkennt er und kann deshalb nicht so einfach mit der Courage mitfühlen, miterleben und mitleiden. Bloße *Einfühlung* und einfaches Mitleiden ist mit einer Figur wie der Courage, die so widersprüchlich und befremdlich agiert, nicht möglich: „Einfühlung in änderbare Menschen, vermeidbare Handlungen, überflüssigen Schmerz [...] ist nicht möglich." (Nr. 5)

Es ist ein wichtiger Bestandteil der Brechtschen Dramenkonzeption, solcherart die „einfache Einfühlung" in eine Dramenfigur zu verhindern (Nr. 4). Der Zuschauer soll sich nicht mit einer Figur identifizieren, über sie in eine Illusionswelt eintauchen und diese gefühlhaft erleben; er soll sich nicht mit „Illusionen ausstatten", durch diese „besoffen machen" lassen (Nr. 6) und sich solchen „Erlebnissen hingeben" (Nr. 4). Sondern er soll eine gewisse Distanz zu den dramatischen Figuren und dem dramatischen Geschehen behalten und sie samt den gesellschaftlichen Verhältnissen, die sie bedingen, bewusst und kritisch sehen.

(e) Das entscheidende Kunstmittel, das Brecht verwendet, um das zu erreichen, ist das Mittel der *Verfremdung* („Entfremdung" sagt Brecht zunächst gelegentlich

auch). Eine besonders wichtige Form der Verfremdung ist die verfremdende Figu-
rengestaltung, die wir jetzt betrachtet haben; sie ist allerdings bei eigenem Produzieren epischer Dramen durch die Gruppe nicht so leicht zu realisieren. Einfacher ist es
bei anderen Kunstmitteln der Verfremdung, und vor allem bei denen, die im engeren
Sinne 'episch' sind, eine Verfremdung also dadurch bewirken, dass sie Vorgänge und
Instanzen außerhalb des dramatischen Geschehens einbeziehen, die wie ein 'Erzähler' jenseits der von ihnen dargestellten Vorgänge stehen und Distanz zu ihnen sowohl haben als auch herstellen. Die bearbeiteten Textstellen enthalten drei solcher
Kunstmittel epischer Verfremdung:

1. *Die Spruchbänder.* Anders als die Szenenanmerkungen (1. Szene: „*Landstraße in
Stadtnähe.*") gehen sie nicht in die Aufführung des Stückes ein, sondern bleiben bei
der Aufführung – auf Transparente, Schilder, Tafeln aufgemalt oder projiziert – sichtbar. Nehmen wir das Spruchband zu der 1. Szene. Es gibt an, wann das Stück spielt
(„FRÜHJAHR 1624.") und in welchen Zusammenhängen es steht (Dreißigjähriger
Krieg). Es nennt dann die Hauptakteurin und sagt, was in der Szene geschehen wird
(„. . . KOMMT EIN SOHN ABHANDEN."). Mit der Angabe der historischen Zusammenhänge ist das Stück aus der bloß privaten Sphäre der Darstellung eines Mut-
terschicksals herausgerückt und in übergreifende gesellschaftliche Zusammenhänge
gestellt. Mit der Angabe des Ausgangs der Szene ist aus der „Was-Spannung" eine
„Wie-Spannung" geworden (Pfister 1994, S. 143): die Spannung auf den bloßen Ge-
schehensverlauf ist genommen, sodass die Aufmerksamkeit auf das Wie und Warum
des Geschehens gerichtet werden kann. Wie ein 'Erzähler' sprechen die Spruchbänder aus dem Überblick über das ganze Geschehen und richten den Blick auf die Ge-
samtzusammenhänge.

2. *Die Songs.* Anders als Lieder im konventionellen Drama, etwa Ophelias Lieder
(„Hamlet" IV, 5) oder Gretchens Lied „Es war ein König in Thule" („Faust" I,
V. 2759ff.), die unmittelbar zu den Rollen der Figuren gehören, die sie singen, beispielsweise deren Gefühlslage oder Befindlichkeit ausdrücken, sind die Songs bei
Brecht, etwa in der „Dreigroschenoper" oder eben in der „Mutter Courage", nicht
Bestandteil des Rollenhandelns der Figur, die sie singt, sondern sind etwa durch besondere Beleuchtung („Song-Beleuchtung") oder auch dadurch, dass der Schauspieler bei ihnen an die Rampe tritt und sie direkt zu den Zuschauern hin singt, von
der dramatischen Handlung abgesetzt. So kann der Song in der 7. Szene auch einmal
die Sehnsucht der Menschen im Krieg nach Frieden und dann die Gefahr und Nutzlosigkeit friedlicher Sesshaftigkeit im Krieg darstellen. Er stellt eine außerhalb der
Dramenhandlung stehende und sich an die Zuschauer wendende Reflexion und
Kommentierung ihres Geschehens dar.

3. *Der Ansager.* Epische Figuren wie den „Ansager" (den es auch in „Der aufhalt-
same Aufstieg des Arturo Ui" gibt) verwendet Brecht in vielen Stücken, so den The-
aterdirektor in „Die Rundköpfe und die Spitzköpfe", den „Ausrufer", „die fahle
Stimme" und den „Sprecher des Totengerichts" in „Das Verhör des Lukullus", einen
Epilogsprecher in „Der gute Mensch von Sezuan", einen „Sänger" in „Der kaukasi-

sche Kreidekreis"; und auch andere Autoren, die mit epischen Techniken arbeiten, benutzen solche epischen Figuren wie etwa Thornton Wilder den „Spielleiter" in „Unsere kleine Stadt", Max Frisch den „Heutigen" in „Die Chinesische Mauer" oder den „Registrator" in „Biografie: Ein Spiel". Sie sind eine Instanz außerhalb des Handlungsgeschehens (in das sie aber wie Frischs „Heutiger" auch zeitweilig eintreten können). Ihre Aufgabe ist, es aus einer gleichsamen 'auktorialen' Überschau einzuleiten („Sie sehen heut ..."), gegebenenfalls auch zu begleiten, zu erläutern („es handelt sich um ..."), zu kommentieren („Eine finstere Geschicht") und so vor allem ein bestimmtes Verständnis des dramatischen Geschehens einzurichten und zu sichern.

(f) *Weitere Kunstmittel epischer Verfremdung*, die Brecht in Nr. 4 nennt, sind vor allem:

– Tafeln auf dem Hintergrund der Bühne, z. B. zu gleichzeitigen Vorgängen an anderen Orten;

– Projektionen von Dokumenten, durch die die Aussagen der Figuren belegt oder widerlegt werden;

– Projektionen mit konkreten Zahlen oder auch mit Statements zu den dramatischen Vorgängen;

– illustrierende oder kontrastierende Filme zum Dramengeschehen.

Ein Kunstmittel epischer Verfremdung, das Brecht gelegentlich verwendet, so in „Die heilige Johanna der Schlachthöfe", „Die Mutter", „Die Horatier und die Kuriatier", ist der *Chor*. Der Chor ist seit der Antike von Aischylos bis Euripides, ist im Mittelalter, im Barock, im Expressionismus sehr verschieden verwendet worden. Im klassischen Drama hat er wenig Belang bis auf die Verwendung in der „Braut von Messina". In der Vorrede „Über den Gebrauch des Chors in der Tragödie" sagt Schiller dazu:

> Was das gemeine Urteil an dem Chor zu tadeln pflegt, daß er die Täuschung aufhebe, daß er die Gewalt der Affekte breche, das gereicht ihm zu seiner höchsten Empfehlung, denn eben diese blinde Gewalt der Affekte ist es, die der wahre Künstler vermeidet, diese Täuschung ist es, die er zu erregen verschmäht.[36]

Das kommt, wenn auch von einer anderen dramatischen Konzeption her, den Absichten Brechts recht nahe: Der Chor soll verfremdend wirken und die Illusion stören („die Täuschung" aufheben) und dadurch eine hochemotionalisierte völlige Einfühlung in die Figuren und ihr Handeln verhindern (die „blinde Gewalt der Affekte" brechen). Dazu ist der Chor fraglos geeignet: Schon ein Sprechen im Chor wirkt, denn so spricht üblicherweise niemand, befremdlich, meist 'künstlich', jedenfalls verfremdend. Und dann ist der Chor immer eine kollektive Instanz, die mehr oder weniger in Gegensatz zu der normalerweise von individuellen Figuren getragenen Handlung steht und sie, auch wenn er rollenmäßig eingebunden ist – als vornehme thebanische Kreise in Sophokles' „Antigone", als Pachtherren, Aufkäufer, Viehzüchter in Brechts „Heilige Johanna der Schlachthöfe" – handlungsmäßig unterbricht und durchbricht. So bildet der Chor eine Instanz außerhalb des dramatischen

Geschehens, die dazu dient, es von überindividuellen, gegebenenfalls gruppenspezifischen und gesellschaftlichen Standpunkten aus zu begleiten, zu deuten, zu kommentieren, zu werten.

Alle diese Mittel dienen dazu, die bloße Einfühlung in die Figuren und ihr Handeln zu verhindern und ein bewusstes, möglichst aktives Verstehen der Zuschauer einzurichten, das über die bloß individuelle Handlungsweise der Figuren hinausgeht zu einem Erkennen der gesellschaftlichen Bedingungen, in die die Figuren eingebettet sind und die ihr Handeln bestimmen. Diese Verfremdungen bedeuten immer auch eine Aufhebung der dramatischen Illusion. Solche dramatischen *Desillusionstechniken* gibt es viele weitere und auch manche, die Brecht nicht benutzt hat, etwa in der romantischen Komödie (wo allerdings die Desillusionierung Selbstzweck eines romantisch mit sich selbst spielenden Spiels ist). Doch können diese Techniken auch als Verfremdungen im Sinne Brechts verwendet und mit 'epischen' Funktionen versehen werden und sind so beispielsweise von Max Frisch in „Die Chinesische Mauer" benutzt worden. In Ludwig Tiecks „Der gestiefelte Kater" treten mehrere Figuren in der Rolle des Publikums auf; sie setzen sich zu Beginn mit der Figur des Dichters des Stücks über dies auseinander, begleiten es mit ihren Kommentaren, greifen in es ein und lassen es in allgemeinem Chaos enden. Es treten auch der Maschinist und der Souffleur auf. Die Figuren des eigentlichen Stücks spielen nicht nur ihre Rollen, sondern machen sich auch Gedanken über das Stück und die Reaktionen des Publikums auf es, fallen aus ihren Rollen, reden zum Publikum usw. – Max Frischs Stück „Die Chinesische Mauer" (vgl. Waldmann 1967) wird von der epischen Figur des „Heutigen" im „Vorspiel" gleich desillusionierend als Spiel deklariert: „Das Spiel beginnt! . . . Ort der Handlung: diese Bühne. [. . .] Zeit der Handlung: heute abend."[37] Und für das eigentliche „Spiel" gilt die Szenenanmerkung „Die Bühne bleibt Bühne" (S. 157). Dies Spiel findet in zwei Spielschichten, die ineinander verwoben sind und sich gegenseitig relativieren und interpretieren, statt: Als das chinesische Spiel der „Figuren" um einen tyrannischen Kaiser, der die Chinesische Mauer baut, und als Spiel historischer Gestalten aller Jahrhunderte, die unser historisches Bewusstsein bevölkern, der „Masken" (wobei die „Masken" Romeo und Julia zu Beginn und am Ende als „Spiel im Spiel" eine Szene aus Shakespeares „Romeo und Julia" spielen). In dies ganze Spiel bringt der „Heutige" das Problem ein, dass es Herrscher wie den chinesischen Kaiser bis heute gibt, dass sie nur heute, wo sie Atombomben bauen können, die ganze Menschheit vernichten können. Diese stark 'episierten' Dramenvorgänge werden dann noch unterstützt durch direkte Publikumsanreden der Figuren: Der chinesische Kaiser beispielweise „wendet sich an die Zuschauer":

> Ich weiß genau, was ihr denkt, ihr da unten. [. . .] Ihr denkt, noch heute abend
> werde ich von diesem Thron gestürzt, denn das Spiel muß doch ein Ende haben
> und einen Sinn, und wenn ich gestürzt bin, könnt ihr getrost nach Hause fahren,
> ein Bier trinken und einen Salzstengel essen. Das könnte euch so passen. [. . .]
> Geht hinaus und kauft eure Zeitung, ihr da unten, und auf der vordersten Seite,
> ihr werdet sehen, steht mein Name. [. . .] (11. Szene, S. 194).

Es sind vor allem diese vielfältigen 'epischen' und desillusionistischen Kunstmittel, die dramatisch ertragreich und dabei interessant zu spielen sind und viel Spielfreude vermitteln, die die Gruppe (die Klasse, der Kurs, das Seminar) für ihr episches (Kurz-)Drama nutzen sollten.

3.5. Das Lehrstück und das Theater der Unterdrückten: Analyse und Produktion

A21: *Brecht: „Der Jasager" und Boals Forumtheater – Herstellung einer Beziehung, Erarbeitung der Merkmale des Lehrstücks und Eigenproduktion*

Bertolt Brecht: *Zum Lehrstück*

[1.] *Zur Theorie des Lehrstücks*

Das Lehrstück lehrt dadurch, daß es gespielt, nicht dadurch, daß es gesehen wird. Prinzipiell ist für das Lehrstück kein Zuschauer nötig, jedoch kann er natürlich verwertet werden.

Es liegt dem Lehrstück die Erwartung zugrund, daß der Spielende durch die Durchführung bestimmter Handlungweisen, Einnahme bestimmter Haltungen, Wiedergabe bestimmter Reden usw. gesellschaftlich beeinflußt werden kann.

Die Nachahmung hochqualifizierter Muster spielt dabei eine große Rolle, ebenso die Kritik, die an solchen Mustern durch ein überlegtes Andersspielen ausgeübt wird.

Es braucht sich keineswegs nur um die Wiedergabe gesellschaftlich positiv zu bewertender Handlungen und Haltungen zu handeln; auch von der (möglichst großartigen) Wiedergabe asozialer Handlungen und Haltungen kann erzieherische Wirkung erwartet werden.

Ästhetische Maßstäbe für die Gestaltung von Personen, die für die Schaustücke gelten, sind beim Lehrstück außer Funktion gesetzt. Besonders eigenzügige, einmalige Charaktere fallen aus, es sei denn, die Eigenzügigkeit und Einmaligkeit wäre das Lehrproblem.

Die Form der Lehrstücke ist streng, jedoch nur, damit Teile eigener Erfindung und aktueller Art desto leichter eingefügt werden können. (In „Die Horatier und die Kuriatier" etwa kann vor jeder Schlacht ein freies Rededuell der „Feldherrn" stattfinden, in der „Maßnahme" können ganze Szenen frei eingefügt werden usw.)

Für die Spielweise gelten Anweisungen des *epischen Theaters*. Das Studium des V-Effekts ist unerläßlich. (1991–94, Bd. 22.1, S. 351)

[2.] *Einübung der „Maßnahme"*

Die dramatische Vorführung muß einfach und nüchtern sein, besonderer Schwung und besonders „ausdrucksvolles" Spiel sind überflüssig. Die Spieler müssen lediglich das jeweilige Verhalten der Vier zeigen, welches zum Verständnis und zur Beurteilung des Falles gekannt werden muß. [...] Jeder der vier Spieler soll die Gelegenheit haben, einmal das Verhalten des jungen Genossen zu zeigen, daher soll jeder Spieler eine der vier Hauptszenen des jungen Genossen spielen. (1991–94, Bd. 24, S. 100)

[3.] Dieses Stück ist nicht gemacht, um gelesen zu werden. Dieses Stück ist nicht gemacht, um gesehen zu werden.

– Warum denn?

– Um gespielt zu werden. Damit man es unter sich spielt. Es ist nicht für ein Publikum von Lesern, nicht für ein Publikum von Zuschauern, sondern ausschließlich für die paar Jungen [...] gemacht, die sich die Mühe machen wollen, es einzuüben. Jeder von ihnen muß von einer Rolle zur nächsten wechseln und nacheinander den Platz des Angeklagten, der Kläger, der Zeugen, der Richter einnehmen. (Steinweg 1976, S. 111, 197)

Lesen Sie gemeinsam Brechts Ausführungen über das Lehrstück, und machen Sie sich klar:

a) Für wen soll das Lehrstück gespielt werden, und was soll durch sein Spielen bewirkt werden?

b) Welche Funktion hat dabei das Spielen asozialer Handlungen und Haltungen?

c) Wie soll das Lehrstück gespielt, wie sollen die Rollen dargestellt und verteilt werden?

d) In welcher Hinsicht kann der Text verändert werden?

Bertolt Brecht: *Der Jasager. Schuloper*[38]

Lesen Sie das Lehrstück und spielen Sie es in der Gruppe, so wie es Brecht in den obenstehenden Ausführungen zum Lehrstück beschreibt. Diskutieren Sie das Stück noch nicht inhaltlich.

Augusto Boal: *Forumtheater*

Forumtheater ist eine kreative Spielform, die Schauspieler und Zuschauer gleichermaßen einbezieht.

Im ersten Teil wird die Szene so gespielt, als handle es sich um konventionelles Theater. Dann werden die Zuschauer gefragt, ob sie mit den vom Protagonisten vorgeschlagenen Lösungen einverstanden sind. Vermutlich sind sie es nicht. Die ganze Szene wird also ein zweites Mal gespielt, wobei die Schauspieler versuchen, sie unverändert zu Ende zu bringen, und die Zuschauer sich bemühen, den Ablauf zu beeinflussen, indem sie neue, bessere Lösungen einbringen. Das heißt, die Schauspieler präsentieren die „Welt so wie sie ist" und tun alles, damit sie so bleibt – bis ein Zuschauer aufspringt und sie verändert in eine „Welt, wie sie sein könnte". Dabei ist Spannung unerläßlich und unvermeidbar: Wenn niemand die Welt-Szene verändert, bleibt sie so, wie sie ist. Um schrittweise neue Lösungen zu erproben, sollte man zunächst nur den Protagonisten ersetzen, der im Begriff ist, eine falsche Lösung anzubieten. Es genügt, daß der Zuschauer „Stop!" ruft und auf die Spielfläche kommt. Augenblick-

lich müssen die Schauspieler in ihrer Bewegung innehalten. Der Zuschauer gibt die Stelle (den Satz, die Geste) an, wo er eingreifen möchte. Die
Schauspieler nehmen genau an dieser Stelle die Szene wieder auf, diesmal
mit dem Zuschauer als Protagonisten. [...]

Von dem Augenblick an, da der Zuschauer den Protagonisten ersetzt hat
und seine Lösung des Problems durchzusetzen sucht, trifft er als Protagonist auf Widerstand von allen Seiten. Damit soll klargemacht werden, wie
schwierig es ist, die Wirklichkeit zu modeln. Es ist ein Spiel Zuschauer
contra Schauspieler, Veränderungswille gegen Konformismus oder Kon-
servativismus: die Welt, wie sie ist – die Welt, wie sie sein soll.

Wenn der Zuschauer aufgibt, die Szene verläßt, schlüpft der alte Protagonist in seine Rolle zurück, und das Stück läuft wieder in der alten, verän-
derungsfeindlichen Perspektive weiter, es sei denn, ein weiterer Zuschauer ruft „Stop" und ersetzt den Protagonisten, um nach seiner Vorstellung
die Handlung zu modifizieren, eine neue Lösungsvariante zu erproben.

Schließlich wird es dem Zuschauer als Protagonisten, stellvertretend für
alle, gelingen, den Druck zu brechen, der von den Schauspielern verkör-
pert wird. Die Zuschauer dürfen grundsätzlich jeden Schauspieler ersetzen; sie dürfen also auch die Rolle der Unterdrücker übernehmen, sehen,
wie sie sich dabei erleben. [...]

Ein Schauspieler übernimmt die Funktion des Spielleiters. Er erläutert
die Spielregeln, achtet auf die logische Entwicklung der Szene und darauf, daß es nicht zum Leerlauf oder Stillstand kommt, macht auf Fehler
aufmerksam. Er hat nicht die Wahrheit für sich gepachtet, sondern ermu-
tigt die Beteiligten, ihren Standpunkt zu vertreten und ihn durchzusetzen.
(Boal 1989, S. 83–85)

Augusto Boal, 1931 in Rio de Janeiro geboren, entwickelte in Brasilien und
(nachdem er dort verhaftet, gefoltert und ausgewiesen worden war) in Ar-
gentinien, Peru und dann auch in Europa ein neues Volkstheater-Konzept mit
vielfältigen Darstellungsformen, das sich an die Unterdrückten zunächst in
den lateinamerikanischen Ländern wendet. Er ist zu Beginn seiner Theater-
arbeit stark von Brecht beeinflusst.

Lesen Sie Boals Darstellung des Forumtheaters und überlegen Sie zunächst
gemeinsam:

e) Welche Gemeinsamkeiten mit Brecht und welche Unterschiede zu ihm se-
hen Sie? Wie verstehen Sie Boals Äußerung: „Brecht hatte das gleiche im
Sinn, es blieb jedoch, so glaube ich, auf halbem Wege stehen" (Boal 1989,
S. 98)?

f) Welche Bedeutung hat die Veränderung des Spieltextes, und welche Rolle
spielt dabei die „Welt, wie sie ist" und die „Welt, wie sie sein soll" bei
Brecht und bei Boal?

Machen Sie sich im Einzelnen die Spielregeln des Forumtheaters klar und legen Sie fest, wie Sie verfahren wollen, wenn Sie den „Jasager" als Forumthea-

ter spielen (etwa: feste Rollenverteilung, Ernennung eines Spielleiters, der u. a. jeweils denjenigen ersetzt, der als Spielfigur eine andere Spielfigur spielen will usw.). Spielen Sie nun Brechts „Jasager" als Forumtheater; es kann dabei nützlich sein, wenn Sie das Spiel auf Kassette mitschneiden. Diskutieren Sie danach, welche Erfahrungen Sie mit Brechts Stück gemacht haben.

Halten Sie die Ergebnisse Ihrer Diskussion und vor allem die wichtigsten Spielvorgänge und -varianten und vielleicht Ihre Endfassung des „Jasagers" (der möglicherweise ein „Neinsager" geworden ist) schriftlich fest, um sie bei der Präsentation zusammen mit den Ergebnissen ihrer Arbeit über Brechts Lehrstück und Boals Forumtheater vorzulegen.

Schreiben Sie nun zu dem gemeinsamen Thema ein Stück

1. in der Art des Lehrstücks, wobei Sie sich die Formmerkmale des „Jasagers" noch genauer verdeutlichen müssen, oder

2. als Forumtheater, oder

3. in einer Mischung von Lehrstück und Forumtheater,

und führen Sie es bei der Präsentation mit dem Plenum auf.

Die Lehrstücke hat Brecht vor den Dramen des epischen Theaters geschrieben. Dennoch behandeln wir sie nach ihnen, weil sie eine Dramenform darstellen, die sich noch weiter als das epische Drama vom konventionellen geschlossenen wie offenen Drama entfernt. Dabei ist es allerdings nicht so selbstverständlich, von Lehrstücken als einer 'Dramenform' auszugehen: Das Lehrstück ist eigentlich kein Dramentyp wie das geschlossene oder das offene Drama, sondern bedeutet eine bestimmte Form der Darstellung dramatischer Vorgänge, eine Spielform, in der dramatische Vorgänge anders als etwa auf dem Theater gespielt werden. Nur ist das Lehrstück auch wieder mehr als ein abstrakter Spieltyp, denn es liegt ja eine größere Anzahl von Stücken vor, die ausschließlich für diese Spielform geschrieben worden sind und die dann doch etwas wie eine, wenn auch recht unterschiedlich realisierte, Dramenform 'Lehrstück' bilden.

Etwas schwieriger ist es, mit der Tatsache umzugehen, dass die Lehrstücke mit zwei Ausnahmen eigentlich keine Dramen im Sinne von Schauspielen, sondern etwas wie Musikdramen sind (ich folge hier Krabiel 1993): Der „Jasager" ist eine „Schuloper". Kurt Weill, der schon die Musik der „Dreigroschenoper" schrieb, hat sie vertont und zählt sie zu seinen Hauptwerken, bezeichnete sie sogar einmal als seine wichtigste Komposition (s. Krabiel 1993, S. 144); und viele Reaktionen auf die Uraufführung am 23. Juni 1930 und den großen Erfolg danach bezogen sich auf den musikalischen Charakter des Stücks. Musikalisch steht das Lehrstück im Kontext der Bemühungen, auf die Krise der Neuen Musik und des Musiklebens in der Mitte der zwanziger Jahre mit dem Konzept einer „Gebrauchsmusik" für bestimmte Adressatengruppen zu reagieren. Die Komponisten der Lehrstücke sind wichtige Vertreter der Neuen Musik: Hindemith, Weill, Eisler, und die ersten vier Lehrstücke (der „Jasager" ist das dritte) schrieb Brecht in ihrem Auftrag. Die Lehrstücke wurden so auch oft an

Konzertstätten aufgeführt – der „Jasager" etwa einmal in der Berliner Krolloper unter Otto Klemperer, die „Maßnahme" in der Berliner Philharmonie –, und die Auseinandersetzung mit ihnen fand vorwiegend in Musikzeitschriften statt.

Deshalb sind Brechts Lehrstücktexte natürlich nicht bloße, inhaltlich mehr oder weniger unerhebliche 'Libretti'. Sie bilden einen entscheidenden Teil des dramatischen Schaffens von Brecht, der sie auch in der Zeit, in der er seine epischen Dramen schrieb, weiterhin hochschätzte und (zu dem Kontext, in dem die Äußerung des Genaueren zu verstehen ist, s. Krabiel 1993, S. 292–294) wenige Tage vor seinem Tode auf die Frage, welches Stück er „für die Form des Theaters der Zukunft" halte, ohne Zögern das Lehrstück „Die Maßnahme" nannte (Wekwerth 1975, S. 78). Daher kann gar keine Frage sein, dass die Lehrstücke als Texte wie als Dramenform volles eigenes Gewicht haben. Außerdem gilt, was für die ersten vier Lehrstücke gilt, nicht für alle sechs. Das meistgespielte Lehrstück, „Die Ausnahme und die Regel", ist zwar elf Jahre nach seiner Erstveröffentlichung 1937 von Paul Dessau vertont worden, doch entstand der Text „weder für einen konkreten musikalischen Zweck noch in Zusammenarbeit mit einem Komponisten, noch scheint Brecht an eine vorwiegend musikalische Gestaltung und Präsentation gedacht zu haben" (Krabiel 1993, S. 240). So ist das Stück auch ganz vorwiegend als Theaterstück aufgeführt worden. Und „Die Horatier und die Kuriatier" sind, nachdem sich eine Zusammenarbeit mit Eisler zerschlagen hatte, rein als Textfassung geschrieben und 1936 publiziert worden. Wohl auch deshalb ist Brechts entscheidend wichtige, um 1937 entstandene „Theorie des Lehrstücks" durchaus nicht nur auf die musikalische Darbietung der Lehrstücke gerichtet, sondern bezieht sich vor allem auf ihre schauspielerisch-dramatische Darstellung.

Es spricht also, auch wenn die Lehrstücke zunächst als musikdramatische Gattung entworfen und geschrieben wurden, von Brecht her nichts dagegen und manches dafür, sie als dramatische, als Theaterstücke zu behandeln. Und selbst falls Äußerungen oder Verhaltensweisen Brechts, was eben nicht der Fall ist, dagegen sprächen, könnte man sich fragen, ob die von Reiner Steinweg in den siebziger Jahren initiierte und maßgeblich mitgetragene umfängliche analytische und vor allem praktische Beschäftigung mit dem Lehrstück als dramatischer Form (s. beispielsweise Steinweg 1978; Koch / Steinweg / Vaßen 1983; Steinweg / Heidefuß / Petsch 1986), auch wenn sie das Lehrstück nur als Dramentyp und seine Position im Gesamtwerk Brechts – als Brechts eigentliches Drama einer „großen Pädagogik" gegenüber der mehr kompromisshaften „kleinen Pädagogik" des epischen Theaters (Brecht 1991–94, Bd. 21, S. 396) – teilweise schief sah, den Beleg dafür liefert, dass es rechtens und ertragreich ist, das Lehrstück als dramatische Form zu behandeln.

Mehr als bei anderen Dramentypen kommt es bei dem Lehrstück auf die Art der Aneignung, auf die 'Aufführung' des Textes an. Deshalb steht zu Beginn der Arbeitsaufgabe nicht der Text, sondern stehen Anweisungen zur Aufführung von Lehrstücken. An den drei Brecht-Texten 1.–3. wäre etwa Folgendes zu erarbeiten:

(a) Das Lehrstück ist eigentlich kein 'Schau'spiel, ist kein „Schaustück": Es ist nicht dazu da, von Zuschauern angeschaut zu werden, es benötigt überhaupt keine Zuschauer. Im Lehrstück spielen die Spieler für sich selber; das ist seine „Basisregel" (Steinweg 1972, S. 87–96). So wie beim Rollenspiel oder beim Psychodrama dient das Spiel des Lehrstücks der Selbsterfahrung der Spieler. Doch anders als im Psychodrama erkundet und erprobt es nicht vor allem psychische, sondern soziale Verhaltensweisen und Verhältnisse. Dadurch, dass die Spieler in ihren jeweiligen Rollen einander gegenüber „bestimmte Handlungsweisen" durchführen, „bestimmte Haltungen" einnehmen, „bestimmte Reden" wiedergeben (Nr. 1), machen sie intensive Erfahrungen mit dem sozialen Verhalten der Figuren, die sie spielen, machen Erfahrungen mit den sozialen Vorgängen, die sie selbst praktizieren bzw. von denen sie im Spiel betroffen sind.

(b) Damit die Spieler diese Erfahrungen machen, müssen sie durchaus nicht nur „gesellschaftlich positiv zu bewertende Handlungen und Haltungen" spielen. Gerade durch das eigene Erleiden und vor allem durch das eigene Ausführen gesellschaftlich problematischer, ja „asozialer Handlungen und Haltungen" im Spiel wird eine engagierte Auseinandersetzung mit ihnen initiiert und werden so intensive Erfahrungen über sie möglich. Dabei sollen diese asozialen Handlungen und Haltungen besonders nachdrücklich: „möglichst großartig" gespielt werden, dann ist am ehesten Aussicht, dass sie emotional und affektiv wirksam werden. (Nr. 1)

(c) Beim Spielen eines Lehrstücks kommt es nicht darauf an, die Personen als individuelle, „einmalige Charaktere", in die die Darsteller sich 'einfühlen', zu spielen; das Spiel soll in Art des epischen Theaters (s. o.) Charaktere und Handlungen verfremden. (Nr. 1) Es geht nicht um ein „besonders 'ausdrucksvolles' Spiel", sondern das Spiel soll „einfach und nüchtern sein". Die Haltung der Spieler ist, etwas zu „zeigen" (der „Gestus des Zeigens" spielt später im epischen Theater eine große Rolle), nämlich sich und den Mitspielern das „jeweilige Verhalten" einer Figur zu zeigen, um so eine intensive Erfahrung dieses Verhaltens zu machen. (Nr. 2) Und da es nicht darum geht, einen individuellen Charakter, der dieses Verhalten hervorbringt, zu erkunden, sondern die soziale Bedingung und Bedeutung dieses Verhaltens und das soziale Gefüge, in dem es steht, zu erfahren, soll jeder Spieler nacheinander jede der asozialen oder von dem asozialen Verhalten der Anderen betroffenen Rollen spielen. (Nr. 2 und 3)

(d) Das Lehrstück ist „streng", ja spröde in der Form und sprachlich stark stilisiert. Ob es dadurch leichter ist, es zu verändern, wie Brecht meint, kann man fragen. Fraglos ist dagegen, dass es nicht als ein für allemal feststehender Text gemeint ist, sondern dass es verändert werden soll: „Teile eigener Erfindung" sollen eingefügt, Aktualisierungen sollen vorgenommen werden, und die Kritik an den gespielten „hochqualifizierten Mustern" asozialer Haltungen und Handlungsweisen soll sich in „überlegtem Andersspielen" äußern. (Nr. 1)[39] Ob Brecht damit meint, dass das Stück während des Spiels von den Spielern verändert werden soll, ist nicht leicht zu entscheiden. Für die ersten vier in Musik gesetzten Lehrstücke kann es i. a. wohl nicht gelten; hier wird es meist nur darum gehen können, dass ein Spielleiter oder Regisseur diese Texte anders schreibt (und setzt). Für unsere Fassung des „Jasagers", für die es keine eigene Musik gibt, könnte es dagegen gelten. Und sicherlich gilt es für die beiden letzten nicht vertonten Lehrstücke. Brecht hat leider keine Anweisungen für diese mögliche Veränderung seiner Texte gegeben; man muß, wenn man so mit ihnen umgehen will, eigene Verfahren suchen und erproben. Wir werden mit dem Modell des Forumtheaters von Augusto Boal arbeiten.

Der Text „Der Jasager", mit dem wir arbeiten, hat literarische Vorlagen, eine Vorform und eine Gegenform. Er geht auf das japanische Nô-Spiel „Tanikô" aus dem 15. Jahrhundert zurück. Das Nô war das exklusive und hochstilisierte Theater der aristokratischen Kriegerkaste der Samurai im 14. und 15. Jahrhundert; das Stück „Tanikô" ist ein stark ritualisiertes religiös-kultisches Spiel um die Opferung (den Talwurf) und die Wiedererweckung eines Knaben. Es erschien 1921 in einer englischen Übersetzung von Arthur Waley, der das Stück stark bearbeitet und gekürzt hatte und fast den ganzen religiösen und kultischen Hintergrund sowie die Wiedererweckung wegfallen ließ. Diese Übersetzung wurde von Elisabeth Hauptmann ins Deutsche übertragen und 1929 veröffentlicht. Kurt Weill lernte ihre Übersetzung kennen und schlug Brecht vor, daraus eine Schuloper zu machen. Die wurde 1930 fertig und war sehr erfolgreich; sechzig Inszenierungen sind nachweisbar. Der Handlungsvorgang löste aber heftige Kontroversen aus. Da zunächst Waley und dann auch Brecht die religiös-kultischen Elemente immer mehr eliminiert hatten, waren entscheidende Vorgänge, die zunächst ganz durch sie bedingt waren wie die Opferung (der Talwurf), nicht mehr plausibel und erschienen als blinde Unterwerfung unter ein unverständliches Gebot (den „großen Brauch"). Brecht schrieb deshalb 1931 eine Neufassung (die Fassung, die unserer Arbeit zugrundeliegt), in der er die Motivationsdefizite auszugleichen suchte. Da er empfand, dass die Opferung des Knaben auch bei verbesserter Motivation des Geschehens immer noch kritisch gesehen werden konnte, schrieb er außerdem eine motivationell noch einmal veränderte Fassung, die auf eine Verweigerung des Opfers durch den Knaben hinauslief, den „Neinsager", mit dem zusammen der „Jasager" jetzt ein Gesamtstück bildet: „Die zwei kleinen Stücke sollten womöglich nicht eins ohne das andere aufgeführt werden." [40] Die Musik von Weill ist allerdings nur für die erste, nicht für diese Fassung und nicht für den „Neinsager" geschrieben.[41] Man kann sich ein Verständnis des „Jasagers" gut über den Vergleich mit den Vorbildern, der Vor- und der Gegenfassung erarbeiten. Wir wählen aber den Weg über eine szenische Erarbeitung und richten uns dabei nur auf die 2. Fassung des „Jasagers":

In dem Stück geht es, wie der „große Chor" gleich zu Beginn darlegt, um das Lernen von *Einverständnis*, d. h. um das Einverstandensein des Einzelnen mit menschlichen und gesellschaftlichen Vorgängen und Forderungen, die ihn betreffen. Das kann verfehlt werden, wenn er nicht wirklich, nämlich bewusst und überzeugt einverstanden ist, wenn er gar nicht um sein Einverständnis gefragt wird, und wenn er „mit Falschem" einverstanden ist. Deshalb muss Einverständnis gelernt werden. Der *Hand-*

lungsvorgang: In der Stadt ist eine Seuche ausgebrochen, und der Lehrer will mit drei Studenten über die Berge in eine Stadt, wo große Ärzte sind, um Medizin und Unterweisung zu holen und so den Menschen in ihrer Stadt zu helfen. Diese Reise ist sehr gefährlich. Der Knabe, dessen Mutter an der Seuche erkrankt ist, will unbedingt mit, um für sie Hilfe zu holen. Der Lehrer und die Mutter akzeptieren das, attestieren ihm, dass hier kein falsches, sondern ein richtiges Einverständnis vorliegt (er ist „einverstanden" damit, „daß die Krankheit [seiner Mutter] geheilt wird") und nehmen ihn mit. Auf der Reise erkrankt er. Es gelingt den Teilnehmern nicht, ihn über den schmalen Grat zu bringen; sie können aber auch nicht bei ihm bleiben oder mit ihm umkehren, „denn die ganze Stadt wartet auf die Medizin", und müssen ihn deshalb im Gebirge liegen lassen. Er wird gefragt, ob er damit einverstanden ist, und erklärt sein Einverständnis, weil er erkennt, dass hier das Interesse der Gemeinschaft wichtiger ist als sein privates und er sich für die Gemeinschaft opfern muss. Auch wenn er nicht einverstanden gewesen wäre, wäre er allerdings liegen gelassen worden, doch jetzt ist er bewusst und überzeugt mit seinem Opfer für die Gemeinschaft einverstanden. Er fordert allerdings auch von den Sachwaltern der Gemeinschaft Schweres: ihn nicht einfach liegen zu lassen, sondern ihn zu töten, ihn ins Tal hinabzuwerfen. Seine Begleiter tun das als seine „Freunde" schweren Herzens, werden gleichermaßen schuldig („keiner schuldiger als sein Nachbar") und beklagen das „bittere Gesetz" der Welt, das sie dazu zwingt.

Nach Kurt Weill, dem Komponisten, ist aus dem Stück zu lernen, „daß eine Gemeinschaft, der man sich angeschlossen hat, von einem verlangt, daß man tatsächlich die Konsequenzen zieht. Der Knabe geht den Weg der Gemeinschaft zu Ende, wenn er Ja zu dem Wurf ins Tal sagt."[42] Damit muss man durchaus nicht einverstanden sein: Der Knabe sagt am Ende, er habe gewusst, dass er auf der Reise sein Leben verlieren könne: „Der Gedanke an meine Mutter hat mich verführt zu reisen." Wenn er so unüberlegt gehandelt hat, könnte man sagen, muss er auch die Folgen tragen. Weit unüberlegter war aber das Handeln des Lehrers: Er wusste genau, wie gefährlich die Reise war, und nahm den Knaben dennoch mit. Und das ohne vernünftigen Grund, denn die Medizin für die Mutter hätte er ja sowieso mitgebracht, und welche „Unterweisung" von den „großen Ärzten" hätte das Kind denn holen, ja überhaupt verstehen können? Es war sinnlos und unverantwortlich, das Kind mitzunehmen (und ganz überflüssig, es wegen seines 'richtigen Einverständnisses' zu preisen): Der Lehrer hätte die Folgen seines falschen Handelns zu tragen gehabt; vielleicht spürt er das auch, wenn er die Erkrankung des Knaben zunächst nicht wahrhaben will.

Als der Knabe dann krank und seine „schnelle Heimkehr" nötig wird, ist bei den Studenten erstaunlich schnell ein 'Einverständnis' darüber da, dass man ihn halt „im Gebirge liegenlassen" muss. Wieso sind völlig selbstverständlich die Belange einer Gemeinschaft weit wichtiger als das Leben eines konkreten einzelnen Menschen, eines Kindes? Und warum müssen, nachdem die Studenten ihn nicht über den Grat bringen konnten, alle Vier weitergehen und ihn zurücklassen? Wieso kann nicht einer der Studenten oder auch zwei oder vielleicht sogar der Lehrer, der an allem

Schuld ist, mit dem Knaben zurückgehen? Dadurch würde die Hilfe, die die Gruppe der Stadt leistet, doch kaum gemindert. Aber steht das allgemeine Interesse der Stadt so hoch über dem Leben eines einzelnen Kindes, dass das gar nicht riskiert werden kann? Und welchen Sinn soll es haben, dass der Lehrer den Knaben dann noch fragt, ob er damit einverstanden ist, dass er getötet wird? Es ist ja keine Entscheidung des Knaben über sein Leben, sein Tod ist in jedem Fall beschlossene Sache, sondern nur darüber, ob er sich bewusst als Opfer anbieten und zum Märtyrer seiner Stadt machen möchte. Und diese Entscheidung verlangt man einem Kind ab, das schon bei seiner Entscheidung mitzugehen, nicht wusste, was es tat.

Es ist deutlich: Dieses Lehrstück – und Ähnliches gilt für die anderen Lehrstücke – hat Figuren, mit denen man sich nicht identifizieren, Handlungen, die man nicht mitvollziehen kann; es ist undifferenziert, kraß und extrem. Es wäre ein schwaches, ein schlechtes Schauspiel, aber es ist ja eben kein Schauspiel, sondern ein Lehrstück. Und als Lehrstück ist es vorzüglich: Es provoziert Widerspruch, und es zu spielen provoziert Widerstand gegen das, was man spielt, und Nachdenken über es. Es ist ein Stück, das sich gut dazu eignet, Eigenerfahrung asozialen Verhaltens zu machen – oder als provokative Textgrundlage eines Forumtheaters zu dienen.

Mit Boals *Forumtheater* wird allerdings eine andere Spielform gewählt, als Brecht sie für sein Lehrstück vorsah:

(e) Das Forumtheater ist reines Schauspiel ohne musikalische Teile. Und es dient nicht nur der Eigenerfahrung der Spieler, sondern spielt vor Zuschauern. Doch werden in ihm gerade die Zuschauer zu Spielern und machen als Spieler entscheidende Erfahrungen. So wirkt das Forumtheater durchaus in der Richtung von Brechts Lehrstücken, wirkt eher nachhaltiger als sie. Denn die ins Spiel eingreifenden Zuschauer machen nicht nur Erfahrungen mit asozialen Haltungen und Handlungen, sondern vor allem damit, ob es möglich und wie schwierig es ist, sie zu verändern. So versteht Boal wohl auch sein Forumtheater: dass es „das gleiche im Sinn" hat wie Brecht, dass es aber weitergeht und entschiedener ist.

(f) Was bei Brecht nur eine der Möglichkeiten des Lehrstücks ist, dass sein Text verändert wird, ist im Forumtheater der eigentliche Kern des dramatischen Geschehens. Bei Brecht geht es zunächst und vor allem darum, die „Welt, wie sie ist" in ihren asozialen Verhältnissen möglichst dicht und intensiv zu erfahren. Daraus kann dann ein Impuls entstehen, im Stück solche Verhältnisse zu verändern und andere, bessere Möglichkeiten einer „Welt, wie sie sein soll" zu spielen. Das kann und sollte wohl auch geschehen; Vorschläge, wie es geschehen, und Modelle, nach denen es gemacht werden sollte, gibt es bei Brecht aber nicht. Bei Boal geht es ständig darum, die „Welt, wie sie ist" im Spiel gegen die erwartbaren Widerstände zu verändern in Richtung auf eine „Welt, wie sie sein soll", wobei sowohl die „Welt, wie sie ist" in ihren Haltungen und Handlungen sowie in ihrer Veränderungsfeindlichkeit als auch die Möglichkeiten und Schwierigkeiten einer Veränderung dieser Welt zu einer „Welt, wie sie sein soll" erfahren werden.

Die Gruppe, die den „Jasager" zunächst als Lehrstück erarbeitet und dann als Forumtheater realisiert hat, hat nun für das eigene Schreiben ihres Stücks verschiedene Möglichkeiten:

1. *Schreiben eines Lehrstücks*: Wenn das Lehrstück ohne Zuschauer gespielt werden soll, also die ganze Klasse oder der ganze Kurs, das ganze Seminar mitwirken soll, so eignen sich dafür besonders die chorischen und – musikalisch gesprochen – mehrstimmigen Partien. Wie im „Jasager" kann man einen Chor („großen Chor") zu Beginn und am Ende des Stücks beziehungsweise der einzelnen Akte sowie an besonders hervorzuhebenden Stellen auftreten lassen. Der Chor kann auch insgesamt, (wie in die „Horatier und Kuriatier") oder an bestimmten Stellen geteilt werden in verschiedene kollektive Gruppen (beispielsweise: Chor der Schüler, Chor der Erwachsenen), die als Chor und Gegenchor, etwa wie in einer Vorfassung von „Die Ausnahme und die Regel": als „rechter" und „linker Chor", eine verschiedene, vor allem eine zustimmende und eine ablehnende Haltung zum Handlungsgeschehen einnehmen. Die Chöre können Chorführer haben, die einzelne Passagen alleine sprechen. Die einzelnen Figuren können an besonders hervorzuhebenden Stellen zu zweit („Der Lehrer, die Mutter") oder zu dritt („Der Knabe, die Mutter, der Lehrer") sprechen, sie können auch, wenn sie eine Gruppe bilden, stets oder manchmal zusammen sprechen („Die drei Studenten"). Und die einzelnen Figuren können gelegentlich („Die drei Studenten, der große Chor") zusammen mit dem Chor bzw., wenn der Chor entsprechend geteilt ist, mit 'ihrem' Teil des Chors sprechen. Das ganze Stück kann musikalisch eingerahmt und unterlegt werden. Der Chor kann seinen Part oder einen Refrain auch zu einer allen bekannten Melodie singen. Die Texte für den Chor müssen dann vervielfältigt und den Chormitgliedern in die Hand gegeben werden. Für die Aufführung ist ein Spielleiter erforderlich, der u. a. den Spielvorgang erläutert, die Aufstellung der Chöre regelt und die Einsätze gibt.

2. *Schreiben einer Forumtheater-Szene*: Die dem Forumtheater zugrundeliegende Szene wird üblicherweise der dramatischen Form nach konventionell sein. Die Szene sollte gut profilierte Figuren, eine prägnante Konfliktsituation und eine 'asoziale' Handlung aufweisen, die entschiedene Reaktionen provoziert und Impulse zur Veränderung des Stückes gibt. Die Gruppe sollte ihr Stück gezielt daraufhin betrachten, ob es auch wirklich genügend 'Alarmstellen' aufweist, die die Zuschauer zur Reaktion veranlassen. Ein Spielleiter erklärt den anderen die Spielregeln und achtet auf den flüssigen und sinnvollen Verlauf des Stücks.

3. *Schreiben eines Lehrstücks, das als Forumtheater gespielt wird*: Das Lehrstück und das Forumtheater können auch miteinander verbunden werden. Das geschieht vor allem dadurch, dass das Stück einen Chor erhält, der zu Beginn, am Ende, bei Einschnitten und gegebenenfalls an besonders hervorzuhebenden Stellen auftritt und von der ganzen Klasse (dem Kurs, dem Seminar) gesprochen wird. Dazwischen liegen dann die Spielszenen, in die von den Mitgliedern des Chors eingegriffen wird. Das hat den Vorteil, dass alle gleichsam auf der 'Bühne' stehen und so leichter ins Spiel eingreifen können, weil sie immer schon Spieler sind und keine Barriere zwi-

schen Zuschauern und eigentlichen Spielern zu überwinden brauchen. Auch hier können herausgehobene Textstellen von zwei oder drei Spielern gesprochen und bei Ersetzung eines der Spieler verändert werden, so wie auch der Text des Chors auf Verlangen verändert werden kann. Ein Spielleiter erläutert die Spielregeln, betreut den Chor und achtet auf den sinnvollen Verlauf des Stücks.

3.6. Das dokumentarische Theater: Analyse und Produktion

A22:   *Weiss: „Die Ermittlung" – Erarbeitung der Merkmale des dokumentarischen Theaters an einem Gesang und Eigenproduktion*

> **Peter Weiss: *Die Ermittlung. Oratorium in 11 Gesängen***
>
> 5   *Gesang vom Ende der Lili Tofler I–III* [43]

Von Dezember 1963 bis August 1965 fand in Frankfurt der Auschwitz-Prozess statt. Aus ihm nahm Peter Weiss das Material, und ausschließlich mit ihm, ohne eigene Hinzufügungen oder Erfindungen, verfasste er das Drama „Die Ermittlung". Ich schlage von den elf Gesängen, in die das Oratorium unterteilt ist, den fünften zur Bearbeitung vor. Machen Sie sich zunächst mit ihm vertraut, indem Sie ihn in der Gruppe mit verteilten Rollen lesen, und klären Sie gemeinsam vor allem folgende Fragen:

a) Wer war Lili Tofler, und was bedeutet ihr Verhalten in der Welt des Konzentrationslagers? Wer war bzw. ist Boger, und wie verhält er sich in der Gerichtsverhandlung?

b) Wer sind die Zeugen 1 und 2, welche Stellung hatten sie innerhalb des Systems des Konzentrationslagers, und welche Einstellung zu den Häftlingen hatten beziehungsweise haben sie? Wie leben sie zur Zeit des Prozesses?

c) Wie agieren der Richter, der Ankläger und der Verteidiger, und welche Einstellung gegenüber den Vorgängen im Konzentrationslager und ihrer Ermittlung haben sie?

d) Was leistet das Drama insgesamt für die Darstellung von Auschwitz bzw. für die Darstellung der Ermittlung seiner Verbrechen?

Weiss sagt in einer „Nachbemerkung" zur „Ermittlung": „Zur Ergänzung und Überprüfung meiner Aufzeichnungen vom Frankfurter Auschwitz-Prozeß habe ich Artikel in zahlreichen Tageszeitungen und Zeitschriften benutzt. Vor allem Bernd Naumanns Berichte in der FRANKFURTER ALLGEMEINEN ZEITUNG leisteten mir große Dienste." [44] Im Folgenden ist ein Ausschnitt aus dem Buch, das Naumann dann daraus gemacht hat, abgedruckt.

e) Vergleichen Sie den Beginn der III. Szene: das Verhör des Zeugen 1, mit dem Auszug aus dem Bericht über den Auschwitz-Prozeß, den Weiss verwendet hat, und stellen Sie fest, wie Weiss bei seiner Bearbeitung für das Drama vorgegangen ist.

Aus einem Bericht über den Auschwitz-Prozeß

„Nach einer Meuterei, die stattgefunden haben soll, kam ich dazu, wie ein Posten einen Häftling niederschießen wollte. Ich habe dem Posten gesagt, er solle das sein lassen, habe ihm das Gewehr aus der Hand geschlagen und gesagt, er solle den Häftling ins Lager zurückschicken."

Sagt der Zeuge Cäsar. Sonst war da nichts. [...]

Wenn das Gedächtnis doch im Falle Lili Tofler so präzis wäre wie bei der Schilderung der Rettung des schon vor dem Gewehrlauf stehenden Häftlings. Cäsar erinnert sich nur: „Ja, jetzt weiß ich, sie war in der Pflanzenzuchtstation, als Zeichnerin. Aber was im einzelnen war, kann ich nicht sagen."

Ja, sie wurde von der Gestapo abgeholt; Cäsar besinnt sich, noch mal nachgefragt zu haben, er weiß es nicht mehr so genau; ja, da war etwas mit einem mysteriösen Brief; möglich, ja, ein Liebesbrief.

Hofmeyer will es genauer wissen.

„Ich weiß nur, daß sie abgeholt wurde. Ich fragte, was da los sei und hörte, daß die Untersuchung weitergehe. Später habe ich gehört, daß man die Lili getötet hätte."

„Wer hat sie getötet?"

„Ich weiß es nicht, ich war nicht dabei."

„Hatten Sie nicht eine heftige Auseinandersetzung mit Boger?"

„Ich weiß es nicht mehr, es sind jetzt zwanzig Jahre her."

Aber dennoch sei zu denken, daß so etwas im Gedächtnis bleibe; Hofmeyer hält dem Zeugen vor, daß eine Zeugin ausgesagt habe, da sei eine ganz erhebliche Auseinandersetzung gewesen mit Boger. Und Cäsar habe die Lili Tofler dann fallenlassen, weil er sich selbst die Finger nicht habe verbrennen wollen.

„Ich weiß davon nichts."

„Ich kann mir nicht vorstellen, daß Ihnen von diesem Moment an alle anderen Erinnerungsbilder aus dem Kopf gefallen sind."

„Ich erinnere mich nicht mehr genau", der Zeuge wird jetzt lauter, „es liegt so viel dazwischen. Ich will auch nicht von den Dingen sprechen, die nach dem Kriege passiert sind ..."

Das Gericht will sie nicht hören und hält dem Zeugen eine Aussage aus dem Jahr 1961 vor, mit der Cäsar wissen ließ, auf der Politischen Abteilung habe man ihm damals erklärt: 'Es handelt sich um einen aussichtslosen Fall'.

Ob er sich daran erinnere?

Der Zeuge: „Gut, bleiben wir bei dieser Version."

„Wissen Sie noch, wer Ihnen das gesagt hat?"

Der Zeuge, ergeben, resigniert über so viel Halsstarrigkeit: „Ich kann es Ihnen nicht sagen. Ich weiß es nicht mehr." [...]

Der Richter Hummerich möchte es nochmals hören: Wie war das mit dem Häftling Tofler?

„Das war doch ein ganz massiver Eingriff in Ihre Kompetenzen. Ich muß mich also wundern, daß Sie da keine Ahnung mehr haben. Man hat Ihnen doch aus Ihrem Labor jemand weggenommen, den Sie brauchten für Ihre kriegswichtige Arbeit."

„Sie war keine von den Spitzenkräften."

Aber er habe doch im Rang wie der Lagerkommandant gestanden und der Mann von der Politischen Abteilung tief unter ihm, und an dessen schweren Eingriff in seinen (Cäsars) Verantwortungsbereich wolle er sich nur schwach erinnern?

„Herr Rechtsanwalt", antwortet der Zeuge [...], „es gab einen scheußlichen Begriff damals, der für alles galt. Es hieß: 'Seien Sie vorsichtig 1. bei Höß, und 2. seien Sie vorsichtig wegen Häftlingsbegünstigung.' Bis zu einer bestimmten Grenze konnte man gehen, aber nicht weiter. Meinetwegen nennen Sie es feige."

Der Zeuge Cäsar wird vereidigt und entlassen. Er verbeugt sich und geht. (Naumann 1965, S. 123–125)

Peter Weiss: *Notizen zum dokumentarischen Theater*

[1.] Das dokumentarische Theater ist ein Theater der Berichterstattung. Protokolle, Akten, Briefe, statistische Tabellen, Börsenmeldungen, Abschlußberichte von Bankunternehmen und Industriegesellschaften, Regierungserklärungen, Ansprachen, Interviews, Äußerungen bekannter Persönlichkeiten, Zeitungs- und Rundfunkreportagen, Fotos, Journalfilme und andere Zeugnisse der Gegenwart, bilden die Grundlage der Aufführung. Das dokumentarische Theater enthält sich jeder Erfindung, es übernimmt authentisches Material und gibt dies, im Inhalt unverändert, in der Form bearbeitet, von der Bühne aus wieder. Im Unterschied zum ungeordneten Charakter des Nachrichtenmaterials, das täglich von allen Seiten auf uns eindringt, wird auf der Bühne eine Auswahl gezeigt, die sich auf ein bestimmtes, zumeist soziales oder politisches Thema konzentriert. Diese kritische Auswahl, und das Prinzip, nach dem die Ausschnitte der Realität montiert werden, ergeben die Qualität der dokumentarischen Dramatik.

Die Stärke des dokumentarischen Theaters liegt darin, daß es aus den Fragmenten der Wirklichkeit ein verwendbares Muster, ein Modell der aktuellen Vorgänge, zusammenzustellen vermag. Es befindet sich nicht im Zentrum des Ereignisses, sondern nimmt die Stellung des Beobachtenden und Analysierenden ein. Mit seiner Schnittechnik hebt es deutliche Einzelheiten aus dem chaotischen Material der äußeren Realität hervor.

[2.] Selbst wenn es versucht, sich von dem Rahmen zu befreien, der es als künstlerisches Medium festlegt, selbst wenn es sich lossagt von ästhetischen Kategorien, wenn es nichts Fertiges sein will, sondern nur Stellungnahme und Kampfhandlung, wenn es sich den Anschein gibt, im Augenblick zu entstehen und unvorbereitet zu handeln, so wird es doch zu einem Kunstprodukt, und es muß zum Kunstprodukt werden, wenn es Berechtigung haben will.

Denn ein dokumentarisches Theater, das in erster Hand politisches Forum sein will, und auf künstlerische Leistung verzichtet, stellt sich selbst in Frage. In einem solchen Fall wäre die praktische politische Handlung in der Außenwelt effektiver.

[3.] Das dokumentarische Theater, dem es, im Gegensatz zur schnell verbrauchten äußeren Konstellation, um das Beispielhafte geht, arbeitet nicht mit Bühnencharakteren und Milieuzeichnungen, sondern mit Gruppen, Kraftfeldern, Tendenzen.

Deshalb wendet sich das dokumentarische Theater gegen die Dramatik, die ihre eigene Verzweiflung und Wut zum Hauptthema hat, und festhält an der Konzeption einer ausweglosen und absurden Welt. Das dokumentarische Theater tritt ein für die Alternative, daß die Wirklichkeit, so undurchschaubar sie sich auch macht, in jeder Einzelheit erklärt werden kann.

[4.] Das dokumentarische Theater ist parteilich. Viele seiner Themen können zu nichts anderem als zu einer Verurteilung geführt werden. Für ein solches Theater ist Objektivität unter Umständen ein Begriff, der einer Machtgruppe zur Entschuldigung ihrer Taten dient. Der Ruf nach Mäßigung und Verständnis wird als ein Ruf derer gezeigt, die ihre Vorteile nicht verlieren möchten.

Das dokumentarische Theater, das sich gegen jene Gruppen richtet, denen an einer Politik der Verdunkelung und Verblindung gelegen ist, das sich gegen die Tendenz von Massenmedien richtet, die Bevölkerung in einem Vakuum von Betäubung und Verdummung niederzuhalten, befindet sich in der gleichen Ausgangssituation wie jeder Bürger des Staates, der seine eigenen Erkundigungen einziehen will, dem dabei die Hände gebunden sind, und der schließlich zum einzigen Mittel greift, das ihm noch bleibt: zum Mittel des öffentlichen Protests.

[5.] Das dokumentarische Theater kann die Form eines Tribunals annehmen. [...] Einige andere Beispiele zur formalen Verarbeitung des dokumentarischen Materials:

a. Meldungen und Teile von Meldungen, in zeitlich genau bemessenen Abschnitten, rhythmisch geordnet. Kurze Momente, nur aus einer Tatsache, einem Ausruf bestehend, werden abgelöst durch längere, komplizierte Einheiten. Auf ein Zitat folgt die Darstellung einer Situation. In schnellem Bruch verändert sich die Situation zu einer anderen, gegensätzlichen. Einzelsprecher stehen einer Mehrzahl von Sprechern gegenüber. Die Komposition besteht aus antithetischen Stücken, aus Reihen gleichartiger Beispiele, aus kontrastierenden Formen, aus wechselnden Größenverhältnissen. Variationen eines Themas. Steigerung eines Verlaufes. Einfügung von Störungen, Dissonanzen.

b. Das Faktenmaterial sprachlich bearbeitet. In den Zitaten wird das Typische hervorgehoben. Figuren werden karikiert, Situationen drastisch vereinfacht. Referate, Kommentare, Zusammenfassungen werden von Songs übernommen. Einführung von Chor und Pantomime. Gestisches Ausspielen der Handlung, Parodien, Benutzung von Masken und dekorativen Attributen. Instrumentalbegleitung. Geräuscheffekte.

c. Unterbrechungen in der Berichterstattung. Einblendung einer Reflexion, eines Monologs, eines Traums, eines Rückblicks, eines widersprüchlichen Verhaltens. Diese Brüche im Handlungsverlauf, die Unsicherheit erzeugen, die von der Wirkung eines Schocks sein können, zeigen, wie ein Einzelner oder eine Gruppe von den Ereignissen getroffen wird. Schilderung innerer Realität als Antwort auf äußere Vorgänge. Doch sollen solche heftigen Verschiebungen nicht Verwirrung herbeiführen, sondern aufmerksam machen auf die Vielschichtigkeit des Ereignisses; die verwendeten Mittel nie Selbstzweck, sondern belegbare Erfahrung sein.

d. Auflösung der Struktur. Kein berechneter Rhythmus, sondern Rohmaterial, kompakt oder in ungebundenem Strom, bei der Darstellung von sozialen Kämpfen, bei der Schilderung einer revolutionären Situation, der Berichterstattung von einem Kriegsschauplatz. Vermittlung der Gewaltsamkeit im Zusammenstoß der Kräfte. Doch auch hier darf der Aufruhr auf der Bühne, der Ausdruck von Schrecken und Empörung, nicht unerklärt und ungelöst bleiben. Je bedrängender das Material ist, desto notwendiger ist das Erreichen eines Überblicks, einer Synthese. (1971, S. 91 f., 97, 96, 99, 104, 99, 94, 100–102)

Lesen Sie Weiss' Ausführungen zum dokumentarischen Theater und klären Sie gemeinsam folgende Fragen:

1. Welches sind nach Peter Weiss die Hauptmerkmale des dokumentarischen Theaters, und wie treffen sie für die „Ermittlung" zu?

2. Wieso ist das dokumentarische Theater nach Weiss ein künstlerisches Werk, und wie trifft das für die „Ermittlung" zu?

3. Was unterscheidet das dokumentarische Theater nach Weiss vor allem vom konventionellen Drama, und wie gelten diese Bestimmungen für die „Ermittlung"?

4. Welche Stellung nehmen das dokumentarische Theater und die „Ermittlung" zu bestehenden Missständen ein?

5. Welche Möglichkeiten des dokumentarischen Theaters über die in der „Ermittlung" verwendeten hinaus nennt Weiss?

Stellen Sie nun, wie es in der Arbeitsaufgabe zum geschlossenen Drama genauer beschrieben ist, die Ergebnisse Ihrer Arbeit zusammen und machen Sie in der Form und mit den Formmitteln, die Ihnen dienlich erscheinen, zu dem gemeinsamen Thema ein eigenes dokumentarisches (Kurz-)Drama.

Das Drama „Die Ermittlung" erschien am 19. Oktober 1965 in einer Simultanauf-
führung an sechzehn Theatern in der Bundesrepublik, der DDR und England. Peter
Weiss wohnte zu dieser Zeit in Schweden. Nachdem er mit seinen Eltern, der Vater
war Jude, auf der Flucht vor dem Nationalsozialismus zuvor nach England und der
Tschechoslowakei emigriert war, kam er 1939 mit ihnen nach Schweden, wo er bis zu
seinem Tode 1982 blieb. Während des Krieges war er ganz damit befasst, sich als
Künstler, vor allem als Maler, zu behaupten und beschäftigte sich kaum mit politischen Fragen: „Ich hatte nie Stellung genommen zu den umwälzenden Konflikten
der Welt. Die Anstrengung, einen Ausdruck für mein Dasein zu finden, hatte keine
andere Aufmerksamkeit zugelassen."[45] Im Frühjahr 1945 sieht er dann einen Film
über Auschwitz: „Auf der blendend hellen Bildfläche sah ich die Stätten, für die ich
bestimmt gewesen war, die Gestalten, zu denen ich hätte gehören sollen."[46] Nach einem Besuch in Auschwitz 1964 schreibt er einen Text über Auschwitz mit dem Titel
„Meine Ortschaft"; darin heißt es u. a.: „Es ist eine Ortschaft, für die ich bestimmt
war und der ich entkam." (Weiss 1968, S. 114) Und in einem Notizbuch von 1964
schreibt er von dem „Schuldgefühl, daß ich nicht im KZ gewesen".[47] Das Drama
„Die Ermittlung" arbeitet also seine von ihm zu ihrer Zeit nicht gelebte Vergangenheit während der Zeit des Faschismus auf (die andere große Auseinandersetzung damit wird dann die „Ästhetik des Widerstands" sein). Darüber hinaus ist das Drama
für Weiss aber auch: „mein Beitrag zur deutschen Vergangenheits-Bewältigung".[48]

Die „Ermittlung" entstand im Rahmen eines Plans, nach dem Vorbild von Dantes
„Divina Commedia" ein umfassendes „Welttheater" zu schreiben („Das große Welttheater" von 1937 ist eines der wichtigsten und großartigsten Bilder des Malers Peter
Weiss.) In dem „Gespräch über Dante" sagt er: „Ich plante ein Welttheater." (Weiss
1968, S. 142; s. Haiduk 1977, S. 119–124). Grundlage der „Ermittlung" ist der seit
dem 20. Dezember 1963 in Frankfurt am Main stattfindende Auschwitz-Prozess, an
dem Weiss zeitweilig teilnahm und von dem er sich Aufzeichnungen machte. Doch
ist das Drama nicht einfach ein Drama über Auschwitz und auch nicht über die Judenvernichtung in Auschwitz (das Wort „Jude" kommt in dem ganzen Drama nicht
vor). Natürlich ist beides ständig Thema des dramatischen Geschehens, unmittelbar
handelt das Drama jedoch von dem Auschwitz-Prozess und wie in ihm die Vorgänge
von Auschwitz Gegenstand sind, nämlich *ermittelt* werden. Es wird aber nicht der
Gerichtsprozess als solcher dargestellt; es fehlen sowohl Anklage als auch Urteil des
Prozesses. Und Weiss folgt auch nicht dem Prozessverlauf. Er gliedert das Drama
(ähnlich dem Aufbau von Dantes „Divina Commedia") in elf „Gesänge" zu je drei
Szenen und zeichnet in den elf Gesängen den Leidensweg der Häftlinge nach: Das
Drama führt von der Ankunft („Gesang von der Rampe") ins Lager („Gesang vom
Lager") zu seinen Folter- und Tötungsmechanismen (etwa „Gesang von der Schaukel" und „Gesang von der Schwarzen Wand") und schließlich zu seinen Einrichtun-
gen für den Massenmord („Gesang vom Zyklon B" und „Gesang von den Feuer-
öfen"). Die Personen des Dramas sind: der Richter, der Ankläger, der Verteidiger,
die achtzehn Angeklagten und die neun Zeugen.

Es geht in dem Drama um Auschwitz und um den Auschwitz-Prozess, es geht nicht um einzelne Personen und um ihr Schicksal. Doch geschieht das schreckliche Geschehen von Auschwitz *durch* einzelne Menschen (deshalb handelt der 6. Gesang exemplarisch „vom Unterscharführer Stark"), und es geschieht *an* einzelnen Menschen; exemplarisch dafür steht der 5. „Gesang vom Ende der Lili Tofler". Doch wird auch hier nicht nur ein furchtbares und ergreifendes Einzelschicksal geschildert, sondern es steht auf mehreren Ebenen in weiteren Bezügen:

- Eng verbunden ist das Schicksal Lili Toflers auf der Ebene des *Lagers* mit dem des Häftlings, den sie nicht verrät, und mit Boger, ihrem Mörder.

- Bestimmt wird ihr Schicksal auf höherer Ebene von den *Industrien*, für die die Häftlinge arbeiteten, und ihren Führungskräften.

- Ermittelt wird ihr Schicksal und die Schuld an ihm auf der Ebene des gegenwartigen *Gerichts* mit dem Richter, dem Ankläger und dem Verteidiger.

Für den 5. Gesang könnte die Gruppe (die Klasse, der Kurs, das Seminar) nach diesen drei Ebenen etwa das Folgende erarbeiten (Fragen a – d):

(a) Lili Tofler war Häftling in Auschwitz. Sie arbeitete als Zeichnerin oder Schreiberin in einem der landwirtschaftlichen Forschungsbetriebe des Lagers. Sie war ein sehr hübsches Mädchen von fröhlichem Wesen. Wegen eines Briefs, den sie ihrem Freund im Lager heimlich zukommen lassen wollte, wird sie verhaftet, vernommen, gefoltert und schließlich erschossen. Ihr Vergehen ist geringfügig, ein bloßer Verstoß gegen die Lagerordnung. Dennoch wird er mit unverhältnismäßigem Aufwand aufzuklären gesucht und geahndet, ein Vorgang reinen Lagerterrors, dem sich jeder zu beugen hat und sich beugt, um sein Leben zu retten. Dagegen stellt sie sich, hält die Folterung aus und verrät ihren Freund nicht. Sie stellt menschliche Werte über ihr Leben und beweist, dass auch in dieser Welt des Grauens, die sie klar erkennt und in ihrem Brief kennzeichnet (S. 94), ethisches Handeln möglich ist. Für Weiss „bekommt Lili Tofler eine ganz starke menschliche Qualität, gerade das Heroische oder sagen wir nur: das Anständig-Menschliche; sie hat eine Anständigkeit bewahrt in dieser Entmenschlichung." (Gerlach / Richter 1986, S. 87)

Ihr Gegenbild ist ihr Mörder, der SS-Oberscharführer Boger, der in der Politischen Abteilung des Lagers tätig war. Über seine Taten ist auch sonst noch mehrfach und vor allem in dem „Gesang von der Schaukel", seinem Folterinstrument, die Rede. Er lügt offenbar, wenn er sagt, Lili Tofler sei zur Zeit ihrer Tat „Schreiberin der Politischen Abteilung" und deshalb „Geheimnisträgerin" gewesen (S. 94), er streitet ab, sie getötet zu haben, und gibt es auch nach einem eindeutigen Tatbeweis nicht zu (S. 104); er heuchelt Erschütterung über ihren Tod (S. 94). Ein Massenmörder, der verlogen und feige nicht den Mut hat, zu seinen Taten zu stehen. Es ist eine Haltung, die die Angeklagten durchweg bestimmt: sich nicht mehr zu erinnern, zu lügen, abzuleugnen oder zu verharmlosen und sich darauf zu berufen, 'nur' auf Befehl gehandelt zu haben.

(b) Das Konzentrationslager Auschwitz war nicht nur ein Vernichtungs-, sondern auch ein Arbeitslager, das den etwa dreißig Rüstungsbetrieben, die sich in der Nähe des Lagers angesiedelt hatten, die billigen Arbeitskräfte lieferte, mit denen sie Milliardenumsätze machten. Das ist die übergeordnete Ebene, durch die das Schicksal Lili Toflers bestimmt ist. (Dass Weiss sie thematisch macht, hat zu einiger Kritik an dem Stück Anlass gegeben; im Rheinland und in Mannheim wurde deshalb bei verschiedenen Aufführungen der 5. Gesang gestrichen; s. Salloch 1972, S. 111 f.) Der Zeuge 1, der in der II. und III. Szene auftritt, war Leiter der landwirtschaftlichen Betriebe der IG-Farben, die bei dem Lager angesiedelt waren. Er war der Vorgesetzte Lili Toflers, wusste von ihrer Verhaftung, die einen massiven Eingriff in seinen Kompetenzbereich bedeutete, unternahm aber, obwohl er seinem Dienstrang nach weit über denen stand, die sie verhaftet hatten, nichts für sie aus Furcht, der „Häftlingsbegünstigung" (S. 103) bezichtigt zu werden. Allgemein war ihm ein einzelner Mensch wohl auch nicht so wichtig, denn die ganze Arbeit der bei dem Lager angesiedelten Industrien und so auch seines Betriebs war ja auf den Verbrauch, Verschleiß und letztlich auf die Vernichtung der Häftlinge des Lagers abgestellt.

Der Zeuge 2, der in der II. Szene auftritt, war Leiter einer der mit dem Lager zusammenarbeitenden Industrien und bezieht von diesen inzwischen eine hohe „Ehrenrente". Er war zuständig für die Anstellung der Häftlinge und pries seinerzeit die „segensreiche Freundschaft zwischen der Lagerverwaltung und der Industrie". Das menschliche Schicksal der Häftlinge interessierte ihn nicht. Auf die Frage nach ihrem damaligen körperlichen Zustand antwortet er, er habe sie überhaupt abgelehnt, weil sie sich für ihn „zumeist aus asozialen und politisch unzuverlässigen Elementen zusammensetzten" (S. 101): Borniertheit und Menschenverachtung halten sich die Waage. Darüber hinaus wird deutlich, dass entscheidende gesellschaftliche und wirtschaftliche Strukturen, die seinerzeit das Konzentrationslager getragen haben, auch zur Zeit des Prozesses in der Bundesrepublik weiterbestehen: Der Zeuge 1 ist heute „Ministerialrat" (S. 99); der Zeuge 2 vertritt immer noch die früheren Ansichten und lebt unangefochten und reich auf seinem Schloss. Die Industrien und ihre Nachfolger bestehen weiter, haben ihre Gewinne behalten und florieren.

(c) Das Gericht ist vertreten durch den Richter, den Ankläger und den Verteidiger. Der *Richter* agiert ruhig, ist sachlich um die Ermittlung der Vorgänge bemüht. Der *Ankläger* (in dessen Fragen und Erklärungen Weiss vor allem in diesem Gesang Beiträge des Nebenklägers Kaul aus der DDR aufgenommen hat), tritt nur in der 2. Szene auf und ist hier intensiv darum bemüht, die ökonomischen Verhältnisse und Zusammenhänge des Lagers und damit des kapitalistischen „Systems der Ausbeutung" (S. 102), dessen Teil das Lager war und dessen Opfer seine Insassen wurden, aufzuklären. Der *Verteidiger* ist in der 1. Szene an der Befragung der Zeugin beteiligt und in der 2. Szene ausschließlich damit befasst, die kritischen Fragen des Anklägers über die Rolle der Industrie und ihrer Vertreter zu verhindern oder gegen sie zu protestieren oder zu polemisieren. (Die Arroganz, die Menschenverachtung und der Zynismus, den einige der Verteidiger während des Prozesses zeigten und die Weiss auch darstellt, werden im 5. Gesang allerdings nicht erkennbar.)

(d) Über Weiss' Beschäftigung mit Auschwitz steht die „Frage: läßt sich dies noch beschreiben."[49] Das ist seit Adornos Diktum von 1949 (Adorno 1974, S. 422), das er 1962 erneuerte: „nach Auschwitz ein Gedicht zu schreiben, ist barbarisch" (Adorno 1977, S. 30), wenigstens in Bezug auf Kunstwerke und jedenfalls für Dramen über Auschwitz allgemein ein Problem in Deutschland. Für das Drama formuliert Weiss es in einem Gespräch Mai 1965 so: „Das Lager Auschwitz oder welches Lager auch immer auf der Bühne darzustellen ist eine Unmöglichkeit. Ja, eine Vermessenheit, es überhaupt nur zu versuchen." (Gerlach / Richter 1986, S. 74) Und in der „Anmerkung" zu Beginn des Dramas heißt es, es solle nicht der Prozess rekonstruiert werden: „Eine solche Rekonstruktion erscheint dem Schreiber des Dramas ebenso unmöglich, wie es die Darstellung des Lagers auf der Bühne wäre." (*S. 9*) Hochhuths letzter Akt des „Stellvertreters" spielt zwar nicht im, aber doch vorm Lager Auschwitz, und die Kritik ist sich fast einhellig einig, dass die Darstellung verfehlt ist; Hochhuth sieht es selbst wohl so (s. Hilzinger 1976, S. 33f.). Und genau so beurteilt es Weiss (s. Gerlach / Richter 1986, S. 89f.): Für eine Darstellung von Auschwitz durch das dramatische Spiel von Figuren auf der Bühne oder im Film gilt: „Es bleibt Spiel, und sowie man es vergleicht mit einem einzigen Bild aus einem wirklichen Dokumentarfilm aus jener Zeit, ist sofort ein solch ungeheurer Unterschied, daß es kaum noch miteinander zu vereinen ist." (Ebd., S. 90)

In der „Ermittlung" ist Auschwitz erschütternd und gültig dargestellt. Es konnte so dargestellt werden, weil es nicht von dramatischen Figuren nachgespielt wird, sondern weil mit Dokumenten eine Situation dargestellt wird, die Gerichtssituation, in der die Vergegenwärtigung der Vorgänge von Auschwitz, die Anhörung, Würdigung und Diskussion der Aussagen von Zeugen über sie authentisch und glaubwürdig ist. Auffassbar wird Auschwitz dabei zunächst an dem erschütternden Einzelschicksal der Lili Tofler. Auffassbar werden daran Gestalten der Mithäftlinge und die Gestalt eines Bewachers, wird das Leben im Lager. Über dies Schicksal einzelner Menschen hinaus werden aber, was für das konventionelle Drama ja so schwierig ist, die gesellschaftlichen und ökonomischen Bedingungen dieser Schicksale auffassbar und wird außerdem erkennbar, welche selbst wieder gesellschaftlichen und ökonomischen Bedingungen es zwanzig Jahre später dringend, aber auch schwierig machen, Auschwitz und seine Bedingungen zu ermitteln.

Den letzten Punkt gilt es noch etwas genauer zu sehen (vgl. Cohen 1992, S. 149–160). Im 5. Gesang wie im ganzen Drama, es wurde bereits darauf verwiesen, kommt das Wort Jude nicht vor; aber auch alle anderen Angaben von Nationalitäten oder Volkszugehörigkeiten wie Polen, Holländer, Zigeuner und dann auch Deutsche, die in den von Weiss verarbeiteten Prozessunterlagen standen, hat er gezielt getilgt (s. Krause 1982, S. 388f., 632–634). Und auch alle Ortsnamen sind weggelassen, vor allem der Name Auschwitz kommt nicht vor. Das ist für ein dokumentarisches Drama ein bemerkenswerter Umstand. Der Grund ist, daß die „Ermittlung" für Weiss nicht hauptsächlich ein Drama über die Judenvernichtung durch die Deutschen in Auschwitz sein soll. In einem Interview im Oktober 1965 sagt er:

Ich habe versucht, das Phänomen Auschwitz wissenschaftlich zu behandeln, als eine Institution, eine Todesfabrik, die unter bestimmten Umständen überall existieren könnte. In der *Ermittlung* werden nicht Juden vernichtet, sondern Menschen. Die, die umgebracht werden, sind nicht in erster Linie besser oder anders als die anderen [...]. Eine andere Drehung des historischen Kaleidoskops – und viele von ihnen hätten genausogut auf der Seite der Nazis stehen können. Es ist in erster Linie eine Frage der sozialen Struktur. (Gerlach / Richter 1986, S. 101; vgl. 88)

Und noch zugespitzter in einem Interview von 1966:

I see Auschwitz as a scientific instrument that could have been used by anyone to exterminate anyone. For that matter, given a different deal, the Jews could have been on the side of the Nazis. They, too, could have been the exterminators.[50]

Dahinter steht u. a. eine persönliche Erfahrung, die Weiss bereits in „Fluchtpunkt" in der „Pogrom"-Szene dargestellt hatte (und die hier in der Aufgabe A13 des Kapitels 2 behandelt worden ist): „Deutlich sah ich nur, daß ich auf der Seite der Verfolger und Henker stehen konnte. Ich hatte das Zeug in mir, an einer Exekution teilzunehmen."[51] Um diese Einsicht geht es Weiss über die Darstellung von Auschwitz hinaus in der „Ermittlung"; da sagt im 4. Gesang der Zeuge 3:

Viele von denen die dazu bestimmt wurden
Häftlinge darzustellen
waren aufgewachsen unter den selben Begriffen
wie diejenigen
die in die Rolle der Bewacher gerieten
Sie hatten sich eingesetzt für die gleiche Nation
und für den gleichen Aufschwung und Gewinn
und wären sie nicht zum Häftling ernannt worden
hätten auch sie einen Bewacher abgeben können
Wir müssen die erhabene Haltung fallen lassen
daß uns diese Lagerwelt unverständlich ist
Wir kannten alle die Gesellschaft
aus der das Regime hervorgegangen war
das solche Lager erzeugen konnte
Die Ordnung die hier galt
war uns in ihrer Anlage vertraut (*S. 85*)

Die „Gesellschaft", die Auschwitz hervorgebracht hat und Häftlinge wie Bewacher – und Weiss selbst – gleichermaßen so geprägt hat, dass sie bei einer veränderten Konstellation die Rollen tauschen könnten, ist die kapitalistische Gesellschaft. Ihre „soziale Struktur", ihre „Ordnung" ist die von Konkurrenz und Ausbeutung im rücksichtslosen Streben nach „Gewinn". Sie hat Auschwitz hervorgebracht und besteht auch zur Zeit des Auschwitz-Prozesses fort.

(e) All das darzustellen vermag das Drama „Die Ermittlung", weil es *dokumentarisches Theater* ist. Dessen Merkmalen, mit denen die Gruppe (die Klasse, der Kurs, das Seminar) dann ein eigenes dokumentarisches Stück schreiben soll, wenden wir uns nun zu. Und da sollte die Gruppe zunächst das *Produktionsverfahren* erkunden, mit dem Weiss das dokumentarische Material bearbeitet und zu einem Drama macht. Es geht in dem abgedruckten Text um die Teile der Aussage des Zeugen Dr. Joachim Cäsar, die den Beginn der III. Szene bilden. Er wird befragt von dem Vorsitzenden, Landgerichtsdirektor Hofmeyer, und dem Richter Hummerich. Für Weiss' Vorgehen bei der Bearbeitung des Materials kann die Gruppe u. a. dies herausstellen:

– Weiss übernimmt vielfach Stellen und ganze Passagen wörtlich: Er bringt authentisches Material.

– Er kürzt Stellen und zieht Stellen zusammen; er übernimmt Stellen (etwa die Bestimmung des Dienstrangs Cäsars) aus anderen Teilen des Auschwitz-Berichts (Naumann 1965, S. 121) oder verwendet Stellen (über die Arbeit Lili Toflers oder über den Brief) in anderen Teilen des Dramas (S. 96): Er ordnet – in dieser Szene geht es um die Verhaftung Lili Toflers – das Material.

– Er zieht die Richter Hofmeyer und Hummerich zu einem Richter zusammen: Er strafft das Material.

– Er lässt manches ganz weg (etwa die Rettung des Häftlings) und konzentriert andere Vorgänge: in dem umfänglich diskutierten Vorgang, weshalb Cäsar sich nicht für Lili Tofler eingesetzt hat, bleibt sowohl der Streit mit Boger wie der Aspekt der Aussichtslosigkeit des Falles außer Betracht und wird nur das Argument der Häftlingsbegünstigung herausgestellt: Er konzentriert das Material auf wenige entscheidende Momente.

– Er bearbeitet das Sprachmaterial und stellt es in einer auffällig, nachdrücklich wirkenden Zeilenanordnung dar: Er intensiviert das Material.

„Die Ermittlung" (1965) ist das erste Stück einer Reihe von dokumentarischen Dramen, die Weiss geschrieben hat: „Gesang vom Lusitanischen Popanz" (1967), „Viet Nam Diskurs" (1968), „Trotzki im Exil" (1970), „Hölderlin" (1971) (s. Schmitz 1981). Sie erscheinen also in den sechziger und zu Beginn der siebziger Jahre, der eigentlichen Zeit des dokumentarischen Theaters in Deutschland, wie es u. a. auch von Rolf Hochhuth, Heinar Kipphardt und Hans Magnus Enzensberger vertreten wurde (s. vor allem Hilzinger 1976; Blumer 1977; Barton 1987). Bei der Darstellung der einzelnen Merkmale des dokumentarischen Theaters von Peter Weiss (vgl. Roelke 1994, S. 155–178), wie sie die Gruppe erarbeiten könnte, folge ich den Abschnitten der Auszüge aus den „Notizen zum dokumentarischen Theater" von Peter Weiss beziehungsweise den entsprechend nummerierten Fragen aus der Arbeitsaufgabe.

Das dokumentarische Theater

(1.) Das dokumentarische Theater ist nach Weiss „ein Theater der Berichterstattung". Es „übernimmt authentisches Material" und „enthält sich jeder Erfindung". In dieser Weise ist die „Ermittlung" Berichterstattung: sie berichtet von dem Auschwitz-Prozess und die in ihm berichteten Vorgänge von Auschwitz und verwendet dazu ausschließlich authenisches Material. – Das dokumentarische Theater bringt eine „kritische Auswahl" aus dem „chaotischen Material der äußeren Realität" und „montiert" diese „Ausschnitte der Realität" zu einem eigenen „Muster", nämlich zu einem „Modell der aktuellen Vorgänge". In ähnlicher Weise wie bei Lessing (s. Abschn. 3.2. a) ist für Weiss das dokumentarische Drama einer Reduktion der Realität und hat die Funktion, an diesem „verkleinerten Modell" von Wirklichkeit (Leví-Strauss) diese und ihre Strukturen auffassbar und verstehbar zu machen: Die „Ermittlung" stellt eine entschiedene Auswahl aus einem praktisch unüberschaubaren Material dar. Der Auschwitz-Prozeß dauerte 183 Tage, die Akten des Verfahrens umfaßten 18 000 Seiten, über 350 Zeugen wurden vernommen, es gab 23 Angeklagte, vier Staatsanwälte und drei Nebenkläger, über zwanzig Verteidiger (s. Haiduk 1977, S. 133). Durch die Auswahl daraus macht die „Ermittlung" entscheidende Vorgänge und Strukturen von Auschwitz wie des Auschwitz-Prozesses und der Gesellschaft, in der er stattfindet, erkennbar.

(2.) Das dokumentarische Theater, auch wenn es mit vorgegebenen Dokumenten arbeitet, ist ein künstliches Produkt, und auch wenn es sich von den Formen und Gesetzen des konventionellen Theaters lossagt, bleibt es ein künstlerisches Produkt: es ist ein „Kunstprodukt" und bei aller politischen Abzweckung mehr und anderes als „politisches Forum" und politische Agitation. Die „Ermittlung" wahrt streng die klassischen Einheiten von Ort, Zeit und Handlung. Mit der Einteilung nach elf Gesängen zu je drei Szenen hat sie einen formal und mit der Nachzeichnung des Leidensweges der Häftlinge von der Rampe zu den Krematorien einen inhaltlich geschlossenen Aufbau. Die Sprache ist durch die Aufteilung in Verszeilen gegliedert sowie durch teilweise Rhythmisierung nachdrücklich und intensiv gestaltet.

(3.) Das dokumentarische Theater „arbeitet nicht mit Bühnencharakteren". In ihm treten keine dramatische Figuren mit bestimmten Charakteren auf, und schon gar nicht bringen sie durch ihre Charaktere und deren Widerspiel die dramatische Handlung hervor. Auch geht es in ihm nicht um die Zeichnung eines „Milieus", das die Figuren bestimmt: Die „Ermittlung" hat keine dramatischen Figuren, die die Handlung tragen. Ihre 'Handlung' ist die Berichterstattung von Vorgängen und Ereignissen, und Personen wie Lili Tofler, die darin von Bedeutung sind, treten nicht auf, sondern es wird von ihnen berichtet. – Das dokumentarische Theater von Peter Weiss will nicht subjektive Befindlichkeiten des Dramatikers abbilden, es geht auch nicht von der Einstellung aus, dass unsere Welt „ausweglos" (wie etwa Dürrenmatt es darstellte) oder „absurd" sei (wie es das absurde Theater gestaltete). Es ist von der aufklärerischen Überzeugung getragen, dass unsere Welt, so „undurchschaubar" sie auch scheint oder gemacht wird, doch „in jeder Einzelheit erklärt werden kann". Ein entscheidendes Anliegen der „Ermittlung" ist, das scheinbar unfassbare Geschehen von Auschwitz in seinen gesellschaftlichen und ökonomischen Bedingungen fassbar zu machen.

(4.) Das dokumentarische Theater ist für Weiss weder mäßig noch objektiv, sondern „parteilich". Denn es sieht sich im Gegensatz zu „einer Politik der Verdunkelung und Verdummung" und richtet sich gegen die „Betäubung und Verdummung" der

Bevölkerung einrichtenden Massenmedien: In der Tat ist die „Ermittlung", wenn sie „die Rolle der deutschen Großindustrie bei der Judenausrottung" anprangert (Weiss in: Gerlach / Richter 1986, S. 79), nicht eben mäßig und durchaus parteilich: „Ich will den Kapitalismus brandmarken" (Ebd.). Sie hat so aber entscheidend dazu beigetragen, dass das, was bis dahin in der Bundesrepublik verschwiegen und tabuiert worden war, offen diskutiert wurde.

(5.) Die „Ermittlung" hat die Form eines Gerichts oder auch eines „Tribunals". Das ist eine für das dokumentarische Theater sehr geeignete Form, die deshalb auch von Kipphardt („In der Sache J. Robert Oppenheimer") oder Enzensberger („Das Verhör von Habana") verwendet wurde. Auch für die Arbeitsgruppe ist diese Form naheliegend, doch bringt über die formalen Möglichkeiten der „Ermittlung" hinaus dieser 5. Abschnitt eine Fülle von Vorschlägen, die teilweise auch über rein dokumentarische Formen hinausgehen, wie die Gerichtsform der „Ermittlung" modifiziert und erweitert und wie vor allem auch ganz andere Formen verwendet werden können. Die Vorschläge reichen von der sprachlichen Bearbeitung des Materials durch Typisieren, Karikieren, Parodieren und seiner Darbietung durch Songs, Chöre und Pantomime (b) über die verfremdende, Brüche einbauende Darstellung des Materials mit Hilfe von eingeblendeten Reflexionen, Monologen, Träumen usw. (c) bis zu Modellen der Darbietung: einer Art „Zeitungstheater" im Sinne Boals (1989, S. 28–34) mit antithetischer Organisation des Materials (ganz kurze – längere Sequenzen, Einzelzitat – Situationsdarstellung mit einzelnen und chorischen Sprechern) (a) und einer gewollt unstrukturierten, das Chaotische des Dargestellten abbildenden Darbietung (d).

Die Gruppe (die Klasse, der Kurs, das Seminar), die das dokumentarische Theater erarbeitet, sollte diesen letzten Abschnitt von Weiss' „Notizen" besonders gründlich lesen und diskutieren, um außer den Formmerkmalen der „Ermittlung" gegebenenfalls auch noch andere Möglichkeiten in dem eigenen (Kurz-)Drama zu realisieren.

4. Szenisches Erarbeiten von Dramentexten

Die Arbeit mit dem Drama war bisher so angesetzt, dass in verschiedenen Schreibsituationen Dramen, dramatische Szenen und Sequenzen geschrieben wurden und dadurch dramatische Formen und Typen erkundet und Erfahrungen mit ihnen gemacht wurden. Dieses Verfahren bezieht sich allerdings nicht auf eine wichtige und oft ausschließlich geübte Form des Umgangs mit dem Drama vor allem in der Schule und in der Hochschule: *Dramentexte zu lesen* und dann zu analysieren und zu interpretieren. Dieser Art des Umgangs mit Dramen sind die nächsten Kapitel gewidmet, und es geht stets darum, Dramentexte doch nicht nur zu lesen, sondern dabei auch szenisch und produktiv mit ihnen zu verfahren. Ich beginne in diesem Kapitel mit der szenischen Erarbeitung von Dramentexten.

4.1. Das Konzept des szenischen Erarbeitens von Dramentexten

Dramen zu lesen hat die Misslichkeit, dass man so in einer Weise mit dem Drama umgeht, für die es eigentlich nicht geschrieben ist. Dramen werden von ihren Autoren i. a. geschrieben, um auf einer Bühne aufgeführt zu werden. Und das meint nicht, dass die Autoren es sich nur innig wünschen, dass ihr Text auch auf einer Bühne aufgeführt werden möge, sondern Dramentexte sind, wie wir sahen (in Abschn. 1.4.), nach ihrer ganzen textuellen Organisation etwa mit Haupttext und Nebentext, sind also *strukturell* so verfasst, dass sie auf ihre Bühnenaufführung zielen. Ein Dramentext ist ein „Inszenierungstext", der auf seine „Textinszenierung" zielt (Roelke 1994, S. 36); er ist ein *Spieltext* und ähnelt damit im Prinzip dem Film- oder Fernsehdrehbuch, einer musikalischen Partitur oder einer Tanznotation. Es gibt da natürlich Unterschiede: Das Drama (wie das Drehbuch) macht es als verbale Partitur dem durchschnittlichen Leser leichter, sich eine Realisation mit Figuren und ihren Dialogen, als sich bei einer musikalischen Partitur oder einer Tanznotation ihre musikalische oder tänzerische Aufführung vorzustellen. Dennoch sind sie alle im Prinzip Anweisungen für eine theatralische, filmische oder musikalische Realisation. Natürlich kann man Dramen, Drehbücher, Musikpartituren und Tanznotationen lesen, ohne sie aufführen zu wollen, und es kann für den, der es tut (und vermag), seinen guten Sinn und große Bedeutung haben. Doch ist ihr Lesen ein anderes Lesen als das Lesen von Lyrik, Erzählungen und Romanen, die für dieses 'bloße' Lesen geschrieben sind. Das eigentliche Lesen von Dramentexten aber ist ein Lesen, das sie liest, um sie aufzuführen.

Deshalb sollte man, wenn man in der Schule oder in der Hochschule Dramentexte liest, sie so lesen, dass zunächst möglichst viel von dem eigentlichen Umgang, auf den hin sie angelegt sind, realisiert wird: sollte sie auf ihre szenische Realisation hin lesen, *szenisch* lesen bzw. erarbeiten. Wenn sie dann – dabei oder danach – auch textuell analysiert und interpretiert werden, hat das eine andere Qualität, als wenn ein bloß gelesener Dramentext analysiert und interpretiert wird. Denn die Analyse und Interpretation handelt jetzt von einem Drama, das nicht mehr nur abstrakter Text ist, sondern über das konkrete Erfahrungen als eigentlichem Drama, nämlich als Text, der gespielt werden soll, vorliegen. Die szenische Erarbeitung von Dramentexten ermöglicht so ein textadäquateres hermeneutisches Umgehen mit Dramentexten als die bloße Analyse und Interpretation.

Damit kein Missverständnis entsteht: Es geht bei der szenischen Erarbeitung eines Dramentextes nicht darum, das Drama theatergerecht zu spielen oder aufzuführen. Es geht nicht um 'darstellendes Spiel' im engeren (aber üblicheren) Sinn, nicht um irgendeine Form des Schultheaters. Dies ist mit der Bearbeitung der Spielvorlage, mit Erarbeiten, Auswendiglernen und Einüben der Rollen, Entwicklung einer Regiekonzeption, häufigen Proben, Anfertigen von Bühnenbildern und Kostümen, Bereitstellen der Requisiten, Vorbereiten der Technik usw. so aufwendig, auch zeitaufwendig, dass es als ständig angewandtes Unterrichtsmittel bei der Behandlung von Dramentexten, und als solches ist das szenische Erarbeiten gemeint, nicht in Frage kommt. Natürlich hat es daneben seinen guten Sinn und eine entscheidend wichtige Funktion; das ist häufig genug überzeugend dargelegt worden.

Wenn man das szenische Erarbeiten eines Dramentextes schon in Bezug auf die Bühnenarbeit mit einem Drama sehen will, dann ist sie damit zu vergleichen, wie die *Schauspieler*

– sich die Rollen erlesen, die sie spielen sollen, und sich in ihre Rolle einfühlen: sich vorstellen, wer die Figur, die sie spielen sollen, eigentlich ist, wie sie fühlt und denkt, wie sie aussieht, sich bewegt, spricht usw.;

– sich in die Zeit und die Umgebung, in der ihre Figur lebt und handelt, hineinversetzen;

– mit den anderen Schauspielern (und dem Regisseur) zusammen in Sprech-, Stell- und Spielproben erkunden und ausprobieren, wie ihre Figuren sich zueinander verhalten, wie sie sich begegnen, miteinander sprechen, mit- und gegeneinander agieren.

Deshalb sollen – es sei vorsichtshalber noch einmal gesagt – die Teilnehmer des szenischen Erarbeitens eines Dramentextes aber nicht zu Schauspielern werden oder wie Schauspieler spielen. Sie sollen nur den Text eines Dramas ein wenig in der Rolle derer lesen, für die er zum Lesen eigentlich gedacht ist, der Schauspieler eben, die ihn lesen, um ihn dann spielen zu können.

Dies ist allerdings nur ein Element der szenischen Erarbeitung von Dramentexten. Andere Elemente stammen aus unterschiedlichen Bereichen, u. a. aus Brechts Lehrstücktheorie, aus dem Freien und dem Boal-Theater, aus dem Psychodrama, aus dem sozialen und vor allem dem literarischen Rollenspiel. Für die Darstellung dieser Ansätze (mit Ausnahme der Lehrstücktheorie, dazu s. o. Abschn. 3.5.) und die Bewertung ihrer Bedeutung für die unterrichtliche Arbeit mit dem Drama verweise ich auf das Buch von Karl Schuster (1994, S. 69–176, Lit.: S. 201–208). Die folgenden Ausführungen orientieren sich hauptsächlich und dankbar an dem – „szenische Interpretation" genannten – Ansatz von Ingo Scheller (insbes. 1993).

Ein Dramentext gibt kein Geschehen wieder, sondern er liefert einen dramatischen Spielentwurf; er stellt keine Personen dar, sondern er entwirft Rollen von dramatischen Figuren; er beschreibt nicht ihre Handlungen, sondern skizziert dramatische Muster und Modelle ihres Sprechens und Agierens. Konkret werden diese Entwürfe, Skizzen, Muster und Modelle, die die verbale Partitur 'Dramentext' bilden, durch die Aufführung auf der Bühne. Wird der Dramentext gelesen, muss diese Konkretisation in einigem Umfang durch die Fantasie und Vorstellungskraft des Lesers geleistet werden. Diese Fantasiearbeit gilt es zu unterstützen, so zu unterstützen, dass sie möglichst viel von dem leistet, was an sich die Bühnenarbeit mit dem Dramentext zu erbringen hätte, nämlich den abstrakten Text in sinnlich konkretes szenisches Geschehen umzusetzen. Im Einzelnen geht es dabei um Folgendes:

1. Der Leser soll sich in die dramatischen *Figuren* hineinversetzen, sich in sie einfühlen. Diese *Einfühlung* bedeutet nicht nur, dass er sich mehr oder weniger abstrakt in sie 'hineindenkt' und sich nur ihre Absichten und Motive verdeutlicht, sondern dass er die Empfindungen und Wahrnehmungen, die Wünsche, Ängste und Sehnsüchte, die eine Figur bestimmen, mitzufühlen versucht. Das gelingt am besten dann, wenn er diese Momente an konkrete eigene Vorgänge anschließen und sie so von ihnen aus erleben kann: Eine Empfindung beispielsweise, die jemand nie selbst gehabt hat, ist für ihn meist nur schwer vorstellbar. Wenn er sie aber selbst einmal so oder ähnlich gehabt hat und die Erinnerung an sie geweckt wird, kann er sich weit intensiver in die Empfindung der Figur einfühlen. Diese Erinnerung wird u. a. dann geweckt, wenn er die mit dieser Empfindung verbundene Mimik, Gestik, die Haltung, das Verhalten, die Äußerungsweisen einer Figur einnimmt, ihre Worte spricht, und so sein „Körpergedächtnis" (s. Lippe 1978, S. 138) oder das, was Stanislawski das „emotionale Gedächtnis" nennt, aktiviert:

> So wie in Ihrem optischen Gedächtnis ein längst vergessener Gegenstand, eine Landschaft oder die Gestalt eines Menschen vor Ihrem inneren Auge aufersteht, genauso leben im emotionalen Gedächtnis die früher durchlebten Empfindungen wieder auf. Man glaubt, man hätte sie ganz vergessen, doch da kommt eine Andeutung, ein Gedanke, ein vertrautes Bild – und die Empfindungen bemächtigen sich unser wieder, zuweilen ebenso stark wie beim erstenmal, zuweilen schwächer, zuweilen stärker, die gleichen oder ein wenig veränderte Empfindungen. (Stanislawski 1988, Bd. 1, S. 192; s. 188–220)

2. Der Leser soll sich speziell in die *Sprechhaltung* der Figuren einfühlen. Dazu sind vor allem verschiedene Intonationsweisen der Figur auszuprobieren. Gesprochenes richtig zu intonieren gelingt dabei dann am besten, wenn man beim Sprechen eine bestimmte, zum Gesprochenen passende Mimik und Gestik vollführt. Zu einer solchen „gestischen Sprache" sagt Brecht:

> Man kann seine Sätze am besten lesen, wenn man dabei gewisse körperliche Bewegungen vollführt, die dazu passen, Bewegungen, welche Höflichkeit oder Zorn oder Überredenwollen oder Spotten oder Memorieren oder Überrumpeln oder Warnen oder Furchtbekommen oder Furchteinflößen bedeuten.[52]

3. Der Leser soll sich in das Verhältnis einer Figur zu anderen Figuren und in ihre Beziehung zu ihnen hineinversetzen und sich dabei in das *soziale Verhalten* der Figur einfühlen, sich überhaupt in die sozialen Interaktionen und Verhältnisse, die die dramatische Handlung ausmachen, einleben. Das geschieht, wie es Brecht in seiner Lehrstücktheorie dargelegt hat (s. o. Abschn. 3.5.), am besten so, dass man selbst im Spiel soziale Haltungen einnimmt, soziale Verhaltensmuster übt und soziale Handlungen durchführt.

4. Der Leser soll sich, wenn er sich so in die Figur, ihre Sprechweise und ihr soziales Verhalten eingefühlt hat, auch in ihre Einstellungen und Absichten, in die Gründe und Motive ihres Handelns hineindenken und sich sie *bewusst* machen. Das geschieht am besten so, dass er in ihrer Rolle und aus der dramatischen Situation, in der sie steht, über ihre Einstellungen, Absichten, Gründe, Motive spricht oder auch anderen Auskunft gibt.

Im Folgenden sind einige der Möglichkeiten, mit denen Dramentexte szenisch erarbeitet werden können, aufgelistet. Die Aufgaben sind, wenn es nicht anders vermerkt ist, nach Scheller (1993 passim) formuliert. Die Übungen sind durchweg ohne Vorkenntnisse und praktische Erfahrungen im szenischen oder darstellenden Spiel möglich. Wer sich aber etwa zu den Übungen zu Körper- und Sprechhaltungen genauer informieren möchte, findet dazu reichliches Material in den zahlreichen Veröffentlichungen zum darstellenden Spiel.

4.2. Repertoire der Formen szenischen Erarbeitens von Dramentexten

4.2.1. *Einen Dramentext erlesen*

a) Setzen Sie sich für ein erstes Lesen des Textes im Kreis zusammen, und lesen Sie den Text reihum so, dass jeder einen Satz (oder bei längeren Texten: eine Satzgruppe oder einen Redebeitrag jeder Figur) liest. Als Sätze gelten dabei auch Regieanweisungen und die Namen der Figuren.

b) Oder stellen Sie so viele Stühle in die Mitte des Kreises, wie Figuren in der jeweiligen Szene auftreten. Jeder Stuhl ist für eine Figur; ein Stuhl steht etwas abgesondert und ist für den Spielleiter, der die Regieanweisungen liest und die Namen der jeweils sprechenden Figuren nennt. Lesen Sie reihum jeweils einen Redebeitrag einer Figur, und setzen Sie sich dabei auf deren Stuhl.

c) Stellen Sie für ein weiteres Lesen die Stühle so auf, dass sie der Beziehungsstruktur der Figuren entsprechen. Nehmen Sie als Sprecher der Figuren auf deren Stühlen Platz, und lesen Sie den Text mit verteilten Rollen.

4.2.2. *Eine Szene mit eigenen Worten erspielen*

Lesen Sie sich eine Szene durch, und verteilen Sie die Rollen. Überlegen Sie, was Ihre Figur sagt und tut, welche Absichten sie dabei hat und wie sie sich auf die anderen

Figuren bezieht. Spielen Sie die Szene nun frei mit Ihren eigenen Worten. Achten Sie dabei darauf, dass kein wichtiger Vorgang ausgelassen wird. Sprechen Sie nach dem Spiel darüber, wie Sie Ihre Rolle erlebt haben. Spielen Sie dann die Szene noch einmal und diesmal mit dem gegebenen Text.

4.2.3. *Rollenbiografien schreiben*

Wählen Sie eine Figur, und schreiben Sie in der Ich-Form eine Biografie dieser Figur. Stellen Sie zunächst fest, was der Text über Ihre Figur sagt. Überlegen Sie nun, wie Sie sich in diesem Rahmen Ihre Figur genauer vorstellen. Sie können sich dabei an den folgenden Fragen orientieren und das für Sie Passende aussuchen, aber auch Anderes hinzunehmen:

a) *Allgemeines*: Wie heißen Sie? Wie alt sind Sie? Welcher Nationalität sind Sie?

b) *Äußeres*: Wie ist Ihr Äußeres: Wie groß sind Sie, wie ist Ihr Körperbau, Ihr Gesicht, wie sind Ihre Haare? Wie sind Sie gekleidet? Wie bewegen Sie sich? Wie ist Ihre Gestik und Mimik? Wie ist Ihre Stimme, wie sprechen Sie?

c) *Entwicklung*: Wo kommen Sie her, wo sind Sie aufgewachsen? Wer waren Ihre Eltern, und wie waren sie zu Ihnen? Was haben Sie an ihnen gemocht, was nicht? Hatten Sie Geschwister, und was hat es für Sie bedeutet? Welche Erfahrungen mit der Schule haben Sie gemacht? Welches war das entscheidende Erlebnis Ihrer Kindheit / Jugend?

d) *Alltag*: Welchen Beruf haben Sie, was bedeutet er Ihnen? Welchen Beruf hätten Sie gerne gehabt? Wie sieht Ihr Alltag, wie sieht Ihre Freizeit aus? Wo würden Sie gerne leben? Wie alt möchten Sie werden?

e) *Selbstbild und Verhältnis zu Anderen*: Was mögen Sie an sich, was nicht? Was beschäftigt Sie am meisten? Was ängstigt Sie vor allem, wovon träumen Sie? Welches Verhältnis haben Sie zu Ihrem Körper, zur Sexualität? Was bedeuten Ihnen Andere, was bedeuten Ihnen Männer bzw. Frauen? Wie verhalten Sie sich zu ihnen?

4.2.4. *Körperhaltungen erarbeiten*

Wenn Sie sich mit Hilfe der Rollenbiografie ein Bild Ihrer Figur erarbeitet haben, erproben Sie zu ihr passende Körperhaltungen:

a) Wählen Sie einen Auftritt Ihrer Figur und suchen Sie eine Gehhaltung, die zu ihr passt. Sprechen Sie dabei einen Satz Ihrer Figur, oder sagen Sie in der Ich-Form, was sie gerade denkt.

b) Wählen Sie einen Satz / eine Satzgruppe Ihrer Figur, und erproben Sie die Steh- oder Sitzhaltung, die sie beim Sprechen des Satzes / der Satzgruppe einnehmen könnte.

c) Sprechen Sie einen Satz / eine Satzgruppe Ihrer Figur, und erproben Sie die passende Gestik, Mimik und Körperhaltung dazu.

4.2.5. *Sprechhaltungen erarbeiten*

Suchen Sie aus Ihrem Dramentext einen Satz / eine Satzgruppe Ihrer Figur heraus. Machen Sie sich klar, in welcher Situation er bzw. sie gesprochen wird. Überlegen Sie, mit welcher Körperhaltung Ihre Figur diesen Satz / diese Sätze sprechen könnte. Spielen Sie die Situation gegebenenfalls kurz an, und suchen Sie eine Sprechweise, die zu Ihrer Figur und zu dem zu sprechenden Satz passt.

4.2.6. *Dialogische Sprechhaltungen erarbeiten*

Suchen Sie aus Ihrem Dramentext eine kurze Dialogstelle mit Ihrer Figur heraus, und machen Sie sich klar, in welcher Situation sie gesprochen wird. Überlegen Sie, mit welcher Körperhaltung Sie und Ihr Dialogpartner Ihre Passagen sprechen könnten. Erproben Sie dann mit Ihrem Dialogpartner eine Sprechweise, die zu den Figuren und der Dialogstelle passt.

4.2.7. *Stellungen von Dialogpartnern im Raum erarbeiten*
   (vgl. Renk 1984, S. 402)

Suchen Sie aus Ihrem Dramentext eine kurze Dialogstelle mit Ihrer Figur heraus, und erproben Sie mit Ihrem Dialogpartner, welche Stellung Sie beim Sprechen des Dialogs zueinander einnehmen können: Ganz nah voreinander stehend oder sitzend (mit und ohne Körperkontakt) oder weiter und weit weg voneinander stehend; mit beidseitigem Blickkontakt oder einer zum Publikum, der Andere zum Partner blickend oder parallel nebeneinander oder mit dem Rücken zueinander stehend.

4.2.8. *Standbilder bauen*

Um Ihre Auffassung von einer Figur darzustellen, bauen Sie sie als Standbild: Sie wählen jemanden, der Ihnen dazu passend erscheint. Den oder die stellen Sie auf und formen ihn/sie mit den Händen so lange, bis er/sie Ihrem Bild der Figur und ihrer Haltung entspricht. Dabei wird nicht gesprochen; Körperhaltung und Gestik werden mit den Händen gemodelt, die Mimik wird vorgemacht. Entspricht eine Haltung Ihren Vorstellungen, so 'fixieren' Sie sie mit einem Fingerschnippen. Die Personen, die geformt werden, bleiben völlig passiv und sind nichts als bewegliche Puppen. – Ist das Standbild fertig, erklären Sie den Anderen, was Sie darstellen wollten. Die Person, die geformt wurde, kann sich auch dazu äußern, wie sie die Form, die ihr gegeben wurde, erfahren hat.

4.2.9. *Eine Figur sich 'privat' äußern lassen*

In den meisten Dramen sprechen die Figuren mehr oder weniger 'öffentlich'. Was sie bei dem, was sie oder ihre Gegenspieler sagen und tun, selbst und gleichsam 'privat' empfinden, fühlen und denken, ist oft nicht versprachlicht. Wählen Sie eine Textstelle, in der Ihre Figur oder ihr Gegenspieler besonders Auffallendes oder Widersprüchliches sagt oder tut, und sprechen Sie (in einer Art innerem Monolog) beiseite und gegebenenfalls ad spectatores in Ihrer 'privaten' Sprache (Dialekt) und Ihrem persönlichen Tonfall, was Sie dabei empfinden, fühlen, denken.

4.2.10. *Innere Vorgänge bewusst machen*

Was eine Figur an manchen Stellen eines Stücks sagt, was sie tut und wie sie sich verhält, muss nicht unbedingt das ausdrücken und dem entsprechen, was sie eigentlich fühlt, denkt, will, bezweckt; es kann sogar das Gegenteil davon sein. Um bewusst zu machen, was wirklich in den Figuren abläuft, spielen Sie diese Szene, und derjenige von den Zuschauern, der eine Stelle genauer gedeutet haben möchte, unterbricht das Spiel hier, indem er „stop!" ruft. Das Spiel hält an, die betreffende Figur erstarrt in ihrer Haltung und sagt (in der Ich-Form), was sie gerade fühlt, denkt, will, bezweckt. Danach geht das Spiel bis zum nächsten Stop-Ruf an diese oder eine andere Figur weiter.

4.2.11. *Innere Vorgänge durch Doppeln bewusst machen*

Oder jemand ruft „stop!", stellt sich hinter die Figur, nimmt deren Haltung ein und sagt (in der Ich-Form), was seiner Ansicht nach die Figur gerade fühlt, denkt, will, bezweckt. Dann tritt er wieder ab, und das Spiel geht weiter. Es kann vorher aber auch ein Anderer die Figur anders doppeln.

4.2.12. *Innere Vorgänge durch ein Hilfs-Ich darstellen*

Bei besonders extremem, abweichendem oder widersprüchlichem Verhalten einer Figur kann man das, was sie dabei fühlt, denkt, will, bezweckt, sich gegebenenfalls aber selbst nicht eingestehen will oder kann, durch ein Hilfs-Ich darstellen. Es steht oder sitzt während des Spiels hinter der Figur. Wenn es sich äußern, nämlich (in der Ich-Form) sagen will, was die Figur gerade fühlt, denkt, will, bezweckt, legt es ihr die Hand auf die Schulter und spricht. Die Figur reagiert nicht auf die Äußerungen seines Hilfs-Ich.

4.2.13. *Unterdrückte Fantasien einer Figur ausagieren*

Eine Figur wird innerhalb ihrer Rolle von einer anderen Figur in ihrem Handeln eingeschränkt, wird unterdrückt, gedemütigt, kann sich aber aufgrund ihrer Rolle (etwa wegen ihrer Abhängigkeit von dieser Figur) nicht dagegen wehren. Sie tut es aber in ihrer Fantasie. Spielen Sie diese Figur, setzen oder stellen Sie die andere Figur so hin, wie es Ihnen am besten passt, und sagen Sie ihr aus Ihrer Rolle heraus schonungslos Ihre Meinung; sie darf auf Ihre Äußerungen nicht antworten.

4.2.14. *Eine Figur oder Figuren ins Kreuzverhör nehmen*

In einer Szene, die gespielt wurde, hatte sich eine Figur oder haben sich mehrere Figuren besonders auffällig oder widersprüchlich verhalten. Setzen Sie sie auf einen Stuhl vor die Klasse, den Kurs, das Seminar und nehmen Sie sie ins Kreuzverhör. Sie können der Figur beziehungsweise den Figuren alle Fragen stellen, die der Aufklärung ihres Verhaltens dienen, und sie antworten (in der Ich-Form) aus ihrer Rolle heraus.

4.2.15. *Varianten einer Handlung erproben*
(s. Boal 1989, S. 82–85)

Spielen Sie eine besonders auffällige oder provokante Szene. Die Zuschauer überlegen sich, mit welchen Vorgängen und Lösungen sie nicht einverstanden sind. Spielen Sie die Szene ein zweites Mal, und derjenige von den Zuschauern, der einen Vorgang oder eine Lösung nicht akzeptiert, ruft an der betreffenden Stelle „stop!". Dann hält das Spiel an, und er tritt an die Stelle des Spielers der Figur, deren Haltung oder Verhalten er kritisiert. Das Spiel geht nun an der Stelle, an der es angehalten wurde, weiter, und der neue Spieler versucht, gegen die anderen Spieler, die ihr bisheriges Spiel unbedingt weiterzuführen suchen, seine Auffassung des Spielvorgangs durchzusetzen. Ist er mit seiner Variante zufrieden oder gibt er auf (und es will kein Anderer eine andere Variante erproben), tritt der vorige Spieler wieder an seine Stelle, und das Spiel geht weiter, bis ein anderer Zuschauer an anderer Stelle eine Variante erproben will (vgl. A21: Augusto Boals Forumtheater).

4.2.16. *Ein Tableau erstellen*

Eine Szene / ein Stück ist (szenisch) erarbeitet worden. Stellen Sie nun abschließend das Grundmuster der Beziehung oder auch des sozialen Verhältnisses der Figuren zueinander, um die es in der Szene / dem Stück geht bzw. die bei ihr/ihm herausgekommen ist, in einem Tableau oder 'lebenden Bild', d. h. als Statuengruppe aus Standbildern (s. 4.2.8.) der wichtigsten dramatischen Figuren dar.

4.3. Übungen zum szenischen Erarbeiten von Dramentexten an Mini-Dramen

In diesem Abschnitt sollen Beispiele für die Anwendung einiger Formen szenischen Arbeitens, wie sie in dem vorstehenden Repertoire aufgelistet sind, gegeben werden. Ich nehme dafür i. a. in sich geschlossene, ganz kurze Dramen: Kürzest- oder Mini-Dramen, und dabei meist solche mit etwas komischem oder leicht groteskem Charakter, die zu spielen interessant sind und die viel Spielfreude vermitteln. (Weitere Anwendungen von Formen szenischen Arbeitens erfolgen in Kap. 6.)

Wechselnde Formen des Erlesens und freien Erspielens (4.2.1. u. 4.2.2.) der Mini-Dramen können dabei nach Belieben gewählt werden und werden nicht weiter empfohlen. Und selbstverständlich können an jedem Text weitere Formen des szenischen Erarbeitens und überhaupt des Umgangs mit einem Dramentext erprobt werden. Die fünf Arbeitsaufgaben A23–27 können nacheinander von der ganzen Klasse bzw. dem ganzen Kurs oder Seminar in etwa drei Sitzungen bearbeitet werden, wobei jede Aufgabe arbeitsteilig in Gruppen behandelt werden kann. Die fünf Arbeitsaufgaben können aber auch als Ganze in Gruppenarbeit behandelt werden. Dann bearbeiten fünf Gruppen je eine Aufgabe, aus der sie jeweils ein Mini-Drama auswählen. – Ich beginne mit Aufgaben zu Sprechhaltungen, die am meisten dem üblichen, auf Lesen und Sprechen gerichteten Umgang mit Dramen in Schule und Hochschule entsprechen.

A23: *Sprechhaltungen erarbeiten* (zu 4.2.5.)

a) Wolfgang Deichsel: *Heidis Freund*[53]

HEIDIS FREUND *aufgeregt am Telefon.* Hallo Heidi! Dann sag doch was! Dann sag doch, wie er aussieht! Wer denn? Wer denn?
Der Gert ist doch in New York.
Drei – du bist wahnsinnig, das gibts nicht, kein Mensch hat drei, aber laß ihn trotzdem nicht rein, laß ihn keinesfalls rein!
Was? Sag doch! Ich verstehe nicht!
Nochmal, nochmal! Gelee? Hast du Gelee gesagt? Wieso Gelee?
Horcht.
Hallo! Hallo!

b) Franz Mon: *Zilinski ist tot*[54]

A Zilinski ist tot.

B Tot – Zylinski?

A Ja. Zilinski ist tot.

B Aber Borowski: lebt?!

A Borowski? Nein.

B Wieso lebt Borowski nicht?

A Borowski ist tot.

B Wie Zilinski?

A Wie Zilinski.

B Am Himmelfahrtstag?

A Genau. Am Himmelfahrtstag.

B Zilinski wie Borowski.

A Zilinski und Borowski.

B Das glaube ich nicht.

A Sie werden es dir beibringen.

B Zilinski – mir beibringen?!

A Zilinski und Borowski.

B Das wagen sie nicht.

A Das wagen sie wohl.

B Zilinski und Borowski – an ein und demselben?

A An ein und demselben: Zilinski und Borowski.

B Von denen hätte ich das nicht erwartet.

A Was hättest du denn erwartet?

B Einer nach dem andern, einer nach dem andern.

A Zilinski nach Borowski?

B Oder Borowski nach Zilinski, das ist mir egal.

A Aber mir nicht. Hörst du! Mir ist das nicht egal. Mir ist das überhaupt
   nicht egal.

c) Flann O'Brien: *Sorry*[55]

– Waiter, what was in that glass?

– Arsenic, sir.

– Arsenic. I asked you to bring me absinthe.

– I thought you said arsenic. I beg your pardon, sir.

– Do you realise what you've done, you clumsy fool? I'm dying.

– I am extremely sorry, sir.

– I DISTINCTLY SAID ABSINTHE.

– I realise that I owe you an apology, sir. I am extremely sorry.

Wählen Sie ein Stück, und spielen Sie es.

Am Beginn der Arbeit stehen Aufgaben, die noch keinen größeren darstellerischen
Aufwand erfordern. In den drei Texten wird in bestimmten Situationen gesprochen,
und es kommt darauf an, die den Situationen angemessene Sprechhaltung und Intonation zu finden:

(a) In dem Deichsel-Text ist die Sprechweise von jemandem zu erarbeiten, der über
eine weite Entfernung (und deshalb vielleicht laut und überdeutlich) mit jemandem,
an dem ihm viel liegt, telefoniert, dabei manches nicht oder falsch versteht, von Anderem schockiert ist und insgesamt ganz aufgeregt und außer Fassung spricht.

(b) Die beiden folgenden Texte sind Dialoge, doch kommt es weniger darauf an, die
Eigenart der Dialogpartner (dazu die folgende Aufgabe), als die den beiden Dialogpartnern gemeinsame Sprechhaltung zu erarbeiten. In dem Mon-Text ist es die des
trivialen Alltagsgesprächs: eines Sprechens, das im Grunde nicht an den Sachen,
über die gesprochen wird, auch nicht an den Menschen und nicht einmal an ihrem
Tod interessiert ist, sondern nur redet, mit teilweise beliebigen und floskelhaften
Fragen und Antworten, um zu reden. Erst am Schluss scheint dieses – wahrscheinlich lethargisch mit großen Pausen gesprochene – Gerede durchbrochen zu werden,
wenn auch nicht das bloßes Gerede ist. Aber man kann auch probieren, wie der Dialog klingt, wenn man ihn teilnahmsvoll oder nachdenklich oder aufgeregt spricht.

(c) Der O'Brien-Text stellt eine Extremsituation, die Vergiftung eines Gastes, in der Sprechhaltung entschiedenen Understatements dar. Die Reaktionen des Betroffenen wie des Täters auf das schreckliche Geschehen und vor allem ihr sprachlicher Umgang mit ihm sind korrekt, ziemlich beherrscht und unterkühlt; die Reden sollten in besonders gepflegtem Englisch gesprochen werden.

A24:   *Dialogische Sprechhaltungen erarbeiten* (zu 4.2.6., z. T. 4.2.7.)

   a) Elke Heidenreich: *Mutter lernt Englisch. Ein Drama*[56]

Mutter sitzt am Tisch vor einem Buch, liest sehr gedehnt vor. Die Tochter im Sessel, Füße auf dem Tisch, raucht.

MUTTER   Sag, wenn was falsch ist, ich muß ja üben. Ooooh – Henry ... what are you do-ing? *Sie sieht hoch.*

TOCHTER   *schüttelt den Kopf*   Es heißt du-ing.

MUTTER   *schiebt ihr das Buch hin*   Nein. Es schreibt sich mit o.

TOCHTER   Trotzdem. Man sagt du-ing.

MUTTER   Ach. Und warum schreiben sie es mit o, wenn sie u meinen?

TOCHTER   Weiß ich nicht, ist aber so.

MUTTER   Hm. Na gut. Ooooh – Henry ... what are you du-ing. Richtig?

TOCHTER   Richtig. Weiter.

MUTTER   Ooooh – Elizabeth ... where are you ... *Pause.* Where are you ... gu-ing.

TOCHTER   Jetzt heißt es go-ing.

   Die Mutter sieht sie lange an, klappt das Buch zu, steht auf.

MUTTER   Wenn man dich schon mal um was bittet. Nur blöde Antworten.

   b) Wolfgang Deichsel: *Dreh um*[57]

VATI   Stuttgart hätten wir! Noch 220 Kilometer bis München. Ich sag dir was, Mutti, wenn wir in München sind, dann gehn wir wieder in die Schwarzwaldstuben.

MUTTI   Fahr nicht so schnell, Papa.

VATI   Und dann essen wir wieder Fasan. Jetzt habe ich Lust auf Musik.

AUTORADIO   Ein wichtiger Hinweis für die Autofahrer auf der Autobahn A5 Karlsruhe – Basel, Richtung Karlsruhe. Im Abschnitt Riegel – Freiburg Nord kommt Ihnen auf Ihrer Fahrbahn ein Fahrzeug entgegen. Bitte fahren Sie äußerst rechts und überholen Sie nicht. *Beschwingte Musik.*

MUTTI   Das sind wir! Wir sind falsch. Dreh um!

VATI   Dreh um, auf der Autobahn!

MUTTI   Bleib stehn! Halt an!

VATI Halt an, da sind doch überall Lichter!

MUTTI Fahr doch raus, fahr raus!

VATI Wohin!

MUTTI Ich will aussteigen.

VATI Halt die Klappe: Halt einmal die Klappe! Ich fahr rüber: Da ist eine Lücke! Vorbei! Ich dreh durch, ich dreh um! Ich hab doch keinem was getan. Ich dreh, halt dich fest. Fasan! Es knallt! Nein! Geschafft!

MUTTI Geschafft, Vati, geschafft! Da stehts: Stuttgart!

VATI Stuttgart. Jetzt fahren wir nach Stuttgart. Wir sind nicht auf der A5. Der Geisterfahrer, wir warns nicht.

MUTTI Wir warns nicht.

VATI Aber jetzt sind wirs.

Wählen Sie ein Stück, und spielen Sie es.

Diese beiden Stücke bringen zwei einfache Dialoge in Alltagssituationen: Gespräch Mutter-Tochter, Gespräch Mann-Frau beim Autofahren. Auch diese Stücke erfordern noch keinen großen darstellerischen Aufwand. In beiden nehmen die Figuren einfache Sitzhaltungen ein, die sie (fast) während des ganzen Stücks beibehalten: die Mutter am Tisch und die Tochter im Sessel mit den Füßen auf dem Tisch; die Autofahrer auf zwei Stühlen nebeneinander. Bei der szenischen Darstellung kommt es vor allem darauf an, das dialogische Geschehen zu erarbeiten, also die Eigenart der beiden Gesprächspartner durch ihre Sprechhaltung und Intonation, durch Tonhöhe, Tonstärke, Betonung, Tempo, Modulation, vielleicht auch dialektalen Klang ihres Sprechens herauszuarbeiten und die Dialoge so zu sprechen, dass die Redeteile sich sprachlich aufeinander beziehen, mit ihrer Intonation auf vorhergehende Redeteile reagieren und auf nachfolgende Redeteile einzuwirken suchen. Die Dialoge verlaufen in dem Heidenreich-Text auf ziemlich gleicher Stimmungsebene, nur der Schluss hat einen etwas anderen Akzent. In dem Deichsel-Text bestehen mehrfache und starke Geschehensveränderungen und damit Stimmungsschwankungen, die in den Dialogen sprachlich dargestellt werden müssen: Entspanntheit – Anspannung und Panik – Erleichterung – großer Schreck.

A25: *Geh- und Sitzhaltungen erarbeiten* (zu 4.2.4.)

a) Reinhard Lettau: *Auftritt*[58]

Ein Herr tritt ein.

HERR Ich bins.

WIR *rufen* Versuchen Sie es noch einmal.
   Der Herr tritt erneut ein.

HERR Hier bin ich.

WIR *rufen* Es ist nicht viel besser.
   Wieder betritt er das Zimmer.

HERR Es handelt sich um mich.

WIR *rufen* Ein schlechter Anfang.
  Er tritt wieder ein.

HERR *ruft* Hallo! *Er winkt.*

WIR Bitte nicht.
  Er versucht es wieder.

HERR *ruft* Wiederum ich!

WIR *rufen* Beinahe!
  Noch einmal tritt er ein.

HERR Der Langerwartete.

WIR *rufen* Wiederholung!

  Aber ach, nun haben wir zu lange gezögert, nun bleibt er draußen, will nicht mehr kommen, ist weggesprungen, wir sehen ihn nicht mehr, selbst wenn wir die Haustüre öffnen und links und rechts die Straße schnell hinunterschauen.

b) Friedrich Karl Waechter: *Im Café*[59]

In einem Café sitzen ein Mann und eine Frau. Er stellt sich fast auf den Kopf, damit sie ihn anschaut. Endlich hat er es geschafft. Sofort reißt er sein Jackett und sein Hemd auf. Auf seiner nackten Brust steht: ICH HEISSE ERNST. KOMMEN SIE MIT MIR NACH HAUSE? Sie liest und reißt ihre Bluse auf. Zwischen ihren nackten Brüsten steht: NÖ. Er erhebt sich und geht, langt nach seinem Hut und läßt seine Hose fallen. Auf seinem Hintern steht: SCHADE.

Wählen Sie ein Stück, und spielen Sie es; wenn Sie das erste Stück gewählt haben, mit drei bis fünf Spielern als „Wir", die sitzen und im Chor sprechen.

(a) Der Text, den der Herr im ersten Stück spricht, legt verschiedene Sprechweisen nahe, und es kommt darauf an, dazu passende Haltungen beim Auftreten und beim Sprechen seines Satzes, also passende Geh- und Stehhaltungen für ihn zu finden. Die Sprechweise der „Wir" kann bis auf die letzten Äußerungen ziemlich gleich bleiben, sie können aber nach jedem Auftreten des Herrn eine andere Sitzhaltung einnehmen (und vielleicht den Wechsel möglichst synchron vollführen). Der Schluss kann dann von den „Wir" pantomimisch ausgeführt werden („die Haustüre öffnen und links und rechts die Straße schnell hinunterschauen"), kann aber auch durch bloße Sitzhaltungen längeren Wartens und durch resigniertes Aufstehen und Weggehen gespielt werden.

(b) Das zweite Stück hat keinen Sprechtext. Neben der Anmache des Mannes und den Reaktionen der Frau und des Mannes auf die Schrifttexte (die nicht unbedingt auf der nackten Haut stehen müssen) sind vor allem die unterschiedlichen Sitzhaltungen des Mannes und der Frau während der Anmachphase und beim Zeigen ihrer Texte bzw. beim Lesen des Textes des Anderen sowie die Gehhaltung des Mannes am Schluss des Stückes zu erarbeiten.

A26:   *Mimik, Gestik und Körperhaltungen erarbeiten* (zu 4.2.4.)

a) Friedrich Karl Waechter: *Das gute Buch*[60]

Auf einer Parkbank sitzen mißmutig gelangweilt ein paar Herrschaften. Eine alte Dame setzt sich dazu. Sie holt ein Buch aus ihrer Handtasche und liest darin. Die Lektüre ist so hinreißend, daß nicht nur ihr Gesichtsausdruck alle Regungen von Rührung, Spannung, Komik, Trauer und Entsetzen zeigt, sondern auch die gelangweilten Beobachter davon animiert werden, bis die alte Dame merkt, daß sie beobachtet wird, ihr Buch zuklappt und geht. Schnell kehren Mißmut und Langeweile bei den Herrschaften zurück.

b) Margarethe Jehn: *Rapunter. Ein Seniorendrama*[61]

Der fürchterlich gealterte Prinz legt die Hände an den Mund und ruft zum Turmfenster hinauf.

DER PRINZ   Rapunter, Rapunter, laß dein Haar herunter!
   Er starrt nach oben.
   Nichts rührt sich.
   Er dreht kleine Verzweiflungsrunden, bleibt abrupt stehen, schlägt sich an die Stirn. Er stellt sich wieder in Positur und ruft zum Turmfenster hinauf.

DER PRINZ   Rapunzel, Rapunzel, laß dein Haar herunzel!
   Er starrt nach oben.
   Vorhang

c) Botho Strauß: *Das Werk II*[62]

Im Morgengrauen betritt ein Mann eilig und dringend die Bar. Der Kellner steht hinter dem Büffet und poliert Gläser mit dem Tuch. Der Mann sagt: „Ich muß zwei Telefonate führen." Der Kellner weist mit dem Kopf den Weg zum Toilettendurchgang. Der Mann läuft nach hinten. Der Kellner holt einen Kamm aus der Gesäßtasche und kämmt sich ausgiebig vor der Spiegelwand hinter dem Flaschenregal. Der Mann kommt langsam zurück, von jeder Eile befreit, mit einem blassen Grinsen auf dem Gesicht. Er sagt: „Schon erledigt", legt die Hand auf das Büffet und bricht lautlos zusammen.

Wählen Sie ein Stück, und spielen Sie es. Wenn Sie das 3. Stück gewählt haben, verständigen Sie sich zunächst über seine Aussage.

(a)   Das erste Stück ist vorwiegend mimisch ausgelegt. Es können vier bis fünf, aber mehr „Herrschaften" teilnehmen. Wichtig ist, dass die Spielerin oder der Spieler der „alten Dame" sich vorher überlegt und vielleicht übt, welchen Gesichtsausdruck in welcher Reihenfolge und mit welchen mimischen Mitteln (und Pausen des 'Lesens' dazwischen) sie oder er darstellen will. Die „Herrschaften" können ganz verschiedene mimische und gestische Formen von Missmut und Langeweile wählen, sollten die „Lektüre" aber möglichst analog mimisch mitvollziehen.

(b) Die beiden anderen Stücke haben jeweils nur zwei Sätze, die gesprochen werden, alles andere muss durch Körperhaltung und -sprache, durch Mimik und Gestik dargestellt werden. Dabei ist das Jehn-Stück am leichtesten zu spielen. Seine grotesk-komische Märchenvariante des Uralt-Prinzen auf Freiersfüßen gibt selbst einige komisch wirkende Stereotype vor (Hände an den Mund legen, sich an die Stirn schlagen) oder legt sie nahe (der trottelige Uralte), sodass eine mimisch, gestisch und körpersprachlich stark überzeichnete, ja slapstickartige Darstellung durchaus angezeigt und nicht schwer zu realisieren ist.

(c) Der Text von Botho Strauß ist anspruchsvoller und erfordert zunächst eine Verständigung darüber, worum es in ihm eigentlich geht: Warum muss der Mann wohl so dringend telefonieren, mit wem telefoniert er? Warum bricht er danach – tot? – zusammen: ganz zufällig, aus Überanstrengung, weil er verletzt oder vergiftet ist? Je nach der Antwort darauf ist das erste Auftreten des Mannes zu spielen: einfach eilig, oder gehetzt und hektisch, oder tödlich verletzt / vergiftet und mit großer Mühe. Zurück kommt er anders, aber wie: ruhig und zufrieden, oder erschöpft und überanstrengt, oder mit letzter Kraft? Und was bedeutet sein „blasses Grinsen": einfach Erleichterung oder Resignation oder letzte Genugtuung? Und wie bricht er zusammen: langsam und wie in Zeitlupe, oder wie vom Blitz getroffen, oder qualvoll und ruckweise? Es gibt also verschiedene Möglichkeiten, die Rolle des Mannes zu spielen. Einfacher ist es bei dem Kellner, der im Gegensatz zu dem Mann insgesamt gelassen, geschäftsmäßig und unbeteiligt zu spielen ist.

A27: *Rollenbiografien schreiben, Standbilder bauen, innere Vorgänge bewusst machen u. a. (zu 4.2.3.–4.2.8., 4.2.10.–4.2.12.)*

a) Wilfrid Grote: *Der Anfang vor dem Ende*[63]

Er und sie im Bett.

SIE Wann kommst du wieder?

ER Ich bin da.

SIE Ich meine morgen oder übermorgen. *Er lacht.* Am liebsten würde ich dich gar nicht fortlassen.

ER Ich muß fort.

SIE Warum?

ER Damit ich wiederkommen kann. *Sie lacht. Nach einer Weile steht er auf.* Ich muß jetzt gehn.

SIE Bitte, bleib noch einen Moment.

ER Es ist spät geworden.

SIE Ich will dich umarmen.

ER Meine Frau wird sich Sorgen machen.

SIE Nur fünf Minuten.

ER Du kennst meine Frau nicht. *Er kleidet sich an.*

SIE Du hast zu Hause nicht, was du bei mir suchst, und findest bei mir nicht, was du zu Hause hast. Warum solltest du dich entscheiden, wenn du alles haben kannst?

ER Soll ich mich entscheiden?

SIE Lieber nicht.

ER Na also.

SIE Warum sagst du deiner Frau nicht die Wahrheit?

ER Das verstehst du nicht.

SIE Wenn deine Frau nun heute abend vielleicht einen alten Freund getroffen hat?

ER Meine Frau? *Er wird unruhig.* Wo sind meine Schuhe? *Sie steht auf und holt seine Schuhe unter dem Bett hervor.* Danke.

SIE Bist du eifersüchtig?

ER Das Wort kenne ich nicht.

SIE Kennst du das Gefühl?

ER Jetzt verstehe ich, du bist eifersüchtig.

SIE Ja.

ER Hör gut zu, bei meiner Frau lebe ich, und dich liebe ich.

SIE Für diese Liebe verschwindest du zu schnell.

ER Warum sollte ich meiner Frau wehtun? *Sie gibt ihm eine Ohrfeige. Er schlägt zurück. Sie fällt aufs Bett. Er geht.*

b) Heiner Müller: *Herzstück*[64]

EINS Darf ich Ihnen mein Herz zu Füßen legen.

ZWEI Wenn Sie mir meinen Fußboden nicht schmutzig machen.

EINS Mein Herz ist rein.

ZWEI Das werden wir ja sehn.

EINS Ich kriege es nicht heraus.

ZWEI Wollen Sie daß ich Ihnen helfe.

EINS Wenn es Ihnen nichts ausmacht.

ZWEI Es ist mir ein Vergnügen. Ich kriege es auch nicht heraus.

EINS *heult*

ZWEI Ich werde es Ihnen herausoperieren. Wozu habe ich ein Taschenmesser. Das werden wir gleich haben. Arbeiten und nicht verzweifeln. So, das hätten wir. Aber das ist ja ein Ziegelstein. Ihr Herz ist ein Ziegelstein.

EINS Aber es schlägt nur für Sie.

Wählen Sie ein Stück, und spielen sie es.

Am Schluss stehen zwei Stücke mit komplexerem dramatischen Geschehen, die deshalb auch eine aufwendigere Erarbeitung mit mehreren szenischen Zugriffen erlauben. Beide Stücke behandeln Liebesgeschichten, wobei die erste Geschichte konventionell und die zweite mehr grotesk dargestellt ist. Zu beiden Stücken können zunächst, nachdem sie gelesen worden sind, Rollenbiografien (4.2.3.) der beiden Dialogpartner geschrieben und gegebenenfalls auch, an einzelnen Sätzen und Sequenzen, Körper- und Sprechhaltungen (4.2.4.–4.2.6., für den Müller-Text vielleicht auch 4.2.7.) erarbeitet werden. Dann wäre es möglich, Standbilder (4.2.8.) der Figuren bauen zu lassen, vor allem aber können innere Vorgänge bewusst gemacht werden: durch das Stop-Verfahren (4.2.10.), durch Doppeln (4.2.11.) und bei dem Grote-Stück vielleicht auch durch ein Hilfs-Ich (4.2.12.).

(a) Das Grote-Stück bietet textlich keine Schwierigkeiten, was in ihm aber eigentlich darzustellen ist, hängt davon ab, wie die beiden Figuren und ihr Verhältnis zueinander aufgefasst werden: Ist das Verhalten des Mannes beispielsweise durch rücksichtsloses machohaftes Besitzen- und Bestimmenwollen, oder ist es durch sarkastische, gefühlskalte Intellektualität, oder ist es durch große emotionale Unsicherheit und deren Kompensieren und Überspielen bestimmt? Und bedeutet das Verhalten der Frau etwa demütige und gehorsame Unterordnung, die nur gelegentlich aufbegehrt, oder liebendes Sicheinlassen auf einen schwierigen Mann und eine unerfreuliche Situation, das aber seine Grenzen hat, oder kluges Umgehen mit einem Mann, der anders wohl nicht zu haben, aber auch nicht lange zu halten ist? Was davon zutrifft, wie es das Verhältnis der Figuren zueinander und die Gesamtaussage des Stücks über den „Anfang vor dem Ende" bestimmt, schlägt sich zunächst in der Rollenbiografie der Figuren nieder und zeigt sich an ihrer Mimik und Gestik, ihrer Körper- und Sprechhaltung, also an dem Spiel der Figuren und wie sie gegebenenfalls über es Auskunft geben.

(b) Bei dem Müller-Stück ist zunächst eine Verständigung darüber nötig, für wen man EINS und ZWEI halten will: Für Mann und Frau? Die Redewendung, jemandem das Herz zu Füßen legen zu wollen, wird konventionellerweise dem Mann bei der Liebeswerbung um eine Frau, die übertriebene Sorge um die Sauberkeit des Fußbodens wird üblicherweise der Frau zugeschrieben. Doch passt weniger zur Konvention, dass ein Mann heult und dass eine Frau ein Taschenmesser besitzt und unter flotten Sprüchen mit ihm handwerkelt. Sind EINS und ZWEI also Frau und Mann? Oder zwei Männer, oder zwei Frauen? Oder doch Mann und Frau, deren Verhalten nur sehr verfremdet ist, wie ja auch die Handlung, die Ziegelsteinoperation etwa, sehr befremdlich ist? Das muss die Gruppe, die mit dem Stück arbeitet, entscheiden und auch darüber befinden, was sie in ihm eigentlich dargestellt findet: Eine nur bildlich gefasste und sehr geraffte, im Grunde aber ganz 'normale' Beziehungsgeschichte, eine stark verfremdete Geschichte über eine unerwiderte Liebe, eine Groteske über die Liebe heute? Was das Stück für die Gruppe darstellt und wie sie es versteht, schlägt sich zunächst in den Rollenbiografien von EINS und ZWEI nieder und zeigt sich dann an ihrem Spiel, gegebenenfalls auch darin, wie sie über es Auskunft gibt.

5. Produktiver Umgang mit Dramentexten

5.0. Einleitung

Dramentexte werden i. a. nicht geschrieben, um gelesen, sondern um aufgeführt zu werden, – das habe ich schon mehrfach gesagt, beseitige damit allerdings nicht den Umstand, dass Dramen von einem nicht ganz kleinen Lesepublikum, dass sie in Schule und Hochschule sehr häufig, wenn nicht allermeist doch nur *gelesen* werden: Dramen werden faktisch – trotz all dem, was im vorigen Kapitel so richtig über ihren szenischen Partitur-Charakter ausgeführt wurde – in der literarischen Öffentlichkeit vorwiegend rezipiert als *literarische Texte*, was sie selbstverständlich ja immer auch sind, mit demselben literarischen Status wie Lyrik, Erzählungen, Novellen, Romane. Und viele Dramenautoren stellen sich ja auch ganz darauf ein, indem sie ihre Werke nicht in Bühnenverlagen, sondern in belletristischen Verlagen, die ein Lesepublikum bedienen, veröffentlichen. Wenn das Drama so faktisch ein literarischer Text wie andere literarische Texte ist, dann sind auch die Prozesse seines Rezipierens und Verstehens prinzipiell nicht anders (vgl. Wermke 1977, S. 240–247). Das meint: Wenn literarische Rezeption ein produktiver Vorgang ist und wenn deshalb Verstehen literarischer Texte immer auch produktives Verstehen ist, wovon ich ausgehe, dann gilt für den Umgang mit dramatischen Texten (als gelesene Texte), dass er unter anderem immer auch *produktiv* ausgelegt sein sollte. Und das nicht nur, weil es etwa für den Literaturunterricht methodisch günstig ist, sondern weil der Dramentext es *als literarischer Text* für seine Rezeption und für sein Verstehen *strukturell* selbst fordert. Um diesen produktiven Umgang mit Dramentexten geht es in diesem Kapitel.

Um Produktion und produktive Aneignung von Dramen und Dramensequenzen ging es allerdings auch in den vorhergehenden Kapiteln. Nur war das Drama dabei stets mehr oder weniger als Spielentwurf für eine Aufführung, als 'Theaterstück', genommen, und die Arbeit mit ihm als literarischem Text und dessen produktive Erarbeitung war nicht, jedenfalls nicht ausdrücklich, thematisch. Wenn es jetzt um den produktiven Umgang mit dramatischen Texten geht, sollte er zuvor wenigstens knapp theoretisch begründet werden. Das heißt, es sollte deutlich werden, dass es hier nicht einfach darum geht, lustvolle, anregende und nachhaltig wirkende Verfahren im Literaturunterricht, in der Kurs- und Seminararbeit zu verwenden, so wichtig das allerdings schon wäre. Es handelt sich vielmehr darum, dass dabei nicht einfach aus didaktischen und methodischen Gründen der Literatur und in unserem Falle der dramatischen Literatur ein letztlich doch literaturfremdes Verfahren übergestülpt wird, sondern

– dass (dramatische) *Literatur* strukturell einen produktiven Umgang mit ihr trägt und fordert;

– dass *literarisches Verstehen*, in dieser Struktur von Literatur begründet, notwendigerweise produktive Formen aufweist;

– dass deshalb produktive Verfahren der Vermittlung von Literatur und literarischem Verstehen *literaturdidaktisch* angemessen und angezeigt sind.

Deshalb bringe ich im folgenden Abschnitt zunächst eine knappe Skizze der Grundzüge einer produktiven Verstehenslehre (Hermeneutik) und Didaktik literarischer und u. a. dramatischer Texte (genauer: Waldmann 1998a, S. 3–42). Für den, der dieses Konzept ein wenig in der gegenwärtigen literaturtheoretischen Diskussion situieren möchte, sei noch gesagt, dass es in wichtigen Teilen *dekonstruktivistische* Ansichten (vgl. etwa Zima 1994) vertritt: Es destruiert die Identität des literarischen Textes, denn es fasst den literarischen Text als – differenziell konstituierten – *Intertext*, der seine konkrete literarische Existenz nicht als Text, sondern erst in der jeweiligen, u. a. seine Differenzialität und Intertextualität vollziehenden *Rezeption* seines Lesers hat. Es fasst diese Rezeption als entscheidend durch literarische *Erfahrungen* bedingt und sieht deshalb ihr Verstehen und das des literarischen Textes weniger begrifflich als durch – produktive – Erfahrungen, auf deren Basis aber durchaus auch kognitiv bestimmt.

5.1. Grundzüge einer produktiven Hermeneutik und Didaktik literarischer Texte

5.1.1. *Der literarische Text: Texttheoretische Überlegungen*

Ein *Gebrauchstext* ist bestimmt durch die Wirklichkeit, auf die er sich bezieht (auf die er referiert): Die Zeitungsnachricht durch das Ereignis, das sie berichtet, der Reiseführer durch das Land, das er darstellt, das Sachbuch durch die Sache, die es behandelt usw. Ihr Kriterium ist, wie sachlich, informativ, sachgerecht sie die Wirklichkeiten berichten, darstellen, behandeln, auf die sie sich beziehen. Anders ein *literarischer Text*: ein Gedicht, ein Roman, ein Drama. Sie sind nicht wie Gebrauchstexte durch eine Wirklichkeit bestimmt, auf die sie sich beziehen (auf die sie referieren), etwa indem sie, wie die marxistische Literaturtheorie es sah, sie 'widerspiegeln' oder 'abbilden'. Sie stellen zwar unablässig 'Wirklichkeiten' dar: Personen, Handlungen, Ereignisse, Dinge, Räume. Aber ihr Status als literarische Texte hängt nicht davon ab, ob diese auf reale Personen, Handlungen, Ereignisse, Dinge, Räume bezogen sind. Sie können sogar lebende oder historische Personen, tatsächliche Ereignisse, bestehende Räume oder Landschaften ganz verändert oder verfremdet darstellen. Für ihren literarischen Status spielt keine Rolle, ob und wie ihre 'Wirklichkeiten' auf reale Wirklichkeit referieren. Ihre Kriterien sind allein Komposition, Strukturiertheit, Stimmigkeit, Intensität ihrer literarischen Gestalt, ist ihre Literarizität selbst. Der literarische Text ist selbstbezüglich, „autoreflexiv" (Eco 1972, S. 147): er ist autoreferenziell oder *selbstreferierend*.

Das bedeutet nicht, dass der literarische Text selbstursprünglich, selbstgegeben, selbstgesetzlich, autonom wäre, wie die *Autonomieästhetik* möchte. Gerade weil er selbstreferierend ist, ist er *fremdkonstituiert*: Was er ist, ist er dadurch, dass ein 'Autor' die in ihm dargestellte 'Wirklichkeit' produziert hat und ein *Leser* ihn rezipiert.

5.1.2. *Der literarische Autor 1: Produktionsästhetische Überlegungen*

Beginnen wir mit dem *Autor*. Was welche Roman- oder Dramenfigur zu welcher Zeit an welchem Ort denkt, fühlt, zu welchen anderen Figuren sagt und in Bezug auf sie tut, liegt allein an ihm. Er bringt es hervor, er *produziert* es. Aber wie? Indem er Figuren und Figurenkonstellationen, Konflikte, Raumsituationen und Zeitverhältnisse stets komplett neu erfindet? Oder emphatischer: Indem seine inspirierte Seele sie jeweils intuitiv-eruptiv und vollständig hervorströmt, – wie die *Genieästhetik* es sah? Der Autor nimmt stets mehr oder weniger große 'Anleihen' bei der Wirklichkeit auf, aber nicht, um sie 'abzubilden', sondern um mit ihnen zu arbeiten: um sie ganz oder teilweise zu verändern, umzuformen, neu zu kombinieren und zu mischen, mit erfundenen und fantasierten Teilen zu versetzen usw. (Warum er das tut, lassen wir hier außer Betracht.)

Und das ist kein willkürliches Jonglieren mit Wirklichkeits- und Fantasieteilen, sondern geschieht im Rahmen bestimmter literarischer Regularitäten. Denn was aus einem gegebenen Wirklichkeits- und Fantasiematerial erst das literarische Kunstwerk werden lässt, ist die Anwendung literarischer Techniken und Kunstmittel auf es, ist seine Formung in *literarische Formen*: Was aus Sprache lyrische Sprache macht, die verschieden von Alltagssprache ist, was Erzählen zu literarisch-fiktionalem Erzählen macht, das verschieden von alltäglichem Erzählen ist, was aus alltäglichen Dialogen ein literarisches Drama macht, das verschieden ist von üblicher dialogischer Rede und auch vom „alltäglichen Theater" (Brecht), ist die Anwendung literarischer Formen auf das Sprach-, Wirklichkeits- und Fantasiematerial:

Lyrische Sprache ist *verschieden* von Alltagssprache, weil sie phonologisch etwa durch Metrum, Rhythmus, Reim, semantisch etwa durch Metapher, Leitmotiv, Wiederholungsformen, syntaktisch etwa durch Enjambement, Inversion, harte Fügung, textuell etwa durch Strophen- und Gedichtformen bestimmt ist. Literarisch-fiktionales Erzählen ist *verschieden* von Alltagserzählen, weil es beispielsweise in bestimmter Erzählerrolle (Ich-, Du-, Er-Erzähler), in bestimmter Erzählhaltung (omniskient, personal, neutral), in bestimmter Perspektive (Innen- – Außensicht, ein- – mehrperspektivisch), in bestimmten Redeformen (episches Präteritum, historisches Präsens, erlebte Rede, innerer Monolog usw.), mit bestimmten Raum- und Zeitstrukturen, in bestimmten Dialogformen erzählt. Das literarische Drama ist *verschieden* von alltäglichen Dialogen, weil es bestimmte dramatische Strukturierungsformen (geschlossene, offene, epische, dokumentarische usw.), bestimmte Figurendarstellungen und -konstellationen, Handlungsformen und Konfliktlöseverfahren, Raum- und Zeitanordnungen, teilweise besondere Dialog- und Monologformen, gegebenenfalls bestimmte sprachlich-metrische oder chorische oder epische Merkmale aufweist und in allem auf Zuschauer bezogen ist.

Der literarische Text stellt eine Abweichung (Deviation) von den Regeln und Normen von Alltagstexten dar; er verändert, erweitert, verkürzt, verdichtet, überstrukturiert, verletzt, überlagert, verfremdet sie. Er erhält seinen literarischen Status durch seine *Differenz* (seine Außendifferenz) zu Alltagstexten (vgl. Waldmann 1987, S. 32–35, oder 1998a, S. 3–5). Und diese Differenz wird dadurch *produziert*, dass der Autor bestimmte literarische Formen zur Bearbeitung seines Sprach-, Wirklichkeits- und Fantasiematerials wählt.

Einen Text *literarisch zu verstehen*, bedeutet damit, seine *Produziertheit* zu verstehen:

– zunächst die Tatsache aufzufassen, *dass* er produziert worden ist: dass er nicht aus und durch sich besteht, sondern das Produkt literarischer Arbeit seines Autors ist;

– sodann zu vollziehen, als *was* er produziert worden ist: welche literarischen Merkmale, Formen und Strukturen er als von seinem Autor produzierter aufweist.

Bei diesem hermeneutischen Ansatz geht es nicht um den *Autor* als Person und wie diese und ihre Biografie sich im Text abbilden: Welcher Autor mit welchem Charakter und welcher Herkunft und wann er und warum er wohl und unter welchen Umständen er dann einen literarischen Text geschrieben hat. Es geht nicht um den 'persönlichen' Autor, sondern um die „Funktion 'Autor'" (Foucault 1979, S. 17 ff.) und dabei zunächst um den *Text* und das Dass und Was seiner Produziertheit. Doch ist der zweite Aspekte – als *was* ein literarischer Text produziert ist – noch genauer zu fassen: Ein literarischer Text weist bestimmte Merkmale, Formen, Strukturen auf, weil sein Autor sie, und das bildet den Kern des literarischen Produzierens, *gewählt* hat. Er wählt bestimmte Sprach- und Formmittel

– aus seinem literarischen Repertoire, aus dem gegenwärtigen oder traditionellen literarischen Fundus;

– aus literarischen Vorbildern der Vergangenheit und der Gegenwart;

– aus früheren eigenen Versuchen, aus Früh- und Vorformen des jetzt zu schreibenden Textes.

Und er verwendet sie entweder so, wie sie sind, oder er modifiziert, verändert sie, formt sie ganz um, parodiert sie, schreibt die Gegenform zu ihnen, demontiert und destruiert sie. In jedem Fall ist er, wenn er seinen Text produziert, orientiert an den jeweilig vorliegenden Formmitteln, die er *wählt* und deren bestimmte Verwendung er *wählt*.

Die Formmittel eines literarischen Textes zu *verstehen*, bedeutet so, ihre Produziertheit, nämlich ihre *Gewähltheit* durch den Autor zu verstehen. Doch wird das nicht jedem gleich einleuchten, mancher wird denken: Dieser bestimmte Text liegt mit diesen bestimmten Merkmalen vor und ist doch wohl zu verstehen, wie er ist; dazu braucht man nicht zu wissen, dass und wie seine Merkmale gewählt wurden. Außerdem ist doch fast nie bekannt, wie ein Autor eine bestimmte Wahl getroffen hat; das ganze Verfahren ist also rein illusorisch. Dazu ist zu sagen: Einen literarischen Text zu verstehen, „wie er ist", bedeutet ja gerade, ihn als etwas Gegebenes und nicht als etwas Produziertes zu nehmen. Sodann geht es gar nicht darum, die jeweilige bestimmte Wahl eines Merkmals aufzufassen, was fast immer unmöglich ist, sondern seine *Gewähltheit* und damit seine *Produziertheit* zu verstehen, was etwas anderes ist. Um es verständlich zu machen, muss ich etwas weiter ausgreifen (genauer s. Waldmann 1987, S. 35–39, oder 1998a, S. 10–13).

5.1.3. *Der literarische Autor 2: Differenztheoretische Überlegungen*

Wenn man jemandem etwas beschreiben will, das er nicht kennt (und das sich nicht einfach durch seine Funktion bestimmt), dann geht man i. a. so vor, dass man zunächst sagt, wem es ähnelt oder auch zu welchem Bereich es gehört, und dann angibt, wie es sich davon bzw. darin *unterscheidet*. Platon hat als erster dieses Verfahren (als dihaíresis) entwickelt, Aristoteles hat es für die *Definition* systematisiert: Etwas wird dadurch als etwas bestimmbar, dass es innerhalb seines näheren Bereichs (innerhalb seines genus proximum) eine Verschiedenheit oder eine spezifische Differenz (eine differentia specifica) zu allem Anderen aufweist. Es ist das, als was es auffassbar und verstehbar ist, nicht durch sich, sondern durch das, von dem es unterschieden ist. Derrida formuliert es heute so:

> Jeder Begriff ist seinem Gesetz nach in eine Kette oder in ein System eingeschrieben, worin er durch das systematische Spiel von Differenzen auf den anderen, auf die anderen Begriffe verweist. (Derrida 1976, S. 16)

Das betrifft nun nicht nur logisches oder wissenschaftliches Erkennen, sondern gerade auch das Verstehen von Texten. Texte sind sprachliche Gebilde, und für *Sprache* gilt (nach wie vor), was Saussure entwickelt hat:

Sprache ist nicht etwas substanziell Gegebenes: „*Die Sprache ist eine Form und nicht eine Substanz*" (1967, S. 146). Ihre Bestandteile, nämlich Laute und Bedeutungen, sind nicht substanziell vorhanden, sondern jeder Laut ist formal bestimmt durch die Differenz zu anderen Lauten, jede Bedeutung ist – konventionellerweise – formal bestimmt durch die Differenz zu anderen Bedeutungen: „Ihr bestimmtestes Kennzeichen ist, daß sie etwas sind, was die andern nicht sind" (S. 139f.). Sprache ist so ein in viele Differenzreihen gegliedertes Bedingungssystem: ein „System [. . .], dessen Glieder sich alle gegenseitig bedingen" (S. 136); Sprache ist ein „System von Differenzen" (Derrida 1976, S. 22), in dem jedes einzelne sprachliche Element nicht aus sich existiert und verstanden werden kann, sondern durch seine Differenzbeziehung zu den anderen sprachlichen Elementen.

Was für Sprache gilt, gilt natürlich auch für sprachliche Gebilde, für Texte und für *Literatur*: Ein literarischer Text ist ein *System von Differenzen*. Er erhält seinen literarischen Status, sagten wir, durch seine Differenz, und nun genauer: durch seine *Außendifferenz*, zu Alltagstexten. Diese Außendifferenz wird realisiert, d. h. als literarischer Text ist er konstituiert, durch ein System von literarischen Differenzen, von *Binnendifferenzen*. Dazu ein *Beispiel* aus der Sprache: Eine bestimmte Wortbedeutung, sagen wir die von 'verscheiden', besteht nicht isoliert aufgrund etwa phonetischer oder etymologischer Merkmale dieses Wortes, sondern aufgrund des bestimmten Ortes, den das Wort innerhalb des Wortfeldes 'aufhören zu leben' auf der be-

stimmten paradigmatischen Reihe einer allgemeinsprachlichen – nicht z. B. religiösen, militärischen, medizinischen – Wortfeldschicht von euphemistischen ('entschla-
fen', 'den Geist aufgeben' . . .) über sachlich benennende ('sterben', 'ableben' . . .)
bis zu krassesten ('abkratzen', 'verrecken' . . .) Wörtern einnimmt. Was es ist, ist es
durch seine Differenz zu den nächsten, näheren und entfernteren Wörtern, die es
nicht ist, die man aber kennen muss, wenn man es richtig gebrauchen bzw. verstehen
will. Eine Sprache beherrscht und versteht man nur dann wirklich – denn das ist ein
wesentlicher Teil sprachlicher Kompetenz –, wenn man ihre Wörter in dieser Weise
semantisch richtig zuzuordnen vermag. Entsprechendes gilt für alle anderen Sprach-
formen –, und für die *literarische Kompetenz.* Ich wähle ein schlichtes *Beispiel,* den
Kreuzreim:

> Der Himmel ist einsam und ungeheuer.
> Der Acker leuchtet weiß und kalt.
> Dohlen kreisen über dem Weiher
> Und Jäger steigen nieder vom Wald.
>
> Ein Feurschein huscht aus den Hütten.
> Ein Schweigen in schwarzen Wipfeln wohnt.
> Bisweilen schellt sehr fern ein Schlitten
> Und langsam steigt der graue Mond.[65]

Was dieser Reim, was der Kreuzreim (abab) im Unterschied (in der *Außendifferenz*)
zu nicht reimenden Alltagstexten ist, ist er dadurch, dass er einerseits kein Paarreim
(aabb), auch kein unterbrochener Reim (xaxa) und schon gar kein Reihenreim
(aaaa), dass er andererseits aber auch kein umarmender Reim (abba) oder gar
Schweifreim (aabccb) oder vielleicht sogar Terzinenreim (aba bcb . . .) usw. ist. Was
er ist, ist er durch die *Binnendifferenz* zu den Reimstellungen, die er nicht ist. Wer
aus einer Kultur käme, in der es überhaupt keinen Reim gibt, könnte den Kreuzreim
nur als ein merkwürdiges Lautgebilde zur Kenntnis nehmen. Literarisch kompetent
verstehen kann ihn nur, wer ihn – und sei es auch nur ansatzweise – der literarischen
Formreihe, d. h. dem System von Binnendifferenzen, dem er zugehört, zuordnen
kann.

Das gilt für den *Gesamtbereich* der literarischen Merkmale, Formen, Strukturen. Es
gilt etwa für lyrische Klang-, Reim-, Metrum-, Vers-, Bild-, Satz-, Strophenformen
(im Einzelnen aufgewiesen in Waldmann 1998b); für Erzählsituationen und -per-
spektiven, Figuren-, Raum-, Zeitstrukturen, Rede- und Dialogformen des Erzählens; für Handlungs-, Raum-, Zeitformen, Figurenkonzeptionen und -konstellatio-
nen, Dialog- und Monologformen des Dramas usw. Und es gilt nicht nur für die jeweilig verwendeten (synchronen), sondern ebenso für die in der Vergangenheit verwendeten und die literarische Entwicklung bestimmenden (diachronen) Merkmale,
Formen, Strukturen der Literatur.

Das bedeutet: Ein literarischer Text ist, was er ist, nicht allein aus sich oder durch
sich. Er ist nicht so einfach mit sich identisch. In jedem literarischen Text sind viele
andere literarische Texte der Vergangenheit und der Gegenwart enthalten: *Positiv,*

weil sein Autor ihre Merkmale, Formen, Strukturen gewählt und verwendet hat: „Jeder Text baut sich als Mosaik von Zitaten auf, jeder Text ist Absorption und Transformation eines anderen Textes." (Kristeva 1972, S. 348) Jeder literarische Text ist aufgrund seiner Produziertheit in diesem Sinne „dialogisch" (Bakhtin 1984) oder „intertextuell" (Kristeva); das ist inzwischen allgemein anerkannt. *Negativ*, und darum geht es hier vor allem, weil sein Autor sehr viele ihrer Merkmale, Formen, Strukturen eben *nicht* gewählt und verwendet hat, diejenigen, die er gewählt und verwendet hat, in dem, was sie sind, aber durch ihre Differenz zu den nicht gewählten bestimmt und verstehbar sind. Jeder literarische Text ist aufgrund seiner Produziertheit positiv und negativ *intertextuell*: „Der Text ist immer auch Intertext." (Fohrmann 1990, S. 583)

Die Gewähltheit und Produziertheit literarischer Texte zu verstehen, bedeutet damit, sie als Differenzsysteme und so in ihrer Intertextualität zu verstehen. Literarisches Verstehen ist *intertextuelles Verstehen*. Wie geschieht es? Nicht so sehr durch begriffliche Analyse des Textes, seiner Differenzialität und Intertextualität. Dazu wenden wir uns dem Leser zu.

5.1.4. *Der literarische Leser: Rezeptionsästhetische Überlegungen*

Ein literarischer Text, sagten wir, ist selbstreferierend. Er referiert nicht auf eine bestehende Wirklichkeit, sondern entwirft seine Wirklichkeit selbst, und zwar als durchaus realitätsanaloge Wirklichkeit. Seine Personen, Handlungen, Ereignisse, Räume sollen möglichst wie wirkliche Personen, Handlungen, Ereignisse, Räume erscheinen: Seine Personen soll man richtig vor sich sehen, sich vielleicht sogar mit ihnen identifizieren und ihre Handlungen miterleben können, seine Ereignisse soll man möglichst lebhaft mitvollziehen, seine Räume mehr oder weniger deutlich zu erblicken meinen. (Im Falle des gelesenen Dramas: seine Personen, Handlungen, Ereignisse, Räume soll der Leser wie wirklich auf der Bühne erscheinende Personen, Handlungen, Ereignisse, Räume erleben.) Reale Personen, Handlungen, Ereignisse, Räume sind aber durch unendlich viele einzelne Merkmale bestimmt; literarische Personen, Handlungen, Ereignisse, Räume i. a. nur durch einige wenige, das Äußere von Personen etwa oft nur durch ein halbes Dutzend oder noch weniger. Literarische Wirklichkeiten sind daher an unendlich vielen Stellen nicht bestimmt, haben unendlich viele *Unbestimmtheitsstellen*, – anders als reale Wirklichkeit: „Im Wesen eines jeden realen Gegenstandes liegt [...]: Er weist in seinem Sosein *keine Unbestimmtheitsstelle* auf." (Ingarden 1965, S. 261) Und da literarische Wirklichkeiten nicht auf reale Wirklichkeiten referieren und deshalb auch nicht (wie Gebrauchstexte) bei ihren Unbestimmtheitsstellen auf die Bestimmtheiten der realen Wirklichkeiten verweisen können, andererseits aber realitätsanaloge Wirklichkeiten entwerfen, sind sie darauf angewiesen, dass ihre *Leser* die vielfach unbestimmten, gleichsam nur schematischen oder abstrakten Anzeigen und Entwürfe (im Falle des Dramas: die Spielentwürfe) von Wirklichkeiten, die sie bieten, zu mehr oder weniger kompletten, konkreten Wirklichkeiten (im Falle des Dramas: Bühnenwirklichkeiten) ausfüllen.

Der literarische Text ist so, eben weil er selbstreferierend ist, *fremdkonstituiert*: Er existiert, weil er von seinem *Autor* produziert ist, und er existiert in der Weise, dass er literarisch konkret erst in der jeweiligen Konkretisation seiner schematischen Entwürfe durch den *Leser* wird. Der Leser ist *Koproduzent* des literarischen Textes, und das im strengen Sinne des Wortes: Er füllt ja nicht nur mechanisch 'leere' Stellen des literarischen Textes aus (Iser 1976, S. 280–315), sondern er aktualisiert mit der Art seiner Konkretisation der schematischen Entwürfe jeweils das vom Text entworfene literarische Sinnsystem. Diese Sinnaktualisierung ist nicht einfach durch den Sinnentwurf des Textes gesteuert oder vorprogrammiert, sondern ist bedingt durch das individuell wie gesellschaftlich geprägte Sinnsystem des Lesenden, ist getragen von der individuellen wie sozialen Fantasie des Lesers: Sie ist ein jeweilig eigenes, originär produktives Handeln des Lesers, der so wirklich Koproduzent des literarischen Textes ist (s. Waldmann 1984a, S. 101–112).

Das ist die (seit über 60 Jahren häufig dargelegte) *inhaltliche* Seite der produktiven Konkretisation des literarischen Textes durch den Leser. Zu ihr kommt eine *formale*, auf der Intertextualität des literarischen Textes beruhende Seite, die die inhaltliche Seite präzisiert: Ein literarischer Text hat seinen literarischen Status durch seine *Außendifferenz* zu Alltagstexten. Als literarischer Text gegeben ist aber immer nur das einzelne Gedicht, die jeweilige Erzählung, der bestimmte Roman, das besondere Drama und mit ihnen nicht gleichzeitig auch die Alltagstexte, von denen sie verschieden sind. Die Differenz zu ihnen erscheint nicht am literarischen Text, sie muss jeweils vom *Leser* vollzogen werden, – wenn er den Text nicht als Alltagstext, den Roman etwa als Bericht über wirkliches Geschehen lesen will.

Ein literarischer Text realisiert seine Außendifferenz zu Alltagstexten als ein System von *Binnendifferenzen*: Was die einzelnen literarischen Merkmale sind und wodurch sie verstehbar sind, sind sie durch die jeweils 'benachbarten' Merkmale, die sie nicht sind. Im literarischen Text gegeben erscheint aber immer nur ein bestimmtes literarisches Merkmal, im lyrischen Text beispielsweise eine bestimmte Klang- oder Reim- oder Metrum- oder Vers- oder Bild- oder Satzform und mit ihr nicht gleichzeitig auch alle anderen 'benachbarten' Klang-, Reim-, Metrum-, Vers-, Bild-, Satzformen, die die bestimmte lyrische Form nicht ist, durch die Differenz zu welchen sie aber erst als sie selbst existiert und verstehbar ist. Sie erscheinen nicht am literarischen Text, sie müssen jeweils vom *Leser* vollzogen werden, – wenn er die Klangform nicht als zufälliges Wortgeklingel, die Reimform nicht als komisches Lautecho, das Metrum nicht als seltsame Betonungshäufung, die Versform nicht als Papierverschwendung, die Bildform nicht als abartigen Wortgebrauch, die Satzform nicht als mutwillige Verständniserschwerung lesen soll.

Was meint aber, dass der Leser die Außen- und Binnendifferenzen eines literarischen Textes „vollzieht"? Es meint keinesfalls, dass er sie alle 'weiß' oder benennt oder analysiert. Es meint weit schlichter, dass er in derselben Kultur- und Literaturtradition lebt, aus der der Text stammt, und dass er so über einen größeren oder kleineren Fundus an kulturellen und literarischen Erfahrungen verfügt, also irgendei-

nen *literarischen Erfahrungshorizont* besitzt, in den er den gelesenen Text hinein-
stellen und einordnen kann, – und ihm nicht gegenübersteht wie dem Gilgamesch-
Epos, dem I Ging, den Upanishaden, dem Nô-Spiel oder sonst einem Text aus einer
völlig fremden fernen Kultur. Und das bedeutet, dass er über einen mehr oder weniger großen Fundus an Differenzerfahrungen verfügt: an Außendifferenzerfahrun-
gen, mit denen er einen Text als literarischen (z. B. ein Gedicht als lyrischen Text)
identifizieren kann, an Binnendifferenzerfahrungen, mit denen er die lyrische Gestalt des Textes (etwa Vers-, Reim- und Strophenform eines Gedichts) als solche auffassen kann.

Beim Lesen und beim Verstehen von Literatur geht es so weniger um ein Wissen um
Literatur als um Erfahrung mit ihr: um *literarische Erfahrung* (vgl. Waldmann 1990).
Sie ist es auch, die die inhaltliche Konkretisation des Textes durch den Leser trägt,
die i. a. nicht beliebig und zufällig, sondern innerhalb des Erfahrungshorizonts, in
dem ein literarischer Text für seinen Leser steht, erfolgt. Dass der Leser mit seinen
– mehr oder weniger großen – literarischen Erfahrungen (formal) den Text als literarischen Text und nach seiner literarischen Gestalt vollzieht, dass er (inhaltlich) im
Horizont seiner literarischen Erfahrungen die schematischen Entwürfe des literarischen Textes realisiert und ihn sinnaktualisiert, bedeutet ein aktives, kreatives, *produktives* Handeln des *Lesers.* Auf es ist der literarische Text angelegt, es trägt das
Verstehen eines literarischen Textes, – und an ihm kann die Literaturdidaktik nicht
einfach vorbeigehen. Es ist kein didaktischer Luxus, den man sich leisten oder auch
nicht leisten kann, ob man in Schule und Hochschule produktive Formen des Umgangs mit Literatur wählt, sondern durch die Literatur selbst strukturell gefordert.
Lesen und Verstehen literarischer Texte sind *produktive* Vorgänge, die – u. a. – produktiv vermittelt werden sollten und dann als produktiv vermittelte kognitiv erfaßt
werden können.

5.1.5. Didaktische Überlegungen zum produktiven Umgang mit Literatur

Für einen produktiven Umgang mit Literatur in Schule und Hochschule wird der Begriff der *Erfahrung* wichtig (s. Waldmann 1987, S. 40–43, bzw. 1996, S. 229–232). In
der Pädagogik ist das Prinzip des „learning by doing" (Dewey), das Konzept des
'Lernens durch Erfahrung' seit langem fest etabliert. In Ästhetik und Literaturtheorie ist 'ästhetische' bzw. 'literarische Erfahrung' ein gut eingeführter Begriff. Und
auch in der Literaturdidaktik gibt es entschiedene Ansätze eines 'erfahrungsoffenen'
oder 'erfahrungsbezogenen' Unterrichts (z. B. Scheller 1981; 1993). Erfahrung aber
'weiß' man nicht, man hat sie. Und man 'lernt' sie nicht, das ist schon sprachlich nicht
möglich, sondern man *macht* sie: *aktiv, produktiv.* Daher kommt es darauf an, Gelegenheiten zu schaffen und Möglichkeiten zu bieten, bei aktivem und produktivem
Umgehen mit Literatur eigene literarische Erfahrungen (u. a. Differenz- und Inter-
textualitätserfahrungen) zu machen. Etwa so, dass die Schüler und Studenten durch
Umschreiben literarischer Texte in Gebrauchstexte und umgekehrt oder durch das

Schreiben eigener literarischer Texte die Verschiedenheit (Außendifferenz) von literarischen und Alltagstexten erfahren. Etwa so, dass sie durch unterschiedlichstes Arbeiten an Texten die Verschiedenheit (Binnendifferenz) beispielsweise einer literarischen Form von 'benachbarten' Formen erfahren. Ein *Beispiel*: Die Schüler oder Studenten formen die oben abgedruckten beiden Kreuzreimstrophen aus dem Textmaterial Trakls in Strophen mit umarmendem Reim um (das ist ihre Form bei Trakl) und dann in Paarreimstrophen, vielleicht noch in Strophen mit unterbrochenem und Reihenreim und in eine Strophe mit Schweifreim. Sie erfahren so (vor allem wenn sie die verschiedenen Texte laut lesen), dass der originale Text Trakls mit umarmendem Reim merklich verschieden von der (manchmal auch von ihm verwendeten) Kreuzreimform und völlig verschieden von der das Gedicht ganz verändernden (und nie von ihm verwendeten) Paarreimform sowie von anderen Reimformen ist: Was der Reimverstext als spezifisch Traklscher Text ist, wird *erfahren* und *verstanden* aus der Differenz zu den Reimstellungen, die der Text nicht aufweist, wird erfahren und verstanden in *aktiv-produktivem* Umgehen mit dem Text.

Was Schüler wie Studenten von diesem und anderen produktiven Verfahren für das Verstehen literarischer Texte haben, ist u. a.:

- dass sie *Erfahrungen* (insbesondere Differenzerfahrungen) mit Literatur, ihren Merkmalen, Formen, Techniken machen, sie auf dieser Grundlage in ihren Strukturen und Funktionen verstehen und kognitiv erfassen können, dass sie allgemein *Sensibilität* für sie, für ihre Wirkungen und Leistungen entwickeln;

- dass sie die Erfahrung der *Intertextualität* literarischer Texte machen, die positiv und negativ auf andere Texte verweisen und sie in sich enthalten;

- dass sie die Erfahrung prinzipieller *Produziertheit* literarischer Texte machen, die so, wie sie sind und verstanden werden müssen, von ihrem Autor produziert worden sind, aber auch ganz anders hätten produziert sein können;

- dass sie lernen, literarische Formen zu verwenden, und dazu angeleitet werden, in kleinerem oder größerem Umfang selbst literarische Texte zu schreiben und sich in ihnen zu artikulieren, und so eigene – und sei es noch so begrenzte – Erfahrung mit dem *Schreiben von literarischen Texten* machen.

Produktives Umgehen mit Literatur kann oft in Partner- und Gruppenarbeit, kann als kollektives Schreiben und in verschiedenen Spielformen erfolgen. Es kann viel Spaß machen, kann Lust auf Literatur machen und Freude am Lesen von Literatur wecken. Das alles kann es deshalb, weil die Schüler und Studenten an den produktiven Prozessen innerlich beteiligt sind mit ihrer Fantasie, mit ihrer Kreativität. Ihnen Gelegenheit dazu zu geben, sie zu üben und Erfahrungen mit ihnen zu machen, ist die wichtige Leistung eines lustvollen und ertragreichen produktiven Umgangs mit Literatur in der Schule und auch in der Hochschule. Und speziell auf die Schule bezogen: Dass der Literaturunterricht in der Lage ist, in dem einzelnen Schüler Vorstellungskraft, individuelle und soziale Fantasie, Produktivität und Kreativität zu entbinden, entscheidet meist darüber, ob der Schüler mit der Literatur, mit der er umgeht und später umgehen wird, die er liest und später lesen wird, wirklich *selbst* etwas zu tun hat. Mit seinen Erfahrungen, seinen individuellen und gesellschaftlich geprägten Interessen und Bedürfnissen, seinen Lebensperspektiven und Sinnentwürfen kann er sich nur dann in einen literarischen Text einbringen (ihn konkretisieren und sinnaktualisieren), wenn er Übung und Erfahrung damit hat, seine Vorstellungskraft und Fantasie kreativ und produktiv zu betätigen. Nur so schließt sein Umgang mit Literatur an seinen eigenen Erfahrungsbereich an, wird zu *literarischer Eigenerfahrung*.

Aktive, produktive Verfahren des Umgangs mit Literatur sind so für eine Hinführung zur Literatur, wie sie der Literaturumgang in der Schule und auch noch in der Hochschule leisten sollte, unabdingbar. Deshalb sind sie aber nicht das einzige Verfahren des Textumgangs, können und dürfen es nicht sein. Ein Literaturunterricht etwa, in dem die Schülerinnen und Schüler unablässig produzieren müssten, wäre unerträglich und ertraglos. Neben dem produktiven Umgang mit literarischen Texten muss das Anhören, das gemeinsame Erlesen, das Vorlesen, das Darstellen, das Erspielen, das Erörtern, das Interpretieren und Analysieren von Texten stehen. Zum letzten Aspekt, dem Analysieren literarischer Texte, noch ein Wort: Eine wichtige Aufgabe des Literaturumgangs in Schule und Hochschule ist nach wie vor, die Schüler und Studenten zu bewusstem und *kritischem Lesen* von Literatur zu führen. Er sollte ihnen vermitteln, einen literarischen Text seiner Gesamtgestalt wie seinen literarischen, kulturellen, geschichtlichen, gesellschaftlichen, politischen Bezügen nach zu verstehen. Das kann manchmal auch ein produktives Verfahren, oft aber nicht. Dazu braucht es analytischer Textarbeit. So ist in dem vorliegenden Buch etwa die Erarbeitung der Formtypen des Dramas (Kap. 3) wenigstens so stark analytisch wie produktiv ausgelegt; und das Modell der Erarbeitung eines Dramentextes (Kap. 6) enthält etwa gleich viele analytische wie szenische und produktive Arbeitsaufgaben. Dabei sind *produktive* und *analytische* Textarbeit, sind *produktiver* Textumgang und *kognitives* Erfassen eines Textes keine konkurrierenden und sich ausschließenden Verfahren. Sie können sich oft ergänzen, sich gegenseitig zuarbeiten, sie können ineinander verschränkt sein und sich gelegentlich auch vertreten oder ersetzen. Üblicherweise wird das produktive Verfahren jedenfalls nur einen Teil des Spektrums aller Verfahren des Umgangs mit Literatur bilden. Nur: es sollte nicht fehlen.

Welche Formen produktiven Textumgangs mit Dramentexten jeweils gewählt werden, hängt von vielen Faktoren ab: Vor allem von den Dramen, mit denen man umgeht, aber auch davon, woraufhin, mit welchen Verstehensabsichten sie betrachtet werden sollen und was man durch produktive Verfahren bei ihnen erreichen will. Das muß jeder Lehrer, Kurs- oder Seminarleiter im einzelnen Fall entscheiden, und es gibt viele Möglichkeiten, für die er sich entscheiden kann. Im folgenden Abschnitt sollen zunächst in einem „Katalog" die wichtigsten Möglichkeiten produktiven Textumgangs mit Dramentexten systematisch aufgelistet werden. Im darauf folgenden Kapitel (6.) werden dann an dem Modell der Behandlung eines einzelnen Dramas verschiedene Möglichkeiten des Arbeitens mit produktiven, aber auch mit szenischen und analytischen Verfahren ausführlich dargestellt.

5.2. Katalog von Formen produktiven Umgangs mit Dramentexten

Der folgende Katalog orientiert sich im 2. und 3. Abschnitt (5.2.2. und 5.2.3.) an den vorstehenden theoretischen Ausführungen zur produktiven Hermeneutik und Didaktik und ordnet die produktiven Verfahren nach den rezeptionsästhetischen und produktionsästhetischen Kriterien (in dieser Reihenfolge), die dort dargestellt worden sind. Dabei werden der Vollständigkeit halber auch die Verfahren szenischen Erarbeitens von Dramentexten, die bereits in dem „Repertoire" des vorigen Kapitels (4.2.) aufgelistet sind, sofern sie vorwiegend produktiver Art sind, noch einmal genannt. Diesen beiden Abschnitten vorangestellt ist ein Abschnitt (5.2.1) mit Verfahren zum aktiven und produktiven Erlesen und Erspielen von Dramentexten. Am Schluss folgt dann noch ein Abschnitt (5.2.4), der sich nur mittelbar auf die produktive Erarbeitung und das Verstehen von Dramentexten richtet, mit Verfahren angeleiteter und freier Produktion dramatischer Texte.

5.2.1. *Aktive und produktive Rezeption von Dramentexten*

Die Verfahren dieses Abschnitts sollen zunächst der ersten Annäherung an Dramentexte dienen. Sie richten das Einlesen in einen Dramentext als aktives und gemeinschaftliches Geschehen ein und zielen darauf, dass der Dramentext als ein Text, der auf szenische Darstellung und Bühnenaufführung angelegt ist, erfahren wird. Bei Verfahren, die mit modifizierten Dramentexten arbeiten, soll durch die Textveränderungen die glatte Rezeption gehemmt und eine bewusstere und intensivere Wahrnehmung des Textes eingerichtet werden, in der dann Vermutungen über Handlung, Figuren, Inhalt, Form und Absicht eines Dramentextes möglich werden. Zuletzt sind dann Verfahren aufgeführt, mit denen ein Dramentext vor Zuschauern szenisch gelesen und dargestellt werden kann.

5.2.1.1. Aktives Erlesen eines Dramentextes

– Gemeinsames Erlesen eines Dramentextes in der Weise, dass jeder reihum jeweils einen Satz (als Sätze gelten auch Regieanweisungen und die Namen der Figuren) oder eine Satzgruppe liest, oder dass reihum jeder jeweils einen Redebeitrag einer Figur liest (ein 'Spielleiter' liest die Regieanweisungen) und sich dazu auf einen für die bestimmte Figur vorgesehenen Stuhl in der Mitte eines Sitzkreises setzt (4.2.1.) (s. A28);

– gemeinsames Erlesen eines Dramentextes mit verteilten Rollen, wobei die Sprecher der Rollen und der Regieanweisungen auf passend angeordneten Stühlen vor den Anderen oder in der Mitte eines Sitzkreises sitzen (4.2.1.) (s. A28);

– gemeinsames, abschnittweises Erlesen eines Dramentextes oder eines Teils von ihm mit jeweils anders verteilten Rollen durch Lesen bis zu einzelnen Gelenkstellen, dann Feststellen der jeweiligen Handlungsfortschritte und Vermutungen über den Fortgang der Handlung.

5.2.1.2. Aktives Hören und Sehen eines Dramentextes

- Gemeinsames Anhören bzw. Ansehen von Dramenaufführung auf Schallplatten, Kassetten, CD oder Video und freies Gespräch über das Gehörte bzw. Gesehene;
- gemeinsames Anhören bzw. Ansehen verschiedener Dramenaufführungen desselben Stücks oder auch nur einzelner Szenen oder Sequenzen aus ihm auf Schallplatten, Kassetten, CD oder Video und freies Gespräch über die Unterschiede der verschiedenen Aufführungen, deren Wirkung und mögliche Absichten;
- gemeinsamer Besuch einer Theateraufführung und nach Möglichkeit Gespräch mit dem Regisseur oder Schauspielern etwa über die Absicht, die Eigenart und mögliche Probleme der Inszenierung und das Verhältnis der Inszenierung zum Dramentext.

5.2.1.3. Aktives Lesen eines modifizierten Dramentextes

- Kritisches Lesen eines inhaltlich veränderten Dramentextes bzw. eines Teils von ihm, bei dem etwa Zeit oder Ort der Handlung, Alter, Geschlecht oder soziale Stellung der Figuren, Art oder Lösung des Konflikts umgeändert wurden: Feststellung und Begründung möglicher Irritationen, Vorschläge für die Beseitigung befremdender Momente, Vergleich mit dem Original;
- kritisches Lesen eines Dramentextes bzw. eines Teils von ihm, bei dem die Dialogbeiträge der Figuren vertauscht wurden: Rekonstruktion des originalen Textes durch Identifikation von Charakter, Motivlage, Redeweise der Figuren und Zuordnung der zu den Figuren gehörenden Reden;
- kritisches Lesen eines Dramentextes bzw. eines Teils von ihm, in den Stellen aus einem anderen Drama eingefügt wurden: Rekonstruktion des originalen Textes durch seine Identifikation nach seinen inhaltlichen, formalen, stilistischen Merkmalen und Aussonderung des fremden Textes.

5.2.1.4. Aktive und produktive Darstellung eines Dramentextes vor Publikum

- Szenische Lesung eines Dramentextes vor Publikum (der Klasse, dem Kurs oder Seminar) mit passend verteilten Rollen und nur angedeuteter oder sparsamer szenischer Darstellung der Intonation und Sprechhaltung, der Gestik und Mimik, gegebenenfalls der Steh- und Gehhaltung der Figuren mit dem Text in der Hand;
- szenische Darstellung von (gegebenenfalls bearbeiteten und gekürzten) Kernstellen des Dramas, die vielleicht an denselben Orten spielen, analog verlaufen oder sonstwie dramatisch eng aufeinander bezogen sind, vor Publikum (s. A31, 41, 44);
- szenisches Erspielen eines Dramentextes oder wichtiger Szenen bzw. Sequenzen aus ihm vor Publikum in der Weise, dass nach dem Verteilen der Rollen und dem Lesen des Textes das Stück oder der Teil von ihm frei mit eigenen Worten gespielt und danach mit dem Dramentext verglichen wird (4.2.2.);
- szenische Darstellung eines Dramentextes vor Publikum als Pantomime, als Schattenspiel, als Puppenspiel, Sprechen eines Dramentextes als Hörspiel, Spielen eines Dramas in einer Theateraufführung.

5.2.2. Produktive Konkretisation von Dramentexten (rezeptionsästhetisch begründete Verfahren)

Mit den folgenden Verfahren soll das, was das rezeptionsästhetische Theorem vom Leser als Koproduzent des literarischen Textes meint, ausdrücklich geübt werden. Das, was der Leser auch sonst beim Lesen tut: dass er den Text über die bloße Aufnahme seines Textbestandes hinaus mit seiner Fantasie vorstellungsmäßig ausfüllt und erweitert und so erst eigentlich literarisch konkret werden lässt, dass er dabei eigenes Erleben und Fühlen, eigene Bedürfnisse und Erfahrungen in seine Konkretisation des Textes mit einbringt und damit erst eine eigene Aneignung des Textes vollzieht, soll in verschiedenen Zugriffen praktiziert und bewusster gemacht werden. Diese Zugriffe sollen nicht Fantasie beliebig und um ihrer selbst willen entbinden, sondern sie sind so angesetzt, dass sie erfahrbar machen, wie der Dramentext, seine Inhalte und Strukturen, seine geschichtlichen und gesellschaftlichen Bezüge durch eine produktive Rezeption konkretisiert und verstanden werden können.

5.2.2.1. Konkretisation der Handlung eines Dramentextes

- Antizipierendes Weiterführen des Dramenanfangs oder von einzelnen Dramenteilen (Akten, Szenen), um über eine artikulierte Erwartungshaltung stärker in das Handlungsgeschehen involviert zu werden (s. A28);
- verdeutlichende Darstellung von Konfliktsituationen oder antizipierende Darstellung ihrer Lösung im Rollenspiel (s. A34, 35);
- Fortführen der Handlung über den Dramenschluss hinaus mit Vorgängen, die den Schluss genauer fassen und so deuten, etwa seine Folgen und Auswirkungen darstellen;
- Dramatisieren von Vorgängen, die im Text nur berichtet oder beschrieben werden, wie vor allem Vorgänge aus der Vergangenheit, aber auch Botenbericht, Mauerschau usw., um dadurch die durch sie bedingten dramatischen Handlungen deutlicher zu erfassen (s. A33);
- Ausführen von Handlungen, deren Darstellung im Text abgebrochen oder – etwa als Vorgänge, die zwischen den einzelnen Akten und Szenen liegen – ausgespart und übersprungen werden, um dadurch das durch sie bedingte dramatische Geschehen deutlicher zu erfassen.

5.2.2.2. Konkretisation der Figuren eines Dramentextes

- Genauere Beschreibung einer Figur durch Schreiben einer Rollenbiografie für sie (4.2.3.) (s. A29), szenisches Erarbeiten von Körper- und Sprechhaltung einer Figur (4.2.4. u. 4.2.5.) (s. A30);
- Darstellen der inneren Vorgänge einer Figur durch das Einmalen von Denkblasen in den Text;
- szenisches Darstellen der inneren Vorgänge einer Figur durch Stop-Technik, Doppeln, innere Stimme oder ein Hilfs-Ich (4.2.10.–4.2.12.) (s. A36, 41);

– Schreiben von Subtexten zu dem Text einer Figur, in denen sie 'beiseite' oder in einem (von jemand Anderem gesprochenen) inneren Monolog das ausspricht, was sie bei dem, was sie sagt und tut, gerade fühlt, fürchtet, hofft, denkt, beabsichtigt usw. (s. Frommer 1995, S. 77–102);

– Bauen von Standbildern der Hauptfiguren, um ihre Hauptmerkmale, gegebenenfalls auch um ihr Verhältnis zueinander und die Veränderung dieses Verhältnisses darzustellen (4.2.8.) (s. A42);

– Hinzuerfinden von Episoden aus der Jugend oder dem vor dem Dramenbeginn liegenden Leben einer Figur, die ihre Motive und ihre Handlungsweise verständlich werden lassen;

– genaueres Ausführen von Randfiguren in Episoden mit den Hauptfiguren, die etwa in Diskussionen mit ihnen ihr Handeln und dessen Motive deutlicher auffassbar machen;

– Einfügen von Äußerungen oder Betrachtungen einer Figur als Monolog, in dem sie ihre Stimmungslage ausdrückt oder ihr (zukünftiges) Handeln reflektiert, erklärt, verteidigt;

– Verfassen von Tagebucheintragungen einer Figur zu besonders auffälligen Handlungsvorgängen, oder Schreiben ihrer Tag- und Nachtträume dazu, oder Verfassen von Briefen, die die Figuren dazu einander schreiben;

– Verfassen von Briefen zu auffälligen Handlungsvorgängen an die Figuren sowie von Antwortbriefen der Figuren (geschrieben von anderen Teilnehmern);

– Sichversetzen in die Hauptfigur und Umschreiben ihres Textes oder Teile des Textes so, wie man selbst an ihrer Stelle sprechen oder handeln würde;

– Beschreiben einer Begegnung mit einer Figur im Zug, im Café, im Kino, in der Schule / Hochschule usw. (s. A50);

– Schreiben eines Nachrufs oder einer Grabrede auf eine Figur als ihre Gesamtwürdigung.

5.2.2.3. Konkretisation von Zeit und Raum eines Dramentextes

– Genaueres Beschreiben für die Handlung wichtiger Orte, an denen die einzelnen Akte bzw. Szenen des Dramas spielen, gegebenenfalls in Form umfangreicher Szenenanmerkungen;

– genaueres Beschreiben von Requisiten, die für das Drama eine wichtige Rolle spielen, gegebenenfalls in Form von Regieanweisungen (oder auch als Teil von Szenenanmerkungen);

– genaueres Beschreiben der Zeit, zu der das Drama spielt, und der wichtigeren politischen und kulturellen Ereignisse, die für das Drama Belang haben, gegebenenfalls als umfangreiche Szenenanmerkung oder Teil ihrer etwa vor dem 1. Akt bzw. der 1. Szene;

– genaueres Beschreiben der Kostüme und der Haartracht der Figuren, gegebenenfalls als Teil des Personenverzeichnisses oder als Regieanmerkung beim ersten
Auftreten der Figuren;
– Entwerfen und Zeichnen von Bühnenbildern der einzelnen Akte bzw. Szenen,
von Kostümen und gegebenenfalls wichtigen Requisiten.

5.2.2.4. Konkretisierende Gesamtwertung eines Dramentextes

– Schreiben oder vorbereitetes Spielen einer Befragung, eines Verhörs, einer Gerichtsverhandlung, einer Pro-und-Contra-Diskussion, in denen Fehlverhalten,
Verfehlung, Schuld oder Unschuld einer Dramenfigur in der Dramenhandlung
dargestellt und kontrovers diskutiert werden, gegebenenfalls mit offenem
Schluss, damit 'Zuschauer' an der Meinungsbildung oder Urteilsfindung beteiligt
werden können (s. A34);
– Schreiben von Nachspielen zum Drama, die – gegebenenfalls aus zeitlicher Di-
stanz – Folgen und Auswirkungen seiner Vorgänge darstellen und so sein Geschehen werten (s. A50);
– Schreiben eines – fiktiven oder realen – Briefs an den Autor über Probleme mit
seinem Stück und mit Fragen zu ihm;
– Schreiben eines fiktiven Briefs des Autors an seinen Verleger, an den Regisseur
seines Stücks, an einen Theaterkritiker usw. zu bestimmten Verständnisfragen des
Stücks (s. A43);
– Verfassen eines 'Programmheftes' für eine fiktive Aufführung des behandelten
Dramas: Personenverzeichnis (gegebenenfalls mit bekannten Schauspielern), eigene Kostümentwürfe und Bühnenbilder, Inhaltsangabe des Dramas, Darstellung seiner wesentlichen Aussagen und was die eigene Inszenierung vor allem
übermitteln will, Ausführungen des Autors sowie Materialen zum Autor und seinem Werk, zur Zeit, in der das Drama spielt usw.

5.2.3. Produktive Veränderung von Dramentexten (produktionsästhetisch begründete Verfahren)

Mit den folgenden Verfahren soll das, was das produktionsästhetische Theorem von
der Produziertheit eines literarischen Textes meint, ausdrücklich praktiziert werden:
Der Dramenautor produziert seinen Text, indem er aus sehr vielen Möglichkeiten
bestimmte Inhalte und Formmittel wählt. Die Inhalte und Formmittel, die er wählt,
sind, was sie sind, und sind verstehbar in dem, was sie sind, durch die 'benachbarten'
Inhalte und Formmittel, die sie nicht sind: Ihren literarischen Status haben sie (innerhalb ihrer paradigmatischen literarischen Reihe) aus der Differenzqualität zu all
den an sich auch möglichen, vom Autor aber nicht gewählten Inhalten und Formmitteln. Und sie können in ihrem literarischen Status verstanden werden, indem man
sie verändert zu dem, was sie nicht sind, aber sein könnten bzw. hätten sein können.
Man macht so im Prinzip das, was der Autor macht, wenn er produziert, nämlich et-

was wählt und damit anderes abwählt, nur dass man sich jetzt das vom Autor Abge-
wählte genauer als solches vor Augen führt, um damit das von ihm Gewählte deutlicher auffassen und besser verstehen zu können. Die Veränderungen von Dramentexten, die im Folgenden vorgeschlagen werden, sind also nicht spielerischer Selbstzweck, sondern dienen der produktiven Erfahrung, Erkundung und Erhellung, also
dem produktiven Verstehen der literarischen Differenzqualitäten und damit der Literarizität von Dramentexten.

5.2.3.1. Veränderung der Handlung eines Dramentextes

- Kürzen einer – wichtigen – Szene eines Dramas (etwa unter der Vorgabe, sie könne nur so aufgeführt werden) um ein Drittel ihres Umfangs, um so diskutierbar zu
machen, was an ihr wirklich wichtig und was unwichtiger ist;

- Umstellen von Szenen eines offenen Dramas (wie Büchners „Woyzeck") oder eines Stationendramas, um so die Kausalität der ursprünglichen im Gegensatz zu einer veränderten Szenenfolge zu erkennen;

- Schreiben von „Varianten" (im Sinn von Frischs „Varianten-Spiel"; 1969, S. 32)
vor allem der Kernstellen und entscheidenden Vorgänge eines Dramentextes (vgl.
A59);

- Spielen von Varianten eines Dramentextes in der Art von Boals Forumtheater
(4.2.15., s. A21);

- Schreiben von „Parallelszenen" wichtiger dramatischer Vorgänge (im Sinne
Brechts; 1991–94, Bd. 22.2, S. 830–839) mit analoger Handlung, aber kontra-
stierendem Personenarsenal (Dramentext: Adlige – Parallelszene: Bauern; Dramentext: Erwachsene – Parallelszene: Kinder usw.), um so das originale Dramengeschehen zu verfremden und zu verdeutlichen;

- Umschreiben des Dramenschlusses zu einem Ende, wie es etwa nach Art der dramatischen Figuren auch sein könnte oder wie es gemäß der eigenen Einstellung zu
dem Dramengeschehen eigentlich sein sollte (s. A47);

- Spielen von Entscheidungs- und Konfliktsituationen des Dramentextes und Erspielen eigener Entscheidungen und Konfliktlösungen im Rollenspiel (s. A35).

5.2.3.2. Veränderung der Figuren eines Dramentextes

- Verändern der wichtigsten Charaktereigenschaft der Hauptfigur und Umschreiben bzw. Schreiben einer Szene oder Sequenz mit ihr, um zu erkunden, in welchem Grade die Dramenhandlung durch einen bestimmten Charakter der Hauptfigur bestimmt ist;

- Verändern des Alters oder des Geschlechts oder des Berufs der Hauptfigur und
Umschreiben bzw. Schreiben einer Szene oder Sequenz mit ihr, um zu erkunden,
in welchem Grade ihr Handeln durch bestimmte, gegebenenfalls zeitbedingte al-
ters-, geschlechts-, berufsspezifische Rollenauffassungen und -bedingungen ver-
ursacht ist;

– Herstellen einer Anti-Figur: Umdrehen aller Merkmale einer Hauptfigur, des Äußeren, der Charaktereigenschaften, des Verhaltens, und Umschreiben bzw. Schreiben einer Szene bzw. Sequenz mit ihr, um zu erkunden, in welchem Grade die Dramenhandlung überhaupt durch die Hauptfigur geprägt ist;

– Verändern des Helden / der Heldin in eine Feindfigur und des Feindfigur in eine Sympathiefigur und Umschreiben bzw. Schreiben einer Szene oder Sequenz mit ihnen, um zu erkunden, in welchem Grade das dramatische Handlungsgeschehen einem, gegebenenfalls historisch bedingten, Freund-Feind- oder ingroup-outgroup-Denken verpflichtet ist.

5.2.3.3. Veränderung von Zeit und Ort eines Dramentextes

– Transponieren eines Dramentextes oder von Szenen bzw. Sequenzen aus ihm in eine frühere Zeit und deren Orte: Athen, Sparta, Rom, Mittelalter (Rittertum, Mönchstum, Minnesang), Conquista, Bauernkriege, Absolutismus, Wilhelminismus, Nationalsozialismus usw., um durch die notwendigen Veränderungen oder die entstehenden Inkongruenzen des dramatischen Geschehens die spezifische Zeitbedingtheit des Dramentextes zu erfahren;

– Transponieren eines in der Vergangenheit spielenden Dramentextes oder von Szenen bzw. Sequenzen aus ihm in die Gegenwart und ihre Orte, um etwa durch die heutige Irrelevanz mancher früherer Probleme und Konflikte deren geschichtliche und gesellschaftliche Bedingtheit zu erfahren;

– Transponieren eines (vor allem in der Gegenwart spielenden) Dramentextes oder von Szenen bzw. Sequenzen aus ihm in die nähere, weitere oder fernste Zukunft und deren Orte, um entweder durch die Antizipation einer positiven Entwicklung der gesellschaftlichen Möglichkeiten (Utopie) eine Lösung der Konflikte des Dramentextes vorstellbar zu machen, oder um durch die Antizipation einer weiterhin negativen Entwicklung der vorhandenen Probleme und Mißstände (Anti-Utopie) eine Verschärfung und ein Unlösbarwerden der Konflikte des Dramentextes, in jedem Falle um die Zeitbedingtheit der Konflikte des Dramentextes zu erfahren;

– Ausstattung eines in der Vergangenheit spielenden Dramentextes oder von Szenen bzw. Sequenzen aus ihm mit anachronistischen, auf die aktuelle Gegenwart, ihre Vorgänge und Probleme bezogenen Äußerungen und Kommentaren der Figuren, um so eine Beziehung des Dramentextes zur Gegenwart her- und seine Aktualität darzustellen.

5.2.3.4. Veränderung der Form eines Dramentextes

– Einfügen von 'epischen' Instanzen (im Sinne Brechts) in den Dramentext: eines „Sprechers", „Ansagers", „Spielleiters", „Jokers" (s. Boal 1989, S. 14), eines kleineren oder größeren „Chors", die Szenen oder Sequenzen im Sinne des Dramentextes oder auch gegenläufig und kritisch zu ihm einleiten und vor allem kommentieren;

– Beschaffen dokumentarischen Materials, das die geschichtliche oder politische
  Situation eines Dramenvorgangs beleuchtet und verdeutlicht: Texte und Bilder,
  die an passenden Stellen als Spruchbänder auf Wandtafeln oder mit Hilfe von Projektionen gezeigt werden könnten;
– Spielen (oder auch Schreiben) einer schwierigen oder problematischen Szene
  bzw. Sequenz eines Dramentextes als Theaterprobe mit einem sehr progressiven
  Regisseur und äußert eigenwilligen, aber engagierten Schauspielern, die gemeinsam ganz besondere Aufführungsweisen und auch Streichungs- und Änderungs-
  möglichkeiten des Stücks diskutieren und probieren;
– Umschreiben einer Dramenszene oder -sequenz mit starkem pädagogischen oder
  moralischen oder auch religiösen Anspruch in eine Szene mit sich absurd verhal-
  tenden, handelnden und gegebenenfalls auch sprechenden Figuren, um dadurch
  den pädagogischen, moralischen, religiösen Sinnhorizont des Textes zu verfremden und diskutierbar zu machen;
– Umschreiben einer Dramenszene oder -sequenz in eine Erzählung, eine Chronik,
  einen Bänkelsang, einen Zeitungsbericht, einen Polizeibericht, eine Reportage
  usw., die sich affirmativ oder kritisch zu dem berichteten Dramengeschehen verhalten (s. A45).

5.2.3.5. Veränderung der Sprachform eines Dramentextes

– Umschreiben eines unsymmetrischen Dialogs, in dem ein Redepartner ganz dominant ist und den Anderen nicht zur Geltung oder zu Wort kommen lässt und
  nicht auf ihn eingeht, in einen symmetrischen Dialog mit gleichwertigen Redebei-
  trägen gleichberechtigter Dialogpartner, um so das kommunikativ diskrepante
  Verhältnis der Redepartner im Dramentext deutlicher auffassbar zu machen (s.
  A38);
– Ergänzen eines Dialogs, in dem ein Dialogpartner wegen der Redesituation nicht
  sagen kann, was er wirklich – u. a. über den Partner – denkt und was er eigentlich
  will, durch Beiseitesprechen und (größere) Anreden ad spectatores dieses Dialog-
  partners;
– Übersetzen einer sprachlich sehr elaborierten oder stark pathetischen oder mit
  großem ethisch-moralischen Anspruch gesprochenen Dramenszene oder -se-
  quenz in Umgangssprache, in Dialekt, in Jugend-, Subkultur- oder Szene-Sprache, um so etwa das Gesprochene konkret auf Jugendliche zu beziehen, vor allem
  um es in seinem Geltungsanspruch zu verfremden und diskutierbar zu machen;
– Umschreiben einer Dramenszene oder -sequenz in indirekte Rede, die von den
  Figuren gesprochen wird, um so eine völlige Verfremdung des konventionellen
  Dramas und seiner Formmittel zu erzielen und seine Hauptmerkmale und -lei-
  stungen auffassbar zu machen (vgl. A70).

5.2.3.6. Umformung eines Dramentextes in eine aktualisierte Fassung

– Umschreiben eines Dramentextes oder einer Szene bzw. Sequenz aus ihm in eine aktualisierte Fassung, die Figuren und Handlung der ursprünglichen Fassung beibehält, aber in die unmittelbare Gegenwart versetzt und so entweder die nach wie vor bestehende Aktualität oder auch die Zeitgebundenheit ihrer Probleme und Konflikte erfahrbar werden lässt;

– Umschreiben eines Dramentextes oder einer Szene bzw. Sequenz aus ihm in eine aktualisierte Fassung, die Handlungsgerüst und Konfliktsituation der ursprünglichen Fassung beibehält, die Figuren aber durch Personen (gegebenenfalls bekannte Personen aus Politik, Kultur, Wissenschaft, Sport usw.) der Gegenwart ersetzt, die die heutige Sprache sprechen, die dramatischen Probleme und Konflikte mit heutigen Augen betrachten, diskutieren und lösen und so beispielsweise deren Zeitbedingtheit erfahrbar werden lassen.

5.2.3.7. Umformung eines Dramentextes in einen Gegentext – Schreiben eines selbstständigen Gegentextes

– Umschreiben einer Dramenszene oder -sequenz in eine Trivialfassung: Liebesszene in sentimentaler oder Kitsch-Form, Konflikt in Western- oder Krimimanier, Lösungssuche in Detektivweise usw., um dadurch die besondere Art und Leistung des originalen Textes zu verdeutlichen (s. A32);

– Umschreiben des Schlusses eines Dramentextes in einen Gegentext mit umgedrehter Konfliktlösung, etwa mit einem Happy-end statt einer tragischen Lösung, um dadurch die bestimmte Wirkung und Leistung des originalen Schlusses besser einschätzen zu können (s. A47);

– Umschreiben eines Dramentextes oder von Szenen bzw. Sequenzen aus ihm in einen märchenhaften, einen fantastischen, einen utopischen bzw. antiutopischen Text, in seine Parodie oder eine Groteskfassung, um so den originalen Text überkonturieren und damit verdeutlichen oder auch kritisieren zu können;

– Schreiben eines eigenen gegenläufigen '2. Teils' oder eines eigenen Gegen-Dramas zu dem behandelten Dramentext, um so seine Einwände gegen ihn und seine Kritik an ihm darzustellen.

5.2.4. Angeleitete und freie Produktion von Dramentexten

Die folgenden Verfahren dienen nicht mehr wie die Verfahren der vorhergehenden Abschnitte der unmittelbaren produktiven Erarbeitung und dem direkten Verstehen eines bestimmten Dramentextes. Mittelbar arbeiten sie dem Verstehen von Dramentexten allerdings auch zu, indem sie dramatische Strukturmerkmale, Formmuster und Formtypen produktiv erarbeiten, so eigene Erfahrung mit ihnen einrichten und Sensibilität für sie schaffen, die dann etwa für das Verständnis nachproduzierter Texte und überhaupt bei der Rezeption von Dramentexten von Belang sind. Darüber hinaus geht es aber auch darum, Kunstmittel und Techniken des Schreibens in dramatischen Formen zu erkunden und zu erproben und eine gewisse Fertigkeit im Verfassen von dramatischen Texten, die dann möglichst auch szenisch dargestellt oder aufgeführt werden sollten, zu erlangen, also Fantasie und Kreativität im Bereich des Dramas freizusetzen, dramatische Spielfreude zu entfalten und sich mit einer Gruppe im Medium des dramatischen Spiels in seinen Befindlichkeiten, Interessen und Bedürfnissen artikulieren zu können.

5.2.4.1. Nachproduktion dramatischer Strukturmerkmale, Formmuster und Formtypen

– Analysieren der Strukturmerkmale oder des Formmusters eines kurzen Dramentextes oder von Szenen und Sequenzen aus einem Dramentext und Nachproduktion dieser Strukturmerkmale oder dieses Formmusters unter Beibehaltung der Form mit anderen, gegebenenfalls aktuellen Inhalten (s. A55, 59, 62f., 65, 66b, 67, 68f., 70b);
– gruppenweises Analysieren der Strukturmerkmale oder der Formtypen verschiedener Dramentexte oder von Szenen bzw. Sequenzen aus ihnen und Schreiben eines eigenen (Kurz-)Dramas mit den Strukturmerkmalen oder dem Formtyp des analysierten Dramentextes zu anderen, gegebenenfalls aktuellen Inhalten oder auch zu einem gemeinsamen Thema (s. Kap. 3).

5.2.4.2. Umformung eines Erzähl- oder Berichttextes in einen Dramentext

– Umschreiben einer Erzählung oder von Teilen bzw. Sequenzen aus ihr in einen Dramentext, der möglichst alles Wichtige von dem in dem Erzähltext Dargestellten dramatisch realisiert (s. Kap. 2);
– Umschreiben eines frei gewählten Zeitungsberichts in einen Dramentext mit dem dafür passenden Dramentyp und unter Verwendung der dafür ertragreichsten Formmittel.

5.2.4.3. Produktion eines Dramentextes nach textuellen oder inhaltlichen Vorgaben

– Fortführen eines vorgegebenen Dramenanfangs oder Ergänzen einer vorgegebenen Dramenszene oder -sequenz durch Dramenanfang und -schluss zu einem vollständigen eigenen Dramentext;
– Herstellen eines sinnvollen Zusammenhangs zwischen zwei (vielleicht auch aus verschiedenen Dramen stammenden) kurzen Dramensequenzen und Schreiben eines eigenen Dramentextes damit;
– Schreiben eines eigenen Dramentextes auf der Grundlage einer vorgegebenen Personenkonstellation (z. B.: Schülerin – ausländischer Freund – Schulkamerad – Vater und Mutter – Großvater) oder eines Handlungsvorgangs (z. B.: Ein Mädchen wirft sich vor ein Auto, weil es seinen Freund nicht mehr treffen darf).

5.2.4.4. Freie Produktion eines Dramentextes

– Gruppenweises Produzieren eines Kollektiv-Dramas, etwa eines Stationendramas, zu einem bestimmten Thema oder Problem, bei dem innerhalb eines vorher abgesprochenen Gesamtrahmens jede Gruppe eine bestimmte 'Station' des Dramas schreibt (s. Waldmann 1984b, S. 131–133);

– gruppenweises Produzieren von Dramentexten verschiedenster Form: konventionelle, moderne und gegenwärtige Dramenformen, absurdes Drama, Dramenparodie, Kasperltheater (in der Art von Peter Weiss' Moritat „Nacht mit Gästen"[66]), Puppen- und Schattenspiel, Forumtheater usw. zu einem gemeinsam abgesprochenen Thema oder Problem.

5.2.5. *Zum Umgang mit dem Katalog*

Das sind 80 Zugriffe, die man für den produktiven Umgang mit dem Drama verwenden kann. Es sind, liebe Leserin, lieber Leser – ich rede Sie ausnahmsweise persönlich an, um dem Folgenden mehr Nachdruck zu geben – keineswegs 80 Verfahren, mit denen Sie nun so, wie sie Ihnen besonders Spaß machen, Ihre Klasse, Ihren Kurs oder Ihr Seminar an „König Oidipus", an „Minna von Barnhelm", an „Wilhelm Tell", an „Andorra" arbeiten lassen könnten. Diese Verfahren sind ja kein Selbstzweck; darüber, welche produktiven Zugriffe an welchem Drama verwendet werden können, entscheidet zunächst das Drama, d.h. die Analyse dieses Dramas. Und dann, welche Verstehensabsichten Sie mit Ihrer Arbeit an diesem bestimmten Drama verbinden. Beides erst, Ihre Dramenanalyse und Ihre Reflexion Ihrer Verstehensabsichten, befinden darüber, welche Verfahren wirkliche Funktion für Ihre Erarbeitung bestimmter Merkmale und Strukturen dieses bestimmten Dramas haben. Das sind in keinem denkbaren Fall alle 80 oder die Hälfte oder auch nur ein Drittel der oben aufgelisteten Zugriffe. Es können immer nur einige wenige sein, die genau auf dies Drama und zu Ihren bestimmten Verstehensabsichten mit diesem Drama passen. Die produktiven Zugriffe des Katalogs greifen eben konkret keinesfalls alle und immer und bestimmt nicht automatisch. Sie greifen nur da und dann, wo sie Funktion für eine bestimmte Erschließung bestimmter Merkmale und Strukturen haben. Das durch genaue Analyse des Textes und Reflexion Ihrer Verstehensabsichten herauszufinden, ist die unabdingbare Voraussetzung für eine sinnvolle Arbeit mit den aufgelisteten Verfahren. Ja.

Diese Arbeit kann Ihnen dieses Buch leider nicht abnehmen, etwa indem es nun viele Beispiele für die Anwendungen der produktiven Zugriffe gäbe. Eine Anwendung eines produktiven Verfahrens kann ja nicht abstrakt, sondern nur an einem bestimmten Dramentext exemplifiziert werden, ist aber oft nur im Kontext mit größeren Teilen des Dramas sinnvoll bzw. verstehbar. Dafür jeweils die Texte bereitzustellen bzw. die nötigen Informationen zu geben, wäre ungemein aufwendig und würde dies Buch unmäßig anschwellen lassen. Und es wäre dennoch nur begrenzt ergiebig, weil

es die sehr verschiedenen Absichten, die mit der produktiven Arbeit an einem Text
verbunden sein können, nicht berücksichtigen kann.

Deshalb wähle ich den Weg, exemplarisch an einem Drama zu arbeiten, das so als
Ganzes im Blick ist und bei dem jeder Zugriff im Kontext der ganzen Arbeit mit ihm
aufgefasst werden kann. Das hat u. a. den Vorteil, dass ich die produktiven Zugriffe
zusammen mit szenischen und analytischen Zugriffen vorführen kann und so dem
Missverständnis vorbeuge, die Behandlung eines Dramas könne oder solle ausschließlich mit produktiver Verfahren erfolgen. In diesem Sinne behandelt das folgende Kapitel Dürrenmatts Drama „Der Besuch der alten Dame"; auf Arbeitsaufgaben zu ihm wurde in dem vorstehenden Katalog ja auch schon häufig verwiesen.

6. Modell szenischen, produktiven und analytischen Umgangs mit einem Dramentext – Friedrich Dürrenmatt: „Der Besuch der alten Dame"

6.0. Einleitung

Friedrich Dürrenmatt war einer der wichtigsten deutschsprachigen Dramatiker in den ersten Jahrzehnten nach dem Zweiten Weltkrieg. Heute werden seine Dramen auf deutschsprachigen Bühnen seltener gespielt („Der Besuch der alten Dame" in den Spielzeiten von 1993 bis 1995 aber immerhin u. a. am Nationaltheater Mannheim, am Burgtheater Wien, im Schauspielhaus Zürich). Das bedeutet allerdings nicht, wie man zeitweise wohl meinen konnte, dass die Zeit Dürrenmatts vorbei wäre: „Heute erlebt Dürrenmatts Werk eine wahre Renaissance, und seine Theaterstücke werden wieder in aller Welt gespielt", sagt sein Verleger (Daniel Keel, in: Schweizerisches Literaturarchiv 1994, S. 186). Schon 1987 standen in 46 Ländern Dürrenmatt-Stücke auf dem Spielplan: „Es vergeht im Schnitt kein Tag, an dem nicht irgendwo auf der Welt ein Dürrenmatt gespielt wird." (Ramspeck 1990, S. 144). Dürrenmatt ist ein Weltautor, und Stücke wie „Der Besuch der alten Dame" und „Die Physiker", die heute schon fast Klassiker sind (und auf vielen Lehrplänen der Schulen stehen), werden wohl aus inhaltlichen wie formalen Gründen noch weitere Jahrzehnte überdauern. Es lohnt, sich mit Dürrenmatt zu befassen.

Zunächst einige biografische Angaben: Friedrich Dürrenmatt wurde 1921 in Konolfingen, einem Dorf im Kanton Bern, geboren. Sein Vater war seit 1911 evangelisch-reformierter Pfarrer in Konolfingen. 1935 erhält er eine Pfarrstelle in Bern, wohin die Familie übersiedelt; Dürrenmatt besucht hier das Gymnasium. Von 1941–1946 studiert er etwas ziellos in Bern, Zürich und dann wieder in Bern vor allem Germanistik und Philosophie und beginnt zu schreiben, hatte aber eine Zeitlang auch vor, Maler zu werden. 1947 wird sein erstes Theaterstück im Schauspielhaus Zürich aufgeführt, das Wiedertäufer-Drama „Es steht geschrieben" (geschrieben 1946). Es folgt 1948 ein Drama über die Paradoxie des christlichen Glaubens, „Der Blinde" (geschrieben 1947). In den folgenden Dramen verlässt Dürrenmatt bis auf eine Ausnahme die christliche Thematik (doch wird das christlich-kalvinistische Weltbild weiterhin seine Dramen, aber auch seine Hörspiele und seine Prosa und sogar die Detektivromane prägen) und gewinnt mit den folgenden Dramen die Darstellungs- und Bühnenform, die ihn dann bekannt und berühmt macht. Nach „Romulus der Große" (geschrieben 1949) und „Die Ehe des Herrn Mississippi" (geschrieben 1950) folgt noch einmal ein Stück mit religiöser Thematik, „Ein Engel kommt nach Babylon" (geschrieben 1953) und dann „Der Besuch der alten Dame": geschrieben 1955, uraufgeführt und veröffentlicht 1956. Wichtig sind danach vor allem „Die Physiker" (geschrieben 1961), „Der Meteor" (geschrieben 1964) und „Achterloo" (geschrieben 1982). Dürrenmatt starb 1990. (S. insbes. Goertz 1987; Tantow 1992.)

Das vorliegende Kapitel will zeigen, welche möglichen *Verfahren* es für die unterrichtliche Arbeit mit einem Dramentext gibt. Die dargestellten Verfahren sind oft übertragbar auf die Arbeit mit anderen Dramen anderer Autoren, realisieren aber nur einen kleinen Teil der in dem Repertoire bzw. Katalog (4.2. und 5.2.) aufgelisteten Möglichkeiten szenischer und produktiver Arbeit mit Dramentexten, – eben die, die für die Erarbeitung bestimmter Merkmale und Strukturen funktional sind. Dennoch bringt dieses Kapitel kein Modell einer Unterrichtseinheit. Es ist der Gesamtanlage wie der Progression der Arbeitsaufgaben nach zwar an der konkreten unterrichtlichen Arbeit mit dem Dramentext orientiert, seine 26 Arbeitsaufgaben sind aber nicht als Ganze im Unterricht durchzuführen: Der Lehrer, der mit diesem Kapitel Unterricht machen will, muss entschieden auswählen je nach Klassenstufe, Interessen und Reife der Klasse, je nach den Absichten seiner Arbeit mit dem Drama. Und er muss dabei die methodischen Schwerpunkte seiner Arbeit wählen: ob er mehr szenisch, mehr produktiv oder mehr analytisch verfahren will bzw. in welchem Verhältnis die drei Methoden zueinander stehen sollen.

Das folgende Kapitel führt jeweils mehrere Zugriffe für die drei methodischen Verfahren aus:

1. Szenische Verfahren:

– Schreiben von Rollenbiografien (A29)
– Erarbeiten von Körper- und Sprechhaltungen der Figuren (A30)
– Szenisches Darstellen von Hauptszenen (A31 u. 41)
– Bewusstmachen innerer Vorgänge durch eine 'innere Stimme' (A36)
– Bewusstmachen innerer Vorgänge durch 'Stop-Technik' (A41)
– Bewusstmachen innerer Vorgänge durch Doppeln der Figuren (A41)
– Bauen von Standbildern der Hauptfiguren (A42)

2. Produktive Verfahren:

– Antizipatorisches Fortführen des Dramenanfangs (A28)
– Rollenspiele (A33 u. 35)
– Pro-und-Contra-Diskussion (A34)
– Umschreiben einer Szene in eine andere Fassung (A32)
– Umschreiben eines Dialogs in eine andere Dialogform (A38)
– Umschreiben des Dramenschlusses (A47)
– Schreiben von Berichten und Erzählungen über eine Szene (A45)
– Schreiben eines Briefs des Autors zur Veränderung einer Szene (A43)
– Schreiben einer Szene aus der Vorgeschichte des Dramas (A33)
– Schreiben von Nachspielen zum Drama (A50)
– Herstellen eines Programmhefts für das Drama (A53)

3. Analytische Verfahren:

– Erarbeiten der Exposition (A28)
– Dialoganalyse (A37)
– Motivanalyse (A49)

- Bildanalyse (A39)
- Textvergleich analoger Szenen (A40)
- Textvergleich von Varianten (A43)
- Textvergleich mit einer Frühfassung (A46)
- Textvergleich mit einem literarischen Vorbildtext (A48)
- Textvergleich mit einem anderen Werk des Autors (A51)
- Dramentheoretische Analyse (A52)

„Der Besuch der alten Dame" kann schon in der 9. Klasse, vor allem in der 10. und 11. Klasse, aber auch noch in der 12. Klasse (und er kann in Proseminaren) behandelt werden. Die Arbeitsaufgaben haben eine entsprechende Bandbreite der Schwierigkeitsgrade. Das Drama wird im Folgenden aktweise behandelt, sodass es gegebenenfalls auch jeweils nur aktweise gelesen werden kann.

6.1. Erster Akt: Die Exposition, die Hauptfiguren, die Konfliktsituation

A28: *Erlesen und Vergegenwärtigen der Exposition, Antizipation des Fortgangs*

Zu Beginn eines Dramas wird der Zuschauer i. a. mit dem Ort, der Zeit, den Personen und der Handlung des Dramas bekannt gemacht; man nennt das die dramatische *Exposition*.

Lesen Sie gemeinsam den Anfang von Friedrich Dürrenmatts Drama „Der Besuch der alten Dame"[67] (S. 13–20, 8. Z. v. u.: „wenn nur alles in Ordnung kommt zur rechten Zeit.") entweder so, dass jeder reihum einen Satz bzw. eine Satzgruppe (einen Redebeitrag) einer Figur, den Namen einer Figur oder eine Regieanweisung liest, oder so, dass Sie mit verteilten Rollen lesen (s. 4.2.1.). Machen Sie sich dann klar,

- wo das Stück spielt und wie sein Ort beschrieben wird,
- wann das Stück etwa spielt,
- welches die Hauptfiguren sind und wie sie vorgestellt werden.

Stellen Sie Vermutungen darüber an, welche Handlung nun folgen könnte: eine Heimat-, eine Liebes-, eine Kriminalgeschichte, ein soziales, ein zeitkritisches Drama, und ob es wohl ein fröhliches, lustiges, komisches, gefühlvolles, trauriges oder tragisches Stück wird.

Skizzieren Sie kurz, welchen Fortgang des Dramas Sie sich denken könnten.

(A28) Diese Aufgabe ist dann vor allem angezeigt, wenn das Stück noch nicht gelesen ist und es möglich ist, die Texte zusammen in die Klasse zu geben. Zur *Exposition* wäre zu erarbeiten:

- Das Stück spielt in Güllen, einer Kleinstadt, die einige kulturelle Traditionen aufweist, jetzt aber aus unerklärlichen Gründen mitten in einem florierenden Land völlig verarmt und heruntergekommen ist. Der Name (Gülle: Jauche) weist auf ein wie immer geartetes negatives Merkmal der Stadt hin.

- Das Stück spielt – „*Zeit*: Gegenwart" (S. 12) – in der Zeit, in der es geschrieben wurde (1955), für den heutigen Leser in der nahen Vergangenheit.

- Von Belang für die Handlung dürften die Honoratioren von Güllen sein: der Bürgermeister, der Lehrer, der Pfarrer; als die eigentlichen Hauptfiguren zeichnen sich aber ab die Milliardärin Claire Zachanassian, die in Güllen geboren wurde und von deren Besuch alles für die Stadt erwartet wird, und Ill, der in seiner Jugend mit Claire Zachanassian befreundet war und von dem alle erwarten, dass er sie dazu bringt, Güllen zu helfen.

Der Beginn enthält verschiedenartige Handlungselemente, die einen recht unterschiedlichen Fortgang der Handlung möglich erscheinen lassen: Aus der Rückkehr Claire Zachanassians in ihre Heimatstadt könnte eine Heimatgeschichte, aus dem Wiedersehen mit ihrer Jugendliebe könnte eine Liebesgeschichte werden; aus ungeklärten Vorfällen zwischen ihr und Ill („Ich hörte eine unbestimmte Geschichte – haben Sie Ihrem Pfarrer etwas zu gestehen?" S. 18) könnte eine Kriminalhandlung entstehen; die unerklärliche Notlage Güllens und die ungenierte Absicht der Güllener, sich von ihrem Besuch helfen zu lassen, könnten auf eine soziale oder zeitkritische Problematik führen. (Das Drama verwirklicht dann drei dieser Möglichkeiten: es wird eine Liebes- und eine Mordgeschichte und ein zeitkritisches Drama.) Die Art des zu erwartenden Stücks ist weniger leicht einzuschätzen: Die unkonventionelle, pointierte Dialogführung und die lockere Weise, wie die Ereignisse in Güllen dargestellt werden, lassen ein wohl nicht gerade fröhliches, doch teilweise lustiges und vielleicht komisches Drama erwarten, das eher nicht sehr gefühlvoll, aber wohl auch nicht sehr traurig oder tragisch sein dürfte. (Das Drama wird dann nicht eigentlich fröhlich oder lustig, aber sehr komisch, ja grotesk, dabei stellenweise gefühlvoll und insgesamt traurig und tragisch. Darüber, wie das zu vereinigen ist und warum es hier vereinigt ist, kann gegebenenfalls am Ende der Besprechung in A52 nachgedacht werden.)

Wenn der erste Akt gelesen ist, können die folgenden Aufgaben gewählt werden:

A29: *Rollenbiografien der Hauptfiguren schreiben*

Wählen Sie die Figur Claire Zachanassians oder Alfred Ills und schreiben Sie zu Ihrer Figur in der Ich-Form eine Rollenbiografie (s. 4.2.3.).

A30: *Körper- und Sprechhaltungen der Hauptfiguren erarbeiten*

Teilen Sie sich in Arbeitsgruppen zu wenigstens sechs Mitgliedern. Suchen Sie sich passende Auftritte bzw. Sätze und Dialoge von Claire Zachanassian und Alfred Ill aus der Szene im Konradsweilerwald (S. 35–40) und erproben Sie (gestützt auf Ihre Rollenbiografien) gemeinsam Geh-, Steh- und Sitzhaltungen und Sprechhaltungen (s. 4.2.4. und 4.2.5.) sowie dialogische Sprechhaltungen (s. 4.2.6., gegebenenfalls auch 4.2.7.) der von Ihnen gewählten Hauptfiguren.

A31:   *Eine Hauptszene bearbeiten und szenisch darstellen: Im Konradsweilerwald I*

Bearbeiten Sie mit Ihrer Gruppe die Szene im Konradsweilerwald (S. 35, 10. Z. v. u.: „Von links kommen …" – S. 40, 7. Z. v. o.: „… nicht umzubringen.“): Streichen Sie alle Figuren außer Claire Zachanassian, Ill und den vier Bürgern, sodass nur die Handlung zwischen den beiden Hauptfiguren im 'Wald' stehen bleibt.

Machen Sie sich gemeinsam klar, welche Absichten Claire Zachanassian und Ill in dieser Szene haben. Überlegen Sie sich, welche Funktion die sehr merkwürdige Darstellung des 'Waldes' wohl hat. Spielen Sie dann mit Ihrer Gruppe diese Szene (gegebenenfalls mit dem Text in der Hand).

A32:   *Dieselbe Hauptszene umschreiben in eine konventionelle Fassung*

Reduzieren Sie mit Ihrer Gruppe die Szene im Konradsweilerwald (S. 35, 10. Z. v. u.: „Von links kommen …" – S. 40, 7. Z. v. u.: „… nicht umzubringen.“) auf die Begegnung der beiden Hauptfiguren, und schreiben Sie sie so um, dass es eine wehmütig-gefühlvolle Begegnung von zwei Menschen wird, die sich vor 45 Jahren geliebt haben: Einer reichen, wohltätigen, warmherzigen – körperlich gut erhaltenen – Frau, die in die Fremde gegangen ist (und ihren früheren Geliebten natürlich nicht töten lassen wird), und einem schlichten, aufrechten, in der Heimat gebliebenen Mann (der seine frühere Geliebte jetzt natürlich nicht einwickeln und ausnehmen will), die nun vor allem an ihre frühere Liebe denken und die Natur genießen. Spielen Sie dann mit Ihrer Gruppe diese Szene.

(A29) Mit dem Schreiben der Rollenbiografie zu einer der Hauptfiguren soll eine Einfühlung in sie erreicht werden. Das ist etwas Anderes, als wenn eine (übliche) 'Charakterisierung' einer Figur geschrieben wird. Es wird nicht nur zusammengestellt, was der Text an äußeren und inneren Merkmalen einer Figur enthält, sondern darüber hinaus beschrieben, wie sich jeder die Figur mit diesen Merkmalen nun konkret als lebende Person (auf der Bühne) vorstellt. Diese Vorstellung sollte sich natürlich innerhalb der vom Text vorgegebenen Merkmale halten, diese aber ergänzen und erweitern um solche, die zwar nicht genannt sind, aber in unserer Vorstellung auftauchen, wenn wir uns unsere Figur denken, wie sie auf der Bühne auftritt. Ein Beispiel: Die alte Dame ist „rothaarig" (S. 21), – und welche Frisur hat sie? Sie ist „aufgedonnert" (S. 21 f.), – und welche Kleider trägt sie von welcher Farbe aus welchem Stoff mit welchem Schnitt, und trägt sie Mantel, Hut und Handschuhe? Sie hat eine „seltsame Grazie" (S. 22), – und wie geht sie, wie bewegt sie sich, wie hält sie den Kopf, wie bewegt sie die Hände, wie verhält sie sich, wenn sie mit anderen redet? Doch geht es nicht nur um das Äußere der Figur und die Weise, wie sie sich bewegt, spricht, verhält. Auch nicht nur darum, dass ich mir vorstelle, wie sich meine Figur fühlt, was sie mag und nicht mag, was sie wünscht und fürchtet. So, wie sie vor meinem inneren Auge erscheint, ist sie, weil sie durch bestimmte Erlebnisse und Erfahrungen geprägt ist, ist sie u. a. durch ihre Geschichte. Deshalb ist die Beschreibung meiner Vorstellung der Figur u. a. auch eine 'Biografie' der Figur und stellt dar, wie nach meiner Vorstellung wohl ihre Kindheit und Jugend war, was sie genossen, entbehrt, erduldet hat. Ein Beispiel: Wie war das, und was hat es für Klara Wäscher bedeutet, dass ihr Vater „versoffen" war, dass ihre Mutter ihm davonlief und er im Irrenhaus endete (S. 19)?

Claire Zachanassian ist eine großartige und schwierige Bühnenfigur, und auch Ills Charakter ist komplexer, als man zunächst annehmen möchte. Die ganze Reichweite beider Charaktere wird erst im Verlauf des Dramas deutlich: dass Claire Zachanassian nicht nur eine unmäßig reiche, zynische, herrsch- und rachsüchtige alte Frau, sondern u. a. eine liebende Frau ist und dass Ill nicht nur ein dürftiger, berechnender kleiner Krämer, sondern zu moralischer Größe fähig ist. Darauf wird die Besprechung noch kommen, zunächst ist aber wichtig, dass überhaupt ein persönlicher Zugang zu den beiden Hauptfiguren gefunden wird.

(A30) Der Zugang zu den beiden Hauptfiguren wird vertieft, wenn man sich sie nicht nur abstrakt vergegenwärtigt, sondern sich konkret in sie hineinversetzt, sie also spielt und sich dadurch, dass man ihre Mimik, Gestik, ihre Körper- und Sprechhaltung einnimmt, in ihre Befindlichkeit und Empfindungen einfühlt.

(A31) Der Szene im Konradsweilerwald entspricht eine zweite Szene im 3. Akt, die dort spielt (s. A40 u. 41). Die beiden Waldszenen sind die Kernstellen des Dramas für den dramatischen Konflikt zwischen den beiden Hauptfiguren. Für die erste Waldszene kommt es darauf an, die Beziehung der beiden Hauptfiguren zueinander und ihre Absichten gegeneinander zu erfassen. Weder ihre wirkliche Beziehung zueinander (Claire Zachanassian hasst Ill wegen dem, was er ihr einmal angetan hat; Ill hat längst verdrängt, was er einmal getan hat, und sie ist ihm gleichgültig) noch ihre Absichten gegeneinander (Claire Zachanassian will Ill töten lassen, Ill will Claire Zachanassian einwickeln und ihr Geld entlocken) werden verbalisiert: Was die beiden sagen, ist in den Teilen, die sich auf ihre Jugendliebe beziehen, wenigstens von ihr aus, wohl ehrlich, ist aber sonst in entscheidenden Teilen unklar und zweideutig (Claire Zachanassian) oder geheuchelt und gelogen (Ill). Wie das gemeint ist, was sie da sagen, und was sie bei dem, was sie sagen, wirklich meinen, erkennt der Zuschauer im Theater aus dem Spiel der Schauspieler, die die beiden spielen, und erkennt der Leser leichter, wenn er sie selbst spricht und ansatzweise spielt: bei den entsprechenden Stellen sie beispielsweise mit überlegenem Sarkasmus, ihn mit schmieriger Ergebenheit. Beim Anspielen der Szene wird auch schnell deutlich, dass die groteske Darstellung des 'Waldes' vor allem die Wirkung hat, die Liebesszene zu desillusionieren, jede Gefühligkeit zu brechen und kein identifikatorisches Mitfühlen des Liebesgeschehens aufkommen zu lassen.

(A32) Die vorhergehende Aufgabe ist arbeitsgleich in Gruppen behandelt worden; eine weitere Gruppe kann die vorliegende Aufgabe bearbeiten. Diese Gruppe, die Dürrenmatts Waldszene in eine konventionelle Liebesszene umschreibt und sie aufführt, soll sich und den anderen Gruppen deutlich machen, wie unkonventionell und eigenwillig Dürrenmatt seine Szene gestaltet hat: Wie er sie mit der 'Wald'darstellung desillusioniert und verfremdet hat, wie er durch die uneigentliche Sprechweise der beiden Figuren und ihre im Grunde gegen den Anderen gerichteten Einstellungen und Absichten die Liebesszene völlig gebrochen und zu einem makabren Duell umfunktioniert hat. Wenn die umgeschriebene Szene etwas gefühlig oder kitschig wird, macht das nichts, umso besser wird der Unterschied zwischen einer möglichen 'Liebesszene eines alten Liebespaares im Wald ihrer Jugend' und Dürrenmatts Darstellung deutlich.

Wir kommen zur Behandlung der Schlussszene des 1. Aktes:

A33: *Eine Szene aus der Vorgeschichte des Dramas schreiben oder als Rollenspiel spielen: Die Gerichtsverhandlung 1910 in Güllen*

„Eine Milliarde für Güllen, wenn jemand Alfred Ill tötet" (S. 49): Claire Zachanassian konnte wohl nie die Gerichtsverhandlung 1910 in Güllen und was ihr damit angetan wurde, vergessen. Um sie und ihr Handeln besser verstehen zu können, ist es wichtig, sich dieses Ereignis genauer zu vergegenwärtigen:

a) Schreiben Sie in einer Gruppe die Gerichtsverhandlung 1910 in Güllen und spielen Sie sie.

Alternativ: b) Teilen Sie sich in Gruppen, und spielen Sie die Gerichtsverhandlung 1910 in Güllen in einem *Rollenspiel*: Sehen Sie nach, wer damals beteiligt war. Überlegen Sie, wer welche Rolle übernimmt, was er sagen und wie er agieren soll. Spielen Sie die Szene. Vergleichen Sie die einzelnen Aufführungen miteinander und was sie für das Verständnis von Claire Zachanassian bringen.

A34: *Pro-und-Contra-Diskussion über den Konfliktfall: Der Mordaufruf Claire Zachanassians*

Bereiten Sie eine Pro-und-Contra-Diskussion vor über die Frage: „Hat Claire Zachanassian ein Recht, die Tötung Ills zu fordern?" mit einem Pro- und einem Contra-Anwalt und Pro- und Contra-Sachverständigen, die von den beiden Anwälten ins Kreuzverhör genommen werden. Halten Sie die Diskussion, und machen Sie danach eine Schlussabstimmung in der Klasse.

A35: *Rollenspiele über den „Fall Klara Wäscher" früher und heute*

Lassen Sie in mehreren Rollenspielen, die Sie in Gruppen vorbereiten und durchführen, jeweils zwei Güllener (etwa den Bürgermeister und den Pfarrer, den Lehrer und den Maler, Mathilde Blumhard und eine Klassenkameradin usw.) einmal als Jugendliche 1910 und dann in der Gegenwart, nachdem Claire Zachanassian das Fehlurteil aufgedeckt, ihre Forderung gestellt und ihr Angebot gemacht hat, über den „Fall Klara Wäscher" sprechen.

Am Schluss des 1. Aktes wird in der Festmahlszene deutlich, weshalb die „alte Dame" Güllen besucht: Sie will Rache nehmen an Ill, der vor 45 Jahren die Vaterschaft

ihres Kindes abgestritten, ihre Liebe verraten, sie gedemütigt und ins Unglück gestürzt hat, an Güllen, wo ihr das Unrecht geschah, und an den Güllenern, die be-
stechlich waren, sie verachteten und verstießen. Sie hat die beiden Zeugen, die
falsch gegen sie aussagten, sie hätten mit ihr geschlafen, auffinden, blenden und ka-
strieren lassen, sie hat den Richter, der das Fehlurteil fällte, als Domestiken in ihren
Dienst gezogen. Und jetzt will sie Rache an Güllen nehmen: sie will Ill töten lassen,
und sie will die Güllener korrumpieren und auf ihre Unmoralität und Unmenschlich-
keit fixieren, nämlich für sehr viel Geld einen Mord begehen lassen. Es geht in diesem Stück also um einen Konflikt zwischen drei Konfliktpartnern bzw. -parteien:
Claire Zachanassian, Ill, den Güllenern. Dabei sind es nicht nur die „zwei Prozesse"
(s. Durzak 1972, S. 93–96), die Claire Zachanassian gegen Ill und die Güllener
führt, sondern aus ihnen entsteht ein weiterer Konflikt zwischen Ill und den Güllenern, die ihn ermorden sollen (möchten / wollen). Der dramatische Konflikt des
Stückes ist mithin auf drei Konfliktebenen zu diskutieren:

– Hat Claire Zachanassian das – moralische oder juristische – Recht, den Mann, der
  ihr vor 45 Jahren bitteres Unrecht getan und sie gedemütigt und ins Unglück gestürzt hat, ermorden zu lassen?

– Hat sie irgendein Recht, die Bürger einer Stadt, die vor 45 Jahren ungerecht und
  unmenschlich zu ihr waren, zu Mördern zu machen?

– Haben die Güllener ein Recht, das Unrecht, das an Claire Zachanassian verübt
  wurde, zu sühnen und Ill zu töten, so allerdings auch ihren Ruin abzuwenden und
  Wohlstand zu erlangen?

Die Arbeitsaufgaben A33–35 sollen dazu dienen, den dramatischen Konflikt des
Stückes zu verdeutlichen und die einzelnen Konfliktlagen anzudiskutieren. Es kann
nützlich sein, vor ihrer Bearbeitung die entscheidende Szene (S. 44, 11. Z. v. o. –
S. 50) noch einmal gemeinsam mit verteilten Rollen zu lesen.

(A33) Wenn die Arbeitsaufgaben A31 und 32 in Arbeitsgruppen behandelt werden,
kann die Aufgabe A33, a von einer weiteren Gruppe bearbeitet werden, oder die
Aufgabe A33, b kann von der ganzen Klasse als Rollenspiel durchgeführt werden.
(Die Aufgabe A33, a kann aber auch, wenn A31 und 32 nicht behandelt wurden, von
der ganzen Klasse arbeitsgleich in Gruppen bearbeitet werden.) In dieser Aufgabe
geht es darum – vor allem wenn in der folgenden Aufgabe A34 eine Diskussion stattfindet –, Verständnis für die Handlungsweise Claire Zachanassians zu gewinnen und
sie nicht einfach als groteske alte Frau zu sehen, die skrupellos mit ihrem vielen Geld
ihre Rachegelüste befriedigt. Die Rekonstruktion der Gerichtsszene 1910 soll anschaulich miterlebbar machen, was es für sie bedeutet hat, dass der Mann, den sie
liebt, ihr gemeinsames Kind verleugnet und sie wegstößt, dass öffentlich bezeugt
wird, sie habe mit zwei weiteren Männern, mit denen sie nichts zu tun hatte, geschlafen und sie so in der Sicht der Güllener als Hure dasteht, die dann „hochschwanger"
(S. 90) die Stadt verläßt. Es soll also im Spiel erfahrbar werden, was dieser Vorgang

für sie als Frau, als Liebende, als Mensch an Enttäuschung, Demütigung und Erniedrigung bedeutet hat, sodass vollziehbar wird, wieso sie jetzt so handelt, wie sie es tut.

(A34) Vor allem wenn in der Aufgabe A33 die Gerichtsverhandlung von 1910 gespielt worden ist, ist zu erwarten, dass die Position und das Verhalten Claire Zachanassians von Schülern teilweise mitvollzogen werden kann. Der ausdrücklichen Diskussion des juristischen und vor allem moralischen Rechts Claire Zachanassians, den Tod Ills zu fordern, soll die Pro-und-Contra-Diskussion dienen (die in der Art der bekannten Fernsehsendung ablaufen kann). Der Pro-Anwalt hat einiges Argumentationsmaterial u. a. durch das Spiel der Gerichtsverhandlung, der Contra-Anwalt u. a. durch die Einwände des Bürgermeisters (S. 45, 50); bei den Sachverständigen wäre es günstig, wenn sich einer von ihnen über die Rechtslage, etwa die der Verjährung oder der Strafbarkeit der Anstiftung zum Mord, kundig machen würde.

(A35) Nachdem das dramatische Spiel und der Konflikt bisher hauptsächlich zwischen Claire Zachanassian und Ill stattfand und betrachtet wurde, soll in dieser Aufgabe die dritte Konfliktpartei, die Güllener, in den Blick genommen werden. Vor allem wenn die Aufgabe A33 mit der Gerichtsverhandlung von 1910 geschrieben bzw. gespielt worden ist, bietet es sich an, die verschiedenen Einstellungen der Güllener zum „Fall Klara Wäscher" einerseits nach der Gerichtsverhandlung, als Klara hochschwanger die Stadt verläßt (später sagt sie dazu: „Einwohner grinsten mir nach." S. 90), und andererseits nach ihrer Aufdeckung des Fehlurteils, ihrer Forderung nach dem Tod Ills und dem Angebot der Milliarde im Rollenspiel zu vergegenwärtigen. (Wenn die Pro-und-Contra-Diskussion nicht gehalten wird, kann dann hier auch eingehender über ihr mögliches Recht zu dem Mordaufruf an Ill diskutiert werden.)

6.2. Zweiter Akt: Die Steigerung des dramatischen Konflikts

A36:   *Eine Sequenz szenisch mit 'innerer Stimme' darstellen: Der Bürgermeister rechnet mit Ills Tod*

Bearbeiten Sie die Sequenz 'Ill – Bürgermeister' (S. 67, 7. Z. v. o. – S. 72, 13. Z. v. o.) so, dass nur die Handlung zwischen den beiden Figuren stehen bleibt. Verteilen Sie die Rollen, und wählen Sie jemanden, der die 'innere Stimme' des Bürgermeisters spielt: Sie steht hinter ihm und sagt nach Stellen, die ihr wichtig scheinen (in der Ich-Form), was er bei dem, was er sagt, wirklich denkt, beabsichtigt, empfindet. Sie legt ihm, wenn sie sprechen will, die Hand auf die Schulter (vgl. 4.2.12.).

Spielen Sie die Szene (gegebenenfalls mit dem Text in der Hand) mit mehreren Besetzungen.

A37:   *Dialoganalyse problematischer Sprechakte: Die Güllener sagen nicht, was sie meinen*

Wählen Sie die Sequenz 'Ill – Polizist' (S. 61–66), 'Ill – Bürgermeister' (S. 67–72) oder 'Ill – Pfarrer' (S. 73–76). Stellen Sie den Gesprächsverlauf

Ihrer Sequenz (oder eines größeren Teils von ihr) dar, indem Sie ihren Handlungsvorgang wiedergeben und dabei wichtige Äußerungen des Polizisten, des Bürgermeisters, des Pfarrers und deren Interessen und Absichten genau (durch Sprechaktverben) bezeichnen, etwa so:

> Der Bürgermeister <u>bietet</u> Ill <u>an</u>, ehrlich miteinander zu reden, benutzt das aber nur als Anlass, <u>ihm vorzuwerfen</u>, er habe kein Recht, die Verhaftung der Dame zu verlangen. Er <u>teilt ihm mit</u>, dass er als Bürgermeister nicht infrage komme, und <u>gibt vor</u>, es tue ihm leid, das sagen zu müssen; in Wirklichkeit ist er aber froh, Ill damit zum Schweigen bringen zu können … (S. 70)

Vergleichen Sie Ihre Dialogbeschreibungen daraufhin, welche Dialoghaltungen der Polizist, der Bürgermeister, der Pfarrer einnehmen, ob dabei Unterschiede bestehen und ob sie ihre Haltungen strikt beibehalten oder durchbrechen.

Überlegen Sie, was die erarbeiteten Dialoghaltungen der drei Güllener für Ills Stellung in Güllen und für den Fortgang der dramatischen Handlung bedeuten.

A38:   *Umschreiben eines Dialogs zwischen Claire Zachanassian und Ill*

Schreiben Sie den Dialog zwischen Claire Zachanassian und Ill (S. 78f.) so um, dass es bei unveränderter Einstellung Claire Zachanassians doch ein wirkliches Gespräch zwischen beiden gibt und sie auf seine Ängste und er auf ihre Erinnerungen eingeht.

Sprechen Sie die ursprüngliche Fassung und einige Ihrer veränderten Fassungen mit verteilten Rollen, und vergleichen Sie sie. Überlegen Sie, was die Fassung Dürrenmatts für die Darstellung des Verhältnisses von Claire Zachanassian und Ill zueinander leistet.

A39:   *Bildanalyse: Der schwarze Panther wird gejagt*

Claire Zachanassian nannte Ill in ihrer Jugend „mein schwarzer Panther" (S. 26). Was bedeutet es tatsächlich und bildlich für den dramatischen Vorgang des 2. Aktes, dass Claire Zachanassian einen schwarzen Panther mit nach Güllen bringt, dass er gejagt und getötet wird?

Im 2. Akt erfolgt die Steigerung des dramatischen Konflikts. Der größte, in dem „Städtchen" spielende Teil (S. 51–79) weist zwei Handlungsebenen auf, die ständig ineinander geschoben sind: Claire Zachanassian füllt die Zeit des Wartens (s. S. 65) darauf, dass ihr Angebot an Güllen realisiert wird, mit verschiedenen Tätigkeiten aus: sie lässt sich von ihrem siebten Mann scheiden, verlobt sich mit dem achten und bereitet die Hochzeit vor, tätigt Aktiengeschäfte. Ill nimmt bei verschiedenen Gelegenheiten wahr, dass die Güllener mit der versprochenen Milliarde rechnen, sich im Vorgriff auf sie hoffnungslos verschulden, dem immer mehr verängstigten Ill gegenüber zwar jegliche Tötungsabsicht leugnen, seinen Tod faktisch aber immer unvermeidlicher machen. Am Ende kommen die beiden Handlungsebenen zusammen: Ill trifft Claire Zachanassian, erfährt aber nur seine Ohnmacht und die Hoffnungslosigkeit seiner Lage. Nachdem sein Versuch, Güllen zu verlassen, gescheitert ist, sieht er selbst ein: „Ich bin verloren!" (S. 85) Der 2. Akt stellt so die dramatische Progression von Claire Zachanassians „Ich warte." (S. 50) am Ende des 1. Aktes zu diesem Wort Ills am Ende des 2. Aktes dar. Alle drei Konflikte, die die dramatische Handlung bestimmen, eskalieren dabei: Im Konflikt Claire Zachanassian – Ill stellt sie bereits das Geld für seinen Mord bereit: „Muß schließlich eine Milliarde transferieren." (S. 79); im Konflikt Claire Zachanassian – Güllen hat sie die Güllener moralisch so korrumpiert, dass sie zu dem Mord fähig sind; und im Konflikt Ill – Güllener kommen die Güllener um die Ermordung Ills nicht mehr herum.

(A36) Der Bürgermeister kann als Repräsentant der Güllener gelten. So zeigt sich an ihm die hochgradige Korrumpiertheit, Heuchelei und Verlogenheit der Güllener: Er rechnet wie die Güllener fest mit der versprochenen Milliarde, konsumiert im Vorgriff auf sie und auf Pump, der überall gewährt wird, großzügig (gute Zigarre, Seidenkrawatte, Schuhe, die Schreibmaschine), verschuldet sich und plant in großem Rahmen (das neue Stadthaus) für die Zukunft. Er rechnet also fest mit der Ermordnung Ills. Ill gegenüber aber weist er das weit von sich und beruft sich dabei auf „humanistische Tradition", verpflichtende Werte und Rechtsstaatlichkeit Güllens (S. 69). Mehr noch: Er bezichtigt Ill „nihilistischer" Einstellung, weil er kein Vertrauen zu Güllen hat (ebd.), kanzelt ihn hochmoralisch ab wegen der „Verbrechen", die er in der Vergangenheit begangen hat, und konstatiert, dass Ill wegen ihrer nicht „das moralische Recht" habe, die Verhaftung Claire Zachanassians zu fordern, auch den „Forderungen sittlicher Natur" als zukünftiger Bürgermeister nicht genüge (S. 70f.). – Aufgabe der szenischen Darstellung ist es, mit Hilfe der 'inneren Stimme' des Bürgermeisters die Diskrepanz dessen, was er sagt und was er dabei denkt, beabsichtigt, empfindet, und damit die Heuchelei, die Verlogenheit und den Zynismus seines Redens und Verhaltens anschaulich zu machen.

(A37) Durch die vorhergehende Aufgabe A36 werden Einsichten in den dialogischen Vorgang einer Szene spielerisch und gleichsam naiv erreicht. Man kann sie auch analytisch mit den Mitteln der Sprechakttheorie erzielen (vgl. Schmachtenberg 1982, S. 40–52). Dafür können drei ähnlich strukturierte Dialoge gewählt und nach dem vorgegebenen Beispiel ihrer Sprechaktstruktur nach beschrieben werden. (Wenn die Arbeitsaufgabe A36 zuvor bearbeitet worden ist, kann man die Dialoganalyse auch auf den Dialog Ill – Bürgermeister beschränken und hat dann eine Möglichkeit, die im Spiel erzielten Ergebnisse ausdrücklich verbalisieren und sichern zu lassen.)

Der Vergleich der Dialoganalysen in Bezug auf die verschiedenen Dialogpartner wird zeigen, dass bei Polizist, Bürgermeister und Pfarrer die gleiche Heuchelei und Verlogenheit der Rede besteht und es Unterschiede hauptsächlich in den Mitteln der Heuchelei gibt: Bei dem Polizisten eine primitive Gesetzesrabulistik, bei dem Bürgermeister eine eloquente humanistisch-moralische Scheinargumentation, bei dem

Pfarrer ein frömmelndes Salbadern mit religiösen Floskeln und Sprüchen. Der Polizist und der Bürgermeister behalten ihre heuchlerische Redehaltung strikt bei, der Pfarrer durchbricht sie am Ende und sagt, was er wirklich meint (vielleicht gerade er, weil seine religiöse Heuchelei die stärkste und widerwärtigste ist und er das selbst empfindet). In den drei Dialogen bzw. in den Haltungen der drei Dialogpartner zu Ill drückt sich seine Stellung in Güllen aus: Er steht außerhalb der Gemeinschaft der Güllener, die geschlossen gegen ihn sind, nämlich auf seinen Tod warten, auf den die dramatische Handlung damit zugeht.

(A38) Im 2. Akt entwickelt sich der Konflikt zwischen Claire Zachanassian und Ill nicht nur so, dass die Güllener zunehmend zum Mord an Ill bereit sind, sondern die beiden Kontrahenten treffen zum Ende des Aktes auch selbst aufeinander. Durch das, was sie zueinander und vor allem, wie sie es sagen, stellen sie ihre Position zueinander dar: Ill fürchtet sich, ist verzweifelt und bittet Claire Zachanassian, ihren Mordaufruf zurückzunehmen; er droht ihr sogar und richtet das Gewehr auf sie. Sie geht überhaupt nicht auf ihn ein und erzählt von ihrer gemeinsamen Jugend. Schließlich lässt sie ihn einfach stehen, um die Milliarde für den Mord an ihm flüssig zu machen. Es ist eine völlig asymmetrische Kommunikationssituation, in der die Gesprächspartner nicht gleichberechtigt sind, sondern einer völlig beherrschend ist und diese Dominanz ungehemmt und schonungslos ausspielt. Darin zeigt sich, wie die Position der beiden Hauptfiguren zueinander zum Ende des 2. Aktes hin ist: Ill ist verzweifelt und hilflos (lässt so auch sein Gewehr sinken und verstummt); Claire Zachanassian ist unversöhnlich und völlig dominant. Diese Darstellung der Position zweier Figuren zueinander durch eine bestimmte Form ihres Dialogs lässt sich dann noch deutlicher erkennen, wenn der Dialog umgeschrieben wird in einen symmetrischen Diskurs, bei dem Claire Zachanassian bei unveränderter Einstellung doch auf die Ängste, Bitten und Drohungen Ills eingeht und mit ihm über sie spricht, bei dem Ill aber auch auf ihre Erinnerungen eingeht und mit ihr über sie spricht. Beide Fassungen, die Dürrenmatts mit der asymmetrischen und die umgeschriebenen mit der symmetrischen Kommunikationssituation gegeneinander gehalten, also nacheinander gesprochen, machen gut die spezielle dramatische Funktion und Leistung der Dialogform dieser Sequenz deutlich.

(A39) Wenn die anderen Arbeitsaufgaben zum 2. Akt nicht bearbeitet werden, kann mit dieser Aufgabe der entscheidende dramatische Vorgang des 2. Aktes verhältnismäßig leicht nachvollzogen werden. Außerdem gerät die besondere bildliche Technik des Dramas in den Blick (zum Bild im Drama s. etwa Hermann 1976, speziell in der „Alten Dame" Kuchinke-Bach 1976): Der schwarze Panther hat in diesem Akt zunächst reale Bedeutung für das Handlungsgeschehen. Seinetwegen bewaffnen sich die Güllener; und durch ihn wird die massive Bedrohung sichtbar, der Ill ausgesetzt ist, denn jeder der Leute, die den Panther jagen, könnte immer auch – versehentlich – Ill erschießen. Gleichzeitig ist der Panther ein *Bild* für Ill und seine Bedrohung: ihn nannte Claire Zachanassian einmal „mein schwarzer Panther", ihn jagt Güllen jetzt wie auf einer „Raubtierjagd" (S. 67), und genau so empfindet Ill es:

„Sie jagen mich wie ein wildes Tier." (S. 74) Am Ende sind die Güllener soweit, dass sie Ill ermorden werden, und sie erschießen den Panther. In ihm ist Ill am Ende des 2. Aktes bildlich tot.

6.3. Dritter Akt: Die dramatische Wende (Peripetie) und die Katastrophe

A40: *Textvergleich analoger Szenen: Konradsweilerwald I und II*

Vergleichen Sie die beiden Szenen mit Claire Zachanassian und Ill im Konradsweilerwald (S. 35–40; 112–118) miteinander daraufhin, was im 3. Akt anders ist als im 1. Akt und wie nun das Verhältnis der beiden zueinander ist.

A41: *Innere Vorgänge einer Hauptszene durch Stop-Technik und Doppeln der Figuren bewusst machen: Konradsweilerwald II*

Bearbeiten Sie mit einer 'Spielgruppe' die zweite Szene im Konradsweilerwald (S. 112, 1. Z. v. o. – S. 118, 1. Z. v. u.: „Die Bäume legen ihre Zweige fort."): Streichen Sie alle Figuren außer Claire Zachanassian, Ill und den vier Bürgern, sodass nur die Handlung zwischen den beiden Hauptfiguren im 'Wald' stehen bleibt. Spielen Sie die Szene mit Ihrer Spielgruppe vor der Klasse, dem Kurs, dem Seminar (gegebenenfalls mit dem Text in der Hand). Beim zweiten Durchgang rufen die 'Zuschauer' bei Stellen, die sie genauer gedeutet haben möchten, „stop!" und stellen ihre Fragen an die Figur. Das Spiel hält dann an, und die Figur anwortet (in der Ich-Form), was sie denkt, fühlt, beabsichtigt oder welches die Motive ihres Handelns sind (s. 4.2.10.).

Wenn jemand von den 'Zuschauern' das Spiel oder die Motive der Figur anders versteht, kann er sie „doppeln": Er ruft „stop!", stellt sich hinter sie und sagt (in der Ich-Form), was sie sagen könnte oder sollte. Danach geht das Spiel weiter (s. 4.2.11.).

A42: *Standbilder der Hauptfiguren bauen: Claire Zachanassian und Ill im Konradsweilerwald I und II*

Die beiden Szenen im Konradsweilerwald entsprechen sich, das Verhältnis von Claire Zachanassian und Ill zueinander ist aber ganz anders geworden. Stellen Sie das dar, indem Sie vor der Klasse, dem Kurs, dem Seminar von den beiden Figuren für beide Szenen Standbilder bauen (s. 4.2.8.), und zwar entweder je zwei Standbilder für jede Szene oder zwei Standbilder für die 1. Szene, die sich dann selbst zu denen für die 2. Szene verwandeln.

A43: *Textvergleich von Varianten: Claire Zachanassian über ihre Liebe zu Ill*

Die Stelle: „ILL Nun ist es soweit." bis „ILL Nun ist auch 'O Heimat süß und hold' zu Ende." (S. 117 f.) ist in der Fassung von 1957 anders:

ILL Nun ist es so weit. Wir sitzen zum letzten Mal in unserem alten Wald voll von Kuckuck und Windesrauschen. Heute abend versammelt sich die Gemeinde. Man wird mich zum Tode verurteilen und einer wird mich töten. Ich weiß nicht, wer es sein wird und wo es geschehen wird, ich weiß nur, daß ich ein sinnloses Leben beende.

CLAIRE ZACHANASSIAN Ich werde dich in deinem Sarg nach Capri bringen. Ließ ein Mausoleum errichten im Park meines Palazzos. Von Zypressen umgeben. Mit Blick aufs Mittelmeer.

ILL Kenne ich nur von Abbildungen.

CLAIRE ZACHANASSIAN Tiefblau. Ein grandioses Panorama. Dort wirst du bleiben. Ein Toter bei einem Götzenbild aus Stein. Deine Liebe ist gestorben vor vielen Jahren. Meine Liebe konnte nicht sterben. Aber auch nicht leben. Sie ist etwas Böses geworden wie ich selber, wie die bleichen Pilze und die blinden Wurzelgesichter in diesem Wald, überwuchert von meinen goldenen Milliarden. Die haben nach dir gegriffen mit ihren Fangarmen, dein Leben zu suchen. Weil es mir gehört. Auf ewig. Nun bist du umsponnen, nun bist du verloren. Bald wird nichts mehr bleiben als ein toter Geliebter in meiner Erinnerung, ein mildes Gespenst in einem zerstörten Gehäuse.

ILL Nun ist auch 'O Heimat süß und hold' zu Ende.[68]

Sprechen Sie mit verteilten Rollen die ursprüngliche Fassung. Vergleichen Sie gemeinsam die beiden Fassungen daraufhin, was in der 1. Fassung von 1957 anders ist als in der Ihnen vorliegenden Fassung von 1980, und stellen Sie Vermutungen an, warum Dürrenmatt die Veränderungen wohl vorgenommen hat.

Schreiben Sie dann einen (kurzen) Brief Dürrenmatts an seinen Züricher Verleger:

> Lieber Peter Schifferli,
>
> eine größere Veränderung in der Neufassung der Alten Dame muß ich Ihnen etwas erläutern, denn ich weiß, Sie schätzen gerade diese Szene sehr. Ich mußte die Liebesszene ändern, weil ...

In der Überschrift dieses Abschnitts ist angezeigt, dass es in ihm um die „dramatische Wende (Peripetie)" und die „Katastrophe" des Dramas geht; im Abschnitt 3.1. ging es um die „Exposition" des Dramas: „Exposition", „Peripetie" und „Katastrophe" sind Begriffe aus der „Poetik" des Aristoteles. Die Überschrift zu Abschnitt 3.2. spricht von der „Steigerung des dramatischen Konflikts": „Steigerung" ist ein Begriff Freytags, der mit ihm, den drei Begriffen des Aristoteles und dem, was er „Höhenpunkt" nennt, den bekannten fünfteiligen „pyramidalen Bau" des Dramas konstruiert hat: „a) Einleitung, b) Steigerung, c) Höhenpunkt, d) Fall oder Umkehr, e) Katastrophe" (Freytag 1969, S. 102, s. 102–122). Dieses Aufbauschema gilt nur für manche streng gebaute und dann fünfaktige, etwa antike oder geschlossene Dramen. Es gilt nicht für unser Drama, das ziemlich offen, dabei dreiaktig ist und eine andere Verteilung der einzelnen Handlungsteile aufweist. Doch sind die Begriffe nun einmal gebräuchlich, und man kann sich mit ihnen auch einigermaßen über die Handlungsvorgänge von Dürrenmatts Drama verständigen: Der 1. Akt bringt eine *Exposition* der dramatischen Situation, der 2. Akt (allerdings auch der Beginn des 3. Aktes) eine *Steigerung* der dramatischen Konflikte. Und im 3. Akt geschieht vor allem damit, dass Ill seine Schuld erkennt und den Tod auf sich nehmen will, eine wesentliche *Wende* (Peripetie) des dramatischen Geschehens. In ihr nimmt auch Claire Zachanassian eine andere Stellung zu Ill ein, wodurch sein Tod dann nicht mehr nur eine Tat der Rache, sondern auch der Liebe wird. Die Ermordung Ills, die 'Katastrophe' im Sinne üblicher Dramentheorie als „die letzte, schlechthin entscheidende Wendung" des Dramas (Petsch 1945, S. 50), ist dann eine wirkliche moralische Katastrophe der Güllener, sie bringt eine Lösung für Ill, der für seine Schuld büßt, und eine Lösung für Claire Zachanassian, nämlich u. a. eine Versöhnung und Wiedervereinigung mit dem Mann, den sie ein Leben lang geliebt hat. (Vgl. Andreotti 1996, S. 287.)

Die entscheidenden Aspekte der Entwicklung des Verhältnisses von Claire Zachanassian und Ill werden in der zweiten Szene im Konradsweilerwald behandelt; dazu gehören die Arbeitsaufgaben A40–43. Die 'Lösung' des Verhältnisses zwischen Claire Zachanassian und Ill zu den Güllenern erfolgt in der Mordszene; dazu die Aufgaben A44–47. (Die Vorgänge bis zur zweiten Waldszene stellen eine Eskalation der bestehenden Konflikte dar, das behandle ich nicht weiter; sie bringen dabei eine an der Gestalt des Lehrers festgemachte Diskussion über die Möglichkeiten der Menschlichkeit, die im Grunde aus dem Dramengeschehen zu übergreifenden religiös-ideologischen Überzeugungen Dürrenmatts hinausführen; das ist später in A51 behandelt.)

(A40) In der ersten Waldszene findet eigentlich keine Begegnung zwischen Claire Zachanassian und Ill statt: Sie will sich rächen für das, was er ihr einmal angetan hat, und ihn ermorden lassen; er heuchelt, sie immer noch zu lieben, und will ihr nur ihr Geld entlocken. Was sie zueinander sagen, ist meist sarkastisch und zweideutig oder geheuchelt und gelogen. – In der zweiten Waldszene – Dürrenmatt zählt sie zu den besten Szenen, die er geschrieben hat (Tantow 1992, S. 132) – ist Entscheidendes anders: Ill ist zu der Einsicht gekommen, dass er schuldig ist: „Ich bin schließlich schuld daran. [...] Alles ist meine Tat, die Eunuchen, der Butler, der Sarg, die Milliarde." (S. 102f.) Und er will deshalb den Tod auf sich nehmen. Damit hat er eine eigene menschliche Würde gewonnen: „er wird groß durch sein Sterben", sagt Dürrenmatt (S. 143). Zwischen ihm und ihr, der er nun gleichrangig ist („Ist Claire Zachanassian [...] eine Heldin, von Anfang an, wird ihr alter Geliebter erst zum Helden." S. 143) und die ihn als Mensch ernstnimmt, findet eine wirkliche menschliche Begegnung statt: Er erkundigt sich eingehend nach ihrem gemeinsamen Kind und erzählt, wie er sie zur Zeit ihrer Jugendliebe erlebt hat; er sagt, dass er den Tod erwartet und dass sein Leben sinnlos war. Da sagt nun auch sie, wie sie zu ihm steht, was der eigentliche Grund für ihr Tun ist und warum sie ihn töten lassen will: Nicht der Hass, sondern die Liebe zu ihm ist es, die letzlich ihr Handeln bestimmt. Sie liebte ihn: „Ich liebe dich." (S. 117), und anders als er, dessen Liebe starb, hat sie nie aufgehört, ihn zu lieben: „Meine Liebe konnte nicht sterben." (1. Fassung, s. A43) So hat sie auch seine Lieblingslieder ihrem Leibwächter beigebracht. Aber ihre Liebe ist pervertiert, „ist etwas Böses geworden" (ebd.). Wenn schon nicht im Leben, so soll er als Toter ihr gehören, ihr ganz allein. Dies ist ihr „Traum von [...] Liebe": Sie will „die Vergangenheit ändern" (S. 117) und ihn als toten Geliebten mit sich nehmen zu ihrem Palazzo auf Capri in sein Mausoleum: „Dort wirst du bleiben. Bei mir." (S. 118)

(A41) Was in der vorigen Aufgabe analytisch verdeutlich worden ist, kann auch szenisch durch Stop-Technik und Doppeln erarbeitet werden. Wenn mit A31 die erste Waldszene szenisch dargestellt worden ist, kann sie vor der Darstellung der zweiten Waldszene noch einmal gespielt werden, und vielleicht auch so, dass dieselben Schüler oder Studenten die Rollen Claire Zachanassians und Ills übernehmen. Sie haben sich dann etwas mehr in die Rollen eingefühlt und können sicherer auf Stop-Fragen nach den Motiven ihrer Figur antworten.

(A42) Wenn die Arbeitsaufgabe A40 oder A41 bearbeitet worden ist, kann man im Anschluss daran sozusagen als szenische Ergebnissicherung Standbilder der beiden Hauptfiguren bauen lassen, in denen für die erste Waldszene etwa die Dominanz, das Bestimmende, die Herablassung Claire Zachanassians, die Ergebenheit, die Liebedienerei, die Verschlagenheit Ills in einer ganz asymmetrischen Kommunikationssituation, in denen für die zweite Waldszene beispielsweise die Achtung voreinander und das gegenseitige Vertrauen in einer im Prinzip symmetrischen Kommunikationssituation dargestellt werden.

(A43) Die ursprüngliche Fassung der Stelle, in der Claire Zachanassian über ihre Liebe zu Ill spricht, zu lesen und mit der jetzigen Fassung zu vergleichen, lohnt deshalb, weil sie weiteres Material zum Verständnis der seltsamen Liebe Claire Zachanassians bringt und weil die Veränderungen die dramaturgischen Absichten Dürrenmatts verdeutlichen:

– Die 2. Fassung ist viel kürzer: Dürrenmatt hat den Text offenbar straffen wollen.

– In der 2. Fassung sind die beiden Stellen über Capri und ihre Liebe umgestellt. Die Passage endet mit der Capri-Stelle, bei der „Bei mir" hinzugefügt ist: Dürrenmatt hat wohl die handlungsstärkere Stelle, die Capri-Stelle, an den Schluss stellen wollen. Sie hat nun mit dem „Bei mir" einen starken emotionalen Akzent erhalten, dafür ist das desillusionierende „Ein Toter bei einem Götzenbild aus Stein" weggefallen. Dem vorgeordnet ist jetzt ihre Motivdarlegung, wodurch eine Progression von der Vergangenheit in die Zukunft entsteht.

– Aus der ursprünglichen Liebesstelle ist alles gestrichen über das Sterben der Liebe Ills, über das Weiterleben und die Pervertierung ihrer Liebe, vor allem das breit ausgeführte makabre Bild, wie sie nach ihm „gegriffen [hat] mit ihren Fangarmen", sowie das düstere Bild für das, als was Ill ihr bleiben wird: ein „mildes Gespenst in einem zerstörten Gehäuse": Dürrenmatt hat wohl an dieser entscheidenden Stelle, wo Claire Zachanassian ihr Inneres offenbart, den Zug des Grotesken und Makabren, den sie sonst hat, tilgen wollen.

– An die Stelle des in der ursprünglichen Fassung Gestrichenen tritt eine Passage, in der Claire Zachanassian schlicht und menschlich und ohne alle makabre Bildlichkeit von dem „Traum" von Liebe und Vertrauen spricht, der in ihrer Liebe mit Ill einmal wirklich war, den sie nicht vergessen konnte und den sie nun wieder errichten will: Dürrenmatt lag wohl daran, Claire Zachanassian letztlich nicht als skurriles Monster, sondern als Mensch, als – wenn auch auf seltsame Weise – liebende Frau erscheinen zu lassen.

A44: *Die Schlussabstimmung der Güllener szenisch und chorisch darstellen*

Verteilen Sie die Rollen des Bürgermeisters, Ills, des Radioreporters und des Kameramanns, und spielen Sie die Schlussabstimmung (von S. 124, 6. Z. v. o.: „DER BÜRGERMEISTER Ich schreite zur Abstimmung." bis S. 126, 3. Z. v. u. „... der war besonders eindrucksvoll."), wobei der Rest der Klasse, des Kurses, des Seminars den Chor der Güllener spricht.

A45: *Berichte und Erzählungen über die Gemeindeversammlung in Güllen und den Tod Ills schreiben*

Schreiben Sie die Szene der Gemeindeversammlung in Güllen (S. 119–131),

– wie einer der anwesenden Journalisten am nächsten Tag über sie im „Kalberstadter Kreisblatt" berichtet;
– wie der Kameramann einem Kollegen von ihr als einem besonderen Medienereignis erzählt;
– wie der Lehrer sie für die Güllener Stadtchronik darstellt;
– wie Claire Zachanassian sie ihrem nächsten Gatten erzählt.

A46: *Textvergleich mit einer Frühfassung: Der Arzt tötet Ill*

ILL: An Sie habe ich zu letzt gedacht, Dr. Nüsslin.

Der Arzt zieht eine Spritze hervor

DER ARZT *leise:* Lieber Ill, einer muss es schliesslich tun. Ich war nicht bei dieser Gemeindeversammlung, kann mir denken was da gesprochen wurde: Von Idealen, von der Gerechtigkeit und so. Lauter Unsinn. Ich hielte es [für] meine Pflicht sie abzuspritzen und wenn sie der [g]erechteste im Lande wären [.] Krankenhäuser müssen nun einmal her in Güllen, die Volksgesundheit ist auf dem Hund, ich habe geschuftet und geschuftet [,] habe eine Berufung um die andere abgelehnt nur um den Leutchen hier zu helfen, wer käme denn sonst in dieses Nest [.] und wenn ich nun einschreite, tue ich es als einziger nicht für mich, fürs liebe Geld, für mich ist dies wirklich Mist [,] sondern für was reellles, für die Hygiene, für den Kampf gegen die Krankheit: Dazu brauchen wir nun eben einmal die Milliarde der verrückten alten Schachtel so himmeltraurig dies auch ist. Polizist führen Sie den Mann nach Hinten. Er soll sich auf die Bank legen.

Ill erhebt sich.

ILL: Kommen Sie, Polizeiwachtmeister, stützen Sie mich

> *Der Polizist führt Ill nach hinten der Pfarrer geht mit [,] öffnet die Bibel, murmelt etwas. Der Arzt füllt im VorderGrund eine Spritze. Der Pressemann I kommt wieder.*
>
> *PRESSEMANN I:* Ist denn schlimm, Doktor?
>
> *Der Arzt füllt die Spritze vorsichtig.*
>
> *DER ARZT: Da ist kaum mehr was zu wollen.*
>
> *PRESSEMANN I:* Der Krämer hat erreicht was er wollte, die Gemeinde bekommt die Milliarde. Die Freude wird den Mann wohl beschädigt haben.
>
> DER ARZT: Was wollen Sie. Versuchen wir noch unsere ärztliche Kunst. Nun, das langt
>
> *Er geht mit der Spritze nach hinten. Pressemann II kommt*
>
> *PRESSEMANN II:* Stehts schlimm.
>
> *PRESSEMANN I:* bedenklich
>
> (Schweizerisches Literaturarchiv 1994, S. 145–147)

Vergleichen Sie diese Stelle aus der Frühfassung des Schlusses der „Alten Dame" von 1955 mit der Endfassung von 1980 (S. 129–130) vor allem daraufhin, welche Rolle die Güllener in den beiden Fassungen spielen. Untersuchen Sie, wie der Arzt zu den Güllenern steht und wie sein Handeln motiviert ist (gegebenenfalls auch, wie Dürrenmatt durch seine Korrekturen auf der Manuskriptseite Einstellung und Motive des Arztes herausgearbeitet hat).

A47:   *Den Dramenschluss umschreiben: Claire Zachanassian wird getötet – Ill wird nicht getötet*

„Eine Geschichte ist dann zu Ende gedacht, wenn sie ihre schlimmst-mögliche Wendung genommen hat." (Dürrenmatt 1966, S. 193) Überlegen Sie in der Gruppe, ob dieses Drama seine schlimmst-mögliche Wendung genommen hat, oder ob eine noch schlimmere möglich ist, etwa indem auch oder nur Claire Zachanassian getötet wird. Wenn Sie eine sehen, skizzieren oder schreiben Sie sie. Eine andere Gruppe skizziert oder schreibt einen Schluss des Dramas, in dem Ill nicht getötet wird, etwa weil ein Reporter alles aufdeckt, weil der Lehrer die Wahrheit sagt, weil Ill nicht mitspielt, weil Claire Zachanassian ihre Meinung ändert usw. Lesen Sie Ihre Schlussfassungen vor (oder stellen Sie sie mit Teilnehmern ihrer Gruppe dar), und vergleichen Sie sie nach Wirkung und Leistung mit der Dürrenmatts.

In der Schlussszene geschieht mit der Ermordung Ills die dramatische 'Katastrophe', die endgültige Wendung zur Lösung der im Drama angelegten Konflikte: Claire Zachanassian gewinnt ihren ehemaligen Geliebten als Toten wieder für sich zurück; und Ill sühnt für das, was er ihr einmal angetan hat: „Für mich ist es die Gerechtigkeit." (S. 109). Diese Konfliktlösung zwischen Claire Zachanassian und Ill zeichnete sich bereits in der vorhergehenden zweiten Waldszene ab. Jetzt liegt das Gewicht ganz auf der Lösung des Konflikts zwischen Ill und den Güllenern bzw. zwischen

JLL: An Sie habe ich zu letzt gedacht, Doktor
Nüsslin.

  Der Arzt zieht eine Spritze hervor

DER ARZT LEISE: Lieber Jll, einer muss es
schliesslich tun. Jch war nicht bei dieser
Gemeindeversammlung, kann mir denken was
da gesprochen wurde: Von ~~lauter~~ Jdealen, von
der Gerechtigkeit und so. Lauter Unsinn. Jch
hielte es meine Pflicht sie abzuspritzen
und wenn sie der erechteste im Lande wären
Krankenhäuser müssen nun einmal her in Güllen, die Volksgesundheit ist auf dem Hund,
ich habe geschuftet und geschuftet und wenn
ich nun einschreite, tue ich es als einziger
nicht für mich, ~~sondern für was reelles,~~
für die Hygiene, für den Kampf gegen die
Krankheit: Dazu brauchen wir nun eben einmal
die Milliarde der verrückten alten Schachtel.
Polizist führen Sie den Mann nach Hinten.
Er soll sich auf die Bank legen.

  Jll erhebt sich.

JLL: Kommen Sie, Polizeiwachtmeister, *stützen*
Sie mich
  Der Polizist führt Jll nach hinten
  der Pfarrer geht mit. Der Arzt füllt
  eine Spritze. Der Pressemann I kommt
  wieder.

PRESSEMANN I: Ist denn ~~so~~ schlimm, Doktor?

  Der Arzt füllt die Spritze vorsichtig.

DER ARZT: Da ist *kaum was* ~~nicht~~ mehr zu wollen.

PRESSEMANN I: *Der Krämer hat erreicht* ~~Jetzt gerade wo er erreicht~~
~~hatte~~ was er wollte, ~~wo~~ die Gemeinde die *den Mann*
Milliarde ~~bekommt.~~ Die Freude wird ~~ihn~~ wohl
~~getroffen~~ haben. *beschädigt habe*

DER ARZT: Was wollen Sie. Versuchen wir ~~denn~~
noch unsere ärztliche Kunst. *Nun, das langt*
      mit der Spritze
  Er geht nach hinten.
    Pressemann II kommt
PRESSEMANN II: Stehts schlimm.

PRESSEMANN I: ~~Wohl hoffnungslos.~~ *bedenklich*

habe eine Berufung
um die andere ab-
gelehnt nur um den
Leutchen mer zu
helfen, war käme
dann sonst in diese
Nest

fürs liebe geld,
für mich ist
dies wirklich
MIST

so himmeltrau-
rig dies auch
IST

öffnet die
Bibel, murmelt
etwas

im Vordergrund

Manuskriptseite aus „Der Besuch der alten Dame", 1955

Claire Zachanassian und den Güllenern. Sie ermorden Ill und geben vor, damit „Gerechtigkeit verwirklichen", mit „Idealen" Ernst machen und so „Gnade" gewinnen zu wollen (S. 121). Sie erweisen sich damit öffentlich – nur durchschaut die Medienöffentlichkeit es nicht – als das, als was Claire Zachanassian sie entlarvt haben will: als monumental verlogen und heuchlerisch, als im Kern korrupt und verbrecherisch.

(A44) Es erfordert wenig Aufwand, bringt aber eine wichtige Erfahrung, wenn die Schüler oder Studenten die Schlussabstimmung der Güllener selbst chorisch sprechen. Sie erfahren so, wie die heuchlerische Bestätigung des Mordes durch den Gemeindechor liturgisch überhöht ist und pseudoreligiöse Weihe erhält, die sich dann aber durch die Wiederholung der ganzen Veranstaltung fürs Fernsehen grotesk relativiert.

(A45) Was der Mord an Ill nun im Einzelnen bedeutet, kann dargestellt werden, wenn er – am besten gruppenweise – aus verschiedenen Perspektiven berichtet oder erzählt wird:

– Der Journalist kann am nächsten Tag im „Kalberstadter Kreisblatt" das Ereignis so berichten, wie die Güllener es gesehen haben möchten und wie der Radioreporter es im Stück ja auch sieht.

– Der Fernsehreporter kann das Geschehen als großes Medienereignis erzählen und dabei unkritisch (oder auch kritisch) die bedeutende Rolle der Medien in der heutigen Gesellschaft darstellen.

– Der Lehrer kann das Ereignis für die Güllener Stadtchronik verlogen idealisierend und verklärend wie in seiner Rede (S. 121 f.) darstellen.

– Claire Zachanassian kann das Ereignis so, wie es wirklich war, und in dem, was es für sie bedeutete, erzählen.

(A46) Wie wichtig es für Dürrenmatt ist, die Tat und die Schuld der Güllener als kollektive Tat und Schuld und nicht als Verbrechen Einzelner oder eines Einzelnen darzustellen, zeigt ein Vergleich mit einer Frühfassung des Dramas von 1955. Hier tötet der Arzt als Einzelner aus eigenem Entschluss und aus ganz individuellen Motiven Ill und nicht als Repräsentant der Güllener, bei deren Gemeindeversammlung er nicht anwesend war und von deren Heuchelei und Geldgier er sich ausdrücklich distanziert. Er tut es aus Pflichtbewusstsein im aufopferungs- und entsagungsvollen Kampf gegen die Krankheit, im engagierten Kampf für den medizinischen Fortschritt. Das wird durch die Korrekturen, die Dürrenmatt im Manuskript vorgenommen hat, noch verstärkt. Dürrenmatt hat dennoch die ganze Szene gestrichen und neugeschrieben, weil es ihm wichtiger war, die Schuld, die Güllen kollektiv aus Geldgier auf sich lädt, darzustellen.

(A47) Man darf wohl vermuten, dass es für die Güllener die „schlimmst-mögliche Wendung", ist, wenn sie im Namen der Gerechtigkeit Ill umbringen und dafür eine Milliarde erhalten. Würden sie die Milliarde am Ende doch nicht bekommen, würden sie weit weniger korrumpiert als mit der Milliarde. Man könnte aber überlegen, ob es nicht ein tragischeres Ende des Dramas wäre, wenn Claire Zachanassian etwa von Ill oder dem Lehrer oder auch ganz zufällig umgebracht würde. Spielt man das einmal durch, indem man es skizziert oder schreibt, erkennt man, dass dann die ganze dramatische Konstruktion des Stückes auseinanderbrechen würde. Die alte Dame ist dramaturgisch letztlich nicht eine Figur wie andere Figuren, sondern mit ihren Milliarden steht sie außerhalb menschlicher Ordnungen („mit meiner Finanzkraft leistet man sich eine Weltordnung", S. 91) und ist etwas wie ein Fleisch gewordenes Verhängnis, das über Güllen hereinbricht. Sie ähnelt damit Figuren anderer Dramen Dürrenmatts, die auch wie Mächte aus anderen Welten in die menschliche Welt einfallen: dem Engel Kurrubi aus „Ein Engel kommt nach Babylon", der Irrenärztin Dr. von Zahnd aus „Die Physiker", Schwitter, der nicht sterben kann, aus „Der Meteor". Diesen Figuren entspricht in den Kriminalromanen Dürrenmatts der Zufall, der in die rationale Planung der 'Detektive' eingreift und sie ad absurdum führt (s. Waldmann 1971). Und eben dies Prinzip des Zufalls erklärt Dürrenmatt ja auch zum Hauptprinzip seiner Dramaturgie: „Die Kunst des Dramatikers besteht darin, in einer Handlung den Zufall möglichst wirksam einzusetzen." (1966, S. 193; s. Profitlich 1971). Ein solcher 'Zufall' ist Claire Zachanassian für Güllen, eine in Güllen einfallende und alles Leben verändernde übermenschliche Macht: „Kommt mir vor wie eine Parze, wie eine griechische Schicksalsgöttin", sagt der Lehrer bei ihrer Ankunft in Güllen (S. 34). Claire Zachanassian am Ende des Dramas sterben zu lassen, sprengt so das dramaturgische Konzept des Stücks: In einem 'Schicksalsdrama' kann man nicht das Schicksal (die „Schicksalsgöttin") umbringen. Damit lässt das Umschreiben des Dramenschlusses in der Weise, dass Claire Zachanassian getötet wird, erkennen, dass Dürrenmatts Drama eine sehr bestimmte dramaturgische Form aufweist, nämlich etwas wie ein modernes 'Schicksalsdrama' ist (Genaueres dazu in A51).

Andererseits sind Dramenschlüsse denkbar, die ohne den Mord an Ill auskommen, die etwa eine am Ende versöhnte Claire Zachanassian und dennoch eine Läuterung Ills und die Anprangerung der Güllener darstellen. Darüber wäre dann anhand der Fassungen eines veränderten Schlusses zu diskutieren, ob ein solch versöhnlicheres Ende des Stücks weniger oder gleich wirkungsvoll oder sogar wirkungsvoller als Dürrenmatts „schlimmst-mögliche" Lösung ist. Sicherlich ist in ihnen nicht „das Sinnlose, das Hoffnungslose dieser Welt" dargestellt, steht nicht die Welt „als ein Ungeheures dar, als ein Rätsel an Unheil, das hingenommen werden muß", wie bei Dürrenmatt (Theaterprobleme. 1966, S. 123). Man darf allerdings fragen, ob das an sich ein Nachteil ist (Genaueres dazu in A51).

6.4. Zum ganzen Drama

A48: *Textvergleich mit einem literarischen Vorbildtext: Chorlied aus Sopho-*
       kles',,,Antigone" – Dürrenmatts Schlusschor

Sprechen Sie mit verteilten Rollen den Schlusschor von Dürrenmatts Drama
(S. 132–134). Lesen Sie dann das antike Vorbild:

Chorlied aus Sophokles: Antigone[69]
Ungeheuer ist viel, doch nichts
Ungeheuerer als der Mensch.
Durch die grauliche Meeresflut,
Bei dem tobenden Sturm von Süd,
Umtost von brechenden Wogen,
So fährt er seinen Weg.
Der Götter Ursprung, Mutter Erde,
Schwindet, ermüdet nicht. Er mit den pflügenden,
Schollenaufwerfenden Rossen die Jahre durch
Müht sie ab, das Feld bestellend.

Sorgloser Vögel Schwarm umstellt
Er mit garngesponnenem Netz.
Und das Wild in all seiner Art,
Wie des salzigen Meeres Brut,
Er fängt's, der Listge, sich ein,
Der überkluge Mann.
Beherrscht durch Scharfsinn auch der Wildnis
Schweifendes Tier und er zähmt auch die mähnigen
Rosse mit nackenumschließendem Jochholz,
Auch den unbezwungenen Bergstier.

Das Wort wie den windschnellen Sinn,
Das Thing, das die Staaten gesetzt,
Solches brachte er alles sich bei und lernt auch,
Dem Frost da drauß zu entgehn,
Sowie des Sturms Regenpfeil.
Rat für alles weiß er sich, und ratlos trifft
Ihn Nichts, was kommt. Nur vorm Tod
Fand er keine Flucht. Doch sonst
Gen heillos Leiden hat er sich
Heil ersonnen.

Das Wissen, das alles ersinnt,
Ihm über Verhoffen zuteil,
Bald zum Bösen und wieder zum Guten treibt's ihn.
Wer treulich ehrt Landesart
Und Götterrecht, dieser steht
Hoch im Staat. Doch staatlos, wer sich zugesellt
Aus Frevelmut bösen Sinn.
Nie sei der mein Hausgenoß
Und nie auch meines Herzens Freund,
Der das waget.

Vergleichen Sie dies Chorlied mit dem Schlusschor von Dürrenmatts Stück. Versuchen Sie zu erklären, was Dürrenmatt damit meint, wenn er von seinem Chor sagt, er sei dem „der griechischen Tragödie angenähert, nicht zufällig, sondern als Standortsbestimmung, als gäbe ein havariertes Schiff, weit abgetrieben, die letzten Signale." (S. 132)

A49: *Motivanalyse der „Gerechtigkeit"*

Untersuchen Sie das ganze Drama daraufhin, wo der Begriff der Gerechtigkeit bzw. die Begriffe Recht und Unrecht vorkommen und was sie für Claire Zachanassian, für Ill und für die Güllener bedeuten.

A50: *Nachspiele zum Drama schreiben: Zehnjahresfeier in Güllen – Claire Zachanassian auf Capri – Gespräch mit Frau Zachanassian*

Schreiben Sie einen Rückblick auf das Geschehen des Dramas:

– Festrede des Bürgermeisters von Gülden (der Name wurde „auf Begehren der stimmfähigen Bürger" umgewandelt; S. 139) zum 10. Jahrestag der Claire-Zachanassian-Stiftung;
– kritisches Flugblatt der Grünen Güllens zum 10. Jahrestag der Claire-Zachanassian-Stiftung;
– Monolog Claire Zachanassians an Ills Sarg im Mausoleum auf Capri;

– *Gespräch mit Frau Zachanassian*
Ich steige in Freiburg in den ICE nach Zürich, suche meinen reservierten Platz, setze mich. Mir gegenüber sitzt Frau Zachanassian. Wir kommen schnell ins Gespräch. Frau Zachanassian, sag ich, ...

A51: *Textvergleich mit einem anderen Drama Dürrenmatts zu seinem christlichen Anti-Humanismus: Der Lehrer – Graf Übelohe in „Die Ehe des Herrn Mississippi"*

Lesen Sie die Auseinandersetzung des Lehrers mit Claire Zachanassian (S. 88, 10. Z. v. u.: „Frau Zachanassian. Reden wir offen miteinander." bis S. 90, 6. Z. v. o. „... euer ganzes Leben nutzlos vertan.") und den Monolog des Lehrers (S. 103, 5. Z. v. o.: „Bin nüchtern." bis 5. Z. v. u.: „Noch eine Flasche Steinhäger.") und überlegen Sie, warum Dürrenmatt die humane Handlungsweise des Lehrers wohl so sinn- und nutzlos werden, warum er seine Humanität völlig machtlos und gerade ihn in seiner Rede vor der Gemeindeversammlung (S. 120–122) zum eigentlichen Repräsentanten der verbrecherischen Heuchelei der Güllener werden lässt.

Lesen Sie dann den Monolog des ähnlich wie der Lehrer gescheiterten Grafen Bodo von Übelohe-Zabernsee, mit dem das vier Jahre vor dem „Besuch der alten Dame" geschriebene Drama „Die Ehe des Herrn Mississippi" endet:

Im Fenster links erscheint Übelohe, allein sichtbar, einen verbeulten Helm aus Blech auf dem Kopf, eine verbogene Lanze in der Rechten immer, wieder getaucht in den kreisenden Schatten einer Windmühle.

ÜBELOHE Was erhebst du deinen Leib aus den Morgennebeln,
die sich breit über die Ebene Montiel lagern

Was tauchst du, armkreisend, Riese, dein Haupt prahlend
in die Sonne
die, mir gegenüber,
das katalanische Gebirge hinaufrollt, der Nacht entlassen

Sieh mich, Windmühle, schmatzender Gigant
den Bauch mit Völkern mästend,
die dein bluttropfender Flügel zerhackt

Sieh Don Quichotte von der Mancha,
den ein versoffener Wirt zum Ritter schlug,
der eine Saumagd liebt in Toboso

Oftmals zusammengehauen, oftmals verlacht
und dennoch dir trotzend.

Wohlan denn!

Wie du uns aufhebst mit deiner sausenden Hand,
Roß und Mann, jämmerlich beide,
wie du uns in das schwimmende Silber
des gläsernen Himmels schmetterst:

Stürze ich auf meiner Schindermähre
über deine Größe hinweg
in den flammenden Abgrund der Unendlichkeit

Eine ewige Komödie

Daß aufleuchte Seine Herrlichkeit,
genährt durch unsere Ohnmacht.[70]

Untersuchen Sie, was mit dem Bild von Don Quichotte, was mit der Windmühle gemeint ist und welchen Sinn es hat, dass Übelohe im Kampf gegen sie scheitert. Vergleichen Sie das Scheitern Übelohes mit dem des Lehrers und überlegen Sie, was es wohl bedeuten dürfte, wenn zu diesem „einmal eine alte Dame kommen wird, eines Tages" (S. 103).

A52: *Dramentheoretische Analyse: „Der Besuch der alten Dame" als „tragische Komödie"*

Dürrenmatt nennt sein Stück im Untertitel „Eine tragische Komödie". Vergegenwärtigen Sie sich, was Sie an dem Stück im üblichen Wortsinne 'komisch' und was Sie 'tragisch' gefunden haben. Stellen Sie Vermutungen an, warum Dürrenmatt diese beiden Elemente wohl zusammengenommen hat. Erarbeiten Sie zum genaueren Verständnis der bei Dürrenmatt zugrunde liegenden dramentheoretischen Konzeption die beiden folgenden Texte:

Friedrich Dürrenmatt, aus: *Theaterprobleme*

Schiller schrieb so, wie er schrieb, weil die Welt, in der er lebte, sich noch in der Welt, die er schrieb, die er sich als Historiker erschuf, spiegeln konnte. Gerade noch. War doch Napoleon vielleicht der letzte Held im alten Sinne. Die heutige Welt, wie sie uns erscheint, läßt sich dagegen schwerlich in der Form des geschichtlichen Dramas Schillers bewältigen, allein aus dem Grunde, weil wir keine tragischen Helden, sondern nur Tragödien vorfinden, die von Weltmetzgern inszeniert und von Hackmaschinen ausgeführt werden. Aus Hitler und Stalin lassen sich keine Wallensteine mehr machen. Ihre Macht ist so riesenhaft, daß sie selber nur noch zufällige, äußere Ausdrucksformen dieser Macht sind, beliebig zu ersetzen [...]. Die Macht Wallensteins ist eine noch sichtbare Macht, die heutige Macht ist nur zum kleinsten Teil sichtbar, wie bei einem Eisberg ist der größte Teil im Gesichtslosen, Abstrakten versunken. (1966, S. 119)

Die Tragödie setzt Schuld, Not, Maß, Übersicht, Verantwortung voraus. In der Wurstelei unseres Jahrhunderts, in diesem Kehraus der weißen Rasse, gibt es keine Schuldigen und auch keine Verantwortlichen mehr. Alle können nichts dafür und haben es nicht gewollt. [...] Uns kommt nur noch die Komödie bei. Unsere Welt hat ebenso zur Groteske geführt wie zur Atombombe, wie ja die apokalyptischen Bilder des Hieronymus Bosch auch grotesk sind. (1966, S. 122)

A53:   *Ein Programmheft zu einer (fiktiven) Aufführung von „Der Besuch der alten Dame" herstellen*

Stellen Sie einzeln oder gruppenweise ein Programmheft für eine (fiktive) Aufführung des Stücks zusammen, in dem Sie alles versammeln, was etwa jemand, der das Stück sehen würde, Ihrer Meinung nach über das Stück, seine Figuren, seine Handlung und das, was es übermittelt, über den Autor, sein Werk und seine Dramenauffassung und schließlich über Ihre Inszenierung und deren Absichten wissen sollte.

Nachdem die vorigen Kapitel aktweise am Drama entlanggegangen sind, betrachtet dieses Kapitel das ganze Drama und behandelt über den Text hinaus auch übergreifende literarische, dramentheoretische und ideologische Zusammenhänge.

(A48) In Sophokles' „Antigone" geht es vor allem um den Gegensatz zwischen Recht des Staates und Staatsraison einerseits und göttliches Gebot und menschliche Pflicht andererseits. Antigone folgt, indem sie gegen das Machtgebot des Königs Kreon ihren Bruder bestattet, göttlichem Gebot und ethischer Pflicht. Bevor offenbar wird, dass sie die Täterin ist, also nicht als Stellungnahme für oder gegen Kreon oder Antigone, sondern als allgemeine Würdigung der Bedeutung gesellschaftlicher Normen und göttlich-ethischer Gesetze, spricht der Chor thebanischer Greise das erste Standlied (Stasimon). Es preist die Größe des Menschen, der mit seiner Geisteskraft die Natur besiegt und sich dienstbar gemacht hat, Krankheiten bezwungen und Wissen gesammelt hat, das aber zum Bösen wie zum Guten genutzt werden kann. Angesehen im Staat ist nur der, der die Gesetze des Staates und das Recht der Götter ehrt und ethischen Grundsätzen folgt. Dürrenmatts Schlusschor verändert den antiken Chor entscheidend: Er beschreibt als das eigentlich „Ungeheure" nicht wie Sophokles den Menschen mit seiner geistigen Kraft, sondern die Armut, und preist ihr gegenüber hemmungslos „den Wohlstand", religiös fetischisiert zu den „heiligen Gütern", die „ein Gott" bewahren soll. Das Mordgeschehen, durch das Güllen zu Wohlstand gekommen ist, wird umstilisiert zu einem „freundlichen Geschick", Claire Zachanassian zur „Wohltäterin": Eine Hymne auf den Fetisch Wohlstand, dem gegenüber ethische Werte keine Rolle spielen.

Mit Antigone erscheint zuerst in der Geschichte des Abendlandes nachdrücklich dargestellt der Mensch als selbständige *Individualität*, die ihr Handeln aus sich selbst bestimmt; der Begriff dafür wird erstmals in der „Antigone" in diesem Sinne gebraucht: „Nach eignem Gesetz (autónomos) gehst von allen allein / Du lebend hinunter zum Hades", sagt der Chor zu Antigone (V. 821 f.). Antigone folgt dem göttlich-ethischen Gebot 'autonom', selbstgesetzlich: frei (s. Pohlenz 1955, S. 58). Das bezeichnet den Beginn der Geschichte des abendländischen *Individuums* (und die Ermöglichung des Dramas; s. 2.2.3.), die dann über Entwicklungen im Christentum zu seiner Emanzipation in der Aufklärung, zu seiner Selbstverwirklichung in Klassik und Romantik und zu seiner Selbstwiderlegung und Selbstauflösung in der Moderne führt, in der „Freiheit" wie in Dürrenmatts Schlusschor nicht mehr die ethische Selbstgesetzlichkeit des Individuums bezeichnet, sondern u. a. das ideologische Hochwertwort für den ungehemmten Konsum der „heiligen [Konsum-]Güter" ist. So ist hier zwar noch die antike Tradition enthalten, aber entstellt und pervertiert, und über ihre Entstellung und Perversion gibt sie die „letzten Signale" des „weit abgetriebenen" und „havarierten Schiffs" der abendländischen Kultur, deren „Standortbestimmung" Dürrenmatt so in seinem Schlusschor und überhaupt mit dem „Besuch der alten Dame" vornimmt.

(A49) Dürrenmatt hat sich in vielen seiner Werke bis zu dem Roman „Justiz"[71] (1957, also kurz nach der „Alten Dame", begonnen und 1985 vollendet) mit dem Problem der *Gerechtigkeit* beschäftigt. Im „Besuch der alten Dame" bildet sie das zentrale Motiv, das alle drei Konfliktparteien – Claire Zachanassian, Ill und die Güllener – entschieden bestimmt: An der jungen Claire Zachanassian wird ihre „Gerechtigkeitsliebe" gelobt (S. 19, 43). Als sie nach Güllen kommt, fordert sie „Gerechtigkeit"; das „Unrecht" soll wiedergutgemacht werden, das ihr in Güllen angetan wurde (S. 45): „nun will ich Gerechtigkeit, Gerechtigkeit für eine Milliarde." (S. 49) – Ill erkennt im Verlaufe des Stücks, dass er Unrecht getan und Schuld auf sich geladen hat und deshalb „kein Recht" hat, sich gegen seine Verurteilung zu stellen (S. 102 f.): „Für mich ist es die Gerechtigkeit" (S. 109). – Für die Güllener ist es reine Heuchelei, dass sie „Ungerechtigkeit" ausrotten und „Gerechtigkeit verwirklichen wollen", um ein „gerechtes Gemeinwesen" zu werden (S. 121). In Wirklichkeit ist, wie sie feierlich „reinen Herzens die Gerechtigkeit verwirklichen" (S. 125, s. 124–126), die Verschleierung größten Unrechts, nämlich eines kollektiven Mordes aus Gewinnsucht. So ist das Drama bestimmt durch drei Formen von 'Gerechtigkeit': Durch eine ins Unrecht verkehrte bei den Güllenern; durch eine extrem und „absolut" (S. 90) gefasste, so aus den menschlichen Ordnungen herausgerückte und letztlich unmenschlich gewordene bei Claire Zachanassian; durch eine menschlich gelebte und verwirklichte, die die eigene Schuld anerkennt und den Willen zur Sühne hat, bei dem Opfer der ungerechten und der unmenschlichen Gerechtigkeit, bei Ill.

(A50) Die vier *Nachspiele* geben die Möglichkeit, aus zeitlichem Abstand zu den Ereignissen das eigene Gesamtverständnis des Dramas darzustellen:

— Was die Milliarde Güllen tatsächlich gebracht hat und wie aus der (gegebenenfalls weiter verklärenden und idealisierenden) Distanz von 10 Jahren das ganze Geschehen gesehen wird;
— wie man das Ereignis und seine verheerenden Folgen für Güllen nach 10 Jahren kritisch rekonstruieren und darstellen kann;
— was die Tötung Ills nun wirklich für Claire Zachanassian bedeutete und ihr gebracht hat;
— wie man selbst zu Claire Zachanassian und dem Geschehen in Güllen steht.

Zu der letzten Möglichkeit gebe ich ein Beispiel aus einem Seminar an der Pädagogischen Hochschule Freiburg im Wintersemester 1995/96:

Gespräch mit Frau Zachanassian

Ich steige in Freiburg in den ICE nach Zürich, suche meinen reservierten Platz und setze mich. Mir gegenüber sitzt Frau Zachanassian. Wir kommen schnell ins Gespräch. Frau Zachanassian, sage ich, ich hätte nie gedacht, dass ich Ihnen mal Auge in Auge ... Das Stück über Sie hat ja viel Furore gemacht. Macht Ihnen nichts aus, sagen Sie, die Presse war seinerzeit schließlich auch beteiligt? Sie wollten geradezu die Öffentlichkeit? Na ja, also wissen Sie, das finde ich doch ziemlich ..., pervers ist vielleicht ein etwas starker Ausdruck, aber in die Richtung geht das schon. In dem Stück fand ich Ihre Figur anfangs auch eher pervers, aber dann habe ich begriffen, worum es Ihnen wirklich ging: Um die Liebe zu Ill, nicht in erster Linie um Rache. Aber jetzt sagen Sie, dass Sie ihn nicht nur in voller Absicht ermorden ließen, sondern sogar eine unbarmherzige Öffentlichkeit begrüßten? Das enttäuscht mich wirklich. Ich habe Sie mißverstanden? Ach, Sie meinten, Rache schon, aber in erster Linie an den Güllenern, die damals ebenso herzlos mit Ihnen umgegangen waren wie Ill. Das sollte an die Öffentlichkeit. Irgendwie verstehe ich das aber nicht. Sie haben die Güllener doch belohnt! Eine Milliarde! Seitdem blüht Güllen, nennt sich jetzt sogar Gülden, die Bürger leben in Saus und Braus. Das interessiert Sie nicht? Die Güllener hätten ihre Seele für Geld verkauft und das wüßte nun alle Welt? Ja, liebe Frau Zachanassian, glauben Sie denn, die Öffentlichkeit interessiert sich jetzt noch für einen Mord, der vor Jahren begangen wurde? Bei dem noch nicht mal klar war, wer es war und ob der gute Ill nicht doch an Herzschlag gestorben ist. Der Erfolg zählt, nur der Erfolg! Das müßten Sie doch wissen, so erfolgreich, wie Sie selbst sind und so zynisch obendrein. Tut mir leid, ich wollte nicht so offen sein, aber Sie haben mich echt provoziert ...   (Anne Brandhorst)

(A51) Diese Aufgabe soll dazu dienen, den weltanschaulichen Hintergrund des Dramas genauer zu erkunden. Sie setzt an der Gestalt des Lehrers an, der bestimmt, ja penetrant eine im Prinzip recht anerkennenswerte Weltanschauung vertritt: „ich bin ein Humanist, ein Freund der alten Griechen, ein Bewunderer Platos" (S. 99). Er ist, obwohl er andere Möglichkeiten gehabt hätte, in Güllen geblieben, um den Schülern „Humanität" zu vermitteln (S. 88); und er ist es, der an Claire Zachanassian appelliert, den Gedanken der Rache fallen zu lassen und sich „zur reinen Menschlichkeit" durchzuringen (S. 91). Damit hat er keinen Erfolg, weil er ihre wirklichen Motive nicht erkennt; überhaupt ist er von Dürrenmatt so gezeichnet, dass er etwas schulmeisterlich und auch naiv ist. Doch erklärt das nicht, dass gerade er, einer der ganz wenigen achtbaren Bürger Güllens, nun von Claire Zachanassian so jämmerlich ad absurdum geführt wird. Zu ihm (und dem Arzt) sagt sie: „Eure Hoffnung war ein Wahn, euer Ausharren sinnlos, eure Aufopferung Dummheit, euer ganzes Leben nutzlos vertan." (S. 90) Warum ist des Lehrers aufopferungsvolles Leben im Dienst der Humanität wahnhaft, sinnlos, dumm, nutzlos? Warum erweist sich sein „Glaube an die Humanität" als „machtlos" (S. 103) und wird gerade er mit seiner Ansprache in der Gemeindeversammlung – die man gegebenenfalls vorher noch gemeinsam lesen könnte – zum unmenschlichen Protagonisten mörderischer Heuchelei? Dafür gibt es keine in seiner Figur oder sonstwie in der Dramaturgie des Stücks liegende Gründe; Dürrenmatt geht es nur darum, an ihm den Glauben an die Humanität, an die Menschlichkeit, an den Menschen zu widerlegen. Warum aber?

Darauf kann die Betrachtung einer ähnlichen Figur aus „Die Ehe des Herrn Mississippi" Auskunft geben: „des Grafen Übelohe, des letzten Christen und Samariters, der als Arzt Armenspitale gründet, sich im Dienst an der Menschheit aufreibt, die Liebe verabsolutiert und darüber zur lächerlichen Figur, zu einem neuen Don Quichotte wird" (Durzak 1972, S. 71). Auch hier kann man fragen, warum gerade diese Figur eines aufopferungsvollen christlichen Humanismus in der Art Albert Schweitzers so „jämmerlich", und dafür steht das Bild des lächerlich scheiternden Don Quichotte, ad absurdum geführt wird. Der Text anwortet darauf eindeutig mit den Worten, in denen das ganze Drama endet: „Daß aufleuchte Seine Herrlichkeit, / genährt durch unsere Ohnmacht." Der Mensch soll scheitern, seine Humanität soll versagen, seine Menschlichkeit soll lächerlich werden – „Eine ewige Komödie" –, um dadurch die Allmacht, „Größe" und „Herrlichkeit" des christlichen Gottes zu erweisen. So ist es in dem Scheitern des Menschen letztlich der „Gigant" Gott, der den Menschen zusammenschmettert und seine „Ohnmacht" und Nichtigkeit dartut. Das ist auch in der „Alten Dame" angedeutet, wenn der Lehrer weiß, „daß auch zu uns einmal eine alte Dame kommen wird, eines Tages" (S. 103). Die alte Dame ist eben nicht nur eine dramatische Figur neben anderen, sondern sie wirkt als Tod und Verderben bringende „Schicksalsgöttin" (S. 34) und wirkt damit wie der christliche Gott in „Die Ehe des Herrn Mississippi" (oder wie der Zufall in anderen Dramen und in den Kriminalromanen).

„Der Besuch der alten Dame" bringt eine vehemente Kritik des verlogenen Konsumfetischismus der kapitalistischen Gesellschaft und hatte früher auch den Untertitel „Komödie der Hochkonjunktur" (S. 139). Dürrenmatt ist aber kein Gesellschaftskritiker – für ihn ist „die Gesellschaftskritik nur sekundär" (Knopf 1987, S. 87) – und ganz frei von allem Verdacht, marxistische Kapitalismuskritik zu treiben. Das Drama übt nachhaltige Kritik an der Entwicklung der abendländischen Kultur. Dürrenmatt ist aber kein Kulturkritiker, und er ist auch keinem philosophischen Skeptizismus oder Pessimismus verpflichtet. Dürrenmatt stammt aus einem kalvinistischen Pfarrhaus: „Ich wuchs in einer christlichen Welt auf, die mich auch später nicht losließ: mein Sohn ist Pfarrer geworden."[72] Er hat vor allem Kierkegaard studiert und vorgehabt, über „Kierkegaard und das Tragische" zu promovieren; er sagt, dass er ohne Kierkegaard als Schriftsteller nicht zu verstehen sei (Tantow 1992, S. 91 ff.): Dürrenmatt ist Christ und schreibt als Christ; dazu hat er sich mehrfach bekannt. Im „Mississippi" etwa nennt er sich einen „zähschreibenden Protestanten"[73], in den „Theaterproblemen" sagt er von sich: „Die Schwierigkeiten, die ein Protestant mit der Kunst des Dramas hat, sind genau die seines Glaubens." (1966, S. 125) Dürrenmatts Haltung ist letztlich gespeist aus dem christlichen Glauben an die Allmacht Gottes und die Nichtigkeit (die vanitas) der Welt und des Menschen mit allen seinen Werken, auch einem opfervollsten Humanismus, vor diesem Gott. Dieser religiöse Kontext ist es, der ihn von dem „Sinnlosen", dem „Hoffnungslosen dieser Welt" sprechen (1966, S. 123) und den Humanismus absurd finden lässt. Dazu noch zwei Aussagen Dürrenmatts, eine aus einem frühen Prosastück von 1943 „Der Folterknecht": „Die Folterkammer ist die Welt. Die Welt ist Qual. Der Folterknecht ist Gott. Der foltert."[74] Und aus dem Hörspiel „Nächtliches Gespräch mit einem verachteten Menschen" von 1951: Eine der „Binsenwahrheiten", um die es heute geht, ist „der Glaube, daß diese Welt zerbrechen muß, damit sein Reich komme."[75]

Eben das ist in Dürrenmatts ersten christlichen Dramen, in „Es steht geschrieben" und „Der Blinde", und später dann in „Ein Engel kommt nach Babylon" ausdrücklich und ausführlich dargestellt. In den späteren Werken erscheint es teils nur noch andeutungsweise (wie in der „Alten Dame"), teils gar nicht mehr ausdrücklich. Es bleibt aber im gesamten Werk die weltanschauliche Grundlage (s. Waldmann 1964). Das mindert die Relevanz der kultur- und gesellschaftskritischen Darstellung Dürrenmatts zwar oft, doch nicht prinzipiell. Es weist aber den Ort nach, von wo her sie letztlich stammt, und lässt dramatische Unstimmigkeiten wie bei der Gestalt des Lehrers richtig verstehen und einschätzen.

(A52) Diese Aufgabe ist voraussetzungsvoll und schwierig. Die Schwierigkeit liegt zunächst in dem dramentheoretischen Zugriff, der einige Kenntnisse der Geschichte des Dramas erfordert, vor allem aber darin, Dürrenmatt theoretisch mit seiner dramaturgischen Begrifflichkeit und von seinen dramentheoretischen Darlegungen aus zu erfassen. Denn Dürrenmatts dramaturgische Begrifflichkeit ist ziemlich subjektiv, und seine dramentheoretischen Ausführungen zu seinen Dramen sind i. a. unsystematisch, häufig willkürlich, meist insgesamt und oft in sich selbst widersprüchlich. Da die „Alte Dame" aber offensichtlich ein Drama ist, das sich deutlich von den konventionellen und modernen Dramen der Zeit vor ihr unterscheidet, sollte doch wenigstens ein Versuch gemacht werden, ihre Dramenform in Umrissen begrifflich zu fassen.

Einen ersten Anlauf dazu kann man mit der von Dürrenmatt gewählten Gattungsbezeichnung „tragische Komödie" und dem üblichen Verständnis der beiden darin gebrauchten Begriffe machen. Die zahlreichen 'komischen' Elemente des Dramas sind leicht zu benennen. Die 'Wald'darstellung im Konradsweilerwald, die Liebesbemühung Ills um die alte Dame, ihr Umgang mit ihrer Umgebung und ihren Gatten, die Aufführung und die Redeweise der Güllener, die anderes sagen, als sie meinen, wirken 'komisch'; das Schicksal und das Ende Ills dagegen scheint eher 'tragisch'. Doch ist offenbar vor allem das Komische noch kein recht treffender Begriff, denn etwa Claire Zachanassian ist insgesamt sicher keine komische Figur. Da trifft schon besser ein Begriff zu, den Dürrenmatt bei ihrem ersten Auftreten für sie gebraucht: „eine Dame von Welt, mit einer seltsamen Grazie, trotz allem Grotesken." (S. 22) Man kann sie sicherlich eine groteske Gestalt und man kann auch viele Szenen des Stücks grotesk nennen; nur das Stück insgesamt ist im üblichen Wortsinne keine Groteske.

Dürrenmatt gebraucht allerdings, u. a. in den „Theaterproblemen", den Begriff des „Grotesken", und man kann versuchen, dort eine genauere Bestimmung zu finden. Folgen wir zunächst der Argumentation in den abgedruckten Auszügen: Dürrenmatt hebt das heutige Drama ab von dem Schillers, zu dessen Zeit sich seine Lebenswelt noch in der Dramenwelt, die er schrieb, „spiegeln" konnte. Kann man anders herum (und in marxistischer Terminologie) sagen, das Drama Schillers 'spiegelte' die Welt Schillers 'wider'? Sicherlich nicht, denn Dürrenmatt meint durchaus nicht, das idealistische Drama Schillers sei eine 'Widerspiegelung' der gesellschaftlichen Wirklichkeit seiner Zeit. Er meint vielmehr, zu Schillers Zeiten sei die Welt noch durch einzelne „weltgeschichtliche Individuen", wie Hegel, oder durch „Helden", wie Dürrenmatt es nennt, bestimmt gewesen; der „letzte Held" war Napoleon. Deshalb konnte sie auch in dramatischen Helden wie Wallenstein dargestellt werden. Die Macht heutiger Herrscher ist dagegen so riesenhaft, dass sie nur ein zufälliger Ausdruck von ihr sind und das Drama diese Macht nicht mehr durch sie, also durch dramatische Helden darstellen kann.

Das entspricht in etwa der Argumentation Brechts, dass in unserer Zeit die wichtigsten Vorgänge des gesellschaftlichen Lebens nicht mehr von einer dramatischen „Mittelpunktsfigur" aus dargestellt werden können, die allein aus den Kräften ihrer Individualität Handlung hervorbringt (s. 2.2.3.). Brecht und Dürrenmatt ziehen daraus aber verschiedene Konsequenzen: Brecht bringt durch verschiedene epische Techniken die gesellschaftliche Umwelt, die den 'Helden' bestimmt, zur Anschauung. Dürrenmatt destruiert bis auf wenige Ausnahmen seine 'Helden', etwa indem er sie gleich als Anti-Helden konzipiert und zu „Narren", eins der „zentralen Motive im Werk Dürrenmatts", stilisiert (Profitlich 1973, S. 41, s. 38–56), etwa indem er sie durch ihr Handeln oder die unvorhersehbaren Folgen ihres Handelns ad absurdum führt (vgl. Profitlich 1973, S. 57–80). Damit stellt er den Menschen dar, wie er heute in einer überverwalteten, medienbestimmten, computergesteuerten, von politischen, gesellschaftlichen und ökonomischen Zwängen beherrschten Welt faktisch meist ist. „Die heutige Macht", die da „nur zum kleinsten Teil sichtbar" ist in den 'Mächtigen' und die es ist, die die Menschen beherrscht und verformt und vernichtet, wird so bei Dürrenmatt allerdings nicht dargestellt; die geschichtlichen, gesellschaftlichen, politischen, ökonomischen Verhältnisse und Zwänge, die den Menschen heute prägen, interessieren ihn als solche nicht (und ob man sie verändern könnte, wie Brecht es wollte, schon gar nicht); er stellt nur die Opfer dar, die im begrenzten Raum des Privaten, und da entsteht gelegentlich ein wenig 'Heldentum', „die Welt zu bestehen" suchen (Vom Sinn der Dichtung in unserer Zeit. 1966, S. 63). Die Form dieser Darstellung ist durch die Art dieser Opfer vorgegeben: Der Held, der ein Narr, der ein Anti-Held ist oder der sich selbst ad absurdum führt, ist ein komischer Held. Die Form der Darstellung der Welt mit solchen Protagonisten ist zwangsläufig die *Komödie*. Und Dürrenmatts Drama ist ja auch vor allem Komödie: „Uns kommt nur noch die Komödie bei."

Die *Tragödie* setzt den Mittelpunktshelden voraus, der aus sich das dramatische Geschehen bewirkt, für es verantwortlich ist und die Schuld sühnt, die er auf sich lädt: „Die Tragödie setzt Schuld [...], Übersicht, Verantwortung voraus." In der „Alten Dame" trifft das für den Lehrer sicherlich nicht zu: er hat keine Übersicht über das Geschehen in Güllen, ist nicht für es verantwortlich und nicht schuld an ihm; er ist nicht tragisch, sondern in Dürrenmatts Sinn ein „Narr" und 'komisch'. Anders Ill: er erkennt am Ende das Unheil, das er angerichtet hat, nimmt die Verantwortung dafür auf sich und büßt seine Schuld mit dem Tode, er ist tragisch. Nur bewirkt sein Tod überhaupt nichts, im Gegenteil: Das Verhalten der Güllener, das auch er seinerzeit praktiziert hat und für das er nun büßt, befestigt und sichert er mit seinem Tode nur; auch er ist letztlich ein „Narr": „Sein Tod ist sinnvoll und sinnlos zugleich", sagt Dürrenmatt; sinnlos, weil „sich die Geschichte in Güllen ab[spielt]. In der Gegenwart." (S. 143) Ills Schicksal ist mithin tragisch und letztlich doch nur 'komisch'; das Stück ist insgesamt, und so heißt es eben auch im Untertitel, „Eine tragische Komödie".

Trotzdem bleibt es unbefriedigend, etwa das Schicksal des Lehrers und Ills oder das Verhalten der Güllener pauschal 'komisch' zu nennen. Das dürfte Dürrenmatt auch so empfunden haben und wählt deshalb einen Begriff, der treffender erscheint, nämlich den des *Grotesken*: Unsere Welt hat „zur Groteske geführt"; und er verweist auf Hieronymus Bosch, dessen Bilder einer apokalyptischen Welt, und eine solche ist unsere Welt u. a. durch die Atombombe ja auch geworden, „grotesk" sind. Seine näheren Bestimmungen des Grotesken (die deshalb in den Auszügen auch nicht mehr abgedruckt wurden), sind allerdings mehr verwirrend als hilfreich, und man lässt es besser bei dem üblichen Allgemeinverständnis des Grotesken bewenden, auch wenn es eine ziemliche Bandbreite vom Absonderlichen, Phantastischen und Skurrilen bis zum Verzerrten und Entstellten aufweist. Es sei denn, man bemüht sich mit dem nachfolgenden Exkurs 6.5. um ein genaueres und explizites Verständnis der von Dürrenmatt benutzten Begriffe.

(A53) Die Aufgabe gibt Gelegenheit, das, was im Verlauf der Bemühung um das Stück, seine Figuren, seine Handlung und das, was es übermittelt, den Autor, seine Ansichten von dem Stück und von Dramen überhaupt erarbeitet worden ist, in einem Produkt zusammenzustellen. Die Fiktion des 'Programmheftes' bietet dabei die Möglichkeit, der Darstellung des Erarbeiteten eine neue Qualität dadurch zu geben, dass es ganz auf eine vorgestellte bestimmte Inszenierung hin dargeboten wird, beispielsweise mit Personenverzeichnis (mit bekannten Schauspielern), mit Kostümentwürfen und Bühnenbildern, mit der Darstellung der Art und der Absichten der Inszenierung, mit Materialien zum Stück und zu seiner Zeit.

6.5. Exkurs: Das Tragische, Komische, Groteske, Paradoxe, Absurde und Dürrenmatt

Dürrenmatt benutzt zur Bezeichnung seiner Dramen die Begriffe des Tragischen, des Komischen, des Grotesken, des Paradoxen und grenzt sie ab vom Absurden: Das Tragische und das Komische sind u. a. im Untertitel der „Alten Dame" enthalten: „Eine tragische Komödie". Seine Komödie bestimmt Dürrenmatt genauer als grotesk (s. Anmerkung zur Komödie. 1966, S. 135–137) und beschreibt das Groteske u. a. so: „das Groteske ist nur ein sinnlicher Ausdruck, ein sinnliches Paradox, die Gestalt nämlich einer Ungestalt" (Theaterprobleme. 1966, S. 122). Und: Eine durch den Zufall bestimmte „Geschichte ist zwar grotesk, aber nicht absurd (sinnwidrig). Sie ist paradox. [...] Im Paradoxen erscheint die Wirklichkeit." (21 Punkte zu den Physikern. 1966, S. 194) Dabei gilt immer: Ein solches Drama „darf nicht als bloße Absurdität konzipiert werden. Das Absurde umschließt nichts." (Standortbestimmung zu „Frank V.". 1966, S. 186) Das ist ein reiches Angebot an verschiedenartigen Begriffen, und ich gehe sie systematisch durch. Ich orientiere mich dabei der besseren Vergleichbarkeit halber vereinfachend an der Beziehung dieser Begriffe zu Werten und Wertordnungen.

Das Tragische:

Antigone steht bei Sophokles in dem Dilemma, dem Gebot des Königs bzw. dem Gesetz des Staates zu folgen und den Bruder nicht zu bestatten, oder dem Gebot der Götter bzw. dem Gesetz ethischer Pflicht zu folgen und es doch zu tun (vgl. A48). Folgt sie dem Gebot des Königs, verletzt sie das Gebot der Götter; folgt sie dem Gesetz des Staates, verletzt sie das Gesetz ethischer Pflicht. Sie steht in einem Wertekonflikt, genauer: in einem Konflikt zwischen hohen und gleichhohen Werten, von denen sie keinesfalls einen dem anderen gegenüber „vorziehen" bzw. einen dem anderen gegenüber „nachsetzen" darf (s. Scheler 1954, S. 48), es aber zwangsläufig tun muss und so 'tragisch' schuldig wird und zugrundegeht: „Tragisch ist der 'Konflikt', der innerhalb der positiven Werte und ihrer Träger selbst waltet." (Scheler 1955, S. 155) Im tragischen Untergang stellt Antigone für den Zuschauer miterlebbar dar, dass es den Konflikt der beiden hohen Werte, vor allem aber dass es den hohen Wert gibt, den sie „vorgezogen" hat und für den sie in den Tod geht. So bewirkt die Tragödie ganz in dem Sinne, wie Aristoteles es in der „Poetik" definiert hat, durch „Schrecken und Mitleid" in Bezug auf das Schicksal des tragischen Helden eine erhebende und reinigende Erfahrung (kátharsis) der eine Gesellschaft bestimmenden Hochwerte (1449b. 1966, S. 33).

Der tragische Konflikt kann sich aber auch an einem Wert abspielen: Shakespeares Hamlet soll und will den Mord an seinem Vater rächen, soll handeln, kann und will aber nur mit Einsicht und Überlegung handeln, nur so, dass er seine Vernunft, die für ihn und seine Zeit der höchste Wert ist, gebraucht:

> Sure, he that made us with such large discourse,
> Looking before and after, gave us not
> That capability and god-like reason
> To fust in us unused.[76]

Doch weil er ständig plant, überlegt, reflektiert, kommt er nicht zum Handeln, handelt schließlich (bei dem Mord an Polonius), um überhaupt zu handeln, impulsiv und unüberlegt, ohne Vernunft, und kommt so in eine ausweglose Lage, in der er umkommt, – umkommt in einem tragischen inneren Konflikt seiner „gottgleichen Vernunft". Scheler drückt es – etwas abstrakt – so aus:

> Im ausgesprochensten Sinne tragisch ist es daher, wenn ein und dieselbe Kraft, die ein Ding [einen Menschen] zur Realisierung eines hohen positiven Wertes [...] gelangen läßt, auch im Verlaufe dieses Wirkens selbst die Ursache für die Vernichtung eben dieses Dinges [Menschen] als Werteträgers wird. (1955, S. 158; vgl. Gelfert 1995, S. 15)

In jedem Falle ist das Tragische entscheidend bestimmt durch Werte, Werteverhältnisse und Wertordnungen einer bestimmten Lebenswelt.

Das Komische:

Tartuffe in Molières gleichnamigem Stück ist dem Orgon durch sein frommes Gebaren aufgefallen; er nimmt ihn in sein Haus auf, will ihm seine Tochter geben und schenkt ihm sein Vermögen. Erst als er Zeuge wird, wie Tartuffe seine Frau verführen will, erkennt er (was dem Zuschauer allerdings schon sehr viel eher klar war), dass Tartuffe ein Lügner, Heuchler und Schwindler ist. Die Komik des Stücks beruht auf dem Umschlag, der sich mit der Entlarvung des vorgeblichen Ehrenmanns als eines Heuchlers vollzieht. Auf diesen Umschlag von etwas 'Positivem' zu etwas 'Negativem' als Merkmal des Komischen hat die Ästhetik stets hingewiesen. Kant etwa beschreibt in der „Kritik der Urteilskraft" das Komische als „plötzliche Verwandlung einer gespannten Erwartung in nichts" (§ 54. 1968, Bd. 5, S. 332). Doch ist diese Bestimmung noch nicht genau genug, denn etwa der Sturz Wallensteins bei Schiller, der auch einen Umschlag ins Negative darstellt, ist durchaus nicht komisch. Wichtig ist, dass das Positive, das ins Negative umschlägt, nur ein vorgeblich und scheinbar Positives ist, dessen falscher Wert- und Geltungsanspruch – der Tartuffes als eines Ehrenmanns – als Schein entlarvt wird. Volkelt formuliert es so, dass bei dem Umschlag, der das Komische ausmacht, „das, was *an sich* ein Scheinwert ist, als Scheinwert *offenbar* wird" (1910, S. 371). Doch auch das kann noch genauer gefasst werden: Die Komik des Tartuffe liegt ja nicht darin, dass er schließlich von anderen als Heuchler überführt wird, sondern dass er durch die Art seines Handelns und Verhaltens von Anfang an Zweifel an seiner Ehrenhaftigkeit aufkommen lässt, selbst also ständig seinen Wertanspruch widerlegt. Oder: Der Dorfrichter Adam in Kleists „Zerbrochenem Krug" ist dadurch komisch, dass er durch die Art, wie er sich verhält und wie er die Verhandlung um den zerbrochenen Krug führt, sowohl seinen Anspruch, als Richter ernstgenommen zu werden, widerlegt, als sich auch selbst immer deutlicher als den wirklichen Täter erweist. Das Komische besteht also darin, mit Hegel gesagt, dass „das an sich Wesenlose sich durch sich selbst um seine Scheinexistenz bringt" (1953f., Bd. 3, S. 537), dass ein falscher Wert- und Geltungsanspruch sich selbst ad absurdum führt.

Damit jemand komisch ist, ist es allerdings nicht notwendig, dass er den falschen Wertanspruch, den er dann selbst ad absurdum führt, ausdrücklich (wie Tartuffe oder Adam) erhebt: Eine völlig unförmige Nase, um ein schlichtes Beispiel zu nehmen, ist komisch, weil wir bei ihr den Anspruch voraussetzen: ihn ihr 'leihen' (s. Volkelt 1910, S. 375–381), eine ordentliche Nase zu sein, sie ihn durch die Art ihrer Beschaffenheit aber unaufhörlich selbst widerlegt. – Komisches gibt es bis auf wenige zeitlose Grundformen (wie die unförmige Nase) nicht an sich; für verschiedene Zeiten, Kulturen, Gesellschaften, Klassen, auch Lebensalter ist i. a. recht Verschiedenes komisch. Denn wenn etwas komisch wird durch die Selbstreduktion eines falschen Wertanspruchs, kann dieser als Wertanspruch nur aufgefasst werden innerhalb einer bestimmten Wertordnung und vor ihrem Hintergrund, die aber von Zeit zu Zeit, von Kultur zu Kultur, von Volk zu Volk verschieden sein kann. Wie das Tragische gründet auch das Komische entscheidend in Wertverhältnissen und Wertordnungen einer bestimmten Lebenswelt; und wie das Tragische stellt es sie, nur jetzt durch das Verlachen dessen, das sie fälschlicherweise zu realisieren beansprucht, unaufhörlich dar.

Das Groteske:

Jonathan Swift hat 1729 einen Text erscheinen lassen: „Ein bescheidener Vorschlag wie man verhindern kann, daß die Kinder der Armen ihren Eltern oder dem Lande zur Last fallen, und wie sie vielmehr eine Wohltat für die Öffentlichkeit werden können"[77]. Sein Vorschlag ist folgender:

> Mir ist von einem sehr unterrichteten Amerikaner aus meiner Bekanntschaft in London versichert worden, daß ein junges, gesundes, gutgenährtes, einjähriges Kind eine sehr wohlschmeckende, nahrhafte und bekömmliche Speise ist, einerlei, ob man es dämpft, brät, bäckt oder kocht, und ich zweifle nicht, daß es auch in einem Frikassee oder einem Ragout in gleicher Weise seinen Dienst tun wird.
>
> Ich unterbreite also der öffentlichen Erwägung demütigst den Vorschlag, daß von den hundertundzwanzigtausend berechneten Kindern zwanzigtausend für die Zucht zurückbehalten werden. [...] Die übrigen hunderttausend mögen, wenn sie ein Jahr alt sind, im ganzen Königreich vornehmen und reichen Leuten zum Kauf angeboten werden; dabei mag man der Mutter raten, die Kinder im letzten Monat reichlich zu säugen, damit sie für eine gute Tafel rund und fett werden. Ein Kind wird bei einem Essen für Freunde zwei Gänge ergeben, und wenn die Familie allein speist, so wird das Vorder- oder Hinterviertel ganz ausreichen; mit ein wenig Pfeffer oder Salz gewürzt, wird es gekocht noch am vierten Tage ganz ausgezeichnet schmecken, besonders im Winter. (S. 55f.)

Er erläutert dann ausführlich, detailliert und ganz sachlich, was für diesen Vorschlag alles spricht und wie er im Einzelnen ausgeführt werden kann.

Das ist sicherlich gar nicht komisch (und wenn jemand, dem man es vorliest, dabei lacht, dann nur, um seiner Beklemmung Luft zu machen); die passende Bezeichnung für diese Satire ist die des Grotesken, ein Begriff, der sich seit der Renaissance entwickelt hat (s. Kayser 1961). Sehen wir nach seinen Merkmalen: Wie beim Komi-

schen wird hier etwas mit einem eigenen Wertanspruch dargestellt: die gesellschaftlich höchst nützliche Verwendung von Kleinkindern der Armen. Wie beim Komischen ist dieser Wertanspruch fragwürdig: die Kinder sollen als Schlachtvieh benutzt
werden. Anders als beim Komischen erfolgt aber nicht ein jeweiliger Umschlag, in
dem dieser Wertanspruch sich lächerlich ad absurdum führt. Die Darstellung ist völlig homogen, kohärent, in sich konsequent und stimmig. Das Groteske bildet eine in
ihrem Wertgefüge entstellte und verzerrte Welt – Kayser sagt: „das Groteske ist die
entfremdete Welt" (1961, S. 198) –, die aber in sich ganz zusammenhängend und geschlossen ist und ihren Wertanspruch vor allem durch diese Geschlossenheit vertritt.
Der Leser oder Hörer kommt mit seinen Wertvorstellungen, die wie beim Tragischen
und Komischen vorhanden und tragend sind, gewissermaßen nicht dazwischen und
kann die einzelnen Vorgänge nicht im Lachen in ihrem falschen Wertanspruch entlarven und relativieren. Er empfindet nur das Ganze als beklemmend, bedrückend,
grauenerregend und sich in beängstigender Weise in es hineingezogen. Genau das
sind ja Erfahrungen, wie man sie etwa bei Poe, E. T. A. Hoffmann oder Kafka
macht, deren Werke entscheidend durch Merkmale des Grotesken bestimmt sind.

Das Paradoxe:

Paradox ist der ursprünglichen Wortbedeutung nach das, was parà dóxan: gegen die
Meinung, gegen die übliche Ansicht eines Sachverhalts (oder auch einer Wertvor-
stellung) ist und bezeichnet diese Abweichung vom Üblichen und Erwartbaren als
'erstaunlich', 'ungewöhnlich', 'befremdlich', 'unwahrscheinlich'. Seit dem Barock
und heute vorherrschend ist eine engere Bedeutung des Paradoxen gebräuchlich,
die die logische Widersprüchlichkeit eines Sachverhalts bezeichnet. Die prominen-
teste und folgenreichste Verwendung des Begriffs in diesem Sinn erfolgt bei Kierkegaard, der das Christusgeschehen, nach dem der schlechthin jenseitige jüdisch-
christliche Gott in Christus das geworden ist, was er nie sein kann, nämlich Mensch,
damit bezeichnet: „Der Satz: Gott ist in menschlicher Gestalt dagewesen, geboren
worden, aufgewachsen und so weiter, ist wohl das Paradox sensu strictissimo, das absolute Paradox." (1959, S. 361; s. Waldmann 1968, S. 72–77, 347–358 u. ö.) Dieser
Begriff des Paradoxes hat keinen Bezug zum Drama und zu dramatischen Formen.
Es gibt allerdings Verwendungen dieser Form des Paradoxes in der Literatur, etwa
bei T. S. Eliot in den „Vier Quartetten":

> Um das zu werden, was du nicht bist,
> Mußt du den Weg gehen, auf dem du nicht bist.
> Was du nicht weißt, ist das Einzige, das du weißt
> Was dir gehört, ist was dir nicht gehört,
> Und wo du bist, ist wo du nicht bist.[78]

Doch ist offenbar das Paradox im engeren Sinne eine sehr spezielle Darstellungsform für ganz bestimmte Phänomene und hat keinen allgemeinen Belang für das
Drama. Das ist anders beim Begriff des Absurden:

Das Absurde:

Absurd (lat. absurdus: missklingend) ist das Widersinnige, Unsinnige, Sinnlose. Als allgemeiner bedeutsam wird in neuerer Zeit Absurdes vor allem dann erfahren, wenn im Leben der Sinn verloren geht und vermisst wird. Das hat Nietzsche als „Nihilismus" in den nachgelassenen Fragmenten so beschrieben und prognostiziert: „*Nihilism*: es fehlt das Ziel; es fehlt die Antwort auf das 'Warum?' was bedeutet Nihilism? – *daß die obersten Werthe sich entwerthen.*" (1980, Bd. 12, S. 350) Eine breitere Erfahrung wurde das nach dem Zweiten Weltkrieg: dass die bisherigen religiösen, ethischen, kulturellen, weltanschaulichen, gesellschaftlichen, politischen Werte und Wertordnungen „sich entwerten", sich zersetzen, auflösen und hinfällig werden und dieser allgemeine Wertezerfall und -verlust sich in einer Lebenssicht der Sinnlosigkeit, der 'Absurdität' des Lebens niederschlägt. Camus hat in „Der Mythos von Sisyphos. Ein Versuch über das Absurde" (erschienen 1942) Sisyphos, der zu nicht endender sinnloser Tätigkeit verurteilt ist, als Symbolfigur dieser Erfahrung des Absurden dargestellt: „Sisyphos ist der Held des Absurden" und will damit eine „Beschreibung eines geistigen Übels im Reinzustande" liefern.[79] – Spektakuläre und weitreichende literarische Bedeutung hat das Absurde dann im Theater des Absurden von Arthur Adamov, Fernando Arrabal, Samuel Beckett, Jean Genet, Eugène Ionesco, Jean Tardieu und vielen anderen gefunden. Nicht (wie bei Sartre und Camus) mit traditionellen Mitteln des Dramas wird hier 'absurdes' Bewusstsein der Figuren dargestellt, sondern die Form der dramatischen Darstellung verzichtet auf 'sinnvoll' und individuell agierende Figuren, auf 'sinnvoll' sich entwickelnde Handlung, auf 'sinnvoll' ablaufende Dialoge und übermittelt unmittelbar Sinnleere, Sinnlosigkeit, ist selbst absurd (vgl. Esslin 1965).

Sehen wir abschließend, was die Begriffe, die Dürrenmatt zur Bezeichnung seines Dramas benutzt, für die Beschreibung der „Alten Dame" leisten: *Tragisch* im weiten und etwas unspezifischen Sinne kann man es nennen, dass mit Ill der einzige Mensch in Güllen stirbt, der – am Ende – sittliche Werte vertritt und für sie den Tod auf sich nimmt. Nur bewirkt er dadurch vor allem, dass Güllen die Milliarde kassiert, relativiert damit sein Tun völlig und wird an sich 'komisch'. Überhaupt prägt das *Komische* das Drama stark in vielen Einzelvorgängen, es lässt vor allem die Güllener sich ständig (mit 'unberechtigten Wertansprüchen') komisch ad absurdum führen. Dabei ist allerdings die Darstellung eines fragwürdigen Wert- und Geltungsanspruchs vor allem der alten Dame, aber am Ende auch der Güllener so konsequent, kohärent und geschlossen, dass sie durchaus *grotesk* wirkt und das Drama insgesamt in entscheidender Hinsicht grotesk ist: „Die tragende Struktur des dramatischen Geschehens ist grotesk" (Heidsieck 1969, S. 89). *Paradox* könnte man das in einem schlichten Sinne des Wortes nennen, doch wäre es keine sehr passende Bezeichnung. *Absurd*, also sinnzersetzend und 'sinnlos' der dramatischen Darstellung und ihren Inhalten nach wie beim absurden Theater, ist es nicht.

7. Produktive Erkundung von Formen des Dramas der Gegenwart

7.0. Einleitung

Dieses Kapitel soll eine Einführung in Formen des Dramas der Gegenwart geben. Zuvor eine kurze *dramentheoretische Überlegung*: Das Drama der Gegenwart ist ein anderes Drama als das antike Drama, als das Drama im Mittelalter und des Barock, als das der Klassik, des Realismus, des Naturalismus. Es behandelt gegenwärtige Themen, Probleme, Inhalte in den dazu geeigneten dramatischen Formen, die andere sind als die, die etwa das antike, barocke, klassische, naturalistische Drama verwendete: *Literarische*, etwa dramatische *Formen* sind keine neutralen, zeitlosen 'Formen an sich', sondern geschichtlich geprägt und bedingt. Es sind diejenigen Formen, die bestimmten geschichtlichen Anschauungen, Weltbildern, Ideologien formal homolog sind und sie deshalb adäquat darzustellen, also durch das literarische Zeichensystem, das sie bilden, zu signifizieren vermögen.

Der entscheidende Vorgang der *Gegenwart*, gültig diagnostiziert bereits von Nietzsche, von manchen erfahren nach dem Ersten, von vielen nach dem Zweiten Weltkrieg und heute vor allem nach der Auflösung der staatssozialistischen Systeme und angesichts des ideologischen Monopols der kapitalistischen Gesellschaftsordnung besonders nachhaltig erfahrbar, ist das Fehlen überindividueller Sinngebungen und mitmenschlicher Sinnbezüge, der Zerfall der traditionellen religiösen und ethischen Wertordnungen und Normvorstellungen, die Auflösung der herkömmlichen kulturellen und philosophischen Sinnsysteme. Diese Situation der Gegenwart ist dramatisch kaum darstellbar in den Formen des konventionellen Dramas, die selbst immer auch die Anschauung, das Weltbild, die Ideologie der inzwischen problematisch gewordenen bürgerlichen Gesellschaftordnung und Kultur, in der sie entstanden sind (s. Abschn. 2.2.3.), signifizieren und übermitteln und heute mehr oder weniger ungleichzeitig sind. Dramatische Formen, die die geistige Situation und das Lebensgefühl der Gegenwart darzustellen in der Lage sind, sind deshalb vor allem diejenigen, die sich der Sinnkrise der Gegenwart stellen und sie zu gestalten suchen. Für Adorno ist diejenige heute „authentische Kunst, welche die Krise des Sinns auf sich nimmt", in ihren „Werken die Negation des Sinns als Negatives" gestaltet und so „die Krise des Sinns im Gebilde reflektiert" (1970, S. 231). Das bedeutet für das Drama vor allem, dass es eine *Dekonstruktion* der konventionellen Formen des Dramas vornimmt: Eine Dekonstruktion

– der *dramatischen Figur* (Mittelpunktsfigur) mit ihrer Signifikation des selbstgesetzlichen, fraglos mit sich identischen Individuums und seiner Zentralstellung als Sinnmitte der Welt;

– der kausalen und finalen *dramatischen Handlung* mit ihrer Signifikation der generellen Geordnetheit sowie der primären und notwendigen Bedingtheit menschlichen Geschehens durch individuelles Handeln;

– des *dramatischen Dialogs* mit seiner Signifikation der kommunikativen Fähigkeit und Willigkeit des Individuums, seine Probleme dialogisch darzustellen und zu bewältigen;

– der *dramatischen Sprache* mit ihrer Signifikation einer Grundfähigkeit des Individuums zu sprachlicher Artikulation und Verarbeitung seiner individuellen und insbesondere mitmenschlichen Befindlichkeiten und Probleme. (vgl. Grohotolsky 1984, S. 125–132.)

Diese Dekonstruktionen dramatischer Formen sind nun allerdings nicht plötzlich in den letzten Jahrzehnten oder gar im letzten Jahrzehnt entstanden, sondern sie haben ihre Vorgeschichte im ganzen 20. Jahrhundert, vor allem in dessen ersten Jahrzehnten in der historischen Avantgarde (Expressionismus, Futurismus, Surrealismus, Dada usw.) und wichtige Vorformen spätestens seit dem Expressionismus. Deshalb ist es auch schwierig, das, was hier 'Drama der Gegenwart' genannt ist, epochenmäßig eindeutig zuzuordnen, etwa als das Drama der Postmoderne von dem Drama der Hochmoderne und der historischen Avantgarde abzugrenzen (vgl. Fischer-Lichte / Schwind 1991); ich verzichte daher ganz auf solche Zuordnung. Absicht dieses Kapitels ist, dramatische Dekonstruktionen an Dramen der Gegenwart bzw. das Drama der Gegenwart als das formal vor allem durch Dekonstruktionen geprägte Drama darzustellen.

Das ist nun allerdings in mehrfacher Hinsicht nicht ganz einfach. Es kann beispielsweise nicht bedeuten, dass einfach eine Auswahl der gegenwärtig auf den Theatern gespielten Dramen behandelt wird: Das gegenwärtige Drama bietet ein sehr uneinheitliches Bild. Die verwendeten Dramentypen reichen von Dramen, die die konventionellen dramatischen Formen kaum verändert weiterbenutzen, bis zu denen, die sie völlig zersetzen. Es hätte also nicht viel Sinn, für dieses Kapitel etwa die meistgespielten Dramen der letzten Jahre zu nehmen, da wären viele Texte dabei, die nicht eigentlich neuere dramatische Formen bieten. Ein Ausweg könnte sein, nur neue Dramen mit destruierten dramatischen Formen zu wählen. Doch gibt es da ein anderes Problem: Dekonstruktion ist nicht an sich ein ästhetischer oder dramatischer Wert, sie muss sich dadurch beweisen, dass sie dramatisch etwas leistet, was die konventionelle Form nicht oder nicht mehr zu leisten vermag. Das ist nun aber bei manchen gegenwärtigen Produktionen nicht der Fall, sie sind dekonstruiert der bloßen Negation und Novität, nicht der dramatischen Funktion wegen. Sodann sind nicht immer die neueren Dramen der wichtigeren Autoren auch diejenigen, die am symptomatischsten oder gültigsten oder wichtigsten sind. Das bedeutet: *Das Drama der Gegenwart*, wenn man es als dasjenige Drama versteht, das über die Formen des konventionellen Dramas hinausgeht, sie destruiert und mit Hilfe dieser Dekonstruktion die geistige Situation und das Lebensgefühl der Gegenwart darstellt, ist mit den letzten Dramen etwa von Herbert Achternbusch, Thomas Brasch, Volker Braun, Tankred Dorst, Ludwig Fels, Rainald Goetz, Peter Handke, Christoph Hein, Elfriede Jelinek, Bodo Kirchhoff, Harald Mueller, Klaus Pohl, Gerlind Reinshagen, Friederike Roth, Stefan Schütz, Botho Strauß, Lukas B. Suter, Georg Tabori, Peter

Turrini, um einige der wichtigeren Autoren zu nennen, so interessant die Stücke im Einzelnen auch sein mögen, nicht häufig in seinen wichtigeren Formen und Möglichkeiten dargestellt. Deshalb erscheinen im Folgenden bei den ausgewählten Texten – das Symptomatische ist mir letztlich wichtiger als das Aktuelle – gar nicht einmal vorwiegend solche des letzten Jahrzehnts, sondern mehr noch Texte, und vor allem gewissermaßen 'klassische' bzw. von 'Klassikern', voriger Jahrzehnte, mit Pirandellos Drama sogar ein Text aus den dreißiger Jahren.

Ein *methodischer Aspekt* hat sodann noch Einfluss auf die Textauswahl: Der produktive Umgang erfordert Texte, die gut abgrenzbar und herauslösbar sind und innerhalb einer nicht zu umfangreichen Textsequenz klar auffassbare Formmerkmale aufweisen. Diese Anforderungen erfüllen manche durchaus interessante Texte leider nicht, sodass auch aus diesem Grund einige an sich wichtige heutige Autoren nicht in unserer Auswahl erscheinen. Sie umfasst (neben vier leicht handhabbaren kleineren Texten) 16 Dramen und Dramenauszüge von Pirandello, Beckett, Frisch, Ionesco, Jandl, Heiner Müller, Bernhard, Achternbusch, Handke, Strauß und Friederike Roth. – Mit diesen Texten ist nun allerdings nicht 'das' Drama der Gegenwart nach seinen einzelnen Merkmalen aufgelistet und dargestellt: Die Summe der Merkmale der behandelten Texte ergibt nicht 'das' Drama der Gegenwart, denn die einzelnen Merkmale sind sozusagen nicht kompatibel; sie ergänzen sich durchaus nicht und heben sich teilweise gegenseitig auf. Ihre Gemeinsamkeit liegt nicht darin, dass sie Teilmomente der Gesamtstruktur 'des' Dramas der Gegenwart (das es nicht gibt), bilden, sondern dass sie alle in verschiedener Weise und aus verschiedenen Gründen Dekonstruktionen des konventionellen Dramas darstellen.

Weil das Drama der Gegenwart sich in dieser Weise negativ vom konventionellen Drama her definiert, hätte es *methodisch* Sinn, vor seiner Behandlung ein Beispiel dieses konventionellen Dramas, zu dem es Gegenformen bildet, zu besprechen, etwa indem man seine Behandlung an eine sowieso geplante Besprechung eines konventionellen Dramas anschließt, oder indem man kurz ein repräsentatives traditionelles Dramas bespricht, etwa Lessings „Emilia Galotti" (s. Abschn. 3.1.1.) oder Goethes „Iphigenie" (s. Abschn. 3.2.), dazu gegebenenfalls knapp die zugrundeliegende Dramentheorie, beispielsweise Auszüge aus Lessings „Hamburgischer Dramaturgie" (s. Abschn. 3.1.) behandelt. Man kann aber auch (so bin ich in einem Seminar im Wintersemester 1995/96 verfahren) nach den Aufgaben A1–5 von den Teilnehmern selbst vorgängig ein Drama schreiben lassen, das zuverlässig so stark konventionell ausgelegt sein wird, dass es sich als Folie für Formen des Dramas der Gegenwart eignet.

Auch dann kann die Motivation, sich mit den teilweise recht fremdartigen und auch schwierigen Texten des Dramas der Gegenwart zu befassen, bei manchen Schülern und Studenten begrenzt sein. Dem kann die erste Arbeitsaufgabe (A54) mit der dekonstruktiven Eigenproduktion eines Sprechstücks wahrscheinlich abhelfen. Die darauf folgenden 16 Arbeitsaufgaben sollten natürlich nicht alle behandelt werden; aus ihnen muss ausgewählt werden. Doch sind die meisten für die Arbeit in Gruppen ausgelegt oder können in Gruppen erarbeitet werden. Wenn dann eine Klasse, ein Kurs oder ein Seminar arbeitsteilig je vier bis sechs Aufgaben behandelt, können in zwei Durchgängen schon recht viele Beispiele für Formen des Dramas der Gegenwart behandelt werden.

Falls eine Unterrichtseinheit zu *Formen* des Dramas der Gegenwart nicht günstig, etwa für die Schülerinnen und Schüler nicht motivierend genug erscheint, kann auch eine *thematisch orientierte Einheit* zum Drama der Gegenwart gewählt werden mit einem oder auch mehreren thematischen Schwerpunkten (vgl. Buddecke / Fuhrmann 1984, S. 17–19), wozu dann Aufgaben entsprechend ausgesucht werden müssen, etwa so:

- Beziehung der Geschlechter: A64, 66, 68, 70 b;
- Rolle und Situation der Frau: A60, 66, 67;
- Probleme des Miteinander: A54, 57, 64, 68, 70 b;
- Situation und Probleme des Einzelnen: A55, 56, 59, 61, 65, 66;
- Probleme der Sprache: A54, 58, 62, 67–70;
- politisch-gesellschaftliche Probleme: A55 b, 59, 62, 63, 69.

Bei den Arbeitsaufgaben ist jeweils nur ein produktiver Zugriff beschrieben. Weitere Zugriffe können, wenn es nützlich scheint, aus dem Katalog (5.2.) bezogen oder gegebenenfalls aus dem vorhergehenden Kapitel 6 übernommen werden; bei einigen Texten ist es auch möglich, Formen szenischen Erarbeitens (4.2.) zu wählen.

7.1. Kleiner produktiver Vorlauf: Produktion eines dekonstruktiven Sprechstücks

Dieser Abschnitt macht einen Vorschlag für eine eigene freie und ziemlich spielhafte Produktion eines Stücks, das Sensibilität dafür wecken soll, dass gewisse Erscheinungen unserer heutigen Lebenswelt nicht mehr mit den Mitteln des konventionellen Dramas dargestellt werden können und es Sinn hat, sich auch und gerade unkonventionelle gegenwärtige Dramen und Dramenformen, die das leisten, genauer anzusehen.

A54:   *„Sprechen und nicht hören" (Sprechstück)*

Wählen Sie zunächst ein recht weites Rahmenthema, das die folgenden Spiele zum Gegenstand haben sollen (etwa: Liebe, Arbeit, Sport, Ferien / Ausland, Politik usw.), und suchen Sie sich je einen Partner.

1. Dialogspiel: Mühsamer Dialog

Machen Sie mit Ihrem Partner aus dem Bereich des gemeinsamen Rahmenthemas einen Satz aus, mit dem einer von Ihnen seinen Beitrag beginnen, und einen Schlusssatz, mit dem er ihn beenden soll. Der Andere soll dann versuchen, ihn, der beispielsweise eine Geschichte erzählen, von einem Ereignis / Erlebnis berichten oder etwas darlegen will, durch seine Gesprächsbeiträge, vor allem durch Fragen, möglichst daran zu hindern. Wählen Sie, wer welche Rolle spielt, und führen Sie dies Gespräch genau zwei (oder drei) Minuten lang. Wenn der Schlusssatz dann noch nicht erreicht ist, brechen Sie ab.

2. *Dialogspiel: Zwei erzählen sich zwei Sachen*

Überlegen Sie mit Ihrem Partner jeder etwas aus dem Bereich des gemeinsamen Rahmenthemas (eine Geschichte, ein Erlebnis, eine Erfahrung, einen Sachverhalt), das Sie dem Anderen mitteilen wollen. Erzählen Sie nun Ihre Sache, und zwar so, dass jeder immer drei Sätze sagen darf und dann der Andere dran ist. Seien Sie dabei höflich, und gehen Sie zu Beginn Ihres Beitrags immer kurz (mit: „Ja natürlich, aber ich …", „Na sowas, und ich …" usw.) auf Ihren Partner ein. Führen Sie das Gespräch genau zwei (oder drei) Minuten lang.

3. *Dialogspiel: Seine Sache nicht erzählen können*

Sie bzw. Ihr Partner wollen dem Anderen etwas: eine Geschichte, ein Erlebnis, ein aktuelles Ereignis, einen Witz usw. aus dem Bereich des gemeinsamen Rahmenthemas erzählen, und der Andere soll das mit möglichst unsachlichen Fragen, die aber stets beantwortet werden müssen, nach Kräften zu verhindern suchen. Wählen Sie, wer welche Rolle spielt, und führen Sie dieses Gespräch genau zwei (oder drei) Minuten lang.

4. *Dialogspiel: Diskussion aneinander vorbei*

Wählen Sie und Ihr Partner jeder ein Diskussionsthema aus ganz verschiedenen Bereichen, dabei eins aus dem gemeinsamen Rahmenthema (etwa: Motorsport – Müllbeseitigung, Tourismus – Sterbehilfe usw.). Diskutieren Sie nun über Ihre Themen, indem Sie die Argumente Ihres Gegners – auch und gerade wenn beides schlechthin nichts miteinander zu tun hat – möglichst entschieden mit Argumenten aus Ihrem Themenbereich zurückweisen und ‚widerlegen'. Führen Sie diese Diskussion genau zwei (oder drei) Minuten lang.

Wenn Sie alle mit Ihren Partnern Ihre Dialogspiele gespielt haben, fügen Sie je vier Dialogspiele 1–4 zu einem Sprechstück (oder zu mehreren Sprechstücken) zusammen und führen Sie das Sprechstück (die Sprechstücke) auf: Die acht Dialogspieler setzen sich in der Reihenfolge der Spiele auf eine dem ‚Publikum' zugewandte Stuhlreihe, sodass die jeweiligen Paare nebeneinander sitzen, aber nicht aufeinander zu, sondern zum Publikum sprechen. Es beginnt das erste Paar, nach genau zwei (oder drei) Minuten das daneben sitzende zweite Paar, das erste Paar hört dann auf, und so weiter, bis das vierte Paar fertig ist. Dann sprechen alle zusammen genau eine halbe Minute lang noch einmal den Anfang ihrer Spiele, beginnen dabei sehr leise und enden mit größter Lautstärke. Um den exakten Zeitablauf zu sichern, wird vor die Stuhlreihe eine Uhr mit Sekundenzeiger gestellt, auf die die jeweils nicht Sprechenden konzentriert blicken.

Diskutieren Sie nach der Aufführung, was Ihr Sprechstück durch seinen Inhalt und seine sprachliche sowie szenische Form für Sie übermittelt hat, was
es von einem üblichen Drama unterscheidet, was ihm vor allem im Vergleich
mit ihm fehlt und ob das Nachteile oder auch Vorteile hat.

Dialoge vermitteln seit einiger Zeit und heute zunehmend im Drama nicht nur die
sprachliche Verständigung zwischen den Figuren, sondern stellen die Schwierigkeiten, die Störungen, das völlige Misslingen der Verständigung und des Miteinander-
redens der Figuren dar, bilden die Dialogdefizite und die Kommunikationsunfähig-
keit heutiger Menschen ab. Die Dramen etwa von Horvarth, Kroetz, Beckett oder
Botho Strauß sind entscheidend dadurch geprägt. Darum geht es auch in unserem
Sprechstück: Die Aufgaben gehen aus von ganz alltäglichem dialogischen Fehlverhalten, das jeder kennt und teilweise selbst wohl auch gelegentlich übt, verabsolutie-
ren es aber, um so den Dialog ganz zu destruieren.

Das *1. Dialogspiel* stellt dar, dass es oft recht schwierig ist, in einem Gespräch einen
Gedanken zu entwickeln, weil der Andere dauernd dreinredet und dazwischenfragt,
und das nicht, weil er so interessiert ist an dem Gesagten und deshalb immer noch
Genaueres über es wissen möchte, sondern weil er einfach auch beteiligt sein und
nicht den Anderen nur reden lassen will.

Das *2. Dialogspiel* geht davon aus, dass manche, die jemandem etwa ein Erlebnis erzählen, gar nicht an dem Anderen interessiert sind und daran, dass der informiert
oder gar unterhalten wird durch das, was sie erzählen. Sie erzählen end- und uferlos,
nicht für den Anderen, sondern um ihres Erzählens willen. Es geht ihnen nur darum,
sich selbst bei ihrem Erzählen, ihre Reaktionen, ihr Handeln, ihre Gefühle und Gedanken möglichst ausgiebig und bedeutsam darzustellen oder auch durch das Bedeutende des von ihnen Erzählten selbst Bedeutung zu erhalten. Wenn zwei dieses
Typs aufeinandertreffen, kann sich ein Dialog wie der vorgeschlagene entwickeln.

Das *3. Dialogspiel* stellt dar, was sich innerlich bei vielen Dialogen eigentlich abspielt: jeder will reden, aber den Anderen nicht reden lassen. Und wenn dann einer
redet und da unablässig sein Selbstgefühl füttert, sein Image pflegt und sich profiliert
und das auf Kosten des Anderen, da ist es fast natürlich, dass der sich dagegen wehrt,
und wenn er schon selbst nicht zum Reden kommt, dann wenigstens die Rede des
Anderen nach Kräften zu stören und dessen Selbstpflege zu sabotieren sucht. Das
stellt dieses Dialogspiel dar.

Beim *4. Dialogspiel* geht es um Ähnliches, nur auf diskursiver Ebene. In der Diskussion – und die wissenschaftliche Diskussion liefert besonders eindrucksvolle Beispiele dafür – geht es manchem gar nicht so sehr um die Sache, über die er diskutiert,
sondern vor allem darum, sich mit seinem Diskurs über sie möglichst eindrucksvoll
zu präsentieren und sein rhetorisches und intellektuelles Image zu pflegen. Daher
interessiert ihn, was der Andere sagt, auch eigentlich gar nicht, denn es geht ihm
letztlich ja nicht um die Sache, sondern um sich selbst. An der Argumentation der
Einzelnen würde sich deshalb auch nicht viel ändern, wenn der Diskussionspartner
über ein ganz anderes Thema spräche, – wie in unserem Dialogspiel.

Von Karl Löwith gibt es ein Buch: „Das Individuum in der Rolle des Mitmenschen"
(1969). Darin zeigt er, dass das menschliche Dasein ein „Miteinandersein" mit Anderen ist, das sich vor allem im „Miteinandersprechen und Aufeinanderhören" äußert (S. 114–117). In allen Dialogspielen geht es darum, dass das Individuum diese
„Rolle des Mitmenschen" nicht zu spielen bereit oder in der Lage ist. Der Andere ist
für es vor allem Mittel, sich selbst als Individuum zu erfahren, zu beweisen und darzustellen. Diese Haltung gab es immer, doch das sprachliche und kommunikative
Miteinander in unserer Gesellschaft prägt sie besonders.

Die Teilnehmer können darüber befinden, was sie davon in ihrem Sprechstück dargestellt gefunden haben. Sie können grundsätzlicher darüber diskutieren, was sie
überhaupt von einer solchen dramatischen Form halten: Es treten keine dramatischen Figuren auf, es findet keine dramatische Handlung statt, eigentlich gibt es
auch keine richtigen Dialoge. Es ist im Grunde kein Drama im üblichen Sinn (deshalb wird es hier auch als „Sprechstück" bezeichnet, also mit einem Begriff, den
Handke für seine frühesten dekonstruktiven Stücke benutzte). Sie können überlegen, ob das, was sie mit ihrem Sprechstück dargestellt haben, auch in konventioneller Dramenform mit mehr oder weniger sprachmächtigen dramatischen Figuren, in
mehr oder weniger elaborierten Dialogen und dadurch getragener zusammenhän-
gender Handlung übermittelt werden könnte, oder ob die Form ihres Sprechstücks
vielleicht die angemessenere für das ist, was es verdeutlichen und darstellen soll. Wer
das Letztere anerkennen kann, sollte dann auch ein wenig motiviert sein, Dramen
der Gegenwart kennenzulernen, die in ähnlicher Weise etwas für unsere Lebenswirklichkeit Spezifisches darstellen, dafür aber nicht die konventionellen Formen
des Dramas verwenden, sondern sie auflösen und destruieren, um es eben dadurch
darstellbar zu machen.

7.2. Zur Dekonstruktion der dramatischen Figur

Den dramatischen Helden, der aus den souveränen Kräften seiner Individualität,
gar seines Charakters die dramatische Handlung hervorbringt (s. Abschn. 2.2.3.),
gibt es im Drama der Gegenwart nicht mehr. Was dieser Held signifizierte: die
Selbstgesetzlichkeit der fraglos mit sich identischen Individualität und das Subjekt
als Sinnmitte der Welt, bildet weder eine Lebenwirklichkeit in unserer Welt noch unser Lebensgefühl ab. Deshalb sind die Figuren des Dramas insbesondere seit Strind-
berg und entschieden die des Dramas der Gegenwart mehr oder weniger inkonsi-
stent und destruiert, sind meist bestimmt durch Unsicherheit ihrer Identität, Verstörung ihrer Selbstwahrnehmung, Uneinheitlichkeit ihrer Handlungsantriebe, Verän-
derlichkeit ihres Selbst, Schwäche, Gebrochenheit und Zerstörung ihrer Persönlichkeit (vgl. Kesting 1976; Kafitz 1980). Das Drama der Gegenwart realisiert so, was
Adorno in einem offenen Brief an Hochhuth schrieb, „daß das Drama seine eigene
Voraussetzung, die Freiheit des Subjekts, überleben, daß es dessen Niedergang
ebenso darstellen kann und wohl muß, wie es einmal, in Athen, den Ursprung der
Individualität, die dem Mythos sich entringt, behandelte." (Adorno 1974, S. 596)

Ich beginne diesen Abschnitt mit einer Arbeitsaufgabe, die mit zwei kleinen Texten und einer wenig aufwendigen Aufgabe mehr hinleitenden Charakter hat und als eine Art Vorspiel dienen kann. Bei ihr geht es an zwei Texten von Deichsel und Boye um eine erste Erfahrung eines Identitätsproblems, nämlich der Aufspaltung der Figuren in zwei 'Stimmen' oder zwei 'Ichs' (A55). Die nächste Arbeitsaufgabe behandelt einen (klassischen) Text Pirandellos, in dem durch eine besondere dramaturgische Konstruktion, nämlich durch das Auftreten von Bühnenfiguren neben den Schauspielern auf der Bühne, die Nichtidentität der Persönlichkeit dargestellt wird (A56). Bei Beckett geht es dann um die Entindividualisierung und Reduktion der dramatischen Figuren zu bloßen personalen Abstracta (A57), und bei Handke schließlich (womit die Thematisierung des Verhältnisses Figur-Schauspieler bei Pirandello aufgegriffen wird) um die völlige Aufhebung der dramatischen Figur, an deren Stelle der Schauspieler tritt (A58).

A55:   *Vorspiel: Gespaltene dramatische Figuren (Deichsel / Boye)*

a) Wolfgang Deichsel: *Juhanni*[80]

Juhanni hört in seinem Gehirn, mal deutlich, mal undeutlich, eine Stimme, die ihn anleitet, einen Mord zu begehn. Vor Juhanni liegt ein alter Mann, gefesselt. Juhanni glotzt. Plötzlich kriegt er einen Stoß.

JUHANNI   *mit fremder Stimme*   Jetzt mach, daß du das Messer da heraus hervorziehst! *Er zieht ein Klappmesser.* Auseinanderziehen! Also aufklappen! Aus dem Griff heraus. Mensch, das eigentliche Messer, oder wie man das nennt, aus dem Griff herausklappen! *Juhanni klappt das Messer auf.* Herrgott, endlich! *Mit gewöhnlicher Stimme.* Was heißt hier Herrgott? *Stoß. Fremde Stimme.* Jetzt mach ein Ende! Vollkommen! Jetzt machs! *Gewöhnlich.* Haha, der hat „metzt machs" gesagt! *Stoß. Gewöhnlich.* Da wird man doch noch lachen dürfen! Metzt! Metzel, metzel, metzel, haha! *Stoß. Fremd.* Achtung durchstellen zur Zentrale! *Gewöhnlich.* Hier ist Juhanni! *Fremd.* Dann aber mal vorwärts!

Versuchen Sie den Text zu sprechen und anzuspielen: entweder allein, wobei Sie die „fremde Stimme" mit verstellter Stimme sprechen, oder zu zweit, wobei einer die gewöhnliche und der Andere die „fremde Stimme" spricht. – Schreiben Sie einen Text über einen Vorgang, bei dem jemand (vielleicht Sie selbst) etwas Schwieriges oder Problematisches tun will, tut, getan hat und eine innere Stimme ihm dabei zu- oder abrät oder sein Tun missbilligt. Sprechen bzw. spielen Sie Ihren Text dann allein oder zu zweit.

b) Karin Boye: *Gespalten*[81]

[Malin Forst will sich aus der entsagungs- und opferbereiten christlichen Haltung, die sie bisher prägte, lösen. Sie hört einer Rede der Rektorin des Lehrerseminars, das sie besucht, zu:]

[DIREKTORIN] ... KAUM DREI JAHRE NACH DEM BLUTI-
GEN WELTKRIEG BEGEBEN WIR UNS ZUR RUH UND SIND
SOWEIT, ZU VERGESSEN ...

MALIN 2   Ja, vergessen, laß uns vergessen! Was leben will, muß vergessen. Gib uns liebliche Idylle, gib uns Trost und Ruhe! Laß uns vergessen dürfen, laß uns lieber an das Leben als an den Tod denken.

MALIN 1   Weil du selbstsüchtig bist.

MALIN 2   Gerne! Gerne! Warum sollte ich nicht selbstsüchtig sein? Irgendein vernünftiger Grund? Vielleicht nur der, daß „selbstsüchtig"
ein häßliches Wort ist?

[DIREKTORIN] ... WÄHREND GROSSE TEILE DER WELT
NOCH UNTER FÜRCHTERLICHEN LEIDEN NIEDERSIN-
KEN ...

MALIN 2   Das wissen wir, das konstatieren wir: zwei mal zwei ist vier.
Und dann: kann ich irgendwie helfen? Nein. Dann komm, wir gehen
und trinken derweil Kaffee.

MALIN 1   Sich freuen, da die Geschwister leiden ...

MALIN 2   Mithelfen, daß man selbst untergeht, meinst du? [...]

[DIREKTORIN] ... ABER WENN WIR VERSCHONT WURDEN,
SO NICHT DESHALB, UM UNS FEIGE AUS DER VERANT-
WORTUNG ZU ZIEHEN, SONDERN, UM UNSEREN TEIL
AUCH ZU TRAGEN ...

MALIN 2   Das erkenne ich wieder. „Leiden!" sagt ihr. [...]

MALIN 1   Und doch muß man nicht Christ sein, um zu erkennen, daß
sie recht hat. Man muß nur ganz einfach Mensch sein. Wir können und
wir dürfen uns unseres Verantwortungsgefühls, unserer Solidarität mit
denen, die es schwer haben, nicht entledigen. Wir dürfen nicht am
Rande des Brunnens der Qualen tanzen. [...]

MALIN 2   Wenn ich kämpfe, will ich kämpfen, um zu siegen, nicht um
zu fallen. [...] Fragt nach unserem Anteil an der Gesundheit, an der
Freude, am Sieg! Das war unser Ruhm und unsere Gabe, die weiter-
wirken.

Lesen Sie den Text; machen Sie sich klar, welche Positionen Malin 1 und Malin 2 vertreten und worum es insgesamt geht. Sprechen Sie den Text mit verteilten Rollen. – Überlegen Sie sich eine Situation, in der jemand (gegebenenfalls Sie selbst) eine Entscheidung zu treffen hat oder hatte und zwischen
verschiedenen Beurteilungen oder Einstellungen schwankt oder geschwankt
hat. Wählen Sie eine Figurenkonstellation, in der eine Figur die Entscheidung beschreibt oder fordert und eine andere Figur die Entscheidung zu treffen hat (etwa Vater/Mutter – Sohn/Tochter; Lehrer – Schüler; Freund –
Freundin; Arzt – Patient; Vorgesetzter – Untergebener usw.), und spalten Sie
die zweite Figur auf in zwei Stimmen, die sich verschieden oder gegensätzlich
zu der Entscheidung äußern. Schreiben Sie einen Dialog zwischen der ersten
Figur und der zweiten Figur mit ihren zwei Stimmen.

(a) Der Text Deichsels handelt von einem psychisch Gestörten, der seinen (unbewussten) Trieb zu töten als innere Stimme hört. Das Phänomen, dass unser Handeln von einer 'inneren Stimme' begleitet ist, ist allerdings kein Zeichen psychischer Störung, sondern allbekannt, vor allem wenn diese Stimme von etwas abrät: Das *Gewissen* ist die 'Stimme' des uns ansozialisierten ethischen Verantwortungsbewusstseins und äußert sich mahnend, warnend, abratend vor und missbilligend ('Gewissensbisse') nach unserem Handeln. Es bedeutet letztlich eine Art von Ich-Spaltung, denn das Ich spaltet sich, wenn sein Gewissen 'spricht' oder 'schlägt', in einen handelnden und einen das Handeln beurteilenden Teil.

Dieser innere Vorgang, dass wir uns in einen handelnden und einen das Handeln beurteilenden Teil aufspalten, kann in diesem dramatischen Modell dargestellt werden, wobei aber nicht nur ethisch hochwertige, etwa der 'Stimme' des Gewissens folgende, sondern auch seinen Anspruch bestreitende, mit ihm streitende und gegen seine 'Stimme' handelnde innere Vorgänge dargestellt werden können. Und es können 'gewissenlose', ganz einem mehr oder weniger stark wirkenden und als innere Stimme erfahrenen (unbewussten) Trieb: einem 'anderen Ich' gehorchende Handlungen gestaltet werden. In jedem Fall geht es darum, eine Figur in einer gewissen inneren Gespaltenheit darzustellen und die dramatische Wirkung dieser Darstellung zu erfahren. Dabei muss es sich nicht unbedingt um 'hochdramatische' Vorgänge handeln. Ich gebe ein Beispiel für ein schlichteres Geschehen, das in einem Seminar an der Pädagogischen Hochschule Freiburg im Wintersemester 1995/96 geschrieben wurde und das gegebenenfalls auch, falls der Deichsel-Text als zu schwierig oder finster empfunden wird, statt seiner als Beispieltext gegeben werden kann:

Chris

Es ist spät in der Nacht. Chris steht an der Haltestelle. Der letzte Bus ist gefahren.
CHRIS   Mist, abgefahren. Und der Weg nach Haus ist so lang.
  – Aber wenn du dir das Fahrrad da vorne nimmst? Alt ist es, und nicht abgeschlossen ...

Sein Besitzer müsste nach Hause laufen.
  – Selber schuld. Hätte ja abschließen können. Man kann niemandem mehr trauen.

Ich könnte erwischt werden. Dann der Ärger mit der Familie, das Gerede der Kumpels. Von den Bullen und der Anzeige ganz abgesehen.
  – Andererseits ist es ganz schön locker, sich das zu nehmen, was man braucht. Das macht jeder.

Ich aber nicht.
  – Du stiehlst es ja nicht, wie all die Ausländer, sondern borgst es dir nur aus. Stellst es irgendwo ab. Das könnte ja auch schon mit dem Rad passiert sein. Gehört niemandem. Gehörte es dir, würdest du es bestimmt abschließen.

Nein, ich bin kein Dieb.

– Aber du musst morgen wieder früh raus.

Und wenn schon. Nur ...

– Los, nimm es jetzt! Niemand da ... Links, rechts. Schnell, schnell und los. Beeilung!

Und morgen bring ich es zum Fundbüro. Bestimmt ...

(Andreas Kroder)

(b) Karin Boye, sie ist 1900 in Göteborg geboren und nahm sich 1941 das Leben, ist eine der interessantesten Autorinnen der modernen schwedischen Literatur. Peter Weiss hat sie im 3. Band seiner „Ästhetik des Widerstands" eingehend gewürdigt. In ihrem formal ungewöhnlichen, u. a. dramatische Passagen aufweisenden autobiografischen Roman „Krisis" von 1934 behandelt sie Probleme der eigenen inneren Zerrissenheit. (Ich habe eine Stelle aus diesem Text gewählt, weil sie aus ihm besser herauslösbar schien als aus Dramen mit dem entsprechenden Formmerkmal etwa von Ivan Goll oder Jean Tardieu; s. Bayerdörfer 1995, S. 276–279.) In unserer Stelle geht es darum, dass sie einerseits als Malin 1 stark den christlichen Normen ihrer Gesellschaft verpflichtet ist und vor allem an Verantwortungsbewusstsein, Mitleid, Leidensbereitschaft orientiert ist, andererseits als Malin 2 ein Recht auf ein individuelles Eigenleben beansprucht und Idylle, Gesundheit, Freude in ihrem Leben erfahren möchte. Diese beiden Einstellungen prallen bei den Worten der Rektorin, die die Einstellung vertritt, die sie als Malin 1 geprägt hat, aufeinander.

In dem abgedruckten Textausschnitt sind Malin 1 und 2 im Grunde innere Stimmen. Doch spielt das für die Eigenproduktion nach diesem Modell keine Rolle. Die Szene kann als normaler Dialog zwischen zwei Figuren gestaltet werden, wobei ein Dialogpartner mit zwei Stimmen oder als zwei Ichs spricht. Wie der andere Dialogpartner dann auf die beiden Ichs reagiert, ob er jeweils beiden oder nur einem und welchem er dann antwortet: ob er nur das 'konventionelle' Ich wahrnimmt, weil er nur es anerkennt, oder ob er nur auf das 'unkonventionelle' Ich reagiert, weil ihm das am dringendsten scheint, muss von dem, der die Szene schreibt, entschieden werden. Wichtig ist, dass eine Figur nicht einfach identisch mit sich ist, sondern in zwei Stimmen, in zwei Ichs gespalten ist und was die Darstellung dieser Ich-Spaltung dramatisch leistet.

A56:   *Dramatische Figuren treten neben den Schauspielern auf (Pirandello)*

Luigi Pirandello: *Sechs Bühnenfiguren suchen einen Autor*[82]

THEATERDIENER   *mit der Mütze in der Hand*   Verzeihung, Herr Direktor.

DIREKTOR   *schnell, unwirsch*   Was gibt's denn schon wieder?

THEATERDIENER   *eingeschüchtert*   Hier sind Herrschaften, die nach Ihnen fragen.   *Der Direktor und die Schauspieler drehen sich um und schauen überrascht in den Zuschauerraum.*

DIREKTOR *verärgert* Ich habe Probe! Sie wissen genau, während der Probe darf hier niemand rein. *In den Zuschauerraum hinein:* Was sind das für Leute? Was wollen sie?

VATER *geht bis zu einer der beiden Treppen, die anderen folgen ihm* Wir sind hier auf der Suche nach einem Autor.

DIREKTOR *verblüfft und zugleich ärgerlich* Einem Autor? Was für einem Autor?

VATER Irgendeinem, Herr Direktor.

DIREKTOR Aber hier ist kein Autor. Wir probieren kein neues Stück.

STIEFTOCHTER *lebhaft, steigt schnell die Treppe hinauf* Um so besser, Herr Direktor. Dann könnten wir Ihr neues Stück sein.

EIN SCHAUSPIELER *unter lebhaften Bemerkungen und Gelächter der anderen* Hört! Hört!

VATER *folgt der Stieftochter auf die Bühne* Ja – aber wenn es hier keinen Autor gibt? *Zum Direktor!* Es sei denn, Sie treten an seine Stelle. *Die Mutter steigt mit dem kleinen Mädchen an der Hand und dem Jungen die ersten Stufen hinauf, dann bleiben sie stehen und warten. Der Sohn bleibt eigensinnig unten stehen.*

DIREKTOR Die Herrschaft belieben zu scherzen?

VATER Nein, was sagen Sie da! Im Gegenteil, Herr Direktor. Wir bringen Ihnen ein sehr trauriges Drama.

STIEFTOCHTER Und wir könnten Ihr Glück werden!

DIREKTOR Tun Sie mir den Gefallen und verschwinden Sie! Wir können unsere Zeit nicht mit Verrückten vertrödeln! [...]

VATER Nun, das, was nicht wahr ist, als wahr erscheinen zu lassen, ohne zwingenden Grund, nur aus Lust am Spiel ... ist es nicht Ihr Beruf, Gestalten der Phantasie auf der Bühne lebendig zu machen? [...]

DIREKTOR Gut, gut. Aber was wollen Sie damit sagen?

VATER Nichts, Herr Direktor. Nur Ihnen klarmachen, daß man auf manche Art und in vielen Formen auf der Welt sein kann: als Baum oder Stein, als Wasser oder Schmetterling ... oder als Frau ... und daß man auch als Bühnenfigur geboren wird.

DIREKTOR *mit gespieltem, ironischem Staunen* Und Sie und diese Herrschaften sind als Bühnenfiguren auf die Welt gekommen?

VATER Genau das, Herr Direktor. Und wir sind lebendig, wie Sie sehen. *Direktor und Schauspieler brechen in schallendes Gelächter aus, wie bei einem guten Witz. Der Vater ist verletzt.*

VATER Es tut mir leid, daß Sie so lachen, denn – das sagte ich Ihnen bereits – wir verkörpern ein sehr trauriges Drama, wie die Herrschaften schon an dieser schwarz verschleierten Frau erkennen können.

Im Sprechen reicht er der Mutter die Hand, um ihr die letzten Stufen hinaufzuhelfen. Er führt sie mit einer gewissen tragischen Feierlichkeit auf die andere Seite der Bühne, die sofort in ein unwirkliches

Licht getaucht ist. Das Mädchen und der Junge folgen der Mutter, dann der Sohn, der sich abseits hält und im Hintergrund bleibt; schließlich die Stieftochter. Sie sondert sich ebenfalls ab und lehnt sich seitlich vorn an den Bühnenrahmen. Die Schauspieler, die zuerst erstaunt, dann bewundernd diesen Aufzug betrachtet haben, fangen plötzlich an zu klatschen wie bei einem Schauspiel. [...]

VATER   *tritt entschlossen nach vorn* Ich wundere mich über ihre Ungläubigkeit! Sind es die Herrschaften vielleicht nicht gewohnt, Gestalten, die ein Autor geschaffen hat, lebendig Auge in Auge hier oben auftauchen zu sehen? *Zeigt auf den Souffleurkasten.* Oder vielleicht stört es Sie, daß dort kein Manuskript liegt, in dem wir vorkommen?

STIEFTOCHER   *kommt nach vorn, zum Direktor. Lächelnd, verführerisch* Glauben Sie, Herr Direktor, wir sind wirklich sechs hochinteressante Bühnenfiguren! Wenn auch verlorengegangene.

VATER   *schiebt sie beiseite* Ja verlorengegangene, das ist es. *Schnell zum Direktor* In dem Sinne, daß der Autor, der uns lebendig erschaffen hat, uns später nicht mehr in die Welt der Kunst setzen wollte oder konnte.

Machen Sie sich klar, worum es in diesem Textausschnitt aus dem Beginn des Dramas geht. – Überlegen Sie, was es für die Darstellung der Figuren und die Identifikation mit ihnen, was es für das ganze Drama bedeutet, wenn hier die „Bühnenfiguren" selbst und neben ihnen die Schauspieler, die sie spielen sollen und spielen, auf der Bühne stehen und agieren.

Wählen Sie einen Partner, und überlegen Sie sich gemeinsam, welche „Tragödie" die sechs Bühnenfiguren wohl „verkörpern" könnten, was also zwischen ihnen vorgefallen ist oder vorfallen könnte. Schreiben Sie dann jeder eine kleine Sequenz aus dieser Handlung mit je zwei verschiedenen Bühnenfiguren Pirandellos, etwa Vater und Stieftochter, Stieftocher und Sohn, Mutter und Stieftochter usw. Stellen Sie sich dann eine Ihrer beiden Figuren ganz genau vor, überlegen Sie sich vielleicht die wichtigsten Punkte einer Rollenbiografie (s. 4.2.3.) von ihr. Geben Sie Ihre Dramensequenzen dann dem anderen Partner und lassen ihn jeweils die Figur, die Sie sich besonders angesehen haben, sprechen und (an-)spielen; Sie sprechen und spielen dabei die andere Figur aus Ihrer Sequenz. Machen Sie das mit Ihren beiden Dramensequenzen.

Achten Sie darauf, welche Unterschiede bestehen zwischen Ihrer Figur, wie Sie sie in Ihrer Fantasie entworfen und sich vorgestellt haben, und dieser Figur, wie Ihr Partner sie spricht und spielt, woher sie wohl kommen und was sie bedeuten.

Luigi Pirandellos Drama „Sechs Personen suchen einen Autor" (so heißt es üblicherweise, in unserer Überschrift ist das missverständliche „Personen" in das korrekte „Bühnenfiguren" – personaggi, also Theaterpersonen oder Bühnenfiguren, und

nicht persone steht bei Pirandello – geändert worden) wurde 1921 in Rom uraufgeführt. Es erregte einen Riesenskandal, doch noch im selben Jahr wurde es in Mai-
land ein sensationeller Erfolg, bald in 25 Sprachen übersetzt und auf allen internati-
onalen Bühnen gespielt. Dieses Stück revolutionierte das Theater, mit ihm beginnt
im eigentlichen Sinne das moderne Drama.

Die 'Geschichte' der sechs Figuren ist: Der Vater hat seine Frau vor Jahren, weil er
sich nicht mit ihr verstand, praktisch mit einem anderen Mann verkuppelt. Nach
dem Tod dieses Mannes kehrt die Frau verarmt mit drei Kindern aus dem Ausland
zurück. Der Vater trifft in einer Art Bordell auf die Stieftochter, und nur das Dazwi-
schenkommen der Mutter verhindert, dass er mit ihr sexuell verkehrt. Dennoch
zieht die Mutter mit ihren Kindern wieder in sein Haus, doch die Verhältnisse sind
völlig zerrüttet. Das kleine Mädchen ertrinkt, unbeaufsichtigt, im Parkbrunnen, ihr
Bruder erschießt sich. Der Vorgang des Dramas besteht darin, dass die Figuren
bruchstückweise ihr Schicksal dem Direktor und den Schauspielern mitteilen, der
Direktor es als Stück akzeptiert und Szenen von seinen Schauspielern nachspielen
lässt; die Figuren können ihre Darstellung durch die Schauspieler aber durchweg
nicht akzeptieren. Das Drama spielt damit auf drei Ebenen, entsprechend den drei
Arten von Personen bzw. Figuren, die es spielen: 1. die Schauspieler spielen ihre 'private' Existenz; 2. die Bühnenfiguren spielen ihre rein literarische Existenz; 3. die
Schauspieler spielen, wie sie die Bühnenfiguren spielen. Diese dritte Ebene erhält
einen besonderen Akzent dadurch, dass in ihr noch eine weitere Figur auftritt, Madame Pace, die Inhaberin des Modesalons, in dem die Stieftochter sich prostituierte,
die nun nicht als reine Bühnenfigur und auch nicht als deren Darstellerin, sondern in
der vollen illusionistischen Wirklichkeit einer gespielten Bühnenfigur erscheint. Mit
ihr wird allerdings das Verhältnis von Spiel und Wirklichkeit schwankend, und es gerät endgültig durcheinander, als der kleine Junge sich in der gespielten Szene im
Park erschießt, aber wirklich tot ist. Damit endet die Handlung des Stücks.

Offenbar haben die dramatischen Figuren hier eine völlig andere Gestalt als im konventionellen Drama. Sie treten – mit Ausnahme der Madame Pace – nicht mehr als
identische illusionäre Figuren auf, mit denen sich der Zuschauer identifizieren kann,
sondern sind aufgespalten in die Schauspieler, die auf der Bühne spielen, die literarischen Bühnenfiguren, die erst gespielt werden müssen, und die von den Schauspielern gespielten Bühnenfiguren, die aber durchaus nicht den Intentionen der Bühnenfiguren entsprechen. Es gibt (außer Madame Pace, die deshalb aber wie aus einer anderen Welt kommt und eher bestürzend wirkt) keine identischen Figuren auf
der Bühne und keine Identifikation mit ihnen. Es gibt deshalb auch keine von den
Figuren getragene zusammenhängende dramatische Handlung (Pirandello: „es gibt
keine logische Entwicklung, es gibt keine Verkettung der Geschehnisse"; Vorwort
S. 27): Nach Szondi „sind die existentiellen Voraussetzungen des Dramas kaum je
mit der gleichen Schärfe in Frage gestellt worden" (1969, S. 132). Dennoch gibt es
durchaus ein dramatisches Geschehen, spannend, hochdramatisch und ganz und gar
faszinierend, aber jetzt durch das Wechselspiel der drei Spielebenen, die sich ständig

durchdringen, stören und steigern, durch die Oszillation von Spiel und Wirklichkeit beim In- und Gegeneinander der verschiedenen Arten von Personen bzw. Figuren, also durch das souveräne Spiel mit den dekonstruierten Merkmalen des konventionellen Dramas.

Pirandellos Stück ist desillusionierendes Theater auf dem Theater und ganz verschieden etwa von den Dramen Tiecks, etwa dem „Gestiefelten Kater", in dem in romantischer Ironie die Illusion des Theaters *als* Illusion dargestellt wird. Pirandello will dagegen zeigen, dass die übliche Auffassung des Menschen als identischer Person Illusion ist. Er sagt: „Wir sagen 'Ich bin eine Person' und betrachten uns genauso wie unsere Mitmenschen als gediegene und klar umrissene Persönlichkeiten, während wir in Wirklichkeit nichts als eine endlose Aneinanderreihung verschwommener Ichs sind." (Vittorini 1965, S. 180; s. Schmitz-Emans 1984, vgl. Löwith 1969, S. 84–103) Eben das will er durch seine Destruktion der Personen auf der Bühne zeigen, und zwar vor allem dadurch, dass er den unablässig sich verändernden und wandelnden wirklichen Menschen, im Falle des Dramas: den Schauspielern und dem Direktor, die unveränderlichen, ewig und unwandelbar identisch sie selbst bleibenden Bühnenfiguren gegenüberstellt. Bühnenfiguren haben eine Identität, reale Menschen nicht. Das wird in dem Stück dargestellt und auch ausführlich erörtert (s. S. 80–83, vgl. Vorwort S. 11 f.).

Unser Ausschnitt lässt nur einen Aspekt aus dem großen dramatischen Spektrum des Stücks erkennen, und die Arbeitsaufgabe kann auch nicht die Gesamtproblematik des Stücks zur Anschauung bringen. Doch lässt der Text die Aufspaltung der dramatischen Figuren erkennen und erlaubt Schlüsse darauf, was sie für die Verhinderung der Identifikation mit ihnen und die Auflösung konventioneller dramatischer Handlung bedeutet. Die Eigenproduktion ermöglicht es dann, die Aufspaltung der Figuren bei Pirandello selbst nachzuvollziehen, nämlich zu erkennen, dass eine von einem selbst entworfene Dramenfigur eine gewisse Eigenständigkeit, ja ein identisches Eigenleben hat (wenn sie einmal geschrieben ist, streng genommen auch noch jenseits der genaueren Vorstellungen des Autor von ihr) und dass es ein gar nicht so einfacher Vorgang ist, wenn jemand, der seine eigene Individualität hat und die unweigerlich in seine Darstellung der Figur mit einbringt, diese Figur nun spricht und spielt. Die gespielte und schon die gesprochene Figur wird immer eine andere Figur, – und so gibt es an ihr dann wie bei Pirandello 1. den eigenen Fantasieentwurf der Figur, 2. den Partner, der sie spricht und spielt, und 3. die gespielte Figur, in die sich der sie sprechende und spielende Partner mit einbringt. (Es könnte lohnend sein, hiernach die ganz andersartige Behandlung des Verhältnisses Figur-Schauspieler bei Handke in A58 zu behandeln und zu diskutieren.)

A57: *Dramatische Figuren als personale Abstracta (Beckett)*

Samuel Beckett: *Kommen und Gehen*[83]

Mitten auf der Bühne sitzen von rechts nach links Lo, Mei und Su mit dem Gesicht nach vorn und im Schoß gefalteten Händen ganz gerade nebeneinander. Schweigen.

MEI   Su.

SU   Ja.

MEI   Lo.

LO   Ja.

MEI   Wann waren wir drei zuletzt zusammen?

SU   Nicht sprechen. *Schweigen. Mei geht rechts ab. Schweigen.*

LO   Su.

SU   Ja.

LO   Welchen Eindruck macht unsere Mei auf dich?

SU   Wie gewöhnlich, meine ich. *Lo rückt auf den mittleren Platz und flüstert Su etwas ins Ohr. Erschrocken.* Oh! *Sie sehen einander an. Lo legt ihren Finger an die Lippen.* Weiß sie es nicht?

LO   Gott bewahre! *Mei kommt wieder. Lo und Su wenden sich wieder nach vorn und nehmen ihre gerade Haltung wieder an. Mei setzt sich rechts hin. Schweigen.*

LO   Nur zusammensitzen, wie früher, auf dem Schulhof, bei Fräulein Weels.

SU   Auf der Kiste. *Schweigen. Lo geht links ab. Schweigen.*

SU   Mei.

MEI   Ja.

SU   Wie findest du Lo?

MEI   Unverändert, würde ich sagen. *Su rückt auf den mittleren Platz und flüstert Mei etwas ins Ohr. Erschrocken.* Oh! *Sie sehen einander an. Su legt ihren Finger an ihre Lippen.* Hat man es ihr erzählt?

SU   Gott behüte! *Lo kommt wieder. Su und Mei wenden sich wieder nach vorn und nehmen ihre gerade Haltung wieder an. Lo setzt sich links hin.*

SU   Hand in Hand ... wie damals.

LO   Träumend ... von Liebe. *Schweigen. Su geht rechts ab. Schweigen.*

MEI   Lo.

LO   Ja.

MEI   Was hältst du von Su?

LO   Man sieht so wenig in diesem Licht. *Mei rückt auf den mittleren Platz und flüstert Lo etwas ins Ohr. Erschrocken.* Oh! *Sie sehen einander an. Mei legt ihren Finger an die Lippen.* Ahnt sie denn nichts?

MEI   Gott möge es ihr ersparen. *Su kommt wieder. Mei und Lo wenden sich wieder nach vorn und nehmen ihre gerade Haltung wieder an. Su setzt sich rechts hin. Schweigen.*

MEI   Sollen wir nicht von den alten Zeiten sprechen? *Schweigen.* Von dem, was dann kam? *Schweigen.* Wieder Hand in Hand, wie wir es damals taten? *Nach einer Weile reichen sie einander die Hände: Mei's rechte Hand und Su's rechte Hand in Su's Schoß, Mei's linke Hand und Lo's linke Hand in Lo's Schoß, Lo's rechte Hand und Su's linke Hand in Mei's Schoß, während Mei's Arme auf Su's linkem Arm und Lo's rechtem Arm ruhen. Schweigen.*

LO Su. *Schweigen.* Mei. *Schweigen.* Ich fühle die Ringe. *Schweigen. Vorhang.*

REGIEANWEISUNGEN [...]

Beleuchtung *Schwaches Licht, nur von oben und auf den Sitz konzentriert. Die übrige Bühne so dunkel wie möglich.*

Kostüme *Lange, bis zum Hals zugeknöpfte Mäntel in matten Farben: violett (Su), rot (Mei) und gelb (Lo). Dunkle Hüte unbestimmter Form mit Rändern, die breit genug sind, um die Gesichter zu beschatten. Abgesehen von den Farbunterschieden sollen die drei Personen einander so ähnlich wie möglich sein. Leichte Schuhe mit Gummisohlen. Die Hände sind so geschminkt, daß man sie gut sehen kann. Keine sichtbaren Ringe.* [...]

Abgänge und Auftritte *Man sieht die Personen weder die Bühne verlassen noch aus den Kulissen treten. Sie sollten wenige Schritte vom beleuchteten Feld verschwinden und dort wieder auftauchen. Wenn es nicht dunkel genug ist, um dies zu ermöglichen, sollten unauffällige Wandschirme oder Tücher zu Hilfe genommen werden. Abgänge und Auftritte langsam, ohne daß die Schritte zu hören sind.*

Stimmen *So leise, wie es mit der Hörbarkeit zu vereinbaren ist, und ausdruckslos, außer bei den „Ohs" und den darauf folgenden beiden Zeilen.*

Teilen Sie sich in Gruppen von drei bis vier Teilnehmern. Lesen Sie das Stück mit verteilten Rollen, spielen Sie es vielleicht an. Überlegen Sie, worum es in diesem Stück wohl geht. – Verändern Sie die Figuren, indem Sie sie individualisieren: Legen Sie gemeinsam ihre Namen, ihr Alter, ihren Beruf, ihr Aussehen, ihre Kleidung, ihr Verhalten, gegebenenfalls ihre Biografie fest. Formulieren Sie dann aus, was jeweils geflüstert und was (über das „Oh!" hinaus) darauf geantwortet wird, und lassen Sie diejenige, der etwas zugeflüstert wurde, (gegebenenfalls in Bezug darauf) mit der Zurückkommenden sprechen. Schreiben Sie eine sprachlich realisierte Schlussszene.

Spielen Sie dann Ihre Szenen, vergleichen Sie sie miteinander und mit der ursprünglichen Fassung Becketts. Diskutieren Sie, welche Vor- und Nachteile Ihre Fassungen gegenüber der Becketts haben, warum er seine Form wohl gewählt hat und was sie leistet.

Das Stück wurde 1965 in englischer Sprache geschrieben und im selben Jahr in Berlin uraufgeführt; eine französische Fassung folgte 1966. Als Vorgang läßt sich erkennen: Drei Frauen, die früher zusammen auf einer Schule waren, da zusammen Hand in Hand gesessen und von Liebe geträumt haben, kommen wieder zusammen. Sie sind inzwischen wohl verheiratet („die Ringe") und von jeder weiß jeweils eine Andere etwas sehr Erschreckendes, über das sie aber nicht mit der Betreffenden, sondern nur mit einer Anderen von ihnen spricht. Insgesamt sprechen sie wenig und schweigen oft. Zum Schluss sitzen sie Hand in Hand, sodass jede zwei Anderen die Hand gibt; eine sagt, dass sie die Ringe fühle, dann schweigen sie: Jede hält die Hand von zwei Anderen, von denen sie etwas Schreckliches weiß. Die Drei bilden gleichsam ein enges Geflecht des Unheils, über das aber keine mit der von dem Unheil Betroffenen spricht, ihr etwa Zuspruch gibt, Anteilnahme zeigt, sie tröstet. Obwohl sie taktil eng miteinander verbunden sind, sind sie sprachlich weit voneinander entfernt, es gibt kein wirkliches Gespräch („nicht sprechen"), es besteht kein eigentlich mitmenschlicher Kontakt zwischen ihnen. Jede von ihnen ist völlig isoliert und mit ihrem Unglück allein.

Die Figuren des Stücks weisen keinerlei Individualität auf. Die chinesischen Namen sind – für uns – ganz unspezifisch, statt ihrer könnte auch A, B und C stehen. Ihre Mäntel haben verschiedene Farben, sonst sind ihre Kostüme gleich; sie sollen „einander so ähnlich wie möglich sein". Ihr Alter ist unbestimmt; was sie sagen, unterscheidet sie nicht voneinander. Sie sprechen meist „ausdruckslos" und bewegen sich alle gleich unauffällig und lautlos: Es sind keine Individuen, die da auftreten, auch keine Typen, es sind eigentlich keine Personen, sondern bloße personale Abstracta. So findet auch keine wirkliche Handlung statt, in der in welcher Weise auch immer Personen handelten: Das Stück heißt „Kommen und Gehen", und diese bloß formale Beschreibung bezeichnet gut den Vorgang des Stücks. Es ist völlig formalisiert, und das wichtigste Geschehen ist das ganz ritualisierte dreimalige Kommen und Gehen von Figuren.

Damit, vor allem aber mit der Reduktion der dramatischen Figuren auf bloße personale Abstracta, destruiert Beckett die entscheidenden Merkmale des konventionellen Dramas: Figuren und Handlung werden aufgelöst, die Dialoge funktionslos, die Sprache wird rudimentär. Was er damit in diesem Stück übermittelt, ist dasselbe wie etwa in seinen großen Dramen „Warten auf Godot" und „Endspiel": Das Fragwürdigwerden der Individualität und der Zerfall der Persönlichkeit, das Versagen der Sprache als Mittel der Verständigung und damit der Kommunikation, die Zerstörung von mitmenschlicher Beziehung und die radikale Vereinzelung und Vereinsamung des Menschen in unserer Gesellschaft, in unserer Zeit.

Ob das für die Schüler oder Studenten durch das Stück übermittelt wird, ob es für sie überhaupt etwas transportiert oder nur eine skurrile Veranstaltung ist, und was als Botschaft des Stücks für sie Belang hat, kann man sicherer als durch eine analytische Besprechung des Stücks herausbekommen, wenn sie einen konventionellen Gegentext zu dem Stück schreiben und spielen: Wenn sie die Figuren individualisieren, nämlich mit Namen (etwa Lotte, Meike, Susanne), Alter, Beruf, Aussehen, Verhalten und gegebenenfalls einer Biografie ausstatten, wenn sie dann ihr Tun verbalisieren und dadurch zwangsläufig zu einem konkreten dialogischen Handeln bestimmter Personen (Charaktere) machen, dann konkretisieren sie zunächst einmal, worum es bei dem extrem formalisierten Stück Becketts für sie handlungsmäßig überhaupt gehen könnte, sie bringen vielleicht eigene Erfahrungen in das Geschehen mit ein und finden Möglichkeiten, sich mit den Figuren und ihrem Handeln zu identifizieren. Vor allem haben sie jetzt eine Folie, vor der sie das Stück Becketts betrachten und beurteilen können. Sie können nämlich darüber nachdenken, ob ihnen die eigene individualisierte Fassung, bei der man sich in konventioneller Weise mit den Figuren identifizieren, ihr Handeln miterleben und ihre Nöte mitfühlen kann, mehr zusagt, oder ob sie ihnen vielleicht zu sehr auf einzelne individuelle Vorgänge beschränkt, zu 'privat' vorkommt und übergreifende Probleme wie etwa das der Stellung des Einzelnen in unserer Gesellschaft nicht zur Geltung kommen läßt. Wahrscheinlich werden sie anerkennen, dass für die Darstellung etwa des Persönlichkeitszerfalls, der Kommunikationslosigkeit, der Sprachlosigkeit, der Isolation und Vereinsamung des Einzelnen in unserer Gesellschaft die Darstellungsform Becketts recht angemessen, wenn nicht überhaupt die angemessenste ist (und eine Konkretisierung mit einzelnem individuellen Schicksal ja nicht prinzipiell ausschließt).

A58:   *Der Schauspieler ist die dramatische Figur (Handke)*

Peter Handke: „*Laßt die Lade doch klemmen*"[84]

Für die *Lektüre*, unter anderm, um Rollentitel wie „Schauspieler A", „Schauspieler B", „Schauspielerin C" usw. zu vermeiden, sind die Personen mit bekannten Schauspielernamen bezeichnet.
Für die *Aufführung* des Stücks sollten die Personen des Stücks nur mit dem jeweiligen Namen der Schauspieler benannt werden: die Personen sind zugleich ihre Darsteller.
Elisabeth Bergner [. . .:] „Einmal, während ich ein Tischtuch über einen Tisch breiten wollte, war ich in Gedanken [. . .] am Ufer des Meeres und ertappte mich dabei, wie ich das Tischtuch schüttelte, als ob ich damit winken wollte." [. . .]
Henny Porten: „Wieso 'ertappt'? Warum nicht!: 'Ich sah mich', 'Ich bemerkte'?"
Elisabeth Bergner: „Ich sah mich! Ich bemerkte mich! Ich hörte mich!"
Sie stehen einander gegenüber.
Henny Porten: „Jemand schaut sich öfter um, während er geht: hat er ein schlechtes Gewissen?"
Elisabeth Bergner: „Nein, er schaut sich nur einfach öfter um!"
Henny Porten: „Jemand sitzt mit gesenktem Kopf da: er ist traurig?"
Elisabeth Bergner nimmt eine Mannequinpose für ihre Antwort ein: „Nein, er sitzt einfach nur mit gesenktem Kopf da!"
Henny Porten: „Jemand zuckt zusammen: schuldbewußt?"
Elisabeth Bergner antwortet mit einer anderen Mannequinpose: „Nein, er zuckt nur einfach zusammen!" [. . .]
Elisabeth Bergner zeigt auf George: „Er putzt das Besteck und legt es auf einem roten Tuch aus: will er es verkaufen?"
Henny Porten steht mit hängenden Armen da, schüttelt nur knapp den Kopf.

George, wie befreit, fängt an, das Geschirr beschwingt zu putzen.
Elisabeth Bergner zeigt auf Emil Jannings, in einem Atem: „Er wendet
uns den Rücken zu, sitzt im bequemsten Fauteuil: bedeutet das, daß er
mächtiger ist als wir alle?"
Henny Porten schaut ihr in die Augen und schüttelt nur knapp den Kopf.
Emil Jannings streckt sich erlöst auf dem Fauteuil aus, sichtlich vergnügt,
seine Bedeutung verloren zu haben.
Elisabeth Berner deutet mit dem Kopf auf Erich von Stroheim: „Er sitzt
allein in der Ecke auf einem großen Sofa: will er uns damit bedeuten, daß
wir uns zu ihm setzen sollen?"
Henny Porten lächelt nur noch nachsichtig wie über etwas, das sich als ein
Traum herausgestellt hat.
Auch Erich von Stroheim vergißt sich, lächelt freundlich und entspannt
sich sichtbar. [...]
Elisabeth Bergner: „Und warum läßt sich die Lade an der Kommode
nicht herausziehen?"
Jannings stockt ganz wenig: „Sie klemmt!"
Elisabeth Bergner: „Und warum klemmt sie?"
Erich von Stroheim springt vom Sofa auf: „Laßt sie doch klemmen!"
George: „Ja, laßt sie doch klemmen!"
George und Stroheim tänzeln aufeinander zu, heben wie Tanzbären das
Tanzbein: „Laßt sie doch klemmen!"
Jannings schließt sich ihnen an: „Laßt sie doch klemmen! Laßt sie doch
klemmen!"
Alle drei umtanzen einander: „Laßt sie doch klemmen, die Lade! Die La-
de, oh, laßt sie doch klemmen! Laßt sie, die Lade, laßt sie, oh, laßt sie
doch klemmen!" Sie singen unisono: „Oh laßt die Lade doch klemmen, o
laßt die Lade doch klemmen!" [...]
Alle schauen einander ernst und zärtlich an.
„Wir sind frei? Wir sind frei!"

Bilden Sie Gruppen von fünf Teilnehmern. Lesen Sie den Text, diskutieren
Sie, worum es in ihm geht, und überlegen Sie, ob Sie ähnliche Erfahrungen
kennen und andere, vielleicht sogar bessere Beispiele für das kennen, was
Handke darstellt.

Verteilen Sie die Rollen (wobei die Geschlechtszugehörigkeit nicht so wichtig
ist), und bearbeiten Sie gemeinsam den Text im Sinne der Anmerkung von
Handke, sodass Sie für die Namen der Rollen Ihre eigenen Namen einsetzen,
gelegentlich auch Anreden an die angesprochenen Teilnehmerinnen und Teilnehmer einfügen („Wieso 'ertappt', Christiane?") und einige der Personal-
pronomen durch die Namen der betreffenden Teilnehmerinnen und Teilnehmer ersetzen (statt: „Er wendet uns den Rücken zu ...": „Matthias wendet
uns den Rücken zu ..."). Streichen Sie gegebenenfalls die Beispiele Handkes, die Ihnen weniger ergiebig erscheinen, und fügen Sie welche aus Ihrer eigenen Erfahrung ein. Oder schreiben Sie auch größere Teile des Textes so um,
dass er Vorgänge aus Ihrer eigenen Erfahrung darstellt. Lesen Sie dann Ihr

Stück mit verteilten Rollen oder spielen Sie es. – Überlegen Sie danach, was bei diesem Stück anders ist, als wenn Sie in dem betreffenden Drama etwa die Figur Minna von Barnhelms oder Wilhelm Tells (oder eine andere Figur, die Sie kennen) gelesen oder gespielt hätten, und was für und gegen die Form von Handkes Stück spricht.

Der Textausschnitt stammt aus Peter Handkes 1971 in Berlin uraufgeführtem Stück „Der Ritt über den Bodensee". Es ist ein Drama ohne zusammenhängende Handlung; es handelt von der Sprache, der Problematik festgelegter sprachlicher Konventionen und stellt verschiedene „Bewusstseinsirritationen" (Mixner 1977, S. 106) darüber dar. Der Titel zitiert die Sage von dem Reiter, der ahnungslos über die dünne Eisdecke des Bodensees geritten ist und tot zusammenbricht, als er von der Gefahr erfährt, der er ausgesetzt war. Für Handke ist die Sprache „die dünne Eisdecke der Kulturisation über den unbewußten Wahrnehmungen, Wünschen und Verhaltensweisen" (Renner 1985, S. 44), in die man jederzeit einbrechen kann und die nur trägt, solange man sie für fest hält. Dabei geht es zunächst darum, dass unsere Sprache vielfältig floskelhaft, klischiert, stereotypisiert und ritualisiert ist und jeder in solchem Maße an sie gewöhnt und durch ihre Floskeln, Klischees, Stereotype und Rituale geprägt ist, dass er manchmal mehr sie reproduziert als sich und seine Auffassung einer Sache sprachlich artikuliert. Darüber hinaus gilt aber allgemein, was schon Saussure dargelegt hat, dass Sprache grundsätzlich ein konventionelles Bedeutungssystem ist, in dem jede sprachliche Bezeichnung ihre Gültigkeit nicht durch die gemeinte Sache, sondern allein durch willkürliche sprachliche Konvention hat (s. 5.1.3.). Das hat Handke vielfach dargestellt, etwa im „Kaspar", im „Quodlibet", in „Die Angst des Tormanns beim Elfmeter"; und er stellt es in diesem Stück besonders intensiv und insistierend dar.

Für unseren Textausschnitt sind zwei gut vollziehbare sprachliche bzw. körpersprachliche Vorgänge von Belang: „Elisabeth Bergner" sagt, sie habe sich dabei „ertappt", wie sie „in Gedanken" eine Tischdecke geschüttelt habe, als ob sie damit winken wollte. Dadurch, dass sie das Wort „ertappt" gebraucht, bedeutet der Vorgang gleichsam ein schuldhaftes Vergehen. Sie beschreibt ihn vielleicht deshalb so, weil sie unbewusst ein Abweichen von der Normalität als negativ empfindet. Die Bedeutung ihres Sprachgebrauchs fixiert sie jedenfalls, indem er das Abweichen von der Norm negativ besetzt, auf diese Normalität, macht sie in gewisser Weise unfrei ihr gegenüber. – Analog ist es bei dem Vorgang, um den es in dem übrigen Text geht, wobei es hier nicht um verbalsprachliche, sondern um körpersprachliche Bedeutungen geht: Bestimmte Körperhaltungen, Geh-, Sitz-, Stehhaltungen, Bewegungen, Gesten und Mimiken bedeuten konventionellerweise in bestimmten Kulturbereichen etwas Bestimmtes, und weder der, der sie – absichtlich oder unabsichtlich – einnimmt bzw. benutzt, noch der, der sie wahrnimmt, kann sich dem entziehen. Sie bedeuten automatisch, und diesem Automatismus ihrer Konvention kann man nur begegnen, wenn man sie sich bewusst macht.

Der Roman „Die Angst des Tormanns beim Elfmeter" beginnt damit, dass der Romanheld Josef Bloch am Morgen in die Bauhütte kommt und nur der Polier vom Frühstück aufschaut; der meint damit nichts Besonderes. Bloch aber meint, dies Aufschauen nur des Poliers bedeute, dass er entlassen sei, und verlässt das Baugelände.[85] Er hinterfragt die Bedeutung dieser Geste nicht. Anders in der abgedruckten Textstelle: Zunächst fragt „Henny Porten" „Elisabeth Bergner" gleichsam Körperhaltungen ab, die üblicherweise etwas Bestimmtes bedeuten. Elisabeth Bergner nimmt sie als bedeutungslose bloße Stellungen (in „Mannequinpose") ein und erklärt, dass sie bedeutungslos sind. Dann betrachten beide das Verhalten und die Sitzhaltungen der drei Männer und erklären sie für bedeutungslos. Damit befreien sie die Männer aus ihrer Bedeutungshaltung, die sich nun natürlich, ohne eine Bedeutung zu übermitteln, verhalten können. So lösen sich alle fünf aus der Einstellung, bei vielem unbedingt Bedeutungen sehen zu müssen, und können „die Lade doch klemmen" lassen, ohne dass dies irgendetwas bedeutet. Sie fühlen sich „frei" von der Konvention, vielfältig Bedeutung darstellen und wahrnehmen zu müssen.

Es geht bei unserer Arbeitsaufgabe allerdings nicht eigentlich um die Bedeutung von verbaler und Körpersprache, sondern um das Drama und seine Dekonstruktion: Das Drama ist ein umfassender und komplexer „Bedeutungsraum" (Handke 1972, S. 53), ein Zeichensystem, dessen Hauptsignifikation die von 'Personalität' ist (s. 2.2.3.). Dieses Zeichensystem realisiert sich durch verschiedene (semiotische) Subsysteme, und 'Personalität' wird vor allem signifiziert durch verbale Sprache und Körpersprache, durch Geh-, Steh-, Sitzhaltung, durch Gestik und Mimik der Dramenfiguren (s. 4.2.4. u. 4.2.5.). Handke destruiert nun 1. das zentrale Bedeutungssystem des Dramas, indem er die Dramenfiguren eliminiert und an ihre Stelle die Schauspieler treten lässt. Und er destruiert 2. die semiotischen Subsysteme, durch die die Dramenfiguren sich vor allem realisieren, die Sprache und die Körpersprache.

Die Dekonstruktion der Dramenfiguren, die Handke vornimmt, birgt allerdings einige Probleme. Ein Kritiker fragt nach der Uraufführung des Stücks: „ist es aufrichtiger, wenn Herr X nicht mehr als Hamlet auftritt, sondern Herrn X 'spielt', wobei ihm doch ein Autor seinen Text vorschreibt?" (Karasek 1972, S. 170) In der Tat ist für einen Zuschauer, der den Text und vielleicht auch den Schauspieler nicht kennt, kaum erkennbar, wieso der Schauspieler sich und nicht eine konventionelle Dramenrolle spielen soll. Kennt er aber den Dramentext, hat er es auch nicht viel leichter, denn Handke hat die Rollen, als die die Schauspieler auftreten sollen und die er mit Schauspielernamen bezeichnet hat, stark an diesen Schauspielern orientiert, sodass ein Schauspieler, der etwa die Rolle „Heinrich Georges" darstellen soll, nur teilweise sich selbst und teilweise Heinrich George spielt. Handkes Dekonstruktion der Figuren ist also nicht konsequent und nur begrenzt wirksam.

Das Spielarrangement der Arbeitsaufgabe versucht dem zu begegnen, und es begegnet ihm vor allem dann wirksam, wenn in einer Klasse, einem Kurs oder Seminar die Teilnehmer einander mehr oder weniger gut kennen. Wenn die Spieler sich dann

mit Vornamen anreden und wenn von den Spielern so geredet wird, dass ihre Vornamen genannt werden, wenn vor allem der Text so verändert worden ist, dass die
Spieler teilweise von eigenen Erfahrungen sprechen, dann spielen sie nicht literarische Figuren, in deren Rollen sie schlüpfen, sondern spielen sich selbst. Sich selbst
allerdings in bestimmten Rollen, die ihnen vorgeschlagen werden, um in ihnen bestimmte Erfahrungen nachzuvollziehen, zu machen, zu artikulieren. Jedenfalls spielen sie nicht mehr fiktionale Dramenfiguren, die dann ein fiktionales Dramengeschehen hervorbringen; sie spielen ein anderes Drama als das konventionelle. Was
sie spielen, ist einerseits die Selbsterfahrung, dass vor allem die von jedem geübte
wie wahrgenommene Körpersprache konventionell ist und die Kommunikation
zwar vereinfachen und unterstützen – worum es hier nicht geht –, aber auch einen-
gen und verfälschen kann. Andererseits spielen die Spieler das Zerspielen vor allem
dieser Körpersprache als eines wichtigen Zeichensystems des konventionellen Dramas, das mit ihm, also über Geh-, Steh-, Sitzhaltungen, Bewegungen, Gesten und
Mimik der dramatischen Figuren, diese Figuren entscheidend realisiert, durch diese
Realisation aber auch ständig eine konventionelle und manchmal einengende und
verfälschende Kommunikationsform und vor allem eine bestimmte Auffasung von
'Personalität' oder Subjektivität der dramatischen Figur übermittelt und einprägt.

7.3. Zur Dekonstruktion der dramatischen Handlung

Die dramatische Handlung als eine zusammenhängende, sich konsequent auseinander entwickelnde Geschehensabfolge, wie sie das geschlossene Drama kennzeichnet, vielleicht noch mit der Einheit von Ort und Zeit, gibt es im gegenwärtigen Drama selten. Was sie vor allem signifiziert: die Überschaubarkeit, Geordnet- und Sinnhaftigkeit einer Welt, die Notwendigkeit eines Geschehens, die Fähigkeit der Her-
vorbringung eines sinnvollen Geschehens durch die Kräfte des Individuums (vgl.
Greiner / Hasler / Kurzenberger / Pikulik 1982, Bd. 1), bildet kaum etwas von unserer Lebenswelt oder unserem Lebensgefühl mehr ab. Deshalb ist das Drama der Gegenwart weithin bestimmt durch bloße Vorgangsreihung, durch Aufhebung von
Handlungsfolgen und Durchdringung der Vorgangsebenen, durch Diskontinuität,
Montiertheit, Fragmentarisierung, Aleatorik und völlige Auflösung der Handlung.

Dieser Abschnitt bringt Arbeitsaufgaben zu vier verschiedenen Problembereichen
der Handlung des Dramas der Gegenwart: Zur Auflösung der Notwendigkeit des
Handlungsgeschehens durch ein Variantenspiel bei Frisch (A59), zur Fragmentarisierung der Handlung durch den sie ausmachenden selektiven Bezug auf ein anderes
Drama bei Heiner Müller (A60), zur Aufhebung des Einzelnen als bewirkender
Kraft der dramatischen Handlung bei Beckett (A61), und zur Ersetzung der dramatischen Handlung als textuell gegebener durch eine vom Zuschauer wahrgenommene und konstituierte bei Handke (A62).

A59: *Dramatische Handlung in Varianten (Frisch)*

Max Frisch: *Biografie als Variantenspiel* [86]

[Der angesehene Verhaltensforscher Hannes Kürmann lernt auf der Party, die
er aus Anlass seiner Berufung zum Professor gibt, Antoinette kennen, sie beginnen eine Beziehung, heiraten. Nach zwei Jahren unterrichtet sie ihn über
eine andere Beziehung, die sie hat, er will sich scheiden lassen und ist verzweifelt. Er will nicht anerkennen, dass die Ereignisse seines Lebens zwangsläufig
so sein mussten. Er sagt, wenn er noch einmal neu anfangen könnte in seinem
Leben, dann wüsste er genau, was er anders machen würde. Dazu bekommt
er die Gelegenheit und darf sein Leben noch einmal neu wählen; ein „Registrator", der sein ganzes Leben registriert hat und registriert, hilft ihm dabei.
So tritt er (1959) in die Kommunistische Partei ein, um zu verhindern, dass er
Professor wird – zur Zeit des kalten Krieges ein ziemlich sicheres Mittel –, daher Antoinette nicht kennenlernen und nicht heiraten kann:]

*Wenn der Vorhang aufgeht: Arbeitslicht [Neon-Licht], man sieht die ganze
Bühne, in der Mitte stehen die Möbel, die bei Spiellicht ein modernes Wohnzimmer darstellen [...].*

REGISTRATOR *Neon-Licht aus.* Sie sind Mitglied der KP geworden,
   um Ihre Biografie zu ändern, und sie hat sich inzwischen verändert, Herr
   Kürmann, in gewisser Hinsicht – *Er zeigt:* Magnifizenz Hornacher.
   *Ein Herr in gediegenem Mantel, Homburg in der Hand, steht im Zimmer,
   als habe ein längeres Gespräch bereits stattgefunden, Kürmann steht mit
   den Händen in den Taschen seines Morgenmantels.*

KÜRMANN Ich verstehe, Magnifizenz, ich verstehe.

HORNACHER Ich bitte um Entschuldigung, daß ich beim Frühstück stö-
   re. Aber ich empfand es als ein Gebot der Korrektheit, daß ich nicht mit
   dieser Angelegenheit vor den Senat trete, bevor ich mich noch einmal persönlich erkundigt habe. *Pause.* Ich warte auf eine klare Antwort.

KÜRMANN Magnifizenz, ich bin Mitglied der Kommunistischen Partei.
   Ich glaube an die Ziele der Kommunistischen Partei, sofern sie den Mar-
   xismus-Leninismus vertritt, und bitte den Senat, die eben erwähnten
   Konsequenzen zu ziehen. *Hornacher setzt den Homburg auf.*

REGISTRATOR Warten Sie!

HORNACHER Eine klare Antwort.

REGISTRATOR Vielleicht möchte Herr Professor Kürmann, nachdem er
   sich selbst gehört hat, anders antworten. *Zu Kürmann:* Vielleicht erscheint Ihnen diese Antwort zu simpel. Oder zu heroisch. *Hornacher
   nimmt den Homburg ab.*

KÜRMANN Magnifizenz –

HORNACHER   Nun?

KÜRMANN   Ich glaube nicht an Marxismus-Leninismus. Was natürlich nicht heißt, daß ich die Russische Revolution für ein Unglück halte. Im Gegenteil. Ich glaube nicht an Marxismus-Leninismus als eine Heilslehre auf Ewigkeit. Das wollte ich sagen. Allerdings glaube ich auch nicht an eure christliche Heilslehre vom freien Unternehmertum, dessen Geschichte wir nachgerade kennen. [...] Ich danke für die Unterredung, Magnifizenz, und bitte den Senat, die Konsequenzen zu ziehen.   *Hornacher setzt den Homburg auf.*

REGISTRATOR   Warten Sie!

KÜRMANN   War die erste Antwort besser?

REGISTRATOR   Knapper.

KÜRMANN   Nehmen wir die erste.

HORNACHER   Eine klare Antwort.

KÜRMANN   Wenn du Wert legst auf Klarheit, so kann ich auch noch klarer antworten.   *Er sucht etwas.*   Augenblick.

REGISTRATOR   Nehmen Sie den Hut nochmals ab.   *Hornacher nimmt den Homburg ab.*

KÜRMANN   Ich besitze hier eine Foto-Kopie, die der Senat, so darf ich entgegenkommenderweise annehmen, nicht kennt: deine Unterschrift im Jahr 1941.   *Er erhebt sich und gibt Hornacher die Foto-Kopie*:   So hast du dafür gesorgt, daß einer, der deine akademische Laufbahn möglicherweise gekreuzt hätte, mitsamt Familie abgeschoben wurde 1941 zum Schutze des Vaterlandes – *Hornacher gibt das Dokument zurück.*

KÜRMANN   Du wirst sagen: eine Fälschung.

HORNACHER   Ja.

KÜRMANN   Dann beweise es.

HORNACHER   Du irrst dich: ich habe nichts zu beweisen, sondern du hast zu beweisen, und das dürfte kaum gelingen anhand einer Foto-Kopie, die von der Kommunistischen Partei geliefert worden ist. Deine Quelle ist unglaubwürdig.

KÜRMANN   Und drum bin ich untragbar.

HORNACHER   Leider.   *Kürmann legt die Foto-Kopie in den Schreibtisch.*

HORNACHER   Kann ich meinen Hut jetzt aufsetzen?

REGISTRATOR   Warten Sie!

KÜRMANN   Magnifizenz, du bist eine Sau, und eine Universität, die dich zum Rektor wählt – *Pause.*

REGISTRATOR   Welche von den drei Antworten wünschen Sie?

HORNACHER   Die Konsequenz bleibt dieselbe.

KÜRMANN   Er soll alle drei nehmen. *Hornacher setzt den Homburg auf.*

KÜRMANN   – das heißt: Nein. Er braucht nicht zu wissen, daß diese Foto-Kopie besteht ... Die erste.

REGISTRATOR   Magnifizenz, es gilt die erste Antwort. *Hornacher geht weg. Neon-Licht.*

Lesen Sie den Text, und verdeutlichen Sie sich, worum es in ihm geht. Schreiben Sie dann selbst ein Stück Ihrer eigenen Biografie in Varianten. Dabei können Sie

– ein Ereignis, vor allem eine entscheidende Begegnung aus Ihrer Biografie, so wie sie war, und dann Varianten, so wie sie auch hätte sein können oder wie sie eigentlich hätte sein sollen, dramatisch darstellen;

– ein Alternativ- oder Wunschgeschehen Ihrer Biografie in verschiedenen dramatischen Alternativen darstellen.

Sie können einen „Regisseur", der Ihr Leben wie ein Theaterstück probt, dabei verändert und Varianten ausprobiert, einen „Registrator", einen „Spielleiter" oder eine andere epische (gegebenenfalls auch transzendente) Instanz verwenden. Sie können aber auch einfach verschiedene Varianten einer dramatischen Szene schreiben und reihen. – Spielen Sie Ihre Biografie-Varianten. Machen Sie sich klar, was sie für die Darstellung Ihrer Person leisten und wie diese dadurch erscheint. Überlegen Sie, was ein solches Variantenspiel überhaupt für die dramatische Darstellung bedeutet.

„Biografie: Ein Spiel" wurde 1968 uraufgeführt. Über die dramaturgische Idee, die dem Stück zugrundeliegt, hat Frisch schon 1965 in seiner Schillerpreis-Rede (Frisch 1967, S. 90–99) ausführlich gesprochen: Nach „Andorra" (1961) hat er nichts mehr geschrieben; ihm ist „seine eigene Stückeschreiberei verleidet" (S. 95). Der Grund dafür ist, wie er später sagt: „daß ich als Stückeschreiber eine bestimmte Dramaturgie, die ich gelernt habe, nicht mehr brauchen kann." (Frisch 1969, S. 8) Er findet nämlich die konventionelle Gestalt der dramatischen Handlung, wie er sie bislang geschrieben hat, unglaubwürdig: die „Meinung, ein [dramatischer] Vorgang könne nur überzeugen, wenn er sich aus der Entwicklung als zwingend darstellt, ein Axiom der klassischen Dramaturgie" (S. 96). Er stellt dagegen: „Tatsächlich sehen wir, wo immer Leben sich abspielt, etwas viel Aufregenderes: es summiert sich aus Handlungen, die oft zufällig sind, und es hätte immer auch anders sein können, es gibt keine Handlung und keine Unterlassung, die für die Zukunft nicht Varianten zuließe." (S. 97) Deshalb fordert er, „die Dramaturgie der Fügung abzumelden, die klassische, die unentwegt den Beweis erbringt, daß es so und nicht anders habe kommen müssen" (S. 97), und an ihre Stelle eine „Dramaturgie für den Zufall" (S. 99) zu setzen, ein „Varianten-Spiel" (Frisch 1969, S. 32).

Das verwirklicht er in „Biografie: Ein Spiel"; und es ist an dem abgedruckten Ausschnitt gut zu erfahren. Kürmann probiert drei Varianten des – schwierigen – Verhal-

tens eines westdeutschen KP-Mitglieds aus: eine dogmatisch-gläubige, eine diffe-
renziert-skeptische, eine aktiv-aggressive, und wählt dann eine (nicht sehr homogene) aus den beiden ersten zusammengesetzte; er probiert *Varianten* seines Handelns. Ein besonderes Merkmal des Stücks ist auch erkennbar, es spielt auf der *Bühne*: „Das Stück spielt auf der Bühne. Der Zuschauer sollte nicht darüber getäuscht
werden, daß er eine Örtlichkeit sieht, die mit sich selbst identisch ist: die Bühne." [87]
Sie erscheint zunächst im Arbeits- oder Neon-Licht als solche. Und auf ihr findet bei
Spiellicht die Handlung Kürmann-Hornacher statt, in die der Registrator ständig in-
formierend, anregend, regulierend, dirigierend eingreift. Es ist im Prinzip die Situation der *Theaterprobe*, die für Frisch dramaturgisch besonders wichtig ist:

> Es gibt ja doch Augenblicke, da Theater mich bestürzt wie nichts anderes, so, daß
> man nichts anderes möchte als Theater und begreift, warum man es immer wie-
> der versucht hat und versucht. Das geschieht bei Proben. Genau gesprochen: vor
> allem bei den frühen Proben. Da, mindestens für Augenblicke, geschieht etwas
> – ich habe Hemmungen vor dem Wort: Magie – etwas Einmaliges. (S. 95)

Denn bei Proben wird verändert, werden Varianten gespielt: „Wieso langweilt mich
Theater immer öfter – nicht nur das eigene – und warum langweilen Proben fast nie?
Varianten eines Vorgangs offenbaren mehr als der Vorgang in seiner endgültigen
Form." [88]

Etwas davon können die Teilnehmer erfahren, wenn sie ihren Text etwa mit einem
„Regisseur" schreiben, der ein Stück probt oder einstudiert und Varianten ausprobiert. Die wichtigere Erfahrung beim Schreiben eines autobiografischen Variantenspiels ist aber, dass die eigene Person eine besondere Souveränität und Freiheit ihrer
Biografie gegenüber gewinnt. Geschehen ist jetzt nicht mehr zwangsläufig und
gleichsam schicksalhaft, sondern könnte grundsätzlich auch anders sein, hätte von
einem auch ganz anders gewählt worden sein. Eben das will Frisch in Kürmann – der
Mann, der 'küren': wählen kann – darstellen, der sagt: „Ich weigere mich zu glauben, daß unsere Biografie, meine oder irgendeine, nicht anders aussehen könnte.
Vollkommen anders. Ich brauche mich nur ein einziges Mal anders zu verhalten"
(S. 502). Der Hauptvorgang des Stücks ist, dass er sich anders verhalten, dass er
wählen kann: „Sie haben die Genehmigung, nochmals zu wählen" (S. 503), „Sie
können wählen" (S. 519 u. ö.); in dem abgedruckten Textausschnitt wählt er eine bestimmte politische Einstellung und ein bestimmtes Verhalten zu dem Rektor seiner
Universität. – Für das Drama bedeutet diese Variantenspiel vor allem, dass es kein
geschlossenes handlungsmäßiges Kontinuum bildet, nicht einmal einen identischen
dramatischen Vorgang aufweist: Nichts ergibt sich aus etwas Anderem und nichts ergibt etwas Anderes. Die normale dramatische Handlung ist völlig aufgelöst, es gibt
keinerlei fragwürdige Signifikation von Sinnhaftigkeit und Notwendigkeit der Welt
und des menschlichen Handelns in ihr mehr.

Das etwa sind die Erfahrungen, die die Teilnehmer an dem ausgewählten Textstück
und mit eigenem Schreiben von autobiografischen Varianten machen können. Sie
betreffen das entscheidende dramaturgische Konzept, das der „Biografie" zugrun-

deliegt; sie betreffen allerdings nicht das Ganze des Stücks und seine Problematik. Um sie zu wissen, ist für die Erfahrung der dramaturgischen Idee des Variantenspiels nicht dringend notwendig, aber auch nicht unnütz. Deshalb soll es wenigstens knapp skizziert werden: Das klassische Drama weist eine mehr oder weniger streng kausal gefügte dramatische Handlung auf, deren Kausalität im Wesentlichen durch den bestimmten Charakter der dramatischen Hauptfiguren bewirkt wird; so hatte es Lessing in seiner „Hamburgischer Dramaturgie" dargestellt (s. Abschn. 3.1.). Frisch destruiert die dramatische Handlung, er destruiert aber nicht die dramatische Mittelpunktsfigur, im Gegenteil: sie und ihre Fähigkeit, aus sich zu wählen, ihre individuelle Wahlfreiheit, stellt das Drama gerade groß heraus. Das wendet in ihrem Briefwechsel auch Walter Höllerer ein: Es bleibt „allzusehr beim Mittelpunkt der alten Fügung: beim Einzelhelden, alles scheint auf ihn zentriert, alles andere sind 'Nebenfiguren', Kürmann ist nach wie vor, als theatralischer Held, Mittelpunkt der Welt" (Frisch 1969, S. 24). Frisch gibt das unumwunden zu: „Mittelpunkt-Personnage. 'Alles scheint auf Kürmann zentriert, alles andere sind Nebenfiguren.' Das stimmt. [...] Das Individuum als Protagonist." (S. 30) Frisch weiß dabei genau, dass das nicht unsere Wirklichkeit widergibt, in der „nicht Persönlichkeiten bestimmen, sondern die Produktionsweise mit ihren Markt-Zwängen usw., und was hat denn [...] das Individuum überhaupt zu wählen?" (S. 30) Doch meint er, das Theater komme ohne Mittelpunktshelden nicht aus: „Es bleibt der Mensch als Mittelpunkt-Personnage – auf der Bühne, im Gegensatz zur Wirklichkeit" (S. 31). So schreibt er sein Drama in bewusstem Gegensatz zur Wirklichkeit.

Allerdings will er diese anachronistische Wahlfreiheit seines Mittelpunktshelden auch wieder nicht zu drastisch herausstellen; er will ja nicht wie etwa Sartre ein Drama der menschlichen Freiheit schreiben. Deshalb grenzt er die Wahlfreiheit Kürmanns faktisch entschieden ein: Kürmann hat (wie einige andere Figuren Frischs) das „lebenslange Bedürfnis, sich mit Hilfe einer Frau selbst zu bestätigen" (s. Bradley 1976, S. 363), und verfällt immer wieder in die gleichen Verhaltensmuster, auf die er fixiert ist. Er ist sozusagen weniger durch das Prinzip der Wahl als das der Wiederholung bestimmt (vgl. Durzak 1972, S. 237–240). Die Party-Szene mit Antoinette wird sechsmal gespielt, und er vermag sie nicht zu verändern. Frisch sagt: „keine Szene nämlich paßt ihm so, daß sie nicht auch anders sein könnte. Nur er kann nicht anders sein."[89] Überhaupt wählt er nicht oft wirklich Anderes, die abgedruckte Szene mit Hornacher ist eins der wenigen Beispiele. Dafür bringt Frisch etwas Anderes ins Spiel, das, was faktisch eine Veränderung der Party-Szene verhindert und ein konstitutives Moment dieser Dramenform sein soll: den *Zufall* (s. Petersen 1979, S. 46–49). Kürmann wird, was unvoraussehbar war, zufällig doch Professor, und alles läuft wie zuvor. Nur bereitet sich Frisch damit eine andere dramaturgische Schwierigkeit, denn nun sieht, wenn alles – zufällig – immer wieder aufs selbe hinausläuft, eben das wie eine Notwendigkeit, wie eine Schicksalsfügung aus: „ich war bei der Arbeit konsterniert: Das wird genau, was ich nicht wahrhaben will, ein Schicksalslauf! Und so wirkte es denn auch, trotz der radikalen Annullierung durch den Schluß" (S. 28). In der Tat rettet der Schluss nicht viel: Bei der siebten Variante der Party darf Antoinette wählen und ändert das Geschehen beim ersten Anlauf. Was bedeutet das? Dass Antoinette eine andere Wahlfreiheit als Kürmann hat, Frauen eine andere als Männer haben? Oder dass auch das purer Zufall war, der nur bei Antoinette anders als bei Kürmann wirkt? Das ist alles etwa seltsam, bleibt aber offen und ist unbefriedigend, ändert vor allem am 'schicksalhaften' Verlauf des Ganzen nichts mehr (vgl. Gockel 1989, S. 106f.). Das hochinteressante Drama bleibt so als Stück und dramaturgisch problematisch. Was im Roman „Mein Name sei Gantenbein"[90] gut machbar und überzeugend ist, Möglichkeiten eines Lebens – „Ich stelle mir vor:" – als Varianten zu erzählen, bleibt im Drama schwierig, wenn dies wie die „Biografie" an der anachronistischen Form des individuellen dramatischen Helden als Mittelpunkt der dramatischen Handlung festhält.

A60: *Statt einer dramatischen Handlung der fragmentarische Bezug auf ein anderes Drama (Heiner Müller)*

Machen Sie sich mit dem Handlungsvorgang von Shakespeares „Hamlet" bekannt, und lesen Sie nach Möglichkeit in I,3, II,1 und 2, III,1 und 2, IV,5 und 7 die Stellen, die sich auf Ophelia und Hamlets Verhältnis zu ihr beziehen. Lesen Sie dann den folgenden Text:

Heiner Müller: Das Europa der Frau[91]

Enormous room. Ophelia. Ihr Herz ist eine Uhr.

OPHELIA [...]   Ich bin Ophelia. Die der Fluß nicht behalten hat. Die Frau am Strick Die Frau mit den aufgeschnittenen Pulsadern Die Frau mit der Überdosis AUF DEN LIPPEN SCHNEE Die Frau mit dem Kopf im Gasherd. Gestern habe ich aufgehört mich zu töten. Ich bin allein mit meinen Brüsten meinen Schenkeln meinem Schoß. Ich zertrümmre die Werkzeuge meiner Gefangenschaft den Stuhl den Tisch das Bett. Ich zerstöre das Schlachtfeld das mein Heim war. Ich reiße die Türen auf, damit der Wind herein kann und der Schrei der Welt. Ich zerschlage das Fenster. Mit meinen blutenden Händen zerreiße ich die Fotografien der Männer die ich geliebt habe und die mich gebraucht haben auf dem Bett auf dem Tisch auf dem Stuhl auf dem Boden. Ich lege Feuer an mein Gefängnis. Ich werfe meine Kleider in das Feuer. Ich grabe die Uhr aus meiner Brust die mein Herz war. Ich gehe auf die Straße, gekleidet in mein Blut.

Machen Sie sich klar, worum es in dem Text geht und in welcher Weise er auf das Verhältnis von Ophelia zu Hamlet bei Shakespeare Bezug nimmt. Formulieren Sie es aus, indem Sie es Hamlet sagen (und gegebenenfalls sein Verhältnis und sein Verhalten zu Ophelia darstellen, reflektieren, bereuen usw.) lassen. Schneiden Sie seinen Text in den Monolog Ophelias ein (Sie können ihn auch auf Kassette sprechen und von Ophelia abspielen lassen). Dabei können Sie Hamlet in einer der Rollen sprechen lassen, die Müller in seinem Stück entwirft:

a) in der Rolle eines völlig gewandelten Hamlet, der seine extrem rationale Orientiertheit aufgibt und der der herrschenden Gewalt abschwört:

Meine Gedanken sind Wunden in meinem Gehirn. Mein Gehirn ist eine Narbe. Ich will eine Maschine sein. Arme zu greifen Beine zu gehn kein Schmerz kein Gedanke. (S. 45)

SOLL ICH
WEILS BRAUCH IST EIN STÜCK EISEN STECKEN IN
DAS NÄCHSTE FLEISCH ODER INS ÜBERNÄCHSTE
MICH DRAN ZU HALTEN WEIL DIE WELT SICH DREHT
HERR BRICH MIR DAS GENICK IM STURZ VON EINER
BIERBANK (S. 39);

b) in der Rolle eines überlegen und ironisch auf das Geschehen des Dramas (in diesem Falle auf seine Vorgeschichte) zurückblickenden Hamlet:

Ich war Hamlet. Ich stand an der Küste und redete mit der Brandung BLA BLA, im Rücken die Ruinen von Europa. Die Glocken läuteten das Staatsbegräbnis ein, Mörder und Witwe ein Paar, im Stechschritt hinter dem Sarg des Hohen Kadavers die Räte, heulend in schlecht bezahlter Trauer (S. 38);

c) in der Rolle eines „Hamletdarstellers", der völlig distanziert das Geschehen des Dramas darstellt und kommentiert:

Ich bin nicht Hamlet. Ich spiele keine Rolle mehr. Meine Worte haben mir nichts mehr zu sagen. Meine Gedanken saugen den Bildern das Blut aus. Mein Drama findet nicht mehr statt. Hinter mir wird die Dekoration aufgebaut. Von Leuten, die mein Drama nicht interessiert, für Leute, die es nichts angeht. Mich interessiert es auch nicht mehr. Ich spiele nicht mehr mit. (S. 42)

d) Sie können Hamlet aber auch unbeirrt in seiner alten Rolle sprechen lassen, und Sie können verschiedene Rollen miteinander mischen.

Der abgedruckte Text „Das Europa der Frau" bildet die zweite Szene des fünf Szenen umfassenden Dramas „Die Hamletmaschine" von Heiner Müller. Das Stück wurde 1977 geschrieben, 1979 in Saint-Denis uraufgeführt und in Essen aufgeführt, 1986 von Robert Wilson in New York und Hamburg inszeniert. Es ist ein schwieriges und schwerverständliches Stück, ein Interpret sagt: „Nicht nur dieses Stück von Heiner Müller macht ratlos, aber besonders dieses." (Guntermann 1987a, S. 41) Die Schwierigkeit liegt u. a. darin, dass der Text sehr komprimiert (er war ursprünglich auf 200 Seiten angelegt und hat jetzt 9 Seiten; s. Girshausen 1978, S. 26) und dabei höchst komplex ist, nämlich eine Vielzahl von teilweise überraschenden und entlegenen literarischen, kulturellen, geschichtlichen, politischen Bezügen enthält. Hier kann es nicht darum gehen, das Stück als Ganzes zu deuten, etwa ob und in welcher Hinsicht es ein 'Endspiel' der abendländischen Kultur ist; auch nicht darum, es in das schwer zugängliche Werk Müllers einzuordnen. Es sind zwei Aspekte herausgegriffen, und sie werden nur von der 2. Szene und den vier Textauszügen aus betrachtet. Es sind allerdings zwei wichtige Aspekte – Ophelias Selbstbefreiung und Hamlets Wandlung –, die den Bezug des Dramas zu seiner literarischen Vorlage entschieden thematisieren.

Müller wählte seit einiger Zeit seine Stoffe aus der antiken Mythologie (Prometheus, Herakles, Medea, Oidipus, Philoktet) und aus der Weltliteratur (Shakespeare, Choderlos de Laclos, Brecht). Dieses Stück ist in entscheidender Hinsicht Kontrafaktur zu Shakespeares Drama: „*Die Hamletmaschine* ist Erinnerung an *Hamlet* und Distanzierung in einem, Reproduktion und Korrektur zugleich; ist die Darstellung einer Wiederannäherung an das Drama Shakespeares als Befreiung von ihm." (Guntermann 1987a, S. 43) Für die Figur *Hamlet*s bedeutet das u. a., dass Hamlet – hierher dann auch der Dramentitel – seine extrem rationale Orientiertheit aufgibt und sich auf seine Körperlichkeit besinnt; und dass er seine Einstellung zur Gewalt und Gewaltanwendung ändert (s. Texte a). Und es kann bedeuten, dass er sein Verhältnis und sein Verhalten zur Frau anders bestimmt, etwa eine Veränderung von Ophelia positiv fasst und seine bisherige Rolle ihr gegenüber kritisch sieht.

Die 1. und die 4. Szene sind Monologe Hamlets, die 2. und 5. Szene Monologe Ophelias, die 3. Szene bringt einen Dialog Hamlet-Ophelia. Wir haben die – etwas leichter auffassbare – 2. Szene gewählt, und die ganze Arbeit hat zum Ziel, die Figur *Ophelias* in dieser Szene genauer zu verstehen. Sie beginnt mit „Ich bin Ophelia." Das steht in deutlichem Gegensatz zu Hamlets „Ich war Hamlet" oder „Ich bin nicht Hamlet" und drückt gegenüber Hamlets Selbstzweifel das neugewonnene Selbstbewusstsein Ophelias aus. Es gründet darin, dass sie ein deutliches Bewusstsein ihrer bisherigen Rolle erlangt hat, Opfer des Mannes und der Männergesellschaft gewesen zu sein, das sich selbst umbringt: „Die der Fluß nicht behalten hat"; dabei sieht sie sich zusammen mit all den anderen Frauen, die Opfer der Männer in der Vergangenheit waren und in der Gegenwart sind: „Die Frau am Strick [...] Die Frau mit dem Kopf im Gasherd." Diese Rolle hat sie aufgegeben: „Gestern habe ich aufgehört mich zu töten." Sie ist nichts als sie selbst mit ihrem Körper: „Ich bin allein mit meinen Brüsten meinen Schenkeln meinem Schoß." Sie befreit sich aus der Abhängigkeit von den Männern, die sie geliebt, die sie aber nur „gebraucht haben": zerreißt ihre Fotografien, zertrümmert die „Werkzeuge ihrer Gefangenschaft". Vor allem gräbt sie die Uhr aus ihrer Brust, die ihr Herz war: Sie befreit sich von dem Symbol der Fremdbestimmung durch die (männlich dominierte) Zivilisation, deren mechanische Zeitbestimmung ihren Lebensrhythmus so geprägt hat, dass sie sie als Herz internalisiert hat (vgl. Fischer-Lichte 1990, Bd. 2, S. 279). Und sie verlässt den Bereich bloßer Privatheit: „Ihre Selbstbefreiung führt sie [...] 'auf die Straße' in die Öffentlichkeit – hin zu den revolutionären Massen"; damit sprengt sie die Kontinuität der Geschichte auf „und entfacht so den Funken der Hoffnung" (Ebd. S. 279 f.): auf ein „Europa der Frau" vielleicht. Diese Selbstbefreiung – „gekleidet in mein Blut" – ist authentisch bestimmt durch ihre eigene Körperlichkeit. Insgesamt scheint die Deutung möglich: „Die Wiedergeburt Ophelias steht gleichsam für den Austritt aus den Abhängigkeitsverhältnissen zur Geschichte, zur Gesellschaft, zur Familie und Sexualität, zur Politik und zum Staat; proklamiert das Selbstvertrauen in die eigene Kraft" (Bertram 1980, S. 310).

Bei der Arbeitsaufgabe geht es nun darum, diesen Text rückzubinden in den Kontext von Shakespeares „Hamlet", nämlich von einem veränderten, vielleicht gewandelten, jedenfalls distanziert sprechenden (gegebenenfalls aber auch einem ganz unveränderten und sich uneinsichtig rechtfertigenden) Hamlet zu beziehen auf das Geschehen von Shakespeares Drama, genauer: auf Ophelias Reaktion auf es, etwa in Bezug auf

– die Bevormundung durch ihren Bruder und die Bestimmung durch ihren Vater;
– ihre Stellung als Frau am Hof in einer Männergesellschaft;
– ihre Stellung als Tochter eines Höflings gegenüber dem Königssohn Hamlet;
– ihr Verhältnis zu Hamlets vehementem Werben um sie und zu dem Spiel, das er mit ihr treibt, als er sich wahnsinnig stellt;
– die Bedeutung, die es für sie hat, glauben zu müssen, Hamlet in den Wahnsinn getrieben zu haben, in dem er ihren Vater umbringt;
– die Momente, die sie in die geistige Verstörung und den Selbstmord treiben.

Das kann nun in sehr verschiedener Weise geschehen. Es kann (falls der nicht unverändert und uneinsichtig bleibt) von einem Hamlet gesprochen werden,

– der auf das Geschehen zurückblickt und jetzt erst begreift, was es für Ophelia bedeutet hat und warum sie sich eigentlich umgebracht hat;
– der sich gewandelt hat und mit Abscheu den Hamlet betrachtet, der er in dem Drama war;
– der nicht mehr Hamlet sein will, wie er in dem Drama war, sich in der bestehenden Gesellschaft aber nicht wie Ophelia von seiner Rolle befreien kann usw.

Es kann in direkter Anrede an Ophelia, in jeweiligem Bezug auf das, was sie sagt, aber auch abgelöst davon rein monologisierend gesprochen werden. Und es kann (womit ein Element der Inszenierung Wilsons aufgegriffen wird), wenn man beispielsweise die Künstlichkeit und Unechtheit seiner Veranstaltung gegenüber der Lebendigkeit und Authentizität der Rede Ophelias hervorheben will, durch ein technisches Medium oder von Band gesprochen werden.

Was die Teilnehmer an dem Text von Müller und durch die eigene Arbeit an ihm auffassen können, ist zunächst seine entschiedene *Intertextualität:* dass er ganz aus der literarischen Vergangenheit lebt, nämlich als Gegenentwurf zu der literarischen Vorlage. Damit lernen sie ein wichtiges Beispiel für die „neueste intertextuelle Dramatik", wie sie viele Autoren der Gegenwart, neben Müller etwa Volker Braun und Botho Strauß bestimmt (Köhn 1988, S. 27), kennen. Sodann erkennen sie: Die dramatischen Figuren (für Hamlet ist es besonders gut zu erkennen) sind entschieden deformiert; und sie sprechen so gut wie nicht miteinander, sondern verlautbaren nur ihre und die sich an ihnen darstellenden Probleme. Vor allem findet überhaupt keine dramatische Handlung statt. Doch werden eben durch diese Dekonstruktionen der

dramatischen Formen relevante und wichtige Vorgänge und Sachverhalte dargestellt, die mit den Mitteln des konventionellen Dramas, etwa mit einer durchgehen-
den dramatischen Handlung, kaum darstellbar gewesen wären.

A61:   *Dramatische Handlung nicht durch den Menschen (Beckett)*

Samuel Beckett: *Akt ohne Worte*[92]

PERSON   *Ein Mensch. [...]*

BÜHNE   *Wüste. Blendendes Licht.*

HANDLUNG   *Der Mensch wird aus den rechten Kulissen rücklings auf
die Bühne geworfen, stolpert, fällt, steht sofort wieder auf, klopft den
Staub ab und überlegt.
Pfiff von rechts.
Er überlegt und geht nach rechts ab.
Er wird sofort wieder auf die Bühne geworfen, stolpert, fällt, steht so-
fort wieder auf, klopft den Staub ab und überlegt.
Pfiff von links.
Er überlegt und geht nach links ab.
Er wird sofort wieder auf die Bühne geworfen, stolpert, fällt, steht so-
fort wieder auf, klopft den Staub ab und überlegt.
Pfiff von links.
Er überlegt, geht auf die linke Kulisse zu, bleibt stehen, bevor er sie er-
reicht, weicht plötzlich zurück, stolpert, fällt, steht sofort wieder auf,
klopft den Staub ab und überlegt. [...]
Eine kleine Karaffe, die am Hals ein großes, steif abstehendes Etikett
mit der Aufschrift   Wasser   trägt, sinkt vom Schnürboden bis auf
drei Meter überm Bühnenboden.
Er überlegt weiter.
Pfiff von oben.
Er schaut hinauf, erblickt die Karaffe, überlegt, steht auf, stellt sich
unter die Karaffe, versucht vergeblich sie zu erreichen, wendet sich
davon ab und überlegt.
Ein großer Würfel sinkt vom Schnürboden auf die Bühne.
Er überlegt weiter.
Pfiff von oben.
Er dreht sich um, sieht den Würfel, betrachtet ihn, betrachtet die Ka-
raffe, nimmt den Würfel, stellt ihn unter die Karaffe, prüft seine Sta-
bibilität, steigt hinauf, versucht vergeblich, die Karaffe zu erreichen,
steigt herab, stellt den Würfel wieder an seinen Platz, wendet sich ab
und überlegt.
Ein zweiter, kleinerer Würfel sinkt vom Schnürboden auf die Bühne.
Er überlegt weiter.
Pfiff von oben.
Er dreht sich um, erblickt den zweiten Würfel, betrachtet ihn, stellt ihn
unter die Karaffe, prüft seine Stabilität, steigt hinauf, versucht vergeblich, die Karaffe zu erreichen, steigt herab, schickt sich an, den*

Würfel wieder an seinen Platz zurückzubringen, besinnt sich anders, setzt ihn ab, holt den großen Würfel, stellt ihn auf den kleinen, prüft ihre Stabilität, steigt hinauf, der große Würfel rutscht, der Mensch fällt, steht sofort wieder auf, klopft den Staub ab und überlegt.
Er nimmt den kleinen Würfel, stellt ihn auf den großen, prüft ihre Stabilität, steigt hinauf und will gerade die Karaffe ergreifen, da diese etwas höher steigt und außer Reichweite hängenbleibt. Er steigt herab, überlegt, trägt die Würfel nacheinander an ihren Platz, wendet sich ab und überlegt. [...]
Der kleine Würfel steigt in die Höhe [...].
Er setzt sich auf den großen Würfel.
Der große Würfel wackelt, wirft ihn auf den Boden, steigt wieder in die Höhe und verschwindet auf dem Schnürboden.
Er bleibt auf der Seite liegen, das Gesicht zum Saal gewandt, mit starrem Blick.
Die Karaffe sinkt bis auf einen halben Meter über seinem Körper.
Er rührt sich nicht.
Pfiff von oben.
Er rührt sich nicht.
Die Karaffe sinkt tiefer und tanzt ihm vor der Nase herum.
Er rührt sich nicht.
Die Karaffe steigt wieder in die Höhe und verschwindet auf dem Schnürboden.

Bilden Sie Gruppen von vier bis fünf Teilnehmern. Lesen Sie den Text, und diskutieren Sie in der Gruppe, worum es in ihm wohl geht. Wählen Sie dann eine der folgenden drei Aufgaben:

1. Versprachlichen Sie den Text, indem Sie den Menschen das Geschehen kommentieren, seine Überlegungen laut sprechen und seine Haltung am Schluss sprachlich artikulieren lassen.

2. Versprachlichen Sie als Stimme(n) aus dem Off oder von Gestalten hinter der Bühne und auf dem Schnürboden die Macht oder Instanz, die den Menschen auf die Bühne wirft, pfeift und die Karaffe und die Würfel bewegt.

3. Fassen Sie das Geschehen des Textes symbolisch und übersetzen Sie es in eine konventionelle Handlung (mit kurzen dramatischen Sequenzen), in der jemand ein Ziel anstrebt, auf Widerstände stößt, Möglichkeiten sieht, sein Ziel zu erreichen, sie aber doch nicht verwirklichen kann usw., etwa:

   – ein Mann will eine Frau / eine Frau will einen Mann gewinnen oder loswerden;

   – jemand will in der Schule, im Studium, im Beruf, im öffentlichen Leben usw. etwas Bestimmtes erreichen oder durchsetzen;

   – jemand will eine bestimmte Lebensperspektive realisieren.

Sprechen Sie Ihre Stücke mit verteilten Rollen, spielen Sie sie vielleicht, und vergleichen Sie sie mit dem ursprünglichen Text Becketts:

– Was hat sich dadurch verändert, dass der Text versprachlicht worden ist? Ist er so konkreter geworden oder zu sehr auf bestimmte Bedeutungen fixiert worden?

– Und was hat sich dadurch verändert, dass der Text in konventionelles Dramengeschehen übersetzt worden ist? Ist er so klarer, dramatischer oder zu eng und individuell geworden?

– Welche Nachteile, welche Vorteile hat die von Beckett gewählte Form?

Das Stück wurde 1956 geschrieben und 1957 (zusammen mit dem „Endspiel") uraufgeführt. Unser Text ist zwar um etwa die Hälfte gekürzt, gibt aber den Gesamtvorgang wieder. Es ist ein Drama ohne Sprache, eine Pantomime. Die „Handlung" unseres Textausschnitts ist: Ein Mensch wird in eine Wüste geworfen, will aus ihr heraus und wird immer wieder in sie zurückgeworfen. Eine Karaffe mit Wasser kommt von oben herab, er kann sie aber nicht erreichen. Ein großer und später ein kleiner Würfel kommen von oben herab, mit ihrer Hilfe versucht er, an die Karaffe zu kommen. Als er sie beinahe greifen kann, steigt sie aus seiner Reichweite. Er fällt zu Boden, bleibt liegen und kümmert sich nicht mehr um die Karaffe, die vor seiner Nase tanzt und dann verschwindet.

Deutlich ist zunächst die Beziehung dieses Vorgangs zu den Affenexperimenten Wolfgang Köhlers 1914 auf Teneriffa, die Beckett kannte (s. Breuer 1972, S. 37–44). Doch geht es bei Beckett nicht nur und nicht einmal vor allem um lernpsychologische Prozesse, das vermittelt die starke Bildlichkeit der Vorgänge überdeutlich. Was sie aber genau bedeuten, ist weniger klar, es bleibt ein ziemlich weiter Deutungsrahmen von der „Geworfenheit" des Menschen „in sein Da" (Heidegger 1927, S. 135; § 29) oder den Zwängen gesellschaftlich-ökonomischer Verhältnisse bis zur Macht des Schicksals oder dem Walten eines tückischen Gottes. Für uns ist zunächst wichtig, dass hier formal eine Dekonstruktion der wichtigsten Elemente des konventionellen Dramas vorliegt: Brecht konstatierte seinerzeit, dass im konventionellen Drama außerindividuelle Kräfte und Zwänge „nur von der Mittelpunktsfigur" aus gezeigt werden und nicht selbst in Erscheinung treten (s. A20, Text 4), was er mit den Mitteln des epischen Theaters erreichen will, aber nur begrenzt verwirklicht, weil er im Prinzip an der Mittelpunktsfigur festhält. Frisch will mit seinem Variantenspiel die außerindividuelle Instanz des Zufalls dramatisch realisieren, scheitert aber daran, dass auch er am Mittelpunktshelden festhält (s. A59). Beckett löst den Mittelpunktshelden völlig auf, es gibt nur den „Mensch" ohne jegliche Individualität, aus der er Handeln und Handlung hervorbringen könnte; es ist nicht einmal gesagt, ob er alt oder jung, Mann oder Frau ist. Und die „Handlung" besteht darin, dass dem sprachlosen Menschen von außen Unterschiedliches widerfährt, auf das er erfolglos zu reagieren sucht und schließlich resigniert. Die „Handlung" entsteht also nicht dadurch, dass er handelt, gar sprachlich handelt, sondern dass außerindividuelle Mächte oder Kräfte oder Zwänge auf ihn einwirken. Und sie vor allem sind es, die dies Stück zur Darstellung bringt, – dadurch zur Darstellung bringen kann, dass es die tragenden Merkmale des konventionellen Dramas: die aus sich handelnde sprachfähige Mittelpunktsfigur und die von ihr hervorgebrachte dramatische Handlung, destruiert. Was das Stück übermittelt, ist so das Wirken außerindividueller Bedingungen, Mächte, Kräfte, Zwänge und die Aufhebung menschlicher Individualität und Sprachlichkeit angesichts ihrer.

Das kann genauer erkundet und erfahren werden durch das Schreiben und Spielen von Gegentexten zu dem Stück:

1. Durch die Versprachlichung des Geschehens, also durch Selbstgespräche des Menschen oder Anreden an die über ihn bestimmenden Mächte, in denen er das Geschehen kommentiert, seine Überlegungen mitteilt und sein Verhalten am Schluss sprachlich artikuliert, wird zunächst der dramatische Vorgang konkretisiert und damit gedeutet. Er wird aber auch, weil der sprechende Mensch unweigerlich Individualität gewinnt, individualisiert. Die Teilnehmer können überlegen, welche Vorteile die völlig formale, aber offene Form Becketts und welche Vorteile die konkretere und individualisierte Form der eigenen Bearbeitung hat und warum Beckett wohl seine gewählt hat.

2. Durch die Versprachlichung der Macht oder Instanz, die den Menschen auf die Bühne wirft, ihm pfeift und die Karaffe und die Würfel bewegt, wird vor allen das außerindividuelle Geschehen, dem der Mensch ausgesetzt ist, gedeutet. Dafür gibt es viele Möglichkeiten: Der Mensch kann beispielsweise als Forschungsobjekt wissensbegieriger Außerirdischer, als Versuchstier einer mit ihm experimentierenden (personifizierten) 'Natur', 'Gesellschaft', 'Ökonomie', als Spielzeug eines gefühllosen 'Schicksals', als Opfer eines tückischen und sadistischen Gottes dargestellt werden; oder das Geschehen kann auch als Angsttraum oder Angstvision etwa vor einer Entscheidung oder in einer Notsituation verstanden werden. Die Teilnehmer können dann überlegen, ob sie mehr Vorteile bei der bearbeiteten und konkretisierten, ja auch leicht skurril und sogar komisch wirkenden Fassung oder bei der originalen, ganz offenen Fassung Becketts sehen, und darüber befinden, was gegen und für die Form Becketts spricht.

3. Die 'Übersetzung' des Stücks in eine konventionelle dramatische Handlung bedeutet zunächst eine bestimmte Deutung dessen, was mit dem Stück Becketts, wenn man es symbolisch fasst, gemeint sein könnte. Sie verändert das Stück stark: Sie benötigt individuelle dramatische Figuren mit bestimmten Antrieben und Motivationen, sie wird sie sprachlich und dialogisch agieren und so eine bestimmte dramatische Handlung bzw. einzelne Handlungssequenzen hervorbringen lassen. Sie wird allermeist Stücke entstehen lassen, die Möglichkeiten der Identifikation mit den Figuren und des Miterlebens der Handlung bieten: die im üblichen Sinne 'dramatisch' sind. Sie werden stark an individuellen Figuren orientiert sein und wenig von außerindividuellen Bedingungen, Mächten, Kräften, Zwängen darstellen. Die Teilnehmer können diskutieren, was demgegenüber die Form Becketts leistet und ob sie es für wichtig halten.

A62: *Die dramatische Handlung entsteht beim Zuschauer (Handke)*

Peter Handke: *Quodlibet*[93]

Der Vorhang geht auf, und auf die leere Bühne kommen nach und nach, leise plaudernd, die Figuren des Welttheaters, ein General in Uniform, ein Bischof im Ornat, ein Rektor im Talar, ein Malteserritter mit Ordensmantel, ein Korps-Student mit Käppi und Schärpe, ein Chicago-Gangster mit Hut und dunklem Zweireiher, ein Politiker mit zwei waffendicken Leibwächtern vom CIA, eine Turniertanzpaar, [...] eine Dame im knöchellangen Abendkleid, mit einem Fächer, eine andere weibliche Person im Hosenanzug, mit einem Pudel an der Leine.

Diese Figuren betreten in beliebiger Reihenfolge die Bühne, kommen allein oder in Paaren, ineinander eingehängt oder auch nicht. Während sie miteinander plaudern, gehen sie langsam auf der Bühne umher, bleiben hier und dort stehen und lachen leise über eine Bemerkung, gehen nach einiger Zeit wieder weiter, ohne daß man sie freilich gehen hört. Jeder plaudert mit jedem, ab und zu steht einer allein herum, bevor er sich wieder, als sei ihm etwas eingefallen, plaudernd einem anderen anschließt.
[...]

Unter den Wörtern und Sätzen, die die Zuschauer verstehen, sind neben belanglosen, nichtssagenden wie "Verstehen Sie", "Nicht daß ich wüßte", "Warum auch nicht?", "Nicht zu vergleichen", "Wie gesagt", "Und Sie?" auch ein paar, von denen die Zuschauer nur glauben, daß sie sie verstehen. Es handelt sich dabei um Wörter und Sätze, die im Theater als Signale wirken: Ausdrücke der Politik; der Sexualität; der Analsphäre; der Gewalt. Freilich handelt es sich nur um ähnliche Ausdrücke, nicht die richtigen: jene signalisieren diese; die Zuschauer werden schon die richtigen verstehen. Statt "vergasen" wird auf der Bühne vom "Vergaser" gesprochen, statt von "betonter Nichteinmischung" von der "Betonmischmaschine", statt "Auschwitz" spricht man vom "Aus-Schwitzen". [...] Ebenso werden viele Sätze hintereinander gesprochen, die für sich ganz unverfänglich sind, in denen aber immer wieder Wörter vorkommen, die, wenn sie gehäuft auftreten, allmählich als Anspielungen wirken: einem Satz, in dem das Wort "Goldzahn" vorkommt ("Ich wollte vorne keinen Goldzahn, verstehen Sie?"), folgt ein Satz, in dem das Wort "Duschraum" vorkommt ("In meiner Fabrik hat jede Abteilung eine eigene Dusche"); dann ein Satz, in dem das Wort "Verladerampe" vorkommt ("Das Foto von der Schulklasse auf der Laderampe, wenn ich so sagen darf"), ein Satz, in dem "unter Strom gesetzter Draht" vorkommt ("Wir haben den Draht unter Strom setzen lassen, damit die Kühe ..."), ein Satz, in dem das Wort "deutscher Schäferhund" vorkommt ("Mein Hund, ein deutscher Schäferhund, Sie wissen ja, hat auf der Hundeausstellung eine Medaille bekommen"); darauf ein Satz, in dem das Wort "Schuhe" vorkommt ("Sie hat, vertraulich gesprochen, einen Schrank voller alter Schuhe"), dann ein Satz mit dem Wort "Haarbüschel" ("Das Friseurmädchen kehrte nämlich die Haarbüschel zu einem Haufen zusammen,

müssen Sie wissen"), *ein Satz mit dem Wort* „Türme" („Die Türme be-
herrschen nun einmal die Landschaft, mein Lieber"), *und zuletzt in der*
Reihe ein Satz mit dem Wort „Seife" („. . . stahl, ungelogen, in jedem
Hotel die Seife").

Bilden Sie Gruppen mit vier bis fünf Teilnehmern. Lesen Sie den Text, und
diskutieren Sie gemeinsam, was eine Aufführung dieses Dramas wohl übermitteln dürfte, vor allem in welchem Verhältnis das lockere Plaudern der
High-Society zu den Themen steht, über die sie plaudert, bzw. was es bedeutet, dass sie über diese Themen selbst gar nicht spricht und sie erst vom Zuschauer assoziiert bzw. identifiziert werden (müssen).

Schreiben Sie dann für vier bis fünf Personen, die nicht die von Handke sein
müssen, eine Plauderei in der von Handke beschriebenen Art, und zwar entweder über das von ihm angesprochene Thema 'Auschwitz' oder über andere
Themen und Vorgänge, etwa: Gewalt, Krieg, Unterdrückung, Sexualität
usw., gegebenenfalls in Bezug auf besondere und aktuelle Vorgänge und Ereignisse. Sie können das aber auch als szenische Improvisation vorbereiten. –
Spielen Sie oder sprechen Sie Ihr Stück mit verteilten Rollen bzw. improvisie-
ren Sie es. Sprechen Sie danach mit den Zuschauern darüber, was diese von
dem Thema Ihres Stücks aufgefasst haben. Diskutieren Sie, was diese Form
des Dramas leistet und nicht leistet.

Peter Handkes Stück „Quodlibet" – ein Quodlibet (lat. quod libet: was beliebt) ist
ein aus verschiedenartigen Teilen zusammengesetztes literarisches oder auch musi-
kalisches Werk – wurde 1970 in Basel uraufgeführt. Der abgedruckte Text bildet den
Anfang des Stücks; danach folgen Sequenzen mit bestimmten sprachlichen Auffäl-
ligkeiten, etwa dass in der Rede Worte missverständlich oder mehrdeutig gebraucht,
weggelassen oder durch falsche Worte ersetzt werden: Es ist der differenzierte und
bohrende Umgang mit der Sprache, durch den viele Texte und Theaterstücke Handkes bestimmt sind. Doch ist das Stück durchaus nicht bloßes Sprachspiel, sondern
ein dramatisches Spiel, ein Schau-Spiel: es spielt auf einer Bühne vor Zuschauern,
ist ein Drama über die Sprache und die Weise, wie sie bewusst und unbewusst unsere
Wirklichkeit darstellt, verstellt und enthüllt. – Bei dem Bühnengeschehen handelt es
sich darum, dass Menschen, hier sind es Angehörige der gesellschaftlich maßgebli-
chen Schicht, mit der Sprache in einer recht problematischen Weise umgehen: Entweder bemerken sie in ihrer politischen Ignoranz gar nicht, dass sie ständig Wörter
benutzen, die geschichtlich negativ besetzt und konnotiert und so zweideutig sind.
Oder sie wissen es an sich, es ist ihnen aber gleichgültig, weil ihnen ihr pseudoelitä-
res Gehabe, mit dem sie sich gesellschaftlich zu bestätigen meinen, wichtiger ist.
Oder sie wissen es sehr wohl, benutzen diese Wörter aber gerade deshalb in einem
arroganten und provokativen Gesellschaftsspiel.

Welche dieser Möglichkeiten nun eigentlich zutrifft, lässt sich nicht allgemeingültig
sagen, denn es liegt ganz beim Zuschauer, wie er das Bühnengeschehen rezipiert. Es
liegt ja zunächst schon bei ihm, dass das, was von den Figuren „geplaudert wird",

überhaupt in seinem Nebensinn auffasst, dass also „Goldzahn", „Duschraum", „Verladerampe", „unter Strom gesetzter Draht", „Schäferhund" usw. mit der Massenvernichtung der Juden im Konzentrationslager Auschwitz konnotiert wird. In dem von den Figuren gesprochenen Text kommt Auschwitz und kommen seine Merkmale und Vorgänge nicht vor. Es liegt beim Zuschauer, aus dem Text, der über völlig Anderes handelt, das Szenario von Auschwitz zu assoziieren. Handke sagt in einem Gespräch, er habe zeigen wollen,

> wie die Leute reagieren, auf einzelne Wörter und Sätze. […] Und darüber wollte ich eigentlich ein Stück schreiben: Wie man hört und wie man schaut, ein Stück über die Wahrnehmungsästhetik, und wie komplex das ist und wie subtil, und wie man im Theater sofort inhaltlich reagiert auf Formen. (Litten 1972, S. 158)

Das Theater ist für Handke seiner elementaren Gestalt nach „Spiel- und Bedeutungsraum" (1972, S. 53). In seinem Stück destruiert er das traditionelle Bedeutungssystem des Dramas, das unweigerlich übermittelt wird, wenn bestimmte dramatische Figuren auf der Bühne stehen, miteinander sprechen und so eine identische dramatische Bühnenhandlung hervorbringen, die der Zuschauer rezipiert. Sein Stück hebt alle Merkmale des konventionellen Dramas auf: Es gibt keine dramatische Handlung. Was dramatisch geschieht, ist weder von den dramatischen Figuren getragen noch durch die hervorgebracht, sondern entsteht im Zuschauer und durch ihn; die dramatischen Figuren sind im Grunde aufgelöst. Es gibt keine wirklichen Dialoge zwischen ihnen. Und die dramatische Sprache ist völlig uneigentliche Sprache. Dabei ist Handkes Stück durchaus ein Bühnengeschehen, es bleibt ein Drama. Aber es übermittelt seine Aussage über die Sprache und einen problematischen Umgang mit ihr durch die Dekonstruktion der konventionellen dramatischen Elemente.

Was ein solches Drama eigentlich ist und vor allem, was es zu leisten vermag, kann man eigentlich nur dann sagen, wenn man es gesehen hat. Oder wenn man es selbst gespielt hat. Darum geht es in dieser Aufgabe. Sie eignet sich gut für eine szenische Improvisation, die ja auch das Stück teilweise fordert. (In der ursprünglichen Bühnenfassung umfasste es nicht ganz drei DIN A4-Seiten, sehr viel war also der Improvisation der Schauspieler überlassen; s. Mixner 1977, S. 111, Anm. 11.) Die Teilnehmer legen dann gemeinsam nur die Problemwörter fest, die jeder einzelne zu sprechen hat, und jeder überlegt sich dann, in welchem Kontext er sie bringen will. Alles Übrige bleibt der Improvisation der 'gesellschaftlichen Plauderei' überlassen. Dabei – oder wenn die Texte für ein Spiel oder das Lesen mit verteilten Rollen ausformuliert werden – ist wichtig, dass die 'Plauderei' so eingerichtet wird, gegebenenfalls mit Nachfragen nach den Problemwörtern und Wiederholungen von ihnen, dass diese von den Zuschauern sicher aufgefasst und konnotiert werden können. – Das gemeinsame Gespräch über die aufgeführten Stücke wird zunächst feststellen, was von den in den jeweiligen Stücken dargestellten Themen zu den Zuschauern herübergekommen ist und wie es gewirkt hat, und kann dann darüber befinden, was diese Dramenform leistet oder auch nicht leistet.

7.4. Zur Dekonstruktion des dramatischen Dialogs

Mit Anderen zu sprechen, Dialogizität, ist ein Grundmerkmal des Menschen. Ihre prominente Darstellungsform ist das Drama, das, da es üblicherweise keine Erzählinstanz aufweist, sein Geschehen sprachlich allein über die Dialoge seiner Figuren darstellen kann, ein „Dialogsystem" (Hamburger 1968, S. 159) ist: „Von der Möglichkeit des Dialogs hängt die Möglichkeit des Dramas ab." (Szondi 1969, S. 19) Die Funktion des Dialogs im Drama ist vor allem, die dramatischen Figuren sich selbst und ihr Miteinander mit den anderen Figuren sprachlich darstellen zu lassen, d. h. der Dialog fungiert „als Entfaltung der einzelnen und als Gestaltung ihrer Gemeinsamkeit" (Bauer 1969, S. 87). – Das gilt für das konventionelle Drama. Heute wird inzwischen weder durch eine dialogische „Entfaltung der einzelnen" noch durch eine dialogische Herstellung von „Gemeinsamkeit" dramatisch etwas übermittelt, das unsere Wirklichkeit mit einer immer stärker empfundenen Identitätsminderung der Einzelnen und vor allem mit ihrem Verlust an Dialog- und Kommunikationsfähigkeit repräsentativ abbildete. So ist der dramatische Dialog auch spätestens seit Beginn dieses Jahrhunderts immer wieder infrage gestellt worden (s. Bayerdörfer 1995) und ist im Drama der Gegenwart weithin eine bis zum Monologischwerden und Verstummen führende Problematisierung des Dialogs, ist oft die Minderung und Zerstörung des Dialogs und der Dialogfähigkeit der Einzelnen dargestellt.

Dieser Abschnitt bringt Arbeitsaufgaben, die zunächst die Zersetzung des dramatischen Dialogs durch seine Banalisierung bei Bernhard (A63), dann das Undialogischwerden des Dialogs bei Friederike Roth (A64), die Entartung des Dialogs zu Monodialogen mit technischen 'Partnern' bei Deichsel und Kusz (A65) und schließlich die Auflösung des Dialogs zum Monolog hin bei Strauß (A66) zum Gegenstand haben. (Als Vorspiel zu diesem Abschnitt oder als Vorbereitung auf ihn kann auch die Eingangsaufgabe A54 dienen.)

A63:   *Die Banalisierung des dramatischen Dialogs (Bernhard)*

Thomas Bernhard: *Die Freispruch-Feier*[94]

Am Rhein. Sütterlins Haus. Wohnzimmer mit hohen Fenstern und schweren Innenfensterbalken. An einem großen, runden Tisch sitzen:
Herr Sütterlin, Gerichtspräsident und Massenmörder,
Herr Hueber, stellvertretender Gerichtspräsident und Massenmörder,
Herr Mühlfenzl, Gerichtsrat und Massenmörder, sowie deren Ehefrauen
Frau Sütterlin, Schulrätin,
Frau Hueber, Lehrerin,
Frau Mühlfenzl, Stadträtin [...]

[Sütterlin war im Krieg Befehlshaber im Konzentrationslager Buchenwald und hat da zwölftausend Juden umgebracht; seine Frau hat eigenhändig achtundzwanzig Französinnen und Russinnen erhängt. Hueber hatte sie freigebracht, Mühlfenzl hat ihn jetzt freigesprochen. Das feiern sie bei Kuchen und Champagner und plaudern munter.]

FRAU SÜTTERLIN   Wir feierten Verlobung
    wie Mölders an einem Tag drei Abschüsse machte
    Mölders
    war das ein Mann
FRAU HUEBER   Und Nowotny
FRAU MÜHLFENZL   Der hatte doch das Eichenlaub mit Schwertern
FRAU SÜTTERLIN   Nicht nur mit Schwertern
    mit Eichenlaub und Schwertern und Brillianten
FRAU HUEBER   Ich schwärmte für Nowotny
HERR MÜHLFENZL   Das war doch
    bevor die Tirpitz sank
HERR HUEBER   Wann sank denn die Tirpitz
HERR SÜTTERLIN   Ja wann sank denn die Tirpitz
HERR HUEBER   So Ende vierundvierzig denke ich
HERR SÜTTERLIN   Ende vierundvierzig
HERR HUEBER   Kann sein
HERR SÜTTERLIN   Die Tirpitz sank Ende vierundvierzig
    wenn nicht schon früher
    wenn nicht schon früher
HERR MÜHLFENZL   Die sank vielleicht schon Anfang vierundvierzig
HERR HUEBER   Vielleicht sank sie schon dreiundvierzig
HERR SÜTTERLIN   Dreiundvierzig bestimmt nicht
HERR MÜHLFENZL   Oder erst fünfundvierzig
    möglicherweise sank sie erst fünfundvierzig
FRAU HUEBER   So ein stolzes Schiff
HERR SÜTTERLIN   Ich sehe sie noch auslaufen
    Da stand ich in Wilhelmshaven an Land
    als die Tirpitz auslief
    tolles Schiff
    da stand ich lange und sah ihr nach
FRAU MÜHLFENZL   Wo sank die denn
HERR MÜHLFENZL   Am Skagerrak nicht wahr
HERR HUEBER   Ich dachte am Kattegatt
    am Kattegatt dachte ich
FRAU HUEBER   In der Ostsee nicht wahr
HERR SÜTTERLIN   Sank sie in der Ostsee
    oder sank sie in der Nordsee
    oder im Atlantik
    Nun ja,
    merkwürdig daß ich nicht weiß
    sank sie in der Ostsee
    oder in der Nordsee

FRAU HUEBER   Jetzt ist die Tirpitz gesunken
jetzt geht es bergab
sagte mein Mann
natürlich dachten wir nicht an Niederlage
aber irgendwie ging es von da an
als die Tirpitz sank
bergab

HERR SÜTTERLIN   Bergab
wie es sich anhört bergab bergab
nun ja
Ich denke jetzt geht es doch wieder
bergauf
habe ich nicht recht
bergauf
bergauf
bergauf

FRAU SÜTTERLIN   Diese schönen deutschen Schlachtschiffe
wie die alle sanken
ich sehe das noch in der Wochenschau
und dazu Liszt
wie schrecklich
In der Wochenschau sah man
Deutschland sinken
und immer Liszt dazu
wie schrecklich

Lesen Sie den Text mit verteilten Rollen und machen Sie sich klar, um welche
Ereignisse es in ihm geht und wie von ihnen gesprochen wird. Untersuchen
Sie dann genauer die Form des Dialogs und stellen Sie fest, wodurch er sich
hauptsächlich von einem konventionellen dramatischen Dialog unterscheidet. Überlegen Sie, warum der Autor diese Dialogform wohl gewählt hat, vor
allem in welchem Verhältnis sie zu den Personen, die in ihr sprechen, steht. –
Schreiben Sie zu einem wichtigen geschichtlichen oder gegenwärtigen politischen Ereignis einen ähnlichen Dialog von Menschen, die mit ihm zu tun hatten oder haben oder mit ihm befasst sind.

1978/79 schrieb Bernhard eins seiner wichtigsten Dramen, das 1979 am Württember-
gischen Staatstheater Stuttgart uraufgeführte Stück „Vor dem Ruhestand", in dem
ein Mann im Mittelpunkt steht, der im Zweiten Weltkrieg SS-Obersturmbannführer,
stellvertretender KZ-Kommandant und Militärrichter war, in der Bundesrepublik
Deutschland dann Landtagsabgeordneter und Gerichtspräsident wurde, jetzt vor
dem Ruhestand steht und unbeirrt die faschistische Ideologie lebt. Der Anlass für
Bernhard war die öffentliche Diskussion um den damaligen Ministerpräsidenten
von Baden-Württemberg, Hans Filbinger, der zur Zeit des Nationalsozialismus Militärrichter gewesen war. Zwischen 1978 und 1981 schrieb Bernhard sieben Kurzdra-
men, Dramolette, in denen er sich gleichfalls mit dem Fortleben des Faschismus in

der Bundesrepublik auseinandersetzt. Das Dramolett „Freispruch", aus dem unser Textausschnitt stammt, berührt sich am meisten mit „Vor dem Ruhestand".

Der Textausschnitt handelt von Ereignissen des Zweiten Weltkrieges, über die bei einer Feier anlässlich des Freispruchs eines der Beteiligten wegen der von ihm begangenen Massenmorde im Konzentrationslager Buchenwald gesprochen wird: Von zwei berühmten und hochdekorierten Jagdfliegern und von dem Untergang des Schlachtschiffs „Tirpitz". Über die Jagdflieger wird von den Frauen im Tone der zur Zeit des Faschismus kultivierten Heldenbewunderung und -verehrung gesprochen; eine der Frauen kennt genau die Skala der faschistischen Heldendekorationen. Auf das Schlachtschiff bringen die Männer die Rede, aber auch zu ihm haben die Frauen entschieden ehrfürchtig-heroische Einstellungen („So ein stolzes Schiff", „Diese schönen deutschen Schlachtschiffe"). Sie sind für sie wie für die Männer einprägsame Symbole der bewunderten faschistischen Macht; mit ihrem Untergang sahen sie auch den Faschismus sinken: „wie die alle sanken / [...] In der Wochenschau sah man / Deutschland sinken". Das sind rein emotional begründete Auffassungen („und immer Liszt dazu / wie schrecklich") auf der Basis kompletter politischer und historischer Ignoranz:

Frau Hueber erzählt, als die „Tirpitz" gesunken sei, habe ihr Mann gesagt: „jetzt geht es bergab"; natürlich habe man nicht an eine Niederlage gedacht, „aber irgendwie ging es" von da an bergab. „Bergab" ging es in Wirklichkeit, d. h. der Krieg war verloren nach der Kapitulation der 6. Armee in Stalingrad Ende Januar 1943. Die „Tirpitz" wurde am 12. November 1944 durch einen englischen Luftangriff im Altenfjord (Norwegen) versenkt, war aber seit dem Angriff eines englischen Zweimann-U-Bootes im September 1943 und englischen Luftangriffen seit März 1944 nicht mehr gefechtsfähig, sodass sie längst keine Gefahr mehr für die englischen Geleitzüge darstellte. Ihr Untergang war ohne jeglichen Belang für den Verlauf des Krieges. Am 12. November 1944 aus Anlass ihres Untergangs zu sagen, von jetzt an gehe es wohl bergab, während die Amerikaner bereits seit über zwei Monaten bei Trier die deutsche Reichsgrenze erreicht und am 23. Oktober Aachen erobert haben, zeugt von elementarer ideologischer Verblendung. Eines ihrer Merkmale ist, dass sie den Niedergang des Faschismus nicht an Fakten, sondern nur an Symbolen wie dem des „stolzen" Schlachtschiffes wahrnehmen kann. Diese primitive und völlig unreflektierte ideologische Fixierung auf Heldenbilder und Machtsymbole bestimmte die drei Paare während der Zeit des Faschismus und bestimmt sie nach wie vor. Dieser Geist des Faschismus lebt in ihnen weiter; er bildet sich ab in der Art ihrer Sprache:

Ihre Sprache und ihr Gespräch ist vor allem durch ständige *Wiederholungen* bestimmt. Worte werden wiederholt: „bergab" fünfmal, teilweise zweimal nacheinander, „bergauf" viermal, dabei dreimal gleich nacheinander. Sätze werden wiederholt, teilweise etwas verändert oder erweitert (etwa: „Wann sank denn die Tirpitz", „Ja wann sank denn die Tirpitz"), teilweise umgestellt („Ich dachte am Kattegatt / am Kattegatt dachte ich"), mehrfach ganz identisch (etwa: „wie schrecklich / [...]

wie schrecklich"; „wenn nicht schon früher / wenn nicht schon früher"). Wiederholungen werden von Bernhard häufig und in vielfacher Verwendung gebraucht (vgl.
Betten 1985, S. 377–387; Klug 1991, S. 170–179). Hier sind sie Merkmal alltags-
sprachlichen Geredes und stellen die Unfähigkeit der Sprecher heraus, einen Vorgang sprachlich zu artikulieren, zu modifizieren oder gar zu differenzieren. Sie sind
nicht in der Lage, eine Emphase, die sie auf einen Begriff oder Satz legen wollen,
sprachlich zu artikulieren; sie können den Begriff oder Satz nur einfach wiederholen
(das hat mit der rhetorischen Figur der Wiederholung nichts zu tun). So wird aus
dem Gespräch ein öder Austausch immer wieder gleicher banaler Worthülsen, deren
einziger Inhalt die faden Überreste der alten faschistischen Ideologie ist. Was hier
abläuft, ist nicht einfach schlichtester small talk, viel zu schlicht für die gesellschaftlich gehobene bis führende Position aller Beteiligten, sondern hier bildet die Form
des Dialogs die geistige Primitivität derer, die ihn sprechen, und der Ideologie, der
sie nach wie vor anhängen, ab.

Die Dramen Bernhards sind oft dadurch bestimmt, dass sie den dramatischen Dialog schwierig machen und stören, manchmal auch auflösen in endlose Monologe der
Gesprächspartner; das gilt auch für „Vor dem Ruhestand". In unserem Textausschnitt erreicht Bernhard eine Zersetzung des Dialogs durch seine sprachliche Banalisierung. Man kann die dramatische Funktion und Leistung dieser Dialogform erkunden, wenn man selbst Dialoge in ihr schreibt, am Besten über ein wichtiges ge-
schichtliches oder gegenwärtiges politisches Ereignis mit politisch desorientierten
und inkompetenten Figuren, die größere sprachliche und dialogische Defizite aufweisen, gehalten etwa

– unter praktizierenden Neonazis,
– unter (recht einfachen) Soldaten in der Kneipe oder Kaserne,
– beim Kaffeekränzchen,
– am Seniorenstammtisch zu vorgerückter Stunde,
– auf der der High-Snobiety-Fete.

A64:   *Undialogischer dramatischer Dialog (Roth)*

   Friederike Roth: „*Ich weiß*"[95]

   DIE EINE FRAU   *Sie geht zu August, der, langsam im Kreise gehend,
      ein Buch liest. Beide sind – in Sprache und Haltung – ganz jung
      [...].* Was liest du?

   AUGUST   Ein Buch über ... was weiß ich. Nichts. Wie geht es dir?

   DIE EINE FRAU   Wovon handelt es?

   AUGUST   Schwer zu sagen. Viel Natur kommt darin vor.

   DIE EINE FRAU   Natur. Schön und gut. Aber sie ist so natürlich. Ich
      haß das.
      Pause
      Du willst wirklich weg?

> AUGUST Darüber sind wir uns seit Stunden einig.
> DIE EINE FRAU Ich weiß.
> *Pause*
> Ich will auch nichts dagegen sagen.
> *Pause*
> Schade ist es. Oder?
> AUGUST Ja.
> DIE EINE FRAU Daß es nicht gehen soll: zusammen. Dabei bin ich sicher: Es geht. Es kann gehen.
> AUGUST Nicht mit uns.
> DIE EINE FRAU Ich weiß.
> *Pause*
> Das habe ich nicht gemeint.
> AUGUST Ich weiß.
> *Pause*
> Vielleicht geht es überhaupt nie, zusammen.
> Ich meine nicht uns jetzt.
> DIE EINE FRAU Ich weiß.
> Pause
> Aber ich will es. Ich will mir das nicht nehmen lassen: daß man zusammen sein könnte.
> AUGUST Hast du vielleicht 'ne Ahnung!
> *Dunkel*

Machen Sie sich klar, welcher Art der Dialog ist, der zwischen den beiden geführt wird, und was für ihn das mehrfache „Ich weiß" der Figuren und die „Pausen" danach bedeuten. Verdeutlichen Sie sich, was diese Art des Dialogs über das Verhältnis der beiden Figuren zueinander aussagt.

Überlegen Sie, welches Verhältnis zwischen der Frau und August bestehen und welches der Grund sein könnte, dass er weg will und es mit den beiden zusammen „nicht gehen soll". Ersetzen Sie dann alle Stellen von „Ich weiß" mit den „Pausen" danach durch das, was die Figur, die es sagt, dabei „weiß" oder denkt und fühlt. Füllen Sie auch die anderen „Pausen" aus, sodass die ganze Sequenz einen fortlaufenden Dialog ohne Stockungen ergibt. – Sprechen Sie dann Ihren erweiterten und den ursprünglichen Text und beurteilen Sie, welche Vorteile und Nachteile die jeweiligen Textformen haben und was sie insbesondere für die Darstellung des Sachverhalts, dass es zwischen zwei Menschen 'nicht geht', leisten.

Friederike Roths Drama „Die einzige Geschichte" wurde 1985 in Bremen uraufgeführt: Eine alte Frau liegt im Sterben, aus einem Hinterzimmer ist manchmal ihr Schreien zu hören. Im Vordergrund spielen vier Männer und zwei Frauen einzelne, nicht zusammenhängende Szenen aus ihrem Leben. In ihnen geht es um verschiedene Beziehungen zwischen den Geschlechtern, die alle durch Probleme, Kontaktarmut, Einsamkeit, Gewalt, Leiden und Ängste bestimmt sind. Es ist ein langer Reigen der Sinn- und Trostlosigkeit: „Ewig und ewig. Das geht immer weiter. All dieser Quatsch." (S. 84) Das Einzige, was in diesem Leben wirklich zählt, ist das Sterben. Über die Sterbende sagt die eine Frau:

> DIE EINE FRAU Was sie denkt? Was sie fühlt? Ob sie alles, was war, für wert hält ... jetzt. Vor der allerletzten Geschichte.
>
> DIE ANDERE FRAU Das Sterben ist ja keine Geschichte.
>
> DIE EINE FRAU Es ist die einzige Geschichte. (S. 84)

Die Figuren in diesem Stück sind ganz entindividualisiert. Für einen der szenischen Abschnitte heißt es in der Szenenanweisung: „Die Figuren, die miteinander reden, bewegen sich, sehr künstlich." Das Ganze macht den Eindruck von „einem leicht grotesken Zirkus" (S. 58). Die Figuren bringen keine kausale und finale Handlung hervor. Es gibt kein dramatisches Geschehen, das sich konkret auf reale Vorgänge und Verhältnisse bezöge, etwa um sie kritisch zu beleuchten. Das ganze Geschehen bleibt – wie in unserer Sequenz – im Grunde abstrakt: Die dramatische Darstellung nimmt der Realität gegenüber den „Charakter der Indifferenz" an und bildet einen mehr oder weniger selbstbezüglichen „innerdramatischen Verweisungszusammenhang" des Mangels und der Trostlosigkeit (s. Kafitz 1988, S. 173).

In der abgedruckten Sequenz ist in dieser Weise vor allem die Unfähigkeit der Figuren dargestellt, eine wirkliche Beziehung zueinander zu haben: „Vielleicht geht es überhaupt nie, zusammen." Ein Theaterkritiker schrieb zu der Uraufführung des Stücks: „es ist die Sprache der monologischen Verlautbarungen, nicht der dialogischen Beziehungen. [...] Zu einem dramatischen Dialog kann es nicht kommen" (Hensel 1991, S. 161). Sehen wir uns das etwas genauer an: Der Dialog ist formal regelentsprechend; jede Figur antwortet der anderen, es kommt eine richtige dialogische Wechselrede zustande. Inhaltlich ist sie aber ziemlich undialogisch, denn die Figuren sprechen nicht wirklich zueinander: Sie fragt ihn, was er liest. Er antwortet nicht darauf und fragt, wie es ihr gehe. Sie antwortet nicht darauf und fragt nach dem Inhalt des Buches. Er antwortet sehr vage, sie sagt etwas ziemlich Beliebiges dazu und fragt, ob er wirklich weg will von ihr. Damit ist sie bei dem eigentlichen Thema des Gesprächs. Hier ist auffallend, dass sechsmal eine Pause eintritt, der Dialog also stockend und gestört ist. Die Pausen treten vor allem dann ein, wenn die Figuren nicht gesagt haben, was sie eigentlich zu sagen hätten und sagen möchten. Stattdessen sagen sie viermal auf das, was der Andere gesagt hat, „ich weiß". Damit wollen sie nicht vor allem ausdrücken, dass das, was der Partner gesagt hat, ihrem Wissensstand entspricht. Sondern sie wollen sagen, dass er einen Sachverhalt angesprochen hat, der zwischen ihnen in dem Maße abgehandelt und erschöpft ist, dass zwar noch viel zu ihm zu sagen wäre, es aber gar keinen Sinn mehr hat, noch etwas zu ihm zu sagen. Was so äußerlich wie eine Bekundung eines Einverständnisses über ein gemeinsames 'Wissen' erscheint, ist in Wirklichkeit die resignative Aufkündigung des Dialogs: Die Pausen nach dem „Ich weiß" entstehen, weil sie dem nachsinnen, was sie jetzt eigentlich noch sagen könnten und möchten, weil sie die Defizite ihres undialogischen Dialogs bedenken.

Dadurch, dass die abgedruckte Sequenz in der Arbeitsaufgabe auf eine konkrete Situation bezogen wird, sodann durch die Herstellung eines auch inhaltlich dialogischen Dialogs kann überprüft werden, wie tauglich und angemessen die von Friederike Roth verwendete Dialogform ist, um die Unfähigkeit zur Kommunikation und zu mitmenschlicher Beziehung in unserer Gesellschaft darzustellen: Ob eine konkretere Situation und ein ausformulierter Dialog das auffassbarer darstellen oder zu sehr privatisieren und harmonisieren, oder ob die abstrakte, offene und undialogische Form Friederike Roths es besser übermittelt.

A65: *Dramatische Monodialoge mit technischem 'Partner' (Deichsel / Kusz)*

Wolfgang Deichsel: *Zeitansage*[96]

Helga? *Automatenstimme.* Beim nächsten Ton ist es dreizehn Uhr, drei Minuten und zwanzig Sekunden – Pip – *Über den Automaten hinweggesprochen.* Helga! Helga! Laß den Quatsch! – Beim nächsten Ton ist es dreizehn Uhr, drei Minuten und dreißig Sekunden – Pip – Helga! Das bist du doch! – Beim nächsten Ton ist es dreizehn Uhr, drei Minuten und vierzig Sekunden – Pip – Helga, das ist deine Stimme! – Beim nächsten Ton ist es dreizehn Uhr, drei Minuten und fünfzig Sekunden – Pip. Ich weiß die Zeit! – Beim nächsten Ton ist es dreizehn Uhr, vier Minuten und null Sekunden – Pip Null Sekunden! Du kannst was erleben! – Beim nächsten Ton ist es dreizehn Uhr, vier Minuten und zehn Sekunden – Pip – Helga! Bitte! Mach mich nicht verrückt! – Beim nächsten Ton ist es dreizehn Uhr, vier Minuten und zwanzig Sekunden – Pip – Helga! Ist was passiert? Was ist passiert mit dir?

Fitzgerald Kusz: *Tagesschau*[97]

Eine adrett gekleidete ältere Frau vor dem Fernseher. Es ist kurz vor Beginn der Tagesschau.

ÄLTERE FRAU Heut müßt er eigentlich wieder mal drankommen! Jetzt war er schon ne ganze Woche nich mehr dran! *Pause.* Wird ihm doch nix passiert sein? *Pause.* Ne, passiert ism nix! Da hätt man ja was gehört. Da wär bestimmt was in der Zeitung gestanden. *Pause.* Vielleicht hat ern paar Tage Urlaub? *Pause.* Muß ja auch mal sein, wo er son anstrengenden Beruf hat! *Pause.* Jeden Tag diese Konzentration! *Pause.* So, jetzt isses so weit! [...] *Gong der Tagesschau.* Jetzt werd ichs gleich sehn, ob er drankommt. *Ansage der Tagesschau.* Guten Abend! Da isser ja wieder, mein Freund! *Pause.* Gut siehste aus. Aber n bißchen blaß biste! *Pause.* Bist wohl nich an die Luft gekommen? Du solltest öfter spazierengehn. *Pause.* [...] Du bist wirklich heute n bißchen blaß! *Pause.* Ich würd ja nix sagen, wenns nich so wär. *Pause.* Hoffentlich haste nix? Du mußt mir versprechen, daß de regelmäßig zum Arzt gehst. Man kann nie wissen, ob man was hat. [...] *Pause.* Weißte, was mir an dir so gefällt? Vielleicht hams dir andre auch schon gesagt, dann sag ich dirs halt nochmal. Mir gefällt einfach, daß dir das nich in den Kopf gestiegen is, daß dir jeden Abend ganz Deutschland zuguckt! *Pause.* Du bist n ganz einfacher Mann! *Pause.* Bleib so, wie de bist! Diese Angeber mag ich sowieso nich. *Pause.* N schön Anzug haste heut wieder an! [...] *Pause.* Was warn jetzt das? Was haste gesagt? *Pause.* Hätt ich nur aufgepaßt! Das muß was Wichtiges gewesen sein ... deim Gesicht nach zu urteilen! *Pause.* Jetzt guckt er auf einmal so. Warum guckste denn so? Da könnt man ja meinen, du kannst in meine Wohnung reingucken. *Pause.* Jetzt ham sem von der Seite n Blatt Papier reingeschoben. Das hätt denen aber auch früher einfallen können! *Pause.* Jetzt nur nich versprechen! *Pause.* Aber den Gefallen tuste ihnen schon nich! *Pause.* Schön hast dus gemacht! Bravo! *Sie klatscht Beifall.* [...] Was, jetzt is die Tagesschau wieder rum? *Pause.* Das gibts doch nich! Ging das schnell! Wegen mir könntste ruhig ne Stunde lang drankommen! Aber das wär ja unverschämt! Eine Stunde wär n bißchen viel. Das Leben besteht ja nich nur aus Arbeit. Einmal mußte dich ja auch ausruhen! Jeder braucht sein Feierabend. *Pause.* Wenn n andrer dran ist, schalt ich immer aus! Aber wenn du drankommst, is das für mich die schönste Viertelstunde vom ganzen Tag! *Pause.* Jetzt weißt dus! *Pause.* Hoffentlich kommste morgen wieder dran! *Pause.* Ich paß schon auf, daß ich dich nich verpasse!

Machen sie sich klar, in welcher Situation die Figuren der beiden Texte sich wohl befinden und was sie zu ihrem Verhalten veranlasst. Sprechen Sie die Texte mit verteilten Rollen. – Schreiben Sie selbst einen Text mit einem technischen Partner: mit einer anderen Telefonansage, einem Anrufbeantworter, einer Radio- oder Fernsehsendung (etwa Werbung, Wettervorhersage, Talkshow), Computer (PC, Sprach-, Schachcomputer) usw.

Ob in dem Deichsel-Text die Stimme der Zeitansage wirklich die Helgas ist oder ob die Figur sich das nur einbildet, kann man wohl nicht entscheiden. Wichtig ist, dass sie mit dem technischen Medium unbeirrt wie mit einer wirklichen Person spricht. Auch in dem Kusz-Text spricht die ältere Frau mit dem Ansager wie mit einem lebenden Menschen: er ist ihr „Freund", sie bewundert und umsorgt ihn, rät ihm, bangt um ihn und freut sich mit ihm. Die Zeit mit ihm ist für sie „die schönste Viertelstunde vom ganzen Tag". In dem Deichsel-Text liegt vielleicht eine Störung einer Beziehung vor, die einen Partner völlig verstört hat. In dem Kusz-Text geht es wohl um die Vereinsamung einer allein lebenden älteren Frau, die den Fernsehansager für sie zu einem befreundeten Bekannten werden lässt, zu dem sie die enge persönliche und auch emotionale Beziehung aufnimmt, die ihr sonst in ihrem Leben fehlt. – Ähnliche Verhältnisse, aber auch einfach die enge und oft gleichsam persönliche Beziehung, in die man zu technischen Geräten wie etwa seinem PC, mit dem man unentwegt umgeht, gerät, können von den Teilnehmern selbst in der vorgegebenen Form eines im Grunde monologischen Dialogs („Monodialog") dargestellt werden, und sie können so die Ergiebigkeit dieser Dialogform erkunden.

A66:   *Die Auflösung des dramatischen Dialogs und der Monolog (Strauß)*

Botho Strauß: *Lotte und Paul*[98]

a)

Das Zimmer. Geschlossenes Fenster. Ein alter kräftiger Mann geht in seinem offenen Regenmantel hin und her. Lotte kommt mit Zeichenmappe und Portable zur Tür herein.

LOTTE   Hier bist du! . . . Ufff!
   Da kann man ja lange suchen.
   Sie stellt Portable und Zeichenmappe ab, zieht ihren Mantel aus, legt ihn sorgfältig über den Arm. Der Alte geht ohne Unterbrechung seine Bahn.
   Arbeitest du hier?

   Hast du meine Grüße im Radio gehört?
   Ich habe dir den Fackeltanz von Meyerbeer bestellt und Glückwünsche. Er wurde auch
   gesandt. Gesendet.
   Nein?
   Kommst du zurecht, Paul?

   Und wie sieht es beruflich aus?
   Ärger?

PAUL   *bleibt plötzlich stehen.*   Was willst du?

LOTTE   Geld.

PAUL   Mach, daß du rauskommst.

LOTTE   Dann will ich geschieden werden.

PAUL   Wir brauchen keine Scheidung.

LOTTE   Ich brauche sie.
   Ich kriege ein Stipendium vom Staat, wenn ich was Neues lernen will.
   Von dir krieg ich ja nix.
   Paul geht wieder.
   Ich möchte Sprachen studieren.

   Was macht die Politik?
   Keine Zeitungen hier oben, nein?
   Ich höre dich noch sagen: 'Kriegsgefahr . . . Kriegsgefahr!'
   Erinnerst du dich?
   Es ist nun doch Frieden geblieben.
   Ich höre dich noch oft etwas sagen, weißt du.

   Geh nicht so.

   Warum läufst du so unbändig in deinem Zimmer?
   Was denkst du?
   Steh still!
   Du bist ein Tier, Undank.
   Man steht ja wie im Käfig, wo du gehst.
   Still! . . . Steh still! . . . Still!

Sehr laut
Wann gehst du denn abends zu Bett, du?!
Paul bleibt stehen, sieht sie starr an; leise
Du hast mir ja gar nicht geschrieben.
Du hast mir ja gar nicht geschrieben, ob ich kommen soll oder nicht.
Dunkel

Teilen Sie sich in Gruppen. Lesen Sie den Text mit verteilten Rollen, und sprechen Sie darüber, was in ihm vorgeht. Wählen Sie dann eine der folgenden Aufgaben:

1. Verdeutlichen Sie den Text, indem Sie gemeinsam Lottes Absichten, Hoffnungen, Gefühle bei dem, was sie sagt, verbalisieren und es entweder sie 'beiseite' oder von einer 'inneren Stimme' Lottes, die neben ihr steht, (in der Ich-Form) oder auch aus dem Off (in der Ich- oder Sie-Form) sprechen lassen.

2. Verdeutlichen Sie den Text, indem Sie gemeinsam Pauls innere Reaktionen auf das, was Lotte sagt, vor allem was er für sich auf ihre Fragen antwortet, ausformulieren und es ihn 'beiseite' oder von einer 'inneren Stimme' Pauls, die auf einem Stuhl im Zimmer sitzt, (in der Ich-Form) oder auch aus dem Off (in der Ich- oder Er-Form) sprechen lassen.

3. Erweitern Sie den Text dialogisch, in dem Sie gemeinsam Paul bei ganz unveränderter Einstellung zu Lotte doch auf das, was sie sagt, eingehen und auf ihre Fragen antworten lassen.

Spielen Sie dann Ihre Texte und danach den Text von Strauß (bzw. sprechen Sie sie mit verteilten Rollen), und diskutieren Sie, ob die von Strauß gewählte Dialogform das, was die beiden ersten Gruppen verdeutlicht haben, besser oder schlechter übermittelt und ob die dialogisch ausgeführte Fassung der dritten Gruppe das Verhältnis der beiden Figuren zueinander verdeutlich oder verändert.

    b)
Eine beleuchtete Telefonzelle am Rande einer Landstraße. Darin Lotte, wohnlich eingerichtet aus aufgesammelten Stücken: eine Taschentuchgardine an der Vorderseite, eine Art Barhocker, auf dem sie sitzt, neben einem Gummibaum. Ein Glas Milch auf dem Telefonkasten, ein zerbrochener Rasierspiegel. Von der Decke hängt ein Fliegenfangstreifen, eine Zeichnung von Paul an der Rückwand. Lotte wirft ab und zu ein Markstück in den Apparat, wählt immer dieselbe Nummer, hängt nach einer Weile ein. Währenddessen hört man ihre Stimme über die elektroakustische Anlage.

LOTTE   Lieber Paul,
     diese Zeilen mögen dich gesund und schaffensfroh antreffen. Nun bin
     ich schon weit weg von dir. (Aber nur äußerlich gesehen!) Per Auto-
     stopp gelangte ich problemlos bis über Lüneburg hinaus, von wo ich
     zunächst einmal in Richtung Lüneburg zurückmarschierte.

Die Erinnerungen an unsere ersten Jahre in Saarbrücken werden für
mich immer die schönsten meines Lebens bleiben. Manchmal wähle
ich jetzt am Telefon unsere Nummer in der Straße des 13. Januar und
lasse es lange ins Leere tüten.
Wir hätten doch über alles in Ruhe reden können. Ich möchte Sprachen studieren. [...]
Morgen seh ich zu, ob ich in den alten Autos nicht ein Kissen oder ein
Polster finde. Mein Hintern tut mir weh. Nebenan im Wäldchen liegen
nämlich zwei Autowracks herum, die schon fast gänzlich zugewachsen
sind.
Wieder einmal. Genau wie nach dem letzten Krieg. Manchmal denke
ich: vielleicht ist etwas passiert, wovon ich nichts weiß. Die Menschen
aus dieser Gegend sind alle auf und davon, es läßt sich ja keiner mehr
blicken. Die Grenzen haben sich verschoben und ich sitze hier längst
in einem anderen Land.
Entschuldige meine zeitweise Angst. Im Grunde bin ich stark und es
wird mir schon einfallen, wie ich wieder etwas glücklicher werde. [...]
Bitte wirf diesen Brief nicht gleich nach dem ersten Überfliegen weg
oder sogar schon beim Anblick meiner Handschrift! Das täte mir sehr
weh.
Lieber Paul, ich werde dich immer suchen. (Ich meine: bildlich gesprochen – keine Angst!)
Gott ist einfach. Gott verwandelt sich nicht und betrügt niemanden.
Deine Lotte.

Machen Sie sich klar, was der Ort der Telefonzelle, Lottes Tun dort und ihr
Brief für ihre Situation bedeuten, warum das dramatisch in einem Monolog
dargestellt und ihr Text über eine elektroakustische Anlage gesprochen wird.
– Überlegen Sie oder vergegenwärtigen Sie sich eine Situation, in der jemand
allein ist, dabei stark auf einen Anderen gerichtet ist und auf ihn zu spricht,
das, was er spricht, diesen aber nicht erreicht (und gegebenenfalls über ein
technisches Medium gesprochen wird), etwa:

– Jemand schreibt einen Brief auf Zettel, die er gleich zerreißt oder ver-
  brennt; was er schreibt, wird (verfremdet) aus dem Off gesprochen oder
  vom Band gespielt;

– jemand führt sich Dias von einem anderen vor, sieht sich Bilder von ihm an,
  malt ihn immer wieder, hört sich Kassetten von ihm oder seine Stimme auf
  dem Anrufbeantworter an und spricht dabei zu ihm; was er spricht, wird
  (verfremdet) aus dem Off gesprochen oder vom Band gespielt;

– jemand spricht (tonlos) mit einem anderen über eine Haussprechanlage,
  die nicht antwortet, oder über ein Telefon, das offenbar nicht angeschlossen ist, und zeigt der Anlage oder dem Telefon Fotografien; was er spricht,
  ist durch eine Sprechanlage oder ein Telefon gesprochen und wird vom
  Band gespielt.

Spielen bzw. sprechen Sie Ihre Texte, und erörtern Sie, was die Monologform und die gewählte Situation für die Darstellung der inneren Lage Ihrer Figur leistet.

Die beiden abgedruckten Szenen stammen aus dem Drama „Groß und klein", einem Stationendrama mit zehn lose gereihten Stationen. Es wurde 1977 geschrieben, 1978 unter der Regie von Peter Stein in Berlin uraufgeführt und war seinerzeit eines der meistgespielten Stücke auf deutschsprachigen Bühnen. Die Zentralfigur des Stücks ist Lotte aus Remscheid-Lennep; sie ist Mitte dreißig, Grafikerin und lebt von ihrem Mann, dem Publizisten Paul, getrennt. Das Stück weist keine zusammenhängende Handlung auf; die zehn Stationen sind allein verbunden durch die Figur Lottes, die in verschiedenen gesellschaftlichen Bereichen auf der Suche nach ihrem Mann, nach Liebe, nach Verständnis und Zuwendung, nach dem Sinn ihres Lebens ist. Sie bleibt allein, alle ihre Begegnungen gehen ins Leere, weil die Menschen, auf die sie trifft, keinen wirklichen Dialog, kein Miteinander wollen und weithin auch nicht fähig zum Miteinander sind. Im Mittelpunkt des Dramas steht also das Subjekt, seine Befindlichkeit und seine Problemlage. Doch anders als in den früheren Stücken von Strauß geht es nicht nur darum, sondern an der Desorientierung und der Desintegration des Subjekts werden die Instanzen und Kräfte, die es verunsichern und ausgrenzen: werden wesentliche Merkmale der gegenwärtigen bundesrepublikanischen Gesellschaft, die dem Menschen Mitmenschlichkeit wie Sinngebung verweigern und ihn vereinzeln und vereinsamen, sichtbar (vgl. Plümer 1987, S. 136–140).

(a) Die abgedruckte Szene ist die achte Szene der dritten Station „Zehn Zimmer". Sie hat zum Gegenstand die unbeirrten Versuche Lottes, mit ihrem Mann einen Dialog zustandezubringen, und Pauls konsequente Verweigerung eines Dialogs mit ihr (vgl. Herwig 1986, S. 31–34). Die Arbeit der beiden ersten Gruppen dient der Verdeutlichung der Vorgänge, die sich bei diesem gesuchten und verweigerten Dialog (1.) bei Lotte und (2.) bei Paul abspielen: Mit ihrer Einleitungsfloskel „Da kann man ja lange suchen" stellt sie fest, dass sie ihn gesucht hat, unterstellt mit dem verallgemeinernden „man" aber gleichzeitig ein allgemeines Recht, ihn zu suchen. Paul geht aber weder darauf noch überhaupt auf Lottes Dialogeröffnung ein; er verweigert das Gespräch und geht weiter hin und her. Lotte macht nun mehrere Dialogangebote auf verschiedenen Ebenen: Mit der Frage, ob Paul ihre Grüße im Radio gehört hat, gibt sie ihm zu erkennen, dass sie sich nach wie vor mit ihm verbunden fühlt. Mit den Fragen nach seiner Arbeit, wie es beruflich bei ihm aussehe und ob er Ärger habe, bekundet sie Interesse an seiner Arbeit; mit der Frage danach, ob er zurechtkomme, an ihm selbst: Sie will durch diese Bekundung von Verbundenheit und Anteilnahme ihre Beziehung als persönliche und vertraute definieren und ihn zu einer persönlichen Reaktion, jedenfalls zu einer Antwort nötigen, denn hierauf nicht zu reagieren, ist eigentlich taktlos und hartherzig. Das dürfte Paul durchschauen, vielleicht hat er auch Zweifel, ob Lotte wirklich sehr an seinem Beruf und daran, ob er zurechtkommt, interessiert ist oder alles nur ein Vorwand ist, ihn in ein Gespräch mit ihr zu ziehen und ihr Bedürfnis nach Gespräch, Nähe und Intimität zu befriedigen. Jedenfalls lehnt er das beziehungsbezogene Dialogangebot Lottes ab und fragt direkt und brutal: „Was willst du?" Lotte antwortet gleich direkt und unverblümt: „Geld." Was sie eigentlich will, ist wohl Gespräch, Zuwendung, Liebe. Aber das kann sie auf diese Frage, die gerade alle Beziehungsaspekte abgewürgt hat, kaum antworten. So antwortet sie auf gleich sachlicher Ebene mit einem realen Bedürfnis: „Geld." Jetzt kommt erstmalig ein Dialog zwischen den beiden zustande, aber es ist kein wirliches Gespräch, sondern ein bloßes und knappes Konstatieren der Ungemeinsamkeit: Er wirft sie hinaus, sie fordert die Scheidung, er verweigert die Scheidung, obwohl sie gut begründet, warum sie für sie notwendig ist.

Kennzeichnend für das innere Verhältnis beider ist, dass er die Scheidung nicht für sich, sondern für sie beide abweist: „Wir brauchen keine Scheidung." Er spricht in ihrem Namen, entscheidet für sie. Diese Überlegenheit über sie beansprucht er aber offenbar nicht einfach, sie ist wohl auch von ihr anerkannt; etwa seine sprachliche Überlegenheit, wenn sie sich vorher bei dem, was sie zu ihm sagt, grammatisch verbessert: „... gesandt. Gesendet." (Später sagt er: „Ich habe dir beigebracht, wie man anständig deutsch spricht." S. 446) So nimmt sie nach einigen Worten der Erklärung für ihren Scheidungswunsch auch nach seinem Hinauswurf unbekümmert die Versuche einer Dialoganbahnung auf verschiedenen Ebenen wieder auf; sie überspielt ihren Sach- und Beziehungskonflikt mit Fragen nach der Politik (wohl seinem Arbeitsbereich), mit gemeinsamen Erinnerungen und der Betonung ihrer nach wie vor bestehenden Beziehung zu ihm. Er geht auf keins der Dialogangebote ein, teilweise wohl, weil er meint, dass sie doch nicht inhaltlich gemeint sind und bloß der Gesprächsanbahnung dienen, und geht wieder hin und her. Sie reagiert nun direkt auf sein Umherlaufen und nimmt damit zum ersten Mal seine Verweigerung verbal zur Kenntnis, fragt aber dazwischen wieder nach ihm persönlich („Was denkst du? ") und bietet sogar indirekt ihre mütterliche Fürsorge für ihn an („Wann gehst du denn abends zu Bett, du?!"). So viel Hartnäckigkeit beim Eindringen in seinen privaten Bereich angesichts seiner massiven Signale, in Ruhe gelassen werden zu wollen, veranlassen ihn, endlich stehen zu bleiben und sie anzusehen. Kleinlaut und leise gibt sie zu, gar nicht zu wissen, ob sie nun kommen sollte oder nicht, gesteht also ein, bei ihrem Besuch von Voraussetzungen gemeinsamer Bedürfnisse ausgegangen zu sein, die gar nicht bestehen. Damit endet die Szene; ein Gespräch hat nicht stattgefunden. Die nächste Szene beginnt damit, dass Paul sie in ein anderes Zimmer stößt und die Tür von außen abschließt (S. 434). – Aufgabe der beiden ersten Gruppen ist, diese jetzt etwas genauer erläuterten Beziehungsstrukturen, die hinter der Suche einerseits und der Verweigerung des Dialogs andererseits stecken, aufzudecken durch Verbalisierung dessen, was die beiden Figuren während der Szene denken, beabsichtigen, hoffen, fühlen, und so die Szene genauer zu deuten. Dabei bleibt die Auflösung des Dialogs zwischen ihnen bestehen.

Das ist anders bei der Aufgabe der dritten Arbeitsgruppe. Wenn sie die Einstellung, die Absichten und Gefühle Pauls versprachlicht und ihn auf alles, was Lotte sagt und fragt, eingehen und antworten lässt, verdeutlicht sie das Geschehen, verändert es aber auch entscheidend; es entsteht eine völlig andere dramatische Situation: Auch wenn Paul genau die gleichen Gedanken ausspricht, die gleichen Argumente benutzt, die gleichen Gefühle äußert wie etwa in der Verdeutlichung der zweiten Gruppe, auch wenn er schroff ablehnend ist, er spricht, er kommuniziert mit ihr, womit die Beziehung zu ihr im Prinzip eine Andere ist, als wenn er jedes Gespräch mit ihr verweigert, nämlich immer noch eine Beziehung, wenn auch eine schwierige und gestörte, bleibt. – Die Teilnehmer können entscheiden, ob sie die Aufkündigung der Beziehung durch Paul und die Vereinsamung Lottes besser, d. h. verständlicher und dramatisch wirksamer durch die von Strauß gewählte oder durch die Dialogform der dritten Arbeitsgruppe dargestellt finden. Sie können jedenfalls, auch wenn sie mehr von ihrer eigenen Form halten, gut erkennen, welche Funktion und Leistung die besondere Dialogform von Strauß hat.

(b) Die abgedruckte Szene ist die fünfte Station (sie ist nur wenig um Stellen gekürzt, die Bezug auf vorausliegende und nicht bekannte dramatische Vorgänge nehmen). Lotte ist weg von Paul und 'wohnt' nun ausgerechnet in einer Telefonzelle, also an einem Ort, der ausschließlich dem Gespräch mit Anderen dient. Sie telefoniert aber mit niemandem, sie ruft nur ab und zu in der leeren Wohnung an, in der sie früher mit Paul gewohnt hat. Sie lebt wie ein alter Mensch, der keine Zukunft mehr hat, aus Erinnerungen („Die Erinnerungen an unsere ersten Jahre …"), ist wie fixiert auf die Vergangenheit. Was sie „immer suchen" wird, Paul, ist etwas Vergangenes, und ihre Absicht, Sprachen zu studieren, klingt mehr wie ein Insistieren auf dem, was sie Paul nun einmal gesagt hat. Sie ist letztlich ohne eine Lebensperspektive und allein, – in der 'Einzelzelle' der Telefonzelle. Allein in einem für sie fremden Land, aus dem alle bekannten und vertrauten Menschen fort sind: „in einem anderen Land" unter für sie Fremden, die – anders als Gott – kompliziert sind, sich verwandeln und betrügen. Für diese völlige Vereinsamung und Entfremdung Lottes, die sie in ihrem Brief an Paul beschreibt, ist ihr 'Wohnen' in der Telefonzelle das anschauliche Bild und ist ihr Monolog, weil ja kein Partner für einen Dialog mehr da ist, die angemessene dramatische Form. Ihre Vereinsamung und Entfremdung wird zusätzlich dadurch anschaulich gemacht, dass sie ihren Brief nicht einmal als sie selbst spricht, sondern dass er entfremdet über ein technisches Medium gesprochen wird. – In einer selbständigen Produktion können die Teilnehmer eine ähnliche – vielleicht auch eigene – Erfahrung von Einsamkeit und Fremdheit in der Form eines Monologs, gegebenenfalls eingebunden in vergleichbare situative Bedingungen und übermittelt über ein technisches Medium, darstellen und so die Wirksamkeit und Leistung der Dramenform von Strauß erproben.

Strauß ist in der gegenwärtigen Theaterszene wichtig, sodass bei der Behandlung des Dramas der Gegenwart nach Möglichkeit wenigstens ein Text von ihm bearbeitet werden sollte: Will man die gestörte Kommunikation im Dialog an einem leichter zugänglichen Text von Strauß behandeln, so eignet sich dafür die Szene „Ein Versehen" aus dem Drama „Sieben Türen"[99], in der eine Reporterin, die im Gespräch durch die Erfordernisse der Tonaufnahme sehr behindert ist, einen schwerhörigen wissenschaftlichen „Mahner und Warner" über seine negativen Prognosen zur Zukunft der Menschheit interviewt. Soll ein anderer Text zur Verfremdung der Kommunikation durch ein technisches Medium behandelt werden, so eignet sich dazu auch der Beginn der vierten Station von „Groß und klein" (S. 455–464), in dem Lotte über die Sprechanlage eines Miethauses eine Jugendfreundin sucht und sich mühsam mit ihr, die nicht gestört sein will, unterhält.

7.5. Zur Dekonstruktion der dramatischen Sprache

Das Drama lebt von der Sprache. Seine Vorgänge gibt es nur, wenn sie versprachlicht, durch direkte Rede der dramatischen Figuren realisiert sind (s. Abschn. 2.2.2.). Vor allem das konventionelle Drama basiert daher auf dem „Sprachoptimismus" (Bauer 1969, S. 94, 98), dass die dargestellten Individuen sich in ihren Gefühlen, Gedanken, Einstellungen und Absichten möglichst vollständig sprachlich artikulieren können. Diese idealistische Vorgabe konnten schon Büchner, der Naturalismus oder etwa Horvath und Fleißer nicht mehr mitvollziehen, und heute ist sie für ein breites öffentliches Bewusstsein nicht mehr glaubhaft. Daher ist das Drama der Gegenwart häufig dadurch bestimmt, dass die Figuren eine unbeholfene und mühsame Alltags- und Umgangssprache (s. Betten 1985), ja eine degenerierte, entstellte, rudimentäre Sprache sprechen, ihre Gefühle nicht verbalisieren, ihre Absichten nicht artikulieren können und teilweise verstummen und sprachlos werden.

Dieser Abschnitt bringt zunächst eine Arbeitsaufgabe mit einem Text von Botho Strauß mit unüblicher und entstellter Gruppensprache und stellt die Frage nach ihrer Funktion und Leistung (A67); dann folgt eine Aufgabe zu einem Text von Ionesco in völlig degenerierter und banalisierter Sprache (A68) und eine Aufgabe zu einem Text Jandls in absolut primitivisierter Sprache (A69); schließlich hat eine Aufgabe Texte von Achternbusch und Jandl zum Gegenstand, in dem die Form der dramatischen Sprache überhaupt verlassen ist und eine Figur als Ich-Erzähler spricht bzw. die Figuren in indirekter Rede miteinander sprechen (A70).

A67: *Dramatisches Reden in Szene-Jargon (Strauß)*

Botho Strauß: *K und M*[100]

K und M an einem Tisch in der Kneipe. M, die kleinere und jüngere, trommelt in andauerndem Bewegungsüberschuss mit den Fingern auf der Tischkante, kippelt mit dem Stuhl, rollt die Schultern, wiegt den Oberkörper usw. In dem Augenblick, da die Szene hell wird, springt eine dritte Frau vom Tisch auf, als gehörte sie nicht auf die Bühne. Sie rennt nach rechts ab, wirft den Stuhl hinter sich um.

M   Das wars, das wars, das wars
      Irene, autsch, wow!
      Sie titscht Weißbrot in den halbleer gegessenen Teller der davongelaufenen Frau.

K   Ne abgeebbte Kuh / das Hinterletzte, was du hier anschleppst
Nur Knete und Klamotten in der Schale

M   Aber sich eintüten, dick ja, wie ne Fascho-Lesbe
legt so ne Sause drauf und fragste nach, was da läuft
dann hängt sie auf Nagellack und Heißluftmassage und die Probleme
Bist ja nirgends sicher vor diesen Boutiquentorten
Die kommen in der schärfsten Kutte, voll progressiv,
und is bloß'n Affenwitz, is ne Modeschnecke [...]

K   Hat die überhaupt gelöhnt?

M   Ja hat sie
Sie nimmt das Geld von der Serviette und steckt es in ihre Hemdta-
sche. [...] Der Kellner bringt den Wein, stellt den Stuhl auf.

M   Schnaff-schnaff, das rollt heut alles abwärts. Ich mein, ich würd gern
mit dir wohin, wo du mal 'n bißchen in Wallung kommst, möcht ich
wieder mal sehen, bist ja leicht 'n toter Vogel die letzte Zeit, möcht ich
echt mal wieder seh'n, wie du losfetzt, naja gehn wir ins Echsenhaus,
da steht dann die Elke rum und die Probleme, hat ja auch keinen
Zweck

K   Vergiß es. Ich hab da später noch'n Rendezvouz im Job. Muß noch
diesen Dirigenten interviewen, weil der sich also weigert, Frauen in
seinen Kurs zu nehmen. Der kriegt jetzt schon kalte Füße beim Dirigieren, weil er hinterher noch 'ne Pressekonferenz geben muß. Der
scheißt sich doch glatt in die Hose beim Dirigieren, kannste ja mit-
kommen.

M   Ich werd mich kühl beherrschen du

K   Säufst dir lieber einen an? Ja sauf dir bloß einen an

M   Verschärft du. Ich werd noch mit dir hinter deinem Guru herhasten

K   Wenn du bloß mal stillhalten würdest

M   Achja. Hab nicht so'n fettes laid back wie du
Sie macht K nach
Verstehste, cool wie die Tagesschau / und wenn die Mutti dahinten
vom Hocker kippt und 'n Herzschlag kriegt na und? / geht mich doch
nichts an. Hauptsache ich krieg keinen Herzschlag. Soll sie doch 'n
Herzschlag kriegen, von mir aus kann jeder, jeder du, 'n Herzschlag
kriegen, einer nach dem andern, zack, zack, zack

K   Was haste aufeinmal Mitleid mit der Mutti auf 'm Hocker wie?

M   Darum gehts doch gar nicht, ob ich Mitleid hab oder nicht / es geht
doch original bloß darum, daß dir sowieso alles scheißegal ist / und wie
ich den Abend durchzieh hier

K   Du hast dir wohl die Sicht verschluckt
Wenn ich diese Wichser treffe und was mache für'n Interview, dann
hab ich's bitternötig und denke nur an Kasse und sonst nichts

M   Hm. Is mir klar. 'n Dirigent. Starke Oper ja. Salome. Rübe auf'm Teller
und die Lady tanzt mit 'm Glitzerdreieck vorn und 'n Arsch immer raus

K   Und ich hab's dick, wenn wir schon dabei sind, ich hab's dick, wenn hier die letzte Modetorte vorscheißt und du powerst dich gleich ran

M   Tu ich doch gar nicht

K   Tust du. Hab ich doch gesehn, wie du auf diese magersüchtige Kuh abfährst / total verschneit, wenn hier irgendwo 'ne Uniform anrückt

M   Behalts für dich ja

K   Und wie / joggst ja nur noch als everybody's darling durch die Steppe

M   Ach leck mich

K   Wenn du glaubst, du machst hier die leichte Aufreiße, wenn ich nicht dabei bin / okay / ich mein, mir gefällt auch manche ja, aber ich geb mir Mühe [...]
Du hast 'n paar fundamentale Dinge noch nicht gerafft, Mike. Herumflippen und die Probleme, da wen anmachen und dort wen anmachen, das hat bei mir also überhaupt kein feedback. Da mach ich ganz schnell 'ne Fliege

M   Aber du und deine Wuschimänner, wo du mit denen dauernd quasselst weils angeblich dein Job is, diese atomgeilen Halbglatzen, wo du dein schönstes Blendaxlächeln aufziehst

K   Besorg du mal die Kohle! Mach was! Mußt hier nicht alles verkullern und ich brauch nicht so viele Zombies ansingen

M   Tja, wow, was?
Also ein wahres Ding du!

K   Bleib sitzen, Mike, bleib sitzen

M   Aber echt! Ding-Dong! *Sie setzt sich wieder.* Ich bin eben nich so'n Kingsize-Ego wie du!

K   Okay, spüls runter

M   Ich bin eben nicht so'n Praxisfreak wie du. Du glaubst, du bist hier die Allerschärfste und kannst mich am laufenden Meter anbiestern und bringst hier den dicksten Terror, aber volles Orchester! [...] Das ist doch der dickste Terror, den du da laberst

K   Kannst du's nicht mal 'ne Nummer kleiner machen?

Lesen Sie den Text mit verteilten Rollen. Machen Sie sich klar, um welche Vorgänge es in dieser Szene geht, welcher Art die Beziehung zwischen K und M ist und welche Spannungen und Probleme da bestehen. Überlegen Sie, welche Merkmale die Sprache, in der beide miteinander sprechen, aufweist, warum Sie sie wohl benutzen und was sie für sie leistet und nicht leistet.

Schreiben Sie die Szene um, indem Sie die Sprache in normales Hochdeutsch übersetzen. Sprechen Sie Ihren Text mit verteilten Rollen und überlegen Sie, was sich verändert hat, vor allem wie die Szene jetzt wirkt und warum der Autor wohl die bestimmte Sprachform seines Dialogs gewählt hat. – Schreiben Sie selbst einen Dialog in Szene-Jargon.

Der Textauszug bildet den Beginn der 2. Szene des 1. Akts von „Kalldewey, Farce". Das Drama wurde 1980/81 geschrieben, 1982 im Deutschen Schauspielhaus Hamburg uraufgeführt und erlebte zahlreiche Aufführungen. Es hat keine durchgehende Handlung, sondern reiht locker Episoden um einen Mann und eine Frau, in denen – oft farcenhaft und parodistisch – vor allem die vergebliche Bemühung von zwei Menschen um Partnerschaft und Gemeinsamkeit, um Lebensbewältigung und Sinnfindung dargestellt ist und sichtbar wird, wie die gegenwärtige Gesellschaft sie desorientiert, entfremdet und vereinzelt.

In der abgedruckten Szene mit K und M, Kattrin und Meike (vgl. Müller 1992), hat sich gerade eine Frau von den beiden beraten lassen, und sie ziehen nun gemeinsam über sie her. Sie haben eine lesbische Beziehung, in der Kattrin, die Ältere, die Dominierende ist. Wichtig ist dabei wohl, dass sie eine bestimmte Tätigkeit ausübt, mit der sie das Geld für sie beide verdient. Mike ist jünger; sie hat keine bestimmte Tätigkeit (Kattrin: „Mach was!"), ist motorisch überaktiv und trinkt. Sie beneidet Kattrin um ihre kühle Selbstsicherheit und um ihre Tätigkeit und weigert sich, zu ihr mitzukommen, versucht aber, Kattrin dafür ein Schuldbewusstsein zu machen („daß dir sowieso alles scheißegal ist / und wie ich den Abend durchzieh hier"). Sie hat Kattrin gegenüber starke Komplexe (später sagt sie zu ihr: „Du darfst niemals sagen, daß ich eine Null bin"; S. 14) und kompensiert sie, indem sie ihr ihren Umgang mit Männern vorwirft, sich selbst bei vielen beliebt macht („als everybody's darling") und ihre Chancen bei anderen Frauen erprobt, was nun wieder Kattrin eifersüchtig und wütend macht. Ihre Beziehung ist also schwierig und brüchig. Dennoch wirken sie so, als ob sie eng und problemlos zusammengehörten. Das ist eine Wirkung und eine der Absichten ihrer Sprache.

Sie sprechen beide prononciert den Jargon der Lesben- und Emanzen-Szene mit bestimmter Wortwahl vor allem der Verben, der Intensitätsadverbien und der Substantive (s. Herwig 1986, S. 68–70). Seine Funktion ist wie bei jeder Gruppensprache, einerseits „hermetische und hermetisierende Solidarität nach außen" einzurichten und andererseits „Identifikation nach innen" und eigene Identität in der Gruppe und durch sie herzustellen (s. Hess-Lüttich 1984, S. 305). Nach außen bewirkt ihre Sprache fraglos, dass sie Kattrin und Mike von den Anderen abhebt und absondert und ihre Zusammengehörigkeit darstellt. Wirkliche Gemeinsamkeit zwischen den beiden stiftet so aber nicht. Nach innen soll sie Selbstgefühl herstellen und Identitätsfindung einrichten, leistet das aber auch nicht oft. Sie leistet es wohl, wenn beide zusammen über Irene herziehen. Mikes Jargon versagt aber im Grunde, als Kattrin sagt, dass sie es ist, die das Geld verdient. Mike stammelt nur noch, springt auf, fängt sich dann wieder, geht in die Offensive und verfügt da auch wieder über ihren Jargon:

> Diese Sprachmacht steht in deutlichem Kontrast zu ihrer vorherigen Sprachnot, und doch sind das nur zwei Seiten derselben Medaille. Wenn M sich in undifferenzierten Pauschalanklagen gegen K ergeht, sich selbst in immer neuen Superlativen übertrumpft, dann äußert sich darin die gleiche Unsicherheit gegenüber

der dominanten Partnerin und die gleiche Selbstwertkrise wie in ihrem Stammeln. Die Sprachmächtigkeit, die der Jargon verleiht, ist eine vermeintliche. Er steht zwar als Mittel der Aggressionsabfuhr zur Verfügung, nicht aber als Mittel eines genaueren Selbstausdrucks oder gar der Problemlösung. (Herwig 1986, S. 71 f.)

Was der Gruppenjargon leistet, bleibt also äußerlich, die wirklichen Probleme, die jemand mit sich selbst und seiner Identität und mit Anderen und wirklicher Gemeinschaft mit ihnen hat, löst er nicht. Er zersetzt und destruiert zwar die übliche Sprache, wird dadurch aber kein Mittel der Selbstfindung und Kommunikation.

Eben das ist es, was durch die 'Übersetzung' des Textes in Normalsprache erfahren werden kann: Die Gemeinsamkeit zwischen Kattrin und Mike durch ihren Jargon fällt weg; was bleibt, sind zwei Lesben mit massiven Problemen, die beide mit sich selbst – das vor allem Mike – und beide miteinander haben. Die Umformung in Normalsprache verdeutlicht also die wirklichen Vorgänge und Probleme in der abgedruckten Szene und lässt erkennbar werden, dass Strauß die Gruppensprache des Szene-Jargons gewählt hat, um zu zeigen, warum er benutzt wird, was er leistet und was er nicht zu leisten vermag, vor allem aber, um darzustellen, wie es mit der Identität des Einzelnen und seiner Kommunikationsfähigkeit in unserer Gesellschaft wirklich bestellt ist. – In einer eigenen dramatischen Szene im Szene-Jargon können die Teilnehmer dann sehen, welche Erfahrungen sie selbst mit dem „literarischen" Gebrauch der Szene-Sprache machen.

A68:   *Dramatisches Reden in absolut banalisierter Sprache (Ionesco)*

Eugène Ionesco: *Mr. und Mrs. Smith* [101]

Ein gutbürgerliches englisches Interieur mit englischen Fauteuils. Eine englische Abendunterhaltung. Mr. Smith, ein Engländer, mit seinen englischen Pantoffeln, sitzt in seinem englischen Fauteuil, raucht eine englische Pfeife und liest eine englische Zeitung an einem englischen Kaminfeuer. Er trägt eine englische Brille, einen kleinen grauen englischen Schnauz. – Neben ihm, in einem zweiten englischen Fauteuil, seine Frau – eine Engländerin, die englische Socken strickt. – Ein langes englisches Schweigen. – Die englische Wanduhr schlägt siebzehn englische Schläge.

MRS. SMITH   … Sieh mal an, es ist neun Uhr. Wir haben Suppe, Fisch, Kartoffeln mit Speck und englischen Salat gegessen. Die Kinder haben englisches Wasser getrunken. Wir haben gut gegessen heute abend, weil wir in der Umgebung von London wohnen und weil unser Name Smith ist.

MR. SMITH   *schnalzt mit der Zunge, ohne die Lektüre zu unterbrechen.*

MRS. SMITH   Die Kartoffeln sind sehr gut mit Speck, das Salatöl war nicht ranzig. Das Öl vom Händler an der Ecke ist viel, viel besser als das Öl vom Händler vis-à-vis, es ist sogar besser als das Öl vom Händler unten am Strand. Aber ich will damit nicht sagen, daß i h r Öl schlecht wäre.

MR. SMITH *schnalzt mit der Zunge, ohne die Lektüre zu unterbrechen.*

MRS. SMITH Doch das Öl vom Händler an der Ecke ist immer noch das beste ... [...]

MR. SMITH *immer noch mit seiner Zeitung:* Hier ist etwas, das ich nicht verstehe: Warum gibt man in der Rubrik der Zivilstandsnachrichten immer nur das Alter der Toten an und nie das der Neugeborenen? Das ist doch ein Nonsens.

MRS. SMITH Das ist mir noch nicht aufgefallen! *Erneutes Schweigen. Die Wanduhr schlägt siebenmal. Pause. Die Wanduhr schlägt dreimal. Pause. Die Wanduhr schlägt keinmal.*

MR. SMITH *immer noch mit seiner Zeitung:* Schau, da steht, daß Bobby Watson gestorben ist.

MRS. SMITH Mein Gott, der Arme! [...]

MR. SMITH Zum Glück hatten sie keine Kinder.

MRS. SMITH Das hätte ihnen noch gefehlt! Was hätte die arme Frau jetzt damit angefangen?

MR. SMITH Sie ist noch jung. Sie kann sich sehr gut wiederverheiraten. Schwarz steht ihr doch so gut! [...]

MRS. SMITH Hat sie jemanden im Auge?

MR. SMITH Ja, einen Neffen der Bobby Watson [...]

MRS. SMITH Du meinst Bobby Watson, den Handlungsreisenden?

MR. SMITH Alle Bobby Watsons sind Handelsreisende.

MRS. SMITH Was für ein harter Beruf! Man macht aber gute Geschäfte dabei.

MR. SMITH Ja, wenn man keine Konkurrenz hat.

MRS. SMITH Und wann hat man keine Konkurrenz?

MR. SMITH Am Dienstag, Donnerstag und Dienstag.

MRS. SMITH Ach! An drei Tagen in der Woche? Und was tut Bobby Watson in dieser Zeit?

MR. SMITH Er schläft und ruht sich aus.

MRS. SMITH Warum arbeitet er nicht an diesen drei Tagen, wenn er doch keine Konkurrenz hat?

MR. SMITH Ich kann nicht alles wissen. Ich kann nicht auf alle deine idiotischen Fragen eine Antwort geben!

Sprechen Sie das Stück mit verteilten Rollen. Machen Sie sich klar, welche Sprache hier gesprochen wird und wozu sie den Figuren eigentlich dient, auch was es über die Figuren und ihr Verhältnis zueinander aussagt, dass sie so sprechen. Überlegen Sie, warum Ionesco diese Form der Sprache wohl gewählt hat.

Schreiben Sie einen ähnlichen Dialog beispielsweise zwischen

- zwei geistig sehr schlichten Jugendlichen / Punks / Rockern,
- zwei leicht bezechten Kneipenbesuchern,
- zwei versnobt-vertrottelten Touristen,
- zwei geistig vergreisten Schickeria-Angehörigen usw.;

oder probieren Sie aus, was es bewirken würde, wenn Figuren des konventionellen Dramas so miteinander sprechen würden, etwa

- Minna von Barnhelm und Tellheim,
- Faust und Gretchen,
- Louise und Ferdinand („Kabale und Liebe"),
- Wendla und Melchior („Frühlingserwachen") usw.

Schreiben Sie eine Sequenz mit einem Dialog zweier Figuren entsprechend um.

„Die kahle Sängerin", aus deren Beginn unser Ausschnitt stammt, ist das erste Stück Eugène Ionescos, einem der Hauptvertreter des absurden Theaters. Es wurde 1949 geschrieben, 1950 uraufgeführt und in den folgenden Jahren in viele Sprachen übersetzt und in zahlreichen Ländern gespielt. Ionesco sagt zu seinem Stück:

> In meinem ersten Stück „Die kahle Sängerin", das zunächst nur eine Parodie auf das Theater sein wollte und damit natürlich auch eine Parodie auf gewisse menschliche Haltungen – in diesem Stück wühlte ich mich förmlich ins Banale ein, ich ging bis zum Bodensatz der verschliffensten Klischees und stieß bis zu den äußersten Grenzen der Alltagssprache vor. (1957, S. 36)

Ionesco kam auf den Gedanken zu diesem Stück, als er Englisch lernen wollte und in einem Lehrbuch als Konversationsübung zwei Personen, Mr. und Mrs. Smith, die sich die banalsten Selbstverständlichkeiten sagen, vorfand (s. Esslin 1965, S. 105 f.). – Die Sprache des Dramas ist extrem banal, reiht willkürlich triviale Klischees und sinnentleerte Gemeinplätze und wird teilweise direkt unsinnig und absurd. Es ist eine zwar formal regelhafte (s. Hess-Lüttich 1988, S. 35–37), interaktionell aber ganz funktionslose Sprache, in der keine Mitteilung mehr geschieht und kein Gefühl mehr übermittelt wird, die überhaupt keine sprachliche Kommunikation mehr einrichtet, sondern ein autistisches Geplapper der Figuren ist, das sie mechanisch absondern. Die Figuren denken und fühlen nicht mehr, sie haben keine soziale und keine Ich-Identität mehr, – Eigenschaften, die sie mit manchem Menschen heute gemeinsam haben. Ionesco sagt:

> Die Smiths [...] können nicht mehr miteinander reden, weil sie nicht mehr denken können; sie können nicht mehr denken, *weil sie nichts mehr bewegen kann, weil sie keine Leidenschaften mehr empfinden;* sie können nicht mehr sein, [...] da sie ihre eigene Identität verloren haben. (Nach: Esslin 1965, S. 110)

Die Eigenproduktion eines Banaldialogs soll das Empfinden für die Funktion und Wirkung dieses Sprechens wecken, aber auch für die Attraktion und den seelischen Komfort, die es bedeuten kann, Sprache automatisch herauslaufen lassen zu dürfen, dabei ganz vom Denken dispensiert zu sein und auch nicht mit einem Anderen kommunizieren zu müssen, – eine der wenigen Situationen, in denen nicht gilt, dass man „nicht *nicht* kommunizieren kann" (Watzlawick / Beavin / Jackson 1969, S. 51). Vor allem soll aber erfahren werden, was es für das Drama bedeutet, wenn es mit diesen Sprachstrukturen arbeitet, dass sich dann nämlich die Merkmale des konventionellen Dramas, Figuren aufzuweisen, die durch Sprechen Handlung bewirken, auflösen und ein Anti-Drama oder absurdes Theater entsteht. Noch stärker kann erfahren werden, in welchem Maße das konventionelle Drama auf der (idealistischen) Voraussetzung beruht, dass selbstbestimmte, sprach- und dialogfähige dramatische Figuren sinnvolle Handlungen hervorbringen können, wenn man Sequenzen aus konventionellen Dramen in Banalsprache umschreibt. Man erfährt so nämlich, dass nicht nur der Dialog banalisiert wird, sondern die idealen Figuren zerbröseln und ihr Handeln sinnlos wird.

A69:   *Dramatisches Reden in Pidgin-Deutsch (Jandl)*

Ernst Jandl: *die humanisten*[102]

personen   erster mann – m1
                 zweiter mann – m2
                 dritter mann – m3 [. . .]
     m1, m2   beide mitte 40 bis anfang 50, beide gleich groß oder m1 um ein weniges größer als m2, von mittlerer statur, weder dünn noch beleibt, städtische straßenkleidung, aussehen gepflegt; m1 mit einem anflug von pedanterie, m2 mit einem anflug von saloppheit.

     m1,   universitätsprofessor, wirkt insgesamt etwas ruhiger, strenger, beherrschter als m2, künstler. [. . .]

     m3   (nur letzte szene) klein, drahtig, SS-uniform ohne embleme, stiefel, tellermütze.

     sprech- und darstellungsweise   sind durchwegs ernst, hart und ohne spur von kabarettistischem. die dem stück eigentümliche sprache ist von den schauspielern ohne anzeichen von irritation so darzubieten, als handle es sich dabei um die deutsche normalsprache.

     szene   die bühne ist durch einen bemalten hintergrundprospekt abgeschlossen, [. . .] in der art einer ansichtspostkarte zeigt der prospekt eine übersichtlich angeordnete assemblage österreichischer denk- und sehenswürdigkeiten, davon an dominierender stelle das burgtheater und die staatsoper, und in seinem oberen teil, medaillonartig umrahmt, ideale porträts von goethe und handke, grillparzer, schubert, brahms . . . – all dies auf einem untergrund von wiesengrün, himmelblau und imposantem schlagobersgewölk.

     m1   *(zum publikum gewandt, doch zu sich selbst sprechend)*
                 ich hier sein
                 wo sein?
                 ich ich sein
                 wer sein?

ich jetzt sein
wann sein?
ich jetzt hier sein
–

ich sein mein sprach
mein deutsch sprach
mein schön deutsch sprach
(zum publikum)
du wundern mein schön deutsch sprach?
sein sprach von goethen
grillparzern stiftern [...]
(m2 tritt auf, nähert sich)
–

mein sprach sein *ein loben*
immer wenn ich sprechen ich loben den sprach
mein sprach sein ein loben

m2   du sein gut sprechen
      du haben denkenkraft
      du wortengewalt

m1   ich sein ein professor
      was du sein?

m2   ich sein ein kunstler
      was du sein?

m1   ich sein ein universitätenprofessor
      was du sein?

m2   ich sein ein groß kunstler
      was du sein?

m1   ich sein ein universitätenprofessor von geschichten [...]

m2   du lieben den deutschen sprach?

m1   den deutschen sprach mir *heilig* sein

m2   ich sehr lieben den deutschen sprach, sehr lieben

m1   den deutschen sprach mir heilig sein
      sein mein muttersprach

m2   sein mein und dein muttersprach

m1   muttersprach heilig sein
      mir heilig sein

m2   mir und dir heilig sein muttersprach
      deutschen muttersprach

m1   österreich mein vaterland sein
      deutsch mein muttersprach sein [...]

m2   deutsch sprach sein kunst
      sein ein kunstsprach

m1	vaterland sein kunst deutsch sprach und österreich vaterland sein kunst
m2	österreich sein ein kunstland
m1	vaterkunstland
m2	kunstvaterland ... salzenburger fetzenspiele!
m1	burgentheatern!
m2	operan!
m1	schuber und brahmst!
m2	schrammenmusik!
m1	österreich sein ein kunstland!
m2	donau zu blau, zu blau, zu blau
m1	sein ein kunstvaterland! [...]

m3 *(von rechts, mit – etwa sieben – raschen soldatischen schritten; scharf, befehlston)* [...]
diesen zweien!
aufhängen!
stadtmauern!
allen sichtbaren
machen!
allen sichtbaren
machen!
aufhängen!
diesen zweien!
–

deutschen sprach besudelt haben
diesen zweien.
österreich, vaterland, besudelt haben
diesen zweien.
aufhängen!
stadtmauern!

(in gleicher weise nach links ab, sieben schritte, beim vierten schritt black-out)
(kurze stille; dann stimme von tonband, *dumpf, breit)*
schlutz

Lesen Sie den Text mit verteilten Rollen. Beschreiben Sie die Wirkung, und überlegen Sie, was Jandl in den ersten Szenen mit m1 und m2 und in der letzten Szene mit m3 wohl darstellen will und warum er dazu die auffällige Sprachform seines Stücks gewählt hat. Sagen Sie, warum Jandl sein Stück wohl „die humanisten" genannt hat. – Wählen Sie dann passende Figuren, und schreiben Sie selbst ein Stück in dieser oder ähnlicher Sprachform.

Jandl schrieb sein Stück zu Beginn des Jahres 1976. Es hat elf Szenen; unser Auszug enthält Ausschnitte aus der 2. und 4. Szene und die etwa gekürzte 11. Szene. Das Gespräch von m1 und m2 dreht sich in den weggelassenen Szenen u. a. um die Abtreibung, die beide als Mord entschieden ablehnen, und um beider enge Beziehung zur Kirche und zum Puff. Es gibt eine Auseinandersetzung zwischen ihnen wegen der Bedeutsamkeit ihrer Arbeitsgebiete, doch versöhnen sie sich als Angehörige des liebenswürdigsten Volkes wieder, bis sie dann von Leuten, die sie für Terroristen halten und die das Burgtheater und die Oper sprengen wollen, getötet werden.

Wie schon das Bühnenbild anzeigt, ist der Hintergrund und das Thema des Stücks eine verabsolutierte und verkitschte österreichische Kultur. m1 und m2 sind zwei führende Vertreter dieser Kultur, zwei „Humanisten" („humanistä"; S. 244), stockkonservativ, borniert und dekadent, die ihr ganzes Selbstbewusstsein aus dieser abendländisch-humanistischen Kultur beziehen, in der (und von der) sie leben, und aus deren Kultursprache, die sie sprechen. Wie abwegig dieser 'humanistische' Kulturanspruch dabei ist, wird dadurch deutlich, dass sie diese Sprache, die sie in höchsten Tönen preisen, gar nicht mehr sprechen können, sondern nur ein primitives, grammatisch auf Infinitiv und Akkusativ reduziertes Kauderwelsch mit verballhornten Wörtern reden, ein Pidgin-Deutsch sozusagen, – eine groteske Selbstentblößung österreichischen (und nicht nur österreichischen) falschen Kulturbewusstseins.

m1 und m2 werden liquidiert von m3, der eindeutig militärische und faschistische („SS-uniform") Merkmale aufweist, und zwar deshalb, weil sie die deutsche Sprache „besudelt haben". Wichtig ist dabei, dass derjenige bzw. diejenigen, die die hohl und dekadent gewordene alte Kultur liquidieren, es mit den Idealen eben dieser Kultur tun („österreich, vaterland") und vor allem in ihrer Sprache. Jandl sagt: Die letzte Szene „ist vielleicht im gesamten Ablauf das einzige Stück Ironie: Auftritt einer neuen Epoche, Vernichter des Bisherigen, doch diesem in der Diktion zum Verwechseln ähnlich."[103] Nach dem Ende der fragwürdig gewordenen abendländisch-humanistischen Kultur kommt nichts Anderes mehr (eher ein Rückschritt in mittelalterliche Barbarei: die Leichen an der Stadtmauer). Das ist die tief resignative Ansicht Jandls, die er in diesem Stück darstellt: „Ich sehe 'die humanisten' als eine Art Endspiel: es kommt nichts nachher. [...] es kommt nichts anderes nach." (Ebd.)

Vielleicht muss man das Stück nicht in diesem umfassenden endzeitlichen Sinn verstehen, vielleicht trägt es diese Botschaft auch nicht. Doch ist der kulturkritische Aspekt des Stücks gut auffassbar und dramatisch überzeugend dadurch dargestellt, dass die Entstellung der Kultur unmittelbar durch die entstellte dramatische Sprache abgebildet ist. Mit diesem Aspekt können die Schüler und Studenten auch selbst arbeiten und ein eigenes kritisches Stück in dieser 'kulturkritischen' Sprachform schreiben. Wichtig ist dabei, passende Figuren dafür zu finden, etwa

– einen sehr von der Kultur Deutschlands oder des Abendlandes überzeugten nationalistischen Deutschlehrer / Germanistikprofessor / Künstler,

– einen militanten christlichen Geistlichen / Theologen / kirchlichen Würdenträger,

- einen deutschnationalen bis rechtsradikalen Familienvater / Unternehmer / Politiker usw.

Man kann sie miteinander, man kann sie aber auch mit einer Kontrastfigur sprechen lassen, etwa mit

- einem aufgeweckten kleinen Mädchen,
- einer engagierten Vertreterin der Grünen / von Green Peace,
- einer jungen ausländischen Touristin,
- einer farbigen Asylbewerberin usw.,

die alle einwandfreies Hochdeutsch sprechen.

A70:   *Dramatisches Reden von einem Ich-Erzähler (Achternbusch) und in indirekter Rede (Jandl)*

a) Herbert Achternbusch: *Da im Kafenion*[104]

ICH   Das Theaterstück *Da im Kafenion*. Es kommt einer wie ich mit einem Bild. Ich sage zum Wirt: Ich habe ein Bild gemalt. Der Wirt ist immer beschäftigt. Wischt.

WIRT   Stells hin!

ICH   Wein. Ich brauche Wein.

WIRT   Müde? Hinlegen!

ICH   Jetzt nicht hinlegen. Ist der Augenblick kaputt. Wird der ganze Tag kaputt. [...] Ich sitze im Theaterstück *Da im Kafenion* und räuspere mich. Der Wirt schaut her.

WIRT   Oriste?

ICH   Ich hebe vielsagend und nichtssagend den Kopf. [...] Da kommt Dietmar ins Kafenion, schmatzend mit weit aufgerissenem Mund, die Hände sich reibend über einem einzigen steilen Schritt.

DIETMAR   Da sind die Herrn!

ICH   Ohne ein Wort stellt der Wirt sofort einen Metaxa auf die Theke. Dietmar wehrt ab.

DIETMAR   Nein, da gehe ich sofort! Wenn ich am Morgen nur einen Schluck trinke, bin ich doch hin! Dann kann ich nicht aufhören! Ich kenne mich doch – und den Kognak. Also meine Herren, es war mir eine Ehre und ein Vergnügen!

ICH   Er geht wieder. Gunter schmatzt mit aufgeworfenen Lippen und verdrehten Augen, als beneide er Dietmar um seinen Auftritt.

FRANZ   Mir ist das wurscht, was der Dietmar kennt oder auch nicht kennt. [...]

ICH   Telefon. Scheiße! Jetzt habe ich in meinem Theaterstück *Da im Kafenion* vergessen, daß im Kafenion da immer wieder ein Telefon läutet, und der Wirt immer nur fragt:

WIRT   María ...?

Lesen Sie den Text. Schreiben Sie ihn so um, dass Sie für „Ich" „Herbert" setzen und aus dem „Ich"-Text Haupt- und Nebentexte (s. A9) machen. Lesen Sie nun mit verteilten Rollen Ihren veränderten Text (bei dem jemand den ganzen Nebentext: Namen und Regieanweisungen, liest) und den Achternbusch-Text, und machen Sie sich klar, welchen Eindruck der Text Achternbuschs auf Sie macht, woran das liegt und was seine Sprachform Ihrer Einschätzung nach bringt oder auch nicht bringt.

b) **Ernst Jandl:** *Aus der Fremde* [105]

Die Personen:

ER – Schriftsteller, ca. 50 Jahre, ca. 170 cm groß, sehr kurzes, schütteres Haar, von blond zu grau, Gesicht faltig, Brille, Statur nicht füllig, leicht gebeugt, Kleidung salopp, Sportsakko, dunkler Pullover, graue, ungebügelte Hose; er raucht [...] und zwar unablässig. Gesamteindruck: gedrückt, doch fähig zu plötzlichem Stimmungsumschwung.

SIE – Schriftstellerin, ca. 50 Jahre, doch unverbraucht, in einer Weise alterslos; ca. 173 cm groß, mittellanges schwarzes Haar, das die Stirn fast bis an die Augenbrauen verdeckt, schwarzer Pullover, schwarze Cordsamthose, schwarze Sportstiefel (desert boots) mit flachen Absätzen. Gesicht schmal, faltenlos, blaß, Brille nur beim Lesen, Statur groß, schlank. Gesamteindruck: ruhig, eine große innere Kraft ausstrahlend.

Die Stimmung: Die Stimmung des Stückes liegt in der Nähe des Tragischen. Daher ist im Sprechen wie im Agieren jeder Anflug von Komischem oder Groteskem unbedingt zu vermeiden [...].

Die Szene: Großes, eher kahl wirkendes Zimmer in Miethaus, Bauweise um 1910, mit einem gewissen Bürocharakter. Wände einfärbig hellgrau. Nach oben offen; von oben große Kugellampe als Zentrallicht.

erste szene – abends: er, sie

SIE	ob er noch was essen wolle	*(beide sitzend)*
ER	ob sie auch tatsächlich satt sei	
	das verderbliche werde er hinaus in kühlschrank tun	*(er hinaus [...];* *sogleich zurück)*
SIE	das geschirr werde sie rasch noch abwaschen	

ER   er werde das
       auch gern
       selber tun

SIE   sie wolle un-
       reines
       nicht zurücklassen

ER   man könne ja
       mit dem wägelchen   *(beide an servierwagen;*
       alles mal hinausschaffen   *sie damit hinaus [...])*

       er hätte
       es nachher   *(off-stage: lärm vom*
       schon selber getan   *abwaschen)*

SIE   sie sei   *(zurück [...];*
       aber schon   *setzt sich)*
       fertig damit

ER   alles
       tue sie immer
       so rasch

SIE   trotzdem
       habe sie es
       ordentlich getan

ER   es sei
       knapp nach acht erst   *(sie gähnt)*
       und sie scheine müde [...]

       ob er
       jetzt ein taxi
       für sie rufen solle

SIE   noch fünf minuten
       möge er sie
       hier sitzen lassen

ER   er wolle sie doch
       nicht vertreiben
       nur nicht übermüden

SIE   ob es im recht sei
       daß sie ihm
       noch rasch das bett mache

ER   darauf liege noch
       alles in unordnung
       es mache es immer selbst

SIE   sie täte es gern für ihn
       also solle er
       ein taxi rufen

ER er telefoniere
um ein taxi *(ans telefon)*
bitte warten

sechs drei drei
in zwei Minuten *(legt auf)*
sie könnten gehen

SIE sie danke ihm
für den abend
und das essen

ER er danke ihr
für die blumen
und sie möge ihm nichts übelnehmen [...]

zweite szene – abends: er

ER daß er *(eintretend)*
zuletzt immer
den raum allein betrete

daß ihm der raum
jetzt leer
und fremd erscheine

daß ihn
die gläser dort
ans tischchen zögen

daß er den rest
in ihrem glas
jetzt trinken werde

daß sein glas
mit whiskey und mineral
er nochmals füllen wolle

daß er wie stets
ihren vereinbarten
anruf erwarte

daß er
einen schluck
jetzt nehmen wolle

daß er *(zündet zigarette an, raucht)*
nicht dran denke
nicht mehr zu rauchen

daß er das telefon
läuten höre
und hineile

daß er sie höre *(am telefon)*
und er sie frage
ob sie gut heimgekommen sei

daß er ihr
ebenfalls
eine gute nacht wünsche

daß er nicht
zuviel tabletten
nehmen werde

daß bis zum morgen
ebenfalls
er sie küsse   *(ende telefongespräch)*

worauf er
keinen anruf mehr
zu erwarten habe

ihr glas
trage er nun
nach draußen

bücherkram vom bett
schaffe er nun
auf das tischchen

einiges vielleicht
werde vor einschlafen
besehen werden

wann überhaupt
solle er lesen
wenn er doch schreiben wolle [...]

Lesen Sie die ersten zwölf Strophen des Textes und formen Sie sie schriftlich
(oder auch mündlich) um in normale Dialoge. Lesen Sie dann mit verteilten
Rollen (auch die Regieanweisungen sollten gelesen werden) zunächst Ihren
umgeschriebenen Text und dann den Text Jandls: Beschreiben Sie die allgemeine Wirkung des Jandl-Textes, und untersuchen Sie, mit welchen sprachlichen Mitteln er arbeitet. Überlegen Sie, was es für die Darstellung der Figuren und ihres Verhältnisses zueinander bedeutet, dass sie weder „ich" noch
„du" sagen und von sich in der dritten Person und im Konjunktiv sprechen,
und warum Jandl sein Stück wohl „Aus der Fremde" nennt.

Schreiben Sie selbst über eine schwierige Beziehung oder zu einer problematischen Begegnung ein Stück in dieser Sprachform (gegebenenfalls zunächst
in direkter Rede, die Sie dann in indirekte Rede umwandeln).

(a) In diesen beiden Aufgaben geht es nicht mehr nur darum, dass das Sprechen der
dramatischen Figuren entstellt und verändert ist, sondern dass das dramatische
Sprechen, die dialogische 'direkte Rede' des Dramas, selbst destruiert ist. Der Text
von Achternbusch soll zunächst nur die allgemeine Erfahrung vermitteln, welche
Wirkung es hat, wenn in einem Drama nicht-dramatische Elemente bestimmend
werden, nämlich statt einer dramatischen Figur ein Ich-Erzähler auftritt, der von

sich erzählt und dem, was er sagt, und außerdem von dem Drama, in dem er gerade auftritt und das er selbst geschrieben hat. Offenbar kommt hier nicht nur wie bei Brecht ein 'episches' Element zum Drama dazu, sondern epische und dramatische Elemente relativieren sich und bewirken eine allgemeine Verwirrung. Dass die 'Figur' sich außerdem als der Autor des Stückes erweist, in dem sie gerade spielt und über das sie reflektiert, steigert diese (gattungsmäßige) Verwirrung dann noch einmal und rundet sie ab; auf sie vor allem kommt es dem Autor wohl auch an.

Achternbusch hat das Stück nach seinen Angaben am 26.9.1987, einem Samstag, geschrieben;[106] 1996 wurde es veröffentlicht. Der Text umfaßt acht Seiten; unsere Auswahl bringt den Anfang, zwei Ausschnitte aus dem Mittelteil und den Schluss. Für das Stück gilt, was Achternbusch zu seinem Drama „Auf verlorenem Posten" sagt:

> Ich schreibe eine Geschichte, dann kommt dazu, was die Kinder tun, dann höre ich Nachrichten, was der Verteidigungsminister oder der Joachim Kaiser gerade sagt, und das steht drin [...]. Mir ist egal, was das für eine Form hat, ob die literarisch abgesichert ist. Mich interessieren diese vorgegebenen, diese gezimmerten Formen nicht. [...] Ich vertraue auf das, was ich mache, daß das eine Verständigung unter sich hat, egal wie zerstreut und desolat das manchmal ist.[107]

Er reagiert mit der „desolaten" Form seiner Stücke auf „diese chaotische Gesellschaft", die geschlossenere und kohärentere literarische Formen nur als Mittel benutzt, damit man sich in ihrem Chaos doch „irgendwie rund und wohl fühlt und sich irgendwie auskennt."[108] Für seine Werke trifft so allgemein zu, was Böll über einen Roman von ihm sagt: „Achternbusch findet in dieser Welt, und mit Recht nimmt er seine Umwelt als diese Welt, keine Kontinuität, auch keine Form, sie teilt sich ihm zerstückelt mit, und er gibt sie zerstückelt weiter, formlos oder ungeformt." (1982, S. 76) – Spezifischer ist die Dekonstruktion der dramatischen Sprachform in Jandls Stück gezielt:

(b) Jandl schrieb sein Stück in der zweiten Hälfte des Jahres 1979, die Uraufführung fand im September 1979 im Rahmen des „Steirischen Herbstes" in Graz, die deutsche Erstaufführung im Februar 1980 auf der Schaubühne am Hallischen Ufer in Berlin statt, und danach wurde es häufig aufgeführt. Das Drama hat außer „er" und „sie" noch eine dritte Person „er2", einen etwa dreißigjährigen Intellektuellen, mit dem „er" spricht; das ist in unserem Auszug weggefallen. Etwa ein Drittel des ganzen Stücks besteht aus Monologen des „er" in der Art der zweiten Szene. Jandl nennt sein Stück eine „Sprechoper": „Die Sprechweise dieser 'Sprechoper' unterscheidet sich von jeder gewohnten Bühnendiktion. Die Stimmen bewegen sich mehr oder weniger an der Grenze zum Singen, ohne Gesang tatsächlich zu erreichen (Rezitativ)." (S. 256) Wenn das Sprechen nicht besonders darauf angelegt ist, was Jandl vermieden haben möchte, ist das Stück durchaus nicht komisch und auch nicht eigentlich grotesk. Dass die Stimmung des Stücks „in der Nähe des Tragischen" liegt (S. 257), ist vielleicht etwas hochgegriffen, doch ist die Stimmung – trotz mancher komischer Momente – insgesamt irgendwie gedrückt und vor allem kalt.

Sehen wir auf die Formmittel, genauer auf die *sprachlichen Mittel*, mit denen das Drama arbeitet: Der Text ist durchgängig in dreizeiligen Strophen geschrieben; Jandl sagt, es sei „die dramatische Arbeit eines vorwiegend Gedichte Schreibenden" und mit der Strophenform habe er „den Dialog gedichtartig gestrafft".[109] Vor allem sprechen die Figuren in indirekter Rede, also von sich selbst wie von dem Anderen in der dritten Person und im Konjunktiv. Was das bedeutet und leistet, wird im Stück selbst von den beiden Figuren ausführlich diskutiert (S. 299–302): Es macht mit dem „dreifachen motor strophe konjunktiv dritte person" alles „sehr gekünstelt" (S. 300). Konjunktiv und dritte Person bewirken sodann eine „objektivierung im sinne der zerstörung von illusion" (S. 301): Die Illusion, es sprächen zwei Personen auf der Bühne miteinander, wird zerstört. Sie sprechen nicht aus ihrer subjektiven Rolle als gegenwärtig sprechendes Ich, sondern erzählen gleichsam objektiv von sich als von jemandem, der eine Rolle spricht (vgl. Grohotolsky 1984, S. 98f.). Das dramatische Spiel wird so aufgehoben, und an seine Stelle tritt gewissermaßen ein episches Geschehen:

das kräftigste mittel
um das spiel auf der bühne
durch eine art von erzählen zu ersetzen (S. 301)

Dabei erzählt diese Art von Erzählen aber nicht von Geschehenem, sondern vom Sprechen, das teilweise ein Erzählen ist, ist also „erzählen von etwas erzähltem" (S. 301) und relativiert seine scheinbare 'Objektivität' so selbst ständig.

Das besondere dramatische Element dieses Stücks, „die eigentliche spannung" (S. 301), liegt nun darin, dass die Figuren einerseits erzählen, was sie sprechen, etwa in Bezug auf das, was sie tun, und das in der dritten Person im Konjunktiv: „er telefoniere um ein taxi", andererseits es aber gleichzeitig, gleichsam als Ich und in Wirklichkeit, tun: „(ans telefon)". Durch diese „doppelte Einheit von Handlung und Sprache, Aktion und Kommentar" (Guntermann 1987b, S. 133) wird das Ganze ein weiteres Mal künstlich. Es wird zu einem illusorischen Spiel, wie es für das Theater spezifisch ist: zu einem wirklichen, wenn auch sehr ungewöhnlichen, aber wirksamen Theaterstück. „Die tatsächliche Wirkung des Stücks auf der Bühne belegen zahlreiche, durchweg positive Kritiken, wie sie fast alle Inszenierungen auf sich gezogen haben." (Riha 1992, S. 283)

Was bedeutet die Dramen- und Sprachform des Stücks für die Darstellung der Figuren und ihres Verhältnisses zueinander? Darüber wird Entscheidendes in der Gegenüberstellung mit dem umgeschriebenen Text in normaler Sprache deutlich, in dem unaufhörlich „ich" und „du" vorkommen: Es gibt, obwohl die Figuren gegenwärtig handeln und von sich reden, kein Ich in diesem Stück. Und es gibt, obwohl die Figuren ständig miteinander reden, kein Du. Es herrscht eine völlige Ich- und Selbstentfremdung der Figuren, und es fehlt jegliche kommunikative Beziehung der Figuren zueinander. In diesem Drama „Aus der Fremde" werden Selbstentfremdung und mitmenschliche Entfremdung dargestellt. Das sind Bestimmungen, die heute für viele Menschen und ihre Beziehungen zueinander zutreffen; es ist ein Merkmal unserer persönlichen und gesellschaftlichen Wirklichkeit. Nach Jandl ist das Stück daher „exemplarisch nicht zuletzt für die Bedrängnis, in der unzählige Einzelne heute ratlos und mundtot verharren." [110] Das stellt Jandl nun nicht dar, indem er seine Figuren auf der Bühne darüber sprechen lässt, sondern indem er es „sich in der Sprachstruktur selbst materialisieren" und so sprachlich und dramatisch direkt realisieren lässt. „Das ist das eindringliche Faszinosum dieses Stücks und das eigentliche Kunststück seines Verfassers." (Riha 1992, S. 280) Innerhalb des gegenwärtigen Theaters besetzt das Stück eine wichtige Position. Es zeigt, dass ein Drama möglich ist, das nicht nur die dramatische Tradition negiert und destruiert, sondern das durch ihre Dekonstruktion Möglichkeiten dramatischer Darstellung gewinnt.

Mit „Aus der Fremde" hat Jandl, wie er selbst sagt, „ein Stück mit autobiographischen Zügen geschrieben" [111]: Mit der weiblichen Figur ist seine jahrzehntelange Partnerin Friederike Mayröcker und sein schwieriges Verhältnis zu ihr; in der männlichen Figur ist er selbst dargestellt und eine „Depression", die ihn, wie er sagt, mit etwa fünfzig Jahren „nahezu vollständig isoliert". [112] Das Stück kann verstanden werden als „Selbstporträt des Autors, als schonungslose Entblößung der Existenz eines alternden Schriftstellers, der von Arbeitsschwierigkeiten heimgesucht und [von] Ängsten und Selbstzweifeln befallen" ist (Guntermann 1987 b, S. 123). – Auch die Schüler und Studenten können in dieser Dramenform eigene Erfahrungen, vor allem Erfahrungen eigener Identitätsprobleme und Beziehungsschwierigkeiten darstellen, wobei wie in dem Stück Jandls keine großen Handlungsszenarien entworfen werden müssen, sondern die Darstellung einfacher und alltäglicher Vorgänge ausreicht. Wie manche andere Arbeitsaufgabe, die von ungewöhnlichen Texten ausgeht, könnte auch diese Aufgabe als schwierig gelten, ist wie auch andere in Wirklichkeit aber gut lösbar und lohnend. Um das ein wenig zu belegen, teile ich abschließend zwei Texte mit, die im Wintersemester 1995/96 in einem Seminar „Produktiver Umgang mit dem Drama" an der Pädagogischen Hochschule Freiburg zu dieser Arbeitsaufgabe geschrieben wurden:

Die richtige Gangart

Mutter (etwa 45 Jahre alt, mit glatt hängendem Haar, gekleidet in einen zu weiten, weiß-gelblichen Baumwollpullover und lila Baumwollhosen, an den Füßen Gesundheitssandalen; sanfter Blick)
Sohn (etwa 17 Jahre alt, langes Haar, gekleidet in einen schwarzen engen Pullover und schwarze enge und abgeschabte Jeans, Turnschuhe)
Mutter und Sohn wohnen in Berlin, sind zu Besuch in Süddeutschland und machen eine Wanderung im Schwarzwald.

MUTTER Er trete immer mit den Hacken auf.

SOHN Er trete mit den Hacken auf, weil es bergab gehe.

MUTTER Das sei aber ungesund.

SOHN Auch wenn sie seine Mutter sei, könne sie nicht alles besser wissen.

MUTTER Sie sei älter und habe mehr Erfahrung.

SOHN   Es gehe aber bergab.

MUTTER   Bergab oder bergauf sei gleichgültig, wichtig seien gesunde Füße.

SOHN   Sie mache ihn krank.

MUTTER   Er sei ungezogen.

SOHN   Er würde lieber heute als morgen ausziehen.

MUTTER   Sie habe nie geglaubt, daß er so undankbar sein könne.

SOHN   Er sei alles, was sie wolle: ungezogen, undankbar, aber in Zukunft werde er sogar bergauf mit den Hacken auftreten.

MUTTER   Er sei nicht mehr ihr Sohn.

(Anne Brandhorst)

Er und Sie

Er: Anwalt, ca. 30 Jahre, etwa 185 cm groß, kräftige Erscheinung, dezent gekleidet, dynamisch jungenhafte Ausstrahlung
Sie: Ehemalige Studentin (abgebrochenes Jurastudium), ca. 36 Jahre, 170 cm groß, Gesicht auffällig jung, schlank, Kleidung streng in Farben und Form; betrachtet stets nervös ihre Finger
Szene: Durchgestyltes Wohnzimmer, italienischer Stil

SIE   *sitzt, blättert in einem Magazin*

ob er
einen schönen
Tag gehabt habe

ER   ob es
auch ihr gut
gegangen sei

dass er von den
anstrengenden Verhandlungen müde
dennoch sehr zufrieden sei

SIE   dass sie von seiner
Zufriedenheit
nichts habe

dass sie sich
ihr Leben so nicht
vorgestellt habe

ER   ob man
darüber später
sprechen könne

dass er jetzt
ein Bad
nehmen wolle

SIE   dass er nie
Zeit für sie habe
wenn sie ihn brauche

ER   dass er doch
jetzt gerade erst
gekommen sei

dass er sich
auf sie
gefreut habe

SIE   warum er dann
sofort baden wolle anstatt
mit ihr zu reden

ER   dass doch noch
der ganze Abend
vor ihnen liege

SIE   dass er doch jetzt sehen müsse
wie er alles
wieder kaputtmache

dass sie nur versucht habe
mit ihm
zu kommunizieren

ER   dass er das
alles nicht
mehr aushalte

(Martina Bitterling-Kim)

8. Methodische Hinweise und Vorschläge

Warum ein produktiver Umgang mit dem Drama angezeigt ist, wurde im Vorwort, wie er literaturtheoretisch und literaturdidaktisch zu begründen ist, wurde in Abschnitt 5.1. ausgeführt. Hier sollen nur einige Hinweise gegeben werden, wie mit den im Vorstehenden vorgestellten Modellen und Aufgaben praktisch gearbeitet werden kann.

8.1. Produktiver Umgang mit dem Drama in der Schule

Die Arbeit mit dem Drama in diesem Buch bezieht sich für die Schule auf die zweite Hälfte der Sekundarstufe I und die Sekundarstufe II (nicht auf die Primar- und die erste Hälfte der Sekundarstufe I; s. Abschn. 1.1.). Die Erläuterungen und Exkurse zu den Modellen und Aufgaben sind oft so gehalten, dass ihre Erarbeitung in der Hochschule und in Leistungskursen genügend anspruchsvoll und lohnend ist. Die Aufgaben selbst sind aber meist auch sehr viel früher verwendbar; es liegt dann am Lehrer, abzuschätzen, mit welchem Anspruch er die entsprechende Aufgabe bearbeiten will und auf was an kognitiver Sicherung, Vertiefung und Erweiterung er verzichten kann.

Hier einige allgemeine Bemerkungen zu den *Arbeitsaufgaben* und dem Umgang mit den *Arbeitsergebnissen*: Die Produktionsaufgaben sind kein spielerischer Selbstzweck, und sie richten produktive Arbeit mit dramatischen Formen und Dramen nicht vor allem (ein wenig allerdings auch) zur Befriedigung des literarischen Spieltriebs und zur Betätigung von Kreativität ein. Sie wollen primär mit ihren Verfahren *produktives Verstehen* von Dramen, von dramatischen Formen und Strukturen, ihren Funktionen und Leistungen ermöglichen. Deshalb ist bei den Aufgaben meist genau angegeben, woraufhin die Ergebnisse der produktiven Arbeit jeweils befragt und was an ihnen überlegt oder diskutiert werden könnte. Oder in den Erläuterungen zu den Aufgaben ist ausführlich (manchmal sehr ausführlich) dargelegt, in welchen Sach- und Problemzusammenhängen sie stehen und was bei ihnen erkundet, erarbeitet, erörtert und erkannt werden könnte. Und häufig ist beides der Fall. Das prägt das Buch wohl deutlich, deshalb ist es wichtig, dass es nicht missverstanden wird:

Zunächst einmal sollte sich der Lehrer durch die manchmal recht ausgedehnten und eingehenden Ausführungen zu vielen Arbeitsaufgaben nicht bedrängt fühlen. Sie sind oft für das diskursive und kognitive Anspruchsniveau von Hochschule und Leistungskurs geschrieben und können für Grundkurse natürlich verkürzt und für die unteren Klassen mühelos auf einige wichtige Aspekte reduziert werden. Und auch diese müssen nicht in jedem Falle verbalisiert, diskursiv erörtert und kognitiv verarbeitet werden. Natürlich sollte nach den Produktionen bzw. ihren Präsentationen über diese gesprochen werden, sollte nach Möglichkeit erörtert werden, was die produktive Arbeit mit oder an dramatischen Formen für ihr Verständnis gebracht hat.

Wenn dieses Gespräch dann aber nicht das ausschöpft, was alles zu den Produktionen gesagt werden könnte, wenn es überhaupt mühsam und karg bleibt oder vielleicht einmal gar nicht zustandekommt, ist das durchaus kein großes Unglück und stellt vor allem das Konzept des produktiven Umgangs mit dem Drama nicht in Frage. Fraglos ist die Besprechungsphase nach den Produktionen aus mehreren Gründen schwierig und oft mühsam. Wenn aber ein praktizierender Fachseminarleiter für Deutsch nach einer anerkanntermaßen „begeisternden [...] Produktionsphase", weil die anschließende „Auswertungsphase" schwierig und unbefriedigend ist, etwa Wichtiges nicht „auf den Begriff gebracht und erörtert" hat, von einem „'Mißerfolg'" der ganzen produktiven Textarbeit spricht (Neumann in: Neumann / Haas / Spinner / Menzel 1994, S. 9), dann ist das Konzept des produktiven Umgangs mit Literatur hier leider völlig missverstanden:

Es geht bei dem produktiven Umgang mit Literatur in der Schule um *produktives Verstehen*, und das ist keine Abkürzung für ein eigentlich gemeintes 'über produktive Verfahren verlaufendes *kognitives* Verstehen', sondern meint genau das, was es sagt: dass es ein *durch* die Produktion erfolgendes Verstehen, eben ein 'produktives Verstehen' einrichtet (s. o. 5.1.3. f.). Dies kann dann und sollte auch, wenn es möglich ist, kognitiv gefasst und erfasst werden, ist als Verstehen selbst aber davon unabhängig: Die Arbeit an Literatur mit produktiven Verfahren richtet ja vor allem ein *Erfahrungslernen* ein (s. o. 5.1.4. f.). Für dieses Erfahrungslernen ist primär wichtig, welche eigenen – u. a. auch affektiven und emotionalen – Erfahrungen die Schüler bei ihrem produktiven Umgang mit Literatur, mit Dramen: mit ihren Formen und Techniken, deren Funktionen, Leistungen und Wirkungen machen. Diese Erfahrungen können und sollten nach Möglichkeit verbalisiert und kognitiv erfasst werden; und dafür bietet dieses Buch viele Möglichkeiten an. Der entscheidende Lernertrag der produktiven Textarbeit liegt aber in den verschiedenen Erfahrungen, die die Schüler durch sie mit Literatur, mit dem Drama gemacht haben, und der bleibt durchaus bestehen (und wird gegebenenfalls auch erst längerfristig wirksam), wenn er – etwa bei Schülern, die dazu nicht so sehr disponiert oder in der Lage sind – wenig, kaum und sogar wenn er einmal gar nicht explizit verbalisiert, diskursiv erörtert und kognitiv erfasst wird (vgl. Haas, in: Neumann / Haas / Spinner / Menzel 1994, S. 10f.).

Die *Besprechungsphase* nach der produktiven Arbeit ist dabei beim Drama weniger schwierig als bei Lyrik und Erzähltexten:

– Da die Arbeit mit dramatischen Formen und an Dramen häufig in Gruppen erfolgen kann, liegen weniger Produktionen vor, die oft alle vorgestellt werden können, sodass keine Arbeit völlig unberücksichtigt bleibt.

– Bei der Besprechung der Produktionen ist häufig von den Gruppen aus einiges zu sagen über die Vorgänge, Absichten und Schwierigkeiten ihres Produzierens, wodurch (leichter als bei den 'einsamen' Lyrikproduktionen der Einzelnen) Gespräche über die Merkmale, Tendenzen und Leistungen der Produktionen in Gang kommen.

- Dramatische Produktionen sind generell auf Zuschauer gezielt, deshalb ist es (anders als bei Lyrik und auch Erzähltexten) naheliegend und i. a. ertragreich, üblicherweise nach der Wirkung einer Produktion auf die 'Zuschauer' (d. h. die Klasse, den Kurs, das Seminar) und nach der Leistung der verwendeten Mittel und Techniken dabei zu fragen.

- Viele der vorstehenden Arbeitsaufgaben stehen, weil die Gattung des Dramas es nahelegt, im Kontext größerer dramatischer Vorhaben, sodass die Erträge der einzelnen Aufgaben mitgetragen, so aber auch gedeutet und 'interpretiert' werden durch die Arbeitsvorgänge und Erträge der anderen Aufgaben des Vorhabens.

- Viele Aufgaben zur szenischen Erarbeitung dramatischer Texte benötigen keine gesonderte kognitive Artikulation ihrer Ergebnisse, sondern sprechen für sich selbst; und nicht wenige bestehen gerade darin, dass sie eine spielhafte Deutung und Interpretation des dramatischen Textes darstellen, über die nicht noch einmal metakommuniziert werden muß.

Nun einige Vorschläge für die Arbeit mit den vorstehenden Modellen und Arbeitsaufgaben:

8./9. Klasse

- Einzelstunden: Eigenes Schreiben von Mini-Dramen (A1–4)
- Kleine Unterrichtssequenz: Einführung in die Dramenform (Haupttext – Nebentext) und Schreiben einer eigenen Dramenszene in dieser Form (A8–10)
- Unterrichtseinheit: Produktives Erarbeiten von Grundstrukturen des Dramas (A1–5, 8–10)
- Unterrichtseinheit: Einführung und Einübung in das szenische Erarbeiten von Dramentexten (A23–27)
- Größere Unterrichtseinheit: Produktives Erarbeiten dramatischer Formen durch die Umformung einer Erzählung in ein Drama (A11–16)

10./11. Klasse

- Einzelstunde: Schreiben von dramatischen Szenen mit gespaltenen dramatischen Figuren (A55)
- Einzelstunde: Schreiben von Monodialogen mit technischen 'Partnern' (A65)
- Einzelstunde: Besprechen und Schreiben eines Dialogs in Szene-Jargon (A67)
- Einzelstunde: Dialogspiele zu undialogischen Dialogen (A54)
- Kleinere Unterrichtssequenz: Schreiben eines eigenen Stationendramas (A1–5)
- Kleinere Unterrichtssequenz: Analytisches und produktives Erarbeiten des Lehrstücks und des Boal-Theaters (A21)
- Unterrichtseinheit: Produktives Erarbeiten von Grundstrukturen des Dramas (A1–10)

- Unterrichtseinheit: Szenisches Erarbeiten von Dramentexten (A23–27)
- Unterrichtseinheit: Szenisches Erarbeiten eines selbstgewählten Dramas (nach dem Repertoire 4.2.)
- Unterrichtseinheit: Szenisches, produktives und analytisches Erarbeiten eines Dramas: Dürrenmatt: „Besuch der alten Dame" (Auswahl aus A22–53)
- Unterrichtseinheit: Szenisches und produktives (sowie analytisches) Erarbeiten eines selbstgewählten Dramas (nach dem Repertoire 4.2. und dem Katalog 5.2.)
- Unterrichtseinheit: Analytisches – dieses stärker geführt – und produktives Erarbeiten von je zwei dramatischen Formtypen, etwa „Iphigenie" – „Woyzeck", „Mutter Courage" – „Ermittlung" usw. (aus A18–22)
- Unterrichtseinheit: Produktives Erkunden einiger – einfacherer – Formen des Dramas der Gegenwart (aus A55–70, etwa A55, 63–65, 67–69)
- Größere Unterrichtseinheit: Produktives Erarbeiten dramatischer Formen durch die Umformung einer Erzählung in ein Drama (A11–16)

12./13. Klasse: Grund- und Leistungskurse

- Grundkurs: Szenisches Erarbeiten von Dramentexten (Kap. 4)
- Grund- oder Leistungskurs: Szenisches Erarbeiten von Dramentexten, und zwar der vorgegebenen Mini-Dramen (Kap. 4) und eines selbstgewählten Dramas
- Grund- oder Leistungskurs: Produktives Erarbeiten von Grundstrukturen und von Formen des Dramas, letzteres durch Umformen einer Erzählung in ein Drama (Kap. 1 u. 2)
- Grund- oder Leistungskurs: Produktives Erkunden von Formen des Dramas der Gegenwart (Kap. 7) mit einem Vorlauf zu konventionellen Dramenformen (A17 oder 18)
- Leistungskurs: Analytisches und produktives Erarbeiten von Formtypen des Dramas (Kap. 3)

8.2. Produktiver Umgang mit dem Drama in der Hochschule

Ein Problem stellt sich nicht, wenn man in der Hochschule mit den vorstehenden Modellen und Arbeitsanregungen arbeiten will: dass Produktionsaufgaben nicht angemessen sind. Es lassen sich alle und vor allem auch die einfacheren und 'leichteren' Produktionsaufgaben mit sachlichem Gewinn und teilweise hohem Ertrag an Lust und Spielfreude verwenden. Die manchmal anspruchsvollen dramenanalytischen, dramengeschichtlichen und -theoretischen Erläuterungen und Exkurse zu den Aufgaben können bei Bedarf voll ausgeschöpft werden. Veranstaltungen, für die die vorstehenden Modelle und Arbeitsanregungen verwendet werden könnten (und für die ich sie verwendet habe), sind:

– Einführung in die Analyse / Interpretation literarischer Texte, Teilbereich Dramentexte: Szenischer, produktiver und analytischer Umgang mit einem Dramentext (Kap. 6)

– Einführung in die Literaturwissenschaft, Teilbereich Drama: Einführung in dramatische Grundformen durch Dramatisierung eines Erzähltextes (Kap. 2)

– Literaturwissenschaftliche Einführung ins Drama: Analytische und produktive Erarbeitung von Formtypen des Dramas (Kap. 3), gegebenenfalls mit einem Vorlauf zur produktiven Erarbeitung dramatischer Grundstrukturen (Kap. 1)

– Literaturwissenschaftliche Einführung in Formen des Dramas der Gegenwart (Kap. 7) mit einem Vorlauf zu konventionellen Dramenformen (A17 und/oder 18)

– Einführung in die Literaturdidaktik, Teilbereich Dramendidaktik: Einführung in die szenische Erarbeitung von Dramentexten (Kap. 4)

– Literaturdidaktische Einführung in den produktiven Umgang mit dem Drama (Kap. 1, 2, 4, 6, gegebenenfalls Aufgaben aus Kap. 7) mit einem literaturtheoretischen und literaturdidaktischen Vorlauf (Abschn. 5.1.)

9. Anmerkungen

1 Erich Kästner: Moral. In: E. K.: Gedichte. Frankfurt/M.: Büchergilde Gutenberg 1981. S. 508.

2 Wolfgang Deichsel: Kaufhausdetektiv. In: Telefonate. Aus: Frankenstein I. Aus dem Leben der Angestellten. W. D.: Werke. Bd. 3. Frankfurt/M.: Verlag der Autoren 1992. S. 97.

3 Friedrich Karl Wächter: Ich. In: F. K. W.: Die letzten Dinge in 77 Stücken. Frankfurt/M.: Verlag der Autoren 1992. S. 148.

4 Wolfgang Deichsel: Der Vater. In: Telefonate. Aus: Frankenstein I. (= Anm. 2) S. 95f.

5 Max Frisch: Der Stuhl. Aus: Andorra. Stück in zwölf Bildern. In: M. F.: Stücke. Frankfurt/M.: Suhrkamp 1962. Bd. 2, S. 223–225.

6 Bertolt Brecht: „... weil er Furcht hat". Aus: Furcht und Elend des III. Reiches. 27 Szenen. In: B.B.: Werke. Große kommentierte Berliner und Frankfurter Ausgabe. Berlin / Weimar: Aufbau-Verlag u. Frankfurt/M.: Suhrkamp. Bd. 4: Stücke 4. 1988. S. 430; nach der New Yorker Fassung von 1945 (s. S. 526f.) beginnt die Szenenanmerkung: „Chemnitz, 1937. Ein Raum der Hitlerjugend. Ein Haufen Jungens, die meisten haben Gasmasken umgehängt."

7 Carl Zuckmayer: Der Hauptmann von Köpenick. Ein deutsches Märchen in drei Akten. In: C. Z.: Werkausgabe in zehn Bänden. Frankfurt/M.: Fischer Taschenbuch Verlag 1976. [Bd. 7:] Stücke I. S. 370f.; II. Akt, 8. Szene.

8 Peter Weiss: Abschied von den Eltern. Erzählung. Frankfurt/M.: Suhrkamp 1973, 7. Aufl. (edition suhrkamp 85) S. 48.

9 In: Der Maler Peter Weiss. Bilder – Zeichnungen – Collagen – Filme. Berlin: Frölich & Kaufmann o. J. [1982]. S. 107, 111, 149; und in: Raimund Hoffmann: Peter Weiss. Malerei – Zeichnungen – Collagen. Berlin: Henschelverlag Kunst und Gesellschaft 1984. S. 55, 57, 81.

10 In: Der Maler Peter Weiss. (= Anm. 9) S. 167.

11 Peter Weiss: Diagnos. Übers. v. Bengt-Erik Hedin. Malmö 1963; sechs Collagen in: Raimund Hoffmann: Peter Weiss. (= Anm. 9) S. 150–155; vier Collagen, darunter eine, die nicht bei Hoffmann ist, in: Der Maler Peter Weiss. (= Anm. 9) S. 264–267.

12 Peter Weiss: Abschied von den Eltern. (= Anm. 8) S. 57f.

13 Peter Weiss: Abschied von den Eltern. (= Anm. 8) S. 55f., 83.

14 Peter Weiss: Fluchtpunkt. Roman. Frankfurt/M.: Suhrkamp 1971, 5. Aufl. (edition suhrkamp 125) S. 12f.

15 Peter Weiss: Abschied von den Eltern. (= Anm. 8) S. 49f.

16 Peter Weiss: Abschied von den Eltern. (= Anm. 8) S. 29f.

17 Peter Weiss: Fluchtpunkt. (= Anm. 14) S. 31.

18 Peter Weiss: Abschied von den Eltern. (= Anm. 8) S. 7, 13f., 69.

19 Lessing an Friedrich Nicolai v. 21.1.1758. In: Gotthold Ephraim Lessing: Gesammelte Werke in zehn Bänden. Hg. v. Paul Rilla. Bd. 9: Briefe. Berlin: Aufbau-Verlag 1957. S. 157.

20 Gotthold Ephraim Lessing: Emilia Galotti. In: Gesammelte Werke in zehn Bänden. (= Anm. 19) Bd. 2. 1954. S. 317; V,7.

21 Gotthold Ephraim Lessing an seinen Bruder Karl Lessing v. 1.3.1772. In: G. E. L.: Briefe. (= Anm. 19) S. 501f.

[22] Johann Wolfgang Goethe: Iphigenie auf Tauris. In: J. W. G.: Gedenkausgabe der Werke, Briefe und Gespräche. Hg. v. Ernst Beutler. Bd. 6: Die Weimarer Dramen. Zürich: Artemis-Verlag 1954. S. 193–197, 200–206; es kann bei der Arbeit jede Ausgabe verwendet werden, sie sollte aber eine Zeilenzählung aufweisen. Im Folgenden zitiere ich mit bloßer Zeilenzählung und dabei Zitate aus den nachgewiesenen Stellen, die der Arbeit zugrunde liegen, in *kursiv.*

[23] Goethe an Charlotte von Stein v. 6.3.1779. In: Goethes Briefe. Hamburger Ausgabe in 4 Bänden. Hg. v. Karl Robert Mandelkow. Hamburg: Wegner. Bd. 2, 2. Aufl. 1968. S. 264.

[24] Euripides: Iphigenie bei den Taurern. In: Euripides: Sämtliche Tragödien in zwei Bänden. Übers. v. J. J. Donner, bearbeitet v. Richard Kannicht. Stuttgart: Kröner 1958. Bd. 2. (Kröners Taschenausgabe 285) S. 133.

[25] Georg Büchner: Woyzeck. Kritische Lese- und Arbeitsausgabe. Hg. v. Lothar Bornscheuer. Stuttgart: Reclam 1972. (Universal-Bibliothek 9347) S. 13 f., 17 f., 21 f., 33 f., 41 f.; aus diesen Stellen zitiere ich mit der römischen Zahl der Szenennummerierung, andere Stellen mit der Seitenzahl der Textausgabe.

[26] Georg Büchner: Lenz. In: G. B.: Werke und Briefe. Münchner Ausgabe. Hg. v. Karl Pörnbacher [u. a.]. München: Hanser 1988. S. 144 f.

[27] Georg Büchner: Brief an die Familie im Februar 1834. In: G. B.: Werke und Briefe. (= Anm. 26) S. 285.

[28] Bertolt Brecht: Mutter Courage und ihre Kinder. Eine Chronik aus dem Dreißigjährigen Krieg. In: B. B.: Werke. (= Anm. 6) Bd. 6: Stücke 6. 1989. S. 7–86; die Textangaben erfolgen nach der leichter greifbaren Separatausgabe B. B.: Mutter Courage und ihre Kinder. Frankfurt/M.: Suhrkamp 1963 (edition suhrkamp 49).

[29] In einem Typoskript für die Züricher Uraufführung, bei der Aufführung und später aber nicht verwendet. In: B. B.: Werke. Bd. 6. (s. Anm. 28) S. 385.

[30] Aus: B. B.: Mutter Courage. Separatausgabe. (s. Anm. 28) S. 7, 13 f., 17–19.

[31] In: Bertolt Brecht: Werke. (= Anm. 6) Bd. 24: Schriften 4. Texte zu Stücken. 1991. S. 261.

[32] Aus: Bertolt Brecht: Mutter Courage. Separatausgabe. (s. Anm. 28) S. 72–76.

[33] In: Bertolt Brecht: Werke. (s. Anm. 31) Bd. 24, S. 263 f.

[34] Bertolt Brecht: Werke. Bd. 6. (= Anm. 28) S. 85.

[35] Bertolt Brecht: Werke. Bd. 6. (= Anm. 28) S. 45.

[36] Friedrich Schiller: Sämtliche Werke. Hg. v. Gerhard Fricke / Herbert G. Göpfert. München: Hanser, 5. Aufl. 1974. Bd. 2: Dramen II, S. 822.

[37] Max Frisch: In: Stücke. (= Anm. 5) Bd. 1, S. 156.

[38] Bertolt Brecht: Der Jasager. Schuloper. In: B. B.: Werke. (= Anm. 6) Bd. 3: Stücke 3. 1988. S. 59–65; die Gruppe (die Klasse, der Kurs, das Seminar) sollte arbeiten mit: B. B.: Der Jasager und Der Neinsager. Vorlagen, Fassungen, Materialien. Hg. v. Peter Szondi. Frankfurt/M.: Suhrkamp 1966. (edition suhrkamp 171) S. 31–40.

[39] Krabiels Meinung, bei den „Mustern" handle es sich um Beispiele der Spielweise und gehe es nicht um Modelle von Haltungen und Handlungen (1993, S. 279–281), dürfte irrig sein: Diese Stelle steht im Kontext der Darstellung von Funktion und Bedeutung von „Handlungsweisen" und „Haltungen" (Satz unmittelbar davor) und „Handlungen und Haltungen" (Satz unmittelbar danach) im Lehrstück und dürfte gleichfalls davon handeln und nicht von der „Spielweise", von der erst vier Abschnitte später die Rede ist.

40 Bertolt Brecht: Werke. Bd. 3. (= Anm. 38) S. 58.

41 „Weills Musik ist für die Uraufführung des *Jasagers* vom Juni 1930 geschrieben. Für die Neufassung der Schuloper *Der Jasager* und für den *Neinsager* sind keine Musiken komponiert worden." (Bertolt Brecht: Werke. Bd. 3 [= Anm. 38] S. 430)

42 In: Die Musikpflege 1, 1930; nach: Brechts Modell der Lehrstücke. Zeugnisse, Diskussion, Erfahrungen. Hg. v. Reiner Steinweg. Frankfurt/M.: Suhrkamp 1976. (edition suhrkamp 751) S. 84.

43 Aus: Peter Weiss: Die Ermittlung. Oratorium in 11 Gesängen. In: P. W.: Werke in sechs Bänden. Hg. v. Suhrkamp Verlag in Zusammenarbeit mit Gunilla Palmstierna-Weiss. Frankfurt/M.: Suhrkamp 1991. Bd. 5: Dramen 2, S. 93–105; seitengleich damit ist die Separatausgabe, mit der die Gruppe (die Klasse, der Kurs, das Seminar) arbeiten sollte: P. W.: Die Ermittlung. [...] Frankfurt/M.: Suhrkamp 1991. (edition suhrkamp 616); ich zitiere die Stellen aus dem 5. Gesang in Normalschrift, Stellen aus anderen Gesängen *kursiv*.)

44 Peter Weiss: Die Ermittlung. Oratorium in 11 Gesängen. Reinbek: Rowohlt 1969. (rororo 1192) S. 187.

45 Peter Weiss: Abschied von den Eltern. (= Anm. 8) S. 143.

46 Peter Weiss: Fluchtpunkt. (= Anm. 14) S. 135.

47 Peter Weiss: Notizbücher 1960–1971. Frankfurt/M.: Suhrkamp 1982. (edition suhrkamp 1135) Bd. 1, S. 293.

48 Peter Weiss: Notizbücher 1960–1971. (= Anm. 47) Bd. 1, S. 389.

49 Peter Weiss: Notizbücher 1960–1971. (= Anm. 47) Bd. 1, S. 215; vgl. 211.

50 Oliver Clausen: Weiss / Propagandist and Weiss / Playwright. In: The New York Times Magazine. 2.10.1966. S. 132; nach: Krause 1982, S. 389.

51 Peter Weiss: Fluchtpunkt. (= Anm. 14) S. 13.

52 Bertolt Brecht: Buch der Wendungen. In: B. B.: Werke. (= Anm. 6) Bd. 18: Prosa 3. Sammlungen und Dialoge. 1995. S. 79.

53 Wolfgang Deichsel: Heidis Freund. Aus: W. D.: Frankenstein. 8 Szenen. In: Neues deutsches Theater. Hg. v. Karlheinz Braun / Peter Iden. Zürich: Diogenes Verlag 1971. (Diogenes Taschenbuch 18) S. 161.

54 Franz Mon: Zilinski ist tot. In: MiniDramen. Hg. v. Karlheinz Braun. Frankfurt/M.: Verlag der Autoren 1987. S. 56.

55 Flann O'Brien: Sorry. In: Mini-Dramen. (= Anm. 54) S. 203.

56 Elke Heidenreich: Mutter lernt Englisch. Ein Drama. In: MiniDramen. (= Anm. 54) S. 173.

57 Wolfgang Deichsel: Dreh um. Aus: Geisterfahrer. In: Frankenstein II. Die Zelle des Schreckens. W. D.: Werke. Bd. 4. Frankfurt/M.: Verlag der Autoren 1994. S. 180f.

58 Reinhard Lettau: Auftritt. Aus: Auftritt Manigs. R. L.: Schwierigkeiten beim Häuserbauen. Auftritt Manigs. München: Hanser 1979. S. 177f; abgedruckt in der typografischen Anordnung von: MiniDramen. (= Anm. 54) S. 18.

59 Friedrich Karl Waechter: Café. Aus: F. K. W.: Die letzten Dinge in 77 Stücken. (= Anm. 3) S. 42.

60 Friedrich Karl Waechter: Das gute Buch. Aus: F. K. W.: Die letzten Dinge in 77 Stücken. (= Anm. 3) S. 200.

61 Margarete Jehn: Rapunter. Ein Seniorendrama. In: MiniDramen. (= Anm. 54) S. 57.

[62] Botho Strauß: Das Werk II. In: MiniDramen. (= Anm. 54) S. 268.

[63] Wilfried Grote: Der Anfang vor dem Ende. In: MiniDramen. (= Anm. 54) S. 135f.

[64] Heiner Müller: Herzstück. In: H. M.: Herzstück. H. M.: Texte 7. Berlin: Rotbuch Verlag 1983. (Rotbuch 270) S. 70.

[65] Nach Georg Trakl: Im Winter. In: G. T.: Dichtungen und Briefe. Historisch-kritische Ausgabe. Hg. v. Walther Killy / Hans Szklenar. Salzburg: O. Müller 1969. Bd. 1, S. 39; die beiden ersten von drei Strophen; die Zeilenfolge ist umgestellt, die originale ist 2–1–3–4.

[66] Peter Weiss: Nacht mit Gästen. Eine Moritat. In: P. W.: Werke in sechs Bänden. (= Anm. 43) Bd. 4, S. 89–111.

[67] Friedrich Dürrenmatt: Der Besuch der alten Dame. Eine tragische Komödie. Neufassung 1980. F. D.: Werkausgabe in dreißig Bänden. Bd. 5. Zürich: Diogenes 1985.

[68] Aus: Friedrich Dürrenmatt: Der Besuch der alten Dame. In: F. D.: Komödien I. Zürich: Arche 1960, 3. Aufl. (1. Aufl. 1957). S. 344f.

[69] Sophokles: Antigone. In: Sophokles: Die Tragödien. Übers. v. Heinrich Weinstock. Stuttgart: Kröner 1962, 4. Aufl. S. 275f.; V. 333–374.

[70] Aus: Friedrich Dürrenmatt: Die Ehe des Herrn Mississippi. Zweite Fassung. In: F. D.: Komödien I. (= Anm. 68) S. 167f.

[71] Friedrich Dürrenmatt: Justiz. Roman. Zürich: Diogenes 1985.

[72] Friedrich Dürrenmatt: Stoffe I–III. Zürich: Diogenes 1981. S. 203.

[73] Friedrich Dürrenmatt: Komödien I. (= Anm. 68) S. 127.

[74] Friedrich Dürrenmatt: Die Stadt. Prosa I–IV. Zürich: Die Arche 1959. S. 20.

[75] Friedrich Dürrenmatt: Nächtliches Gespräch mit einem verachteten Menschen [u. a.]. In: F. D.: Hörspiele und Kabarett. Werkausgabe. Bd. 17. Zürich: Arche 1980. S. 30.

[76] William Shakespeare: Hamlet. In: The Works of William Shakespeare. Hg. v. William George Clark / William Aldis Wright. London: Macmillan 1953. S. 887; IV,4, V. 33–39.

[77] Jonathan Swift: Ein bescheidener Vorschlag [. . .]. In: J. S.: Satiren. Mit einem Essay von Martin Walser. Frankfurt/M.: Insel 1965. (sammlung insel 5) S. 53–64.

[78] T. S. Eliot: Vier Quartette. Übers. v. Nora Wydenbruck. In: T. S. E.: Ausgewählte Gedichte. Englisch und Deutsch. Frankfurt/M.: Suhrkamp 1951. S. 107–109; V. 317–321.

[79] Albert Camus: Der Mythos von Sisyphos. Ein Versuch über das Absurde. Übers. v. Hans Georg Brenner / Wolfdietrich Rasch. Düsseldorf: Karl Rauch 1958. S. 154, 11.

[80] Wolfgang Deichsel: Juhanni. Aus: Frankenstein I. (= Anm. 2) S. 46.

[81] Karin Boye: Gespalten. Aus: Krisis. Roman. Übers. v. Robert Bohn. Kiel: Neuer Malik Verlag 1985. S. 165–167.

[82] Aus: Luigi Pirandello: Sechs Personen suchen einen Autor. Nach der Übers. v. Georg Rickert. In: Luigi-Pirandello-Werkausgabe. Bd. 8: Die Trilogie des Theaters auf dem Theater. Mindelheim: Sachon 1988. S. 36–39.

[83] Samuel Beckett: Kommen und Gehen. Kurzes Spiel. Übers. v. Erika und Elmar Tophoven. In: S. B.: Theaterstücke. Dramatische Werke I. Frankfurt/M.: Suhrkamp 1995. (suhrkamp taschenbuch 2401) S. 227–232.

[84] Peter Handke: „Laßt die Lade doch klemmen". Aus: Der Ritt über den Bodensee. In: P. H.: Die Theaterstücke. Frankfurt/M.: Suhrkamp 1992. S. 232, 260–262.

[85] Peter Handke: Die Angst des Tormanns beim Elfmeter. Frankfurt/M.: Suhrkamp 1970. S. 7.

[86] Max Frisch: Biografie als Variantenspiel. Aus: Biografie: Ein Spiel. In: M. F.: Gesammelte Werke in zeitlicher Folge. Hg. v. Hans Meyer / Walter Schmitz. Frankfurt/M.: Suhrkamp 1976. Bd. 5, S. 483, 542–545.

[87] Max Frisch: Anmerkungen zu Biografie. In: M. F.: Gesammelte Werke in zeitlicher Folge. (= Anm. 86) Bd. 5, S. 579.

[88] Max Frisch: In eigener Sache. In: M. F.: Gesammelte Werke in zeitlicher Folge. (= Anm. 86) Bd. 5, S. 581.

[89] Max Frisch: Anmerkungen zu Biografie. (= Anm. 87) S. 579 f.

[90] Max Frisch: Mein Name sei Gantenbein. Roman. Frankfurt/M.: Suhrkamp 1964.

[91] Heiner Müller: Das Europa der Frau. Aus: Die Hamletmaschine. In: H. M.: Revolutionsstücke. Hg. v. Uwe Wittstock. Stuttgart: Reclam 1988. (Universal-Bibliothek 8470) S. 38–46.

[92] Samuel Beckett: Akt ohne Worte 1. Übers. v. Elmar Tophoven. In: S. B.: Hörspiele – Pantomime – Film – Fernsehspiel. Dramatische Werke II. Frankfurt/M.: Suhrkamp 1995. (suhrkamp taschenbuch 2402) S. 91–93, 95.

[93] Aus: Peter Handke: Quodlibet. In: P. H.: Die Theaterstücke. (= Anm. 84) S. 219–221.

[94] Thomas Bernhard: Die Freispruch-Feier. Aus: Freispruch. In: Th. B.: Der deutsche Mittagstisch. Dramolette. Frankfurt/M.: Suhrkamp 1988. (edition suhrkamp 1480) S. 73, 79–82.

[95] Friederike Roth: Ich weiß. Aus: F. R.: Die einzige Geschichte. Theaterstück. Frankfurt/M.: Suhrkamp 1985. (edition suhrkamp 1368) S. 18–20.

[96] Wolfgang Deichsel: Zeitansage. In: Telefonate. Aus: Frankenstein I. (= Anm. 2) S. 93 f.

[97] Fitzgerald Kusz: Tagesschau. In: Stücke aus dem halben Leben. Frankfurt/M.: Verlag der Autoren 1987. S. 82–85.

[98] Botho Strauß: Lotte und Paul. Aus: Groß und klein. Szenen. In: B. St.: Theaterstücke I. München: Deutscher Taschenbuch Verlag 1993. (dtv 11747) S. 432 f., 471 f.

[99] Botho Strauß: Ein Versehen. Aus: Sieben Türen. Bagatellen. In: B. St.: Theaterstücke II. München: Deutscher Taschenbuch Verlag 1993. (dtv 11748) S. 368 f.

[100] Botho Strauß: K und M. Aus: Kalldewey, Farce. In: B. St.: Theaterstücke II. (= Anm. 99) S. 10–13.

[101] Eugène Ionesco: Mr. und Mrs. Smith. Aus: Die kahle Sängerin. Anti-Stück. Übers. v. Serge Stauffer. In: E. I.: Theaterstücke. Darmstadt / Berlin-Spandau / Neuwied: Luchterhand 1959. S. 7, 9–12.

[102] Aus: Ernst Jandl: die humanisten. konservationsstück in einem akt. In: E. J.: Gesammelte Werke. Hg. v. Klaus Siblewski. Bd. 3: Stücke und Prosa. Darmstadt / Neuwied: Luchterhand 1985. S. 238–243, 253.

[103] Ernst Jandl: Anmerkungen zum Stück „die humanisten". In: E. J.: Gesammelte Werke. Bd. 3. (= Anm. 102) S. 348 f.

[104] Herbert Achternbusch: Da im Kafenion. In: H. A.: Die Einsicht der Einsicht. Theaterstücke. Frankfurt/M.: Fischer 1996. (Fischer Taschenbuch 12923) S. 417, 420, 425.

[105] Aus: Ernst Jandl: Aus der Fremde. Sprechoper in 7 Szenen. In: E.J.: Gesammelte Werke. Bd. 3. (= Anm. 102) S. 256f., 259f., 266–271.

[106] Herbert Achternbusch: Die Einsicht der Einsicht. (= Anm. 104) S. 413.

[107] Das eine Buch des Herrn Achternbusch. Interview mit Herbert Achternbusch von Thomas Thieringer. In: Süddeutsche Zeitung. 4.4.1990, nach: Ellen Brandt: Ins verheißene Land. „Auf verlorenem Posten" von Herbert Achternbusch. In: Weber 1992, S. 161f.

[108] Das eine Buch des Herrn Achternbusch. (= Anm. 106) Ebd.

[109] Ernst Jandl: Einleitung zum Stück: „Aus der Fremde". In: E.J.: Gesammelte Werke. Bd. 3. (= Anm. 102) S. 352.

[110] Ernst Jandl: Einleitung zum Stück: „Aus der Fremde". In: E.J.: Gesammelte Werke. Bd. 3. (= Anm. 102) S. 352.

[111] Ernst Jandl: Autobiographie und Literatur mit autobiographischen Zügen. In: E.J.: Gesammelte Werke. Bd. 3. (= Anm. 102) S. 354.

[112] Ernst Jandl: Einleitung zum Stück: „Aus der Fremde". In: E.J.: Gesammelte Werke. Bd. 3. (= Anm. 102) S. 352.

10. Literaturverzeichnis

Adorno, Theodor W. (1970): Ästhetische Theorie. Th. W. A.: Gesammelte Schriften. Bd. 7. Hg. v. Gretel Adorno / Rolf Tiedemann. Frankfurt/M.: Suhrkamp.
– (1974): Noten zur Literatur. Th. W. A.: Gesammelte Schriften. Bd. 11. Hg. v. Rolf Tiedemann. Frankfurt/M.: Suhrkamp.
– (1977): Kulturkritik und Gesellschaft I: Prismen. Ohne Leitbild. Th. W. A.: Gesammelte Schriften. Bd. 10.1. Hg. v. Rolf Tiedemann. Frankfurt/M.: Suhrkamp.

Andreotti, Mario (1996): Traditionelles und modernes Drama. Eine Darstellung auf semiotisch-strukturaler Basis. Mit einer Einführung in die Textsemiotik. Bern / Stuttgart / Wien: Haupt. (UTB 1909)

Aristoteles (1966): Poetik. Übers. v. Olof Gigon. Stuttgart: Reclam. (Universal-Bibliothek 2337)

Asmuth, Bernhard (1994): Einführung in die Dramenanalyse. Stuttgart / Weimar: Metzler, 4. Aufl. (Sammlung Metzler 188)

Bakhtin, Mikhael (1984): The Dialogical Principle. Manchester: Manchester University Press / Minnesota: The University of Minnesota Press. (Theory and History of Literature 13)

Barner, Wilfried / Gunter E. Grimm / Helmuth Kiesel / Martin Kramer (Hg.) (1987): Lessing. Epoche – Werk – Wirkung. München: Beck, 5. Aufl. (Arbeitsbücher zur Literaturgeschichte)

Barton, Brian (1987): Das Dokumentartheater. Stuttgart: Metzler. (Sammlung Metzler 232)

Bauer, Gerhard u. Sibylle (1968): Gotthold Ephraim Lessing. Darmstadt: Wissenschaftliche Buchgesellschaft. (Wege der Forschung CCXI)

Bauer, Gerhard (1969): Zur Poetik des Dialogs. Leistung und Formen der Gesprächsführung in der neueren deutschen Literatur. Darmstadt: Wissenschaftliche Buchgesellschaft. (Impulse der Forschung 1)

Bayerdörfer, Hans-Peter (1995): Der totgesagte Dialog und das monodramatische Experiment. Symptome der 'Umsetzung' im modernen Schauspieltheater. In: Fischer-Lichte 1995, S. 242–290.

Bertram, Christian (1980): Maschine morte oder Der entfesselte Wahnsinn. Heiner Müllers „Hamletmaschine". In: Spectaculum 33. Vier moderne Theaterstücke. Frankfurt/M.: Suhrkamp. S. 308–311.

Betten, Anne (1985): Sprachrealismus im deutschen Drama der siebziger Jahre. Heidelberg: Winter. (Monographien zur Sprachwissenschaft 14)

Blumer, Arnold (1977): Das dokumentarische Theater der sechziger Jahre in der Bundesrepublik Deutschland. Meisenheim: Hain. (Hochschulschriften Literaturwissenschaft 32)

Boal, Augusto (1989): Theater der Unterdrückten. Übungen und Spiele für Schauspieler und Nicht-Schauspieler. Hg. u. übers. v. Marina Spinu / Henry Thorau. Frankfurt/M.: Suhrkamp. (edition suhrkamp 1361)

Böckmann, Paul (1949): Formgeschichte der deutschen Dichtung. Hamburg: Hoffman und Campe.

Böll, Heinrich (1982): Alltag einer zerfetzten Welt. Über „Der Tag wird kommen". In: Drews 1982, S. 75–78.

Borchmeyer, Dieter (1992): Iphigenie auf Tauris. In: Hinderer 1992, S. 117–157.

Bradley, Brigitte L. (1976): Max Frisch „Biografie: Ein Spiel". In: Schmitz 1976, S. 345–367.

Brecht, Bertolt (1991–94): Schriften 1–5. B. B.: Große kommentierte Berliner und Frankfurter Ausgabe. Berlin / Weimar: Aufbau-Verlag u. Frankfurt/M.: Suhrkamp. Bd. 21–25.

Breuer, Horst (1972): Samuel Beckett. Lernpsychologie und leibliche Determination. München: W. Fink.

Bubner, Claus / Mienert, Christiane (Hg.) (1982): Bausteine des Darstellenden Spiels. Ein Übungsbuch für Theater mit Jugendlichen. Frankfurt/M.: Hirschgraben, 2. Aufl.

Buddecke, Wolfram / Helmut Fuhrmann (1984): Zur Geschichte und Didaktik des zeitgenössischen deutschsprachigen Dramas. In: Der Deutschunterricht. 36. Jg. 1984, H. 3, S. 3–21.

Cohen, Robert (1992): Peter Weiss in seiner Zeit. Leben und Werk. Stuttgart / Weimar: Metzler.

Daunicht, Richard (Hg.) (1971): Lessing im Gespräch. Berichte und Urteile von Freunden und Zeitgenossen. München: W. Fink.

Derrida, Jacques (1976): Die différance. In: J. D.: Randgänge der Philosophie. Frankfurt a. M. / Berlin / Wien: Ullstein. (Ullstein Buch 3288) S. 6–37.

Drews, Jörg (Hg.) (1982): Herbert Achternbusch. Frankfurt/M.: Suhrkamp. (suhrkamp taschenbuch 2015)

Dürrenmatt, Friedrich (1966): Theater-Schriften und Reden. Zürich: Arche.

Durzak, Manfred (1972): Dürrenmatt, Frisch, Weiss. Deutsches Drama der Gegenwart zwischen Kritik und Utopie. Stuttgart: Reclam.

Eckhardt, Juliane (1983): Das epische Theater. Darmstadt: Wissenschaftliche Buchgesellschaft. (Erträge der Forschung 204)

Eco, Umberto (1972): Einführung in die Semiotik. München: W. Fink. (UTB 105)

Esslin, Martin (1965): Das Theater des Absurden. Reinbek: Rowohlt. (rowohlts deutsche enzyklopädie 234–236)
– (1989): Die Zeichen des Dramas. Theater, Film, Fernsehen. Reinbek: Rowohlt. (rowohlts enzyklopädie)

Fischer-Lichte, Erika (1983): Semiotik des Theaters. Eine Einführung. Bd. 1–3. Tübingen: Narr.
– (1990): Geschichte des Dramas. Epochen der Identität auf dem Theater von der Antike bis zur Gegenwart. Bd. 1: Von der Antike bis zur deutschen Klassik. Bd. 2: Von der Romantik bis zur Gegenwart. Tübingen: Francke. (UTB 1565 u. 1566)
– (Hg.) (1995): TheaterAvantgarde. Wahrnehmung – Körper – Sprache. Tübingen / Basel: Francke. (UTB 1807)
– / Klaus Schwind (Hg.) (1991): Avantgarde und Postmoderne. Prozesse struktureller und funktioneller Veränderungen. Tübingen: Stauffenburg. (Stauffenburg-Colloquium 19)

Floeck, Wilfried (Hg.) (1988): Tendenzen des Gegenwartstheaters. Tübingen: Francke. (Mainzer Forschungen zu Drama und Theater 2)

Fohrmann, Jürgen (1990): Über Autor, Werk und Leser aus poststrukturalistischer Sicht. In: Diskussion Deutsch. 21. Jg. 1990, S. 577–588.

Foucault, Michel (1979): Was ist ein Autor? In: M. F.: Schriften zur Literatur. Frankfurt a. M. / Berlin / Wien: Ullstein. (Ullstein Buch 35011) S. 7–31.

Freytag, Gustav (1969): Die Technik des Dramas. Darmstadt: Wissenschaftliche Buchgesellschaft; Nachdruck der 13. Aufl. 1922, 1. Aufl. 1863.

Frisch, Max (1967): Öffentlichkeit als Partner. Frankfurt/M. : Suhrkamp. (edition suhrkamp 209)
– (1969): Dramaturgisches. Ein Briefwechsel mit Walter Höllerer. Berlin: Literarisches Colloquium.

Frommer, Harald (1995): Lesen und Inszenieren. Produktiver Umgang mit dem Drama auf der Sekundarstufe. Stuttgart: Klett.

Gadamer, Hans-Georg (1965): Wahrheit und Methode. Grundzüge einer philosophischen Hermeneutik. Tübingen: Mohr, 2. Aufl.

Gebser, Jean (1949): Ursprung und Gegenwart. Bd. 1: Die Fundamente der aperspektivischen Welt. Beitrag zu einer Geschichte der Bewußtwerdung. Stuttgart: Deutsche Verlags-Anstalt.

Geiger, Heinz / Hermann Haarmann (1991): Aspekte des Dramas. Opladen: Westdeutscher Verlag, 3. Aufl. (Grundstudium Literaturwissenschaft 7)

Gelfert, Hans Dieter (1995): Die Tragödie. Theorie und Geschichte. Göttingen: Vandenhoeck & Ruprecht. (Kleine Vandenhoeck-Reihe 1570)

Gerlach, Rainer / Matthias Richter (Hg.) (1986): Peter Weiss im Gespräch. Frankfurt/M.: Suhrkamp. (edition suhrkamp 1303)

Girshausen, Theo (Hg.) (1978): Die Hamletmaschine. Heiner Müllers Endspiel. Köln: Prometh.

Gockel, Heinz (1989): Max Frisch. Drama und Dramaturgie. München: Oldenbourg. (Analysen zur deutschen Sprache und Literatur)

Göbel, Klaus (Hg.) (1977): Das Drama in der Sekundarstufe. Kronberg/Ts.: Scriptor. (Scriptor Taschenbücher S115)

Goertz, Heinrich (1987): Friedrich Dürrenmatt in Selbstzeugnissen und Bilddokumenten. Reinbek: Rowohlt. (Rowohlts Monographien 380)

Gottsched, Johann Christoph (1962): Versuch einer critischen Dichtkunst. 4. Aufl. 1751. Darmstadt: Wissenschaftliche Buchgesellschaft, 5. Aufl.

Greiner, Norbert / Jörg Hasler / Hajo Kurzenberger / Lothar Pikulik (1982): Einführung ins Drama. Handlung, Figur, Szene, Zuschauer. München: Hanser. Bd. 1 u. 2. (Literatur-Kommentare 20/I u. 20/II)

Grohotolsky, Ernst (1984): Ästhetik der Negation – Tendenzen des deutschen Gegenwartsdramas. Versuch über die Aktualität der „Ästhetischen Theorie" Theodor W. Adornos. Meisenheim: Forum Academicum. Hain. (Hochschulschriften Literaturwissenschaft 62)

Guntermann, Georg (1987a): Heiner Müller: Die Hamletmaschine. Das Drama der Geschichte als Kunst-Stück. In: Pikulik / Kurzenberger / Guntermann 1987, Bd. 1, S. 41–69.
– (1987b): Ernst Jandl: Aus der Fremde. Von der Dramatik des Indirekten und der Kunst des Lebens. In: Pikulik / Kurzenberg / Guntermann 1987, Bd. 2, S. 122–147.

Habermas, Jürgen (1971): Vorbereitende Bemerkungen zu einer Theorie der kommunikativen Kompetenz. In: J. H. / Niklas Luhmann: Theorie der Gesellschaft oder Sozialtechnologie – Was leistet die Systemforschung? Frankfurt/M.: Suhrkamp. S. 101–141.

Haiduk, Manfred (1977): Der Dramatiker Peter Weiss. Berlin: Henschelverlag Kunst und Gesellschaft.

Hamburger, Käte (1962): Von Sophokles zu Sartre. Griechische Dramenfiguren antik und modern. Stuttgart: Kohlhammer. (Sprache und Literatur 1)
– (1968): Die Logik der Dichtung. Stuttgart: Klett Verlag, 2. Aufl.

Handke, Peter (1972): Ich bin ein Bewohner des Elfenbeinturms. Frankfurt/M.: Suhrkamp. (suhrkamp taschenbuch 56)

Hartmann, Nicolai (1962): Ethik. Berlin: de Gruyter, 4. Aufl.

Hegel, Georg Wilhelm Friedrich (1953f.): Vorlesungen über die Aesthetik. Bd. 1–3. Hg. v. Heinrich Gustav Hotho. G. W. F. H.: Sämtliche Werke. Jubiläumsausgabe in zwanzig Bänden. Hg. v. Hermann Glockner. Bd. 12–14. Stuttgart: Frommanns, 3. Aufl.

Heidegger, Martin (1927): Sein und Zeit. Erste Hälfte. Halle a. d. S.: Niemeyer.
– (1977): Die Zeit des Weltbildes. In: Holzwege. M. H.: Gesamtausgabe. I. Abt., Bd. 5. Frankfurt/
   M.: Klostermann. S. 75–113.

Heidsieck, Arnold (1969): Das Groteske und das Absurde im modernen Drama. Stuttgart: Kohlhammer. (Sprache und Literatur 53)

Hein, J. / H. H. Koch / E. Liebs (Hg.) (1984): Das ICH als Schrift. Über privates und öffentliches
   Schreiben heute. Winfried Pielow zum 60. Geburtstag. Baltmannsweiler: Schneider.

Hensel, Georg (1991): Spiel's noch einmal. Das Theater der achtziger Jahre. Frankfurt/M.: Suhrkamp, 2. Aufl.

Hermann, Rüdiger (1976): Das dramatische Bild. Eine Skizze. In: Keller 1976, S. 260–278.

Herwig, Henriette (1986): Verwünschte Beziehungen, verwebte Bezüge. Zerfall und Verwandlung
   des Dialogs bei Botho Strauß. Tübingen: Stauffenburg Verlag. (Stauffenburg Colloquium 2)

Hess-Lüttich, Ernest W. B. (1984): Kommunikation als ästhetisches *Problem*. Vorlesungen zur Ange-
   wandten Textwissenschaft. Tübingen: Narr. (Kodikas / Code, Supplement 10)

Hilzinger, Klaus Harro (1976): Die Dramaturgie des dokumentarischen Theaters. Tübingen:
   Niemeyer. (Untersuchungen zur deutschen Literaturgeschichte 15)

Hinderer, Walter (Hg.) (1992): Goethes Dramen. Stuttgart: Reclam. (Interpretationen. Universal-
   Bibliothek 8417)

Huizinga, Johan (1956): Homo Ludens. Vom Ursprung der Kultur im Spiel. Reinbek: Rowohlt. (rowohlts deutsche enzyklopädie 21)

Ihwe, Jens (Hg.) (1972 f.): Literaturwissenschaft und Linguistik. Eine Auswahl. Texte zur Theorie
   der Literaturwissenschaft. Bd. 1–3. Frankfurt/M.: Athenäum (Athenäum Fischer Taschenbuch
   2015–2017).

Ingarden, Roman (1965): Das literarische Kunstwerk. Tübingen: Niemeyer, 3. Aufl.

Ionesco, Eugène (1957): Ganz einfache Gedanken über das Theater. Übers. v. Reinhard Trachsler.
   In: Das Abenteuer Ionesco. Beiträge zum Theater von heute. Zürich: Stauffacher. S. 21–50.

Iser, Wolfgang (1976): Der Akt des Lesens. Theorie ästhetischer Wirkung. München: W. Fink. (UTB
   636)

Jacobi, Friedrich Heinrich (1785): Über die Lehre des Spinoza, in Briefen an den Herrn Moses Mendelssohn. Breslau: Gottl. Löwe.

Jancke, Gerhard (1975): Georg Büchner: Genese und Aktualität seines Werkes. Einführung in das
   Gesamtwerk. Kronberg/Ts.: Scriptor. (Scriptor Taschenbücher S56)

Jaspers, Karl (1947): Von der Wahrheit. Philosophische Logik. Bd. 1. München: Piper.

Jeßing, Benedikt (1995): Johann Wolfgang Goethe. Stuttgart / Weimar: Metzler. (Sammlung Metzler
   288)

Kafitz, Dieter (1980): Die Problematisierung des individualistischen Menschenbildes im deutschsprachigen Drama der Gegenwart (Franz Xaver Kroetz, Thomas Bernhard, Botho Strauß). In:
   Basis. Jahrbuch für deutsche Gegenwartsliteratur. Bd. 10. Frankfurt/M.: Suhrkamp. (suhrkamp
   taschenbuch 589) S. 93–126, 254 f.
– (1988): Bilder der Trostlosigkeit und Zeichen des Mangels. Zum deutschen Drama der Postmoderne. In: Floeck 1988, S. 157–176.
– (1989): Grundzüge einer Geschichte des deutschen Dramas von Lessing bis zum Naturalismus.
   Frankfurt/M.: Athenäum, 2. Aufl.

Kant, Immanuel (1968): Kants Werke. Akademie-Textausgabe. Berlin: de Gruyter.

Karasek, Hellmuth (1972): Die Abbildbarkeit der Wirklichkeit. In: Scharang 1972, S. 167–171.

Kayser, Wolfgang (1961): Das Groteske. Seine Gestaltung in Malerei und Dichtung. Oldenburg: Stalling, 2. Aufl.

Keel, Daniel (Hg.) (1990): Herkules und Atlas. Lobreden und andere Versuche über Friedrich Dürrenmatt zum siebzigsten Geburtstag. Zürich: Diogenes.

Keller, Werner (Hg.) (1976): Beiträge zur Poetik des Dramas. Darmstadt: Wissenschaftliche Buchgesellschaft.

Kesting, Marianne (1976): Der Abbau der Persönlichkeit. Zur Theorie der Figur im modernen Drama. In: Keller 1976, S. 211–235.

Kierkegaard, Sören (1959): Philosophische Brosamen und Unwissenschaftliche Nachschrift. S. K.: Philosophisch-theologische Schriften. Hg. v. Hermann Diem / Walter Rest. Köln / Olten: Hegner.

Klotz, Volker (1969): Geschlossene und offene Form im Drama. München: Hanser, 4. Aufl.

Klug, Christian (1991): Thomas Bernhards Theaterstücke. Stuttgart: Metzler.

Knapp, Gerhard P. (Hg.) (1979): Max Frisch. Aspekte des Bühnenwerks. Bern: Lang.

Knopf, Jan (1987): Der Dramatiker Friedrich Dürrenmatt. Berlin: Henschelverlag Kunst und Wissenschaft.

Koch, Gerd / Reiner Steinweg / Florian Vaßen (Hg.) (1983): Assoziales Theater. Spielversuche mit Lehrstücken und Anstiftung zur Praxis. Köln: Prometh.

Köhn, Lothar (1988): Drama aus Zitaten. Textmontage bei Heiner Müller, Volker Braun und Botho Strauß. In: Walter Hinck [u. a.]: Drama der Gegenwart. Themen und Aspekte. Schwerte: Katholische Akademie.

Krabiel, Klaus-Dieter (1993): Brechts Lehrstücke. Entstehung und Entwicklung eines Spieltyps. Stuttgart / Weimar: Metzler.

Krause, Rolf D. (1982): Faschismus als Theorie und Erfahrung. „Die Ermittlung" und ihr Autor Peter Weiss. Frankfurt a. M. / Bern: Lang. (Europäische Hochschulschriften. Reihe 1: Deutsche Sprache und Literatur 541)

Kristeva, Julia (1972): Bachtin, das Wort, der Dialog und der Roman. In: Ihwe 1972f., Bd. 3, S. 345–375.

Kuchinke-Bach, Anneliese (1976): Das dramatische Bild in Dramen des 20. Jahrhunderts. In: Keller 1976, S. 279–297.

Lämmert, Eberhard (1955): Bauformen des Erzählens. Stuttgart: Metzler.

Lehmann, Jakob (Hg.) (1983): Kleines deutsches Dramenlexikon. Königstein/Ts.: Athenäum.

Lessing, Gotthold Ephraim (1954): Hamburgische Dramaturgie. G. E. L.: Gesammelte Werke in zehn Bänden. Hg. v. Paul Rilla. Bd. 6. Berlin: Aufbau-Verlag.

Lessings Briefwechsel mit Mendelssohn und Nicolai über das Trauerspiel. (1967) Nebst verwandten Schriften Nicolais und Mendelssohns. Hg. v. Robert Petsch. Darmstadt: Wissenschaftliche Buchgesellschaft.

Lévi-Strauss, Claude (1968): Das wilde Denken. Frankfurt/M.: Suhrkamp.

Lippe, Rudolf zur (1978): Am eigenen Leibe. Zur Ökonomie des Lebens. Frankfurt/M.: Syndikat.

Litten, Rainer (1972): Theater der Verstörung. Ein Gespräch mit Peter Handke. In: Scharang 1972, S. 156–159.

Löwith, Karl (1969): Das Individuum in der Rolle des Mitmenschen. Darmstadt: Wissenschaftliche Buchgesellschaft, 2. Aufl.

Martens, Wolfgang (Hg.) (1969): Georg Büchner. Darmstadt: Wissenschaftliche Buchgesellschaft. (Wege der Forschung LIII)

Matt, Peter von (1976): Der Monolog. In: Keller 1976, S. 71–90.

May, Kurt (1969): Büchners 'Woyzeck'. In: Martens 1969, S. 241–251.

Mayer, Hans (1963): Georg Büchner: Woyzeck. Vollständiger Text und Paralipomena, Dokumentation. Frankfurt a. M. / Berlin: Ullstein. (Dichtung und Wirklichkeit 11; Ullstein Buch 3911)

Meier, Albert (1980): Georg Büchner: „Woyzeck". München: W. Fink. (UTB 975)

Mennemeier, Franz Norbert (Hg.) (1965): Der Dramatiker Pirandello. Zweiundzwanzig Beiträge. Köln: Kiepenheuer & Witsch.

Mixner, Manfred (1977): Peter Handke. Kronberg: Athenäum. (Athenäum Taschenbücher Literaturwissenschaft 2131)

Müller, Frank (1992): Dialog zwischen Text und Untertext – Theaterspielen als Sprechhandeln. In: Diskussion Deutsch. 23. Jg. 1992, S. 365–374.

Müller, Klaus-Detlef (Hg.) (1982): Brechts „Mutter Courage und ihre Kinder". Frankfurt/M.: Suhrkamp. (suhrkamp taschenbuch 2016)

Mukařovský, Jan (1967): Zwei Studien über den Dialog. In: J. M.: Kapitel aus der Poetik. Frankfurt/M.: Suhrkamp. (edition suhrkamp 230) S. 108–153.

Naumann, Bernd (1965): Auschwitz: Bericht über die Strafsache gegen Mulka und andere vor dem Schwurgericht Frankfurt. Frankfurt a.M. / Bonn: Athenäum.

Neumann, Hans / Gerhard Haas / Kaspar H. Spinner / Wolfgang Menzel: Handlungs- und produktionsorientierter Literaturunterricht in der Diskussion. In: Praxis Deutsch. 21. Jg. 1994. H. 126, S. 9–12.

Nietzsche, Friedrich (1980): Sämtliche Werke. Kritische Studienausgabe in 15 Bänden. Hg. v. Giorgio Colli / Mazzino Montinari. München: Deutscher Taschenbuch Verlag u. Berlin / New York: de Gruyter.

Payrhuber, Franz-Josef (1991): Das Drama im Unterricht. Aspekte einer Didaktik des Dramas. Analysen und empirische Befunde – Begründungen – Unterrichtsmodelle. Rheinbreitbach: Dürr & Kessler.

Petersen, Jürgen H. (1979): Frischs dramaturgische Konzeptionen. In: Knapp 1979, S. 27–58.

Petsch, Robert (1945): Wesen und Formen des Dramas. Allgemeine Dramaturgie. Halle (Saale): Niemeyer.

Pfister, Manfred (1994): Das Drama. Theorie und Analyse. München: W. Fink, 8. Aufl. (UTB 580)

Piaget, Jean (1973): Das moralische Urteil beim Kinde. Frankfurt/M.: Suhrkamp. (suhrkamp taschenbuch wissenschaft 27)

Pielow, Winfried (1975): Produktionsprojekt: Ein Theaterstück. In: W. P. (Hg.): Theorie und Praxis im Deutschunterricht. Projekte und Vorschläge. München: Kösel 1975. S. 109–128.

Pikulik, Lothar / Hajo Kurzenberger / Georg Guntermann (1987): Deutsche Gegenwartsdramatik. Bd. 1 u. 2. Göttingen: Vandenhoeck & Ruprecht. (Kleine Vandenhoeck-Reihe 1520 u. 1521)

Platz-Waury, Elke (1994): Drama und Theater. Eine Einführung. Tübingen: Narr, 4. Aufl. (Literaturwissenschaft im Grundstudium 2)

Plümer, Verena (1987): Zur Entwicklung und Dramaturgie der Dramen von Botho Strauß. Frankfurt a.M. / Bern / New York: Lang. (Europäische Hochschulschriften, Reihe 1: Deutsche Sprache und Literatur 942)

Pohlenz, Max (1955): Griechische Freiheit. Wesen und Werden eines Lebensideals. Heidelberg: Quelle & Meyer.

Profitlich, Ulrich (1971): Der Zufall in den Komödien und Detektivromanen Friedrich Dürrenmatts. In: Zeitschrift für deutsche Philologie. 90. Jg. 1971, S. 258–280.
– (1973): Friedrich Dürrenmatt. Komödienbegriff und Komödienstruktur. Eine Einführung. Stuttgart: Kohlhammer.

Ramspeck, Jürgen (1990): Dürrenmatt – ein Klassiker? In: Keel 1990, S. 140–147.

Rasch, Wolfdietrich (1979): Goethes 'Iphigenie auf Tauris' als Drama der Autonomie. München: Beck.

Renk, Herta-Elisabeth (1984): Theaterdidaktik und Spiel. In: Handbuch für Deutschlehrer. Hg. v. Jürgen Baurmann / Otfried Hoppe. Stuttgart: Kohlhammer. S. 393–427.

Renner, Rolf Günter (1985): Peter Handke. Stuttgart: Metzler. (Sammlung Metzler 218)

Riha, Karl (1992): Seltsame Theater-Verfremdung. Zu Ernst Jandls Sprechoper „Aus der Fremde". In: Weber 1992, S. 277–286.

Rilla, Paul (1958): Lessing und sein Zeitalter. Gotthold Ephraim Lessing: Gesammelte Werke in zehn Bänden. Hg. v. Paul Rilla. Bd. 10. Berlin: Aufbau-Verlag.

Roelke, Thorsten (1994): Dramatische Kommunikation. Modelle und Reflexion bei Dürrenmatt, Handke, Weiss. Berlin / New York: de Gruyter. (Quellen und Forschungen zur Sprach- und Kulturgeschichte der germanischen Völker, N. F. 107 = 231)

Rolff, Hans Günter / Peter Zimmermann (Hg.) (1985): Neue Medien und Lernen. Herausforderungen, Chancen und Gefahren. Weinheim / Basel: Beltz.

Salloch, Erika (1972): Peter Weiss' DIE ERMITTLUNG. Zur Struktur des Dokumentartheaters. Frankfurt/M.: Athenäum. (These. New York University Ottendorfer Series, N. F. 4)

Saussure, Ferdinand de (1967): Grundlagen der allgemeinen Sprachwissenschaft. Berlin: de Gruyter, 2. Aufl.

Schadewaldt, Wolfgang (1968): Furcht und Mitleid? Zu Lessings Deutung des Aristotelischen Tragödiensatzes. In: Bauer 1968, S. 336–342.

Scharang, Michael (Hg.) (1972): Über Peter Handke. Frankfurt/M.: Suhrkamp. (edition suhrkamp 518)

Schau, Albrecht (1991): Szenisches Interpretieren im Unterricht. Stuttgart: Klett. (Werkstatt Literatur)

Scheler, Max (1954): Der Formalismus in der Ethik und die materiale Wertethik. Neuer Versuch der Grundlegung eines ethischen Personalismus. M. Sch.: Gesammelte Werke. Bd. 2. Bern: Francke, 4. Aufl.
– (1955): Zum Phänomen des Tragischen. In: M. Sch.: Vom Umsturz der Werte. Abhandlungen und Aufsätze. Gesammelte Werke. Bd. 3. Bern: Francke, 4. Aufl. S. 149–169.

Scheller, Ingo (1981): Erfahrungsbezogener Unterricht. Praxis, Planung, Theorie. Königstein/Ts.: Scriptor.
– (1989): Szenische Interpretation: Georg Büchner: Woyzeck. Vorschläge, Materialien und Dokumente zum erfahrungsbezogenen Umgang mit Literatur und Alltagsgeschichte(n). Oldenburg: Universität Oldenburg. Zentrum für pädagogische Berufspraxis, 2. Aufl.
– (1993): Wir machen unsere Inszenierungen selber (I). Szenische Interpretation von Dramentexten. Theorie und Verfahren zum erfahrungsbezogenen Umgang mit Literatur und Alltagsgeschichte(n). Oldenburg: Universität Oldenburg. Zentrum für pädagogische Berufspraxis, 3. Aufl.

Schiller, Friedrich (1962): Erzählungen / Theoretische Schriften. F. S.: Sämtliche Werke. Hg. v. Gerhard Fricke / Herbert G. Göpfert. München: Hanser. Bd. 5, 3. Aufl.

Schmachtenberg, Reinhard (1982): Sprechakttheorie und dramatischer Dialog. Ein Methodenansatz zur Drameninterpretation. Tübingen: Niemeyer. (Linguistische Arbeiten 120)

Schmitz, Ingeborg (1981): Dokumentartheater bei Peter Weiss. Von der „Ermittlung" zu „Hölderlin". Frankfurt a.M. / Bern / Cirencester (U. K.): Lang. (Europäische Hochschulschriften. Reihe 1: Deutsche Sprache und Literatur 377)

Schmitz, Walter (Hg.) (1976): Über Max Frisch II. Frankfurt/M.: Suhrkamp. (edition suhrkamp 852)

Schmitz-Emans, Monika (1984): Das gespaltene Ich. Pirandellos Theorie des Subjekts und ihre Korrespondenzen zu philosophischen Konzeptionen Schopenhauers und Nietzsches. In: Thomas 1984, S. 27–44.

Schulte-Sasse, Jochen (1975): Literarische Struktur und historisch-sozialer Kontext. Zum Beispiel Lessings „Emilia Galotti". Paderborn: Schöningh.

Schuster, Karl (1994): Das Spiel und die dramatischen Formen im Deutschunterricht. Baltmannsweiler: Schneider.

Schweizerisches Literaturarchiv, Bern / Kunsthaus Zürich (Hg.) (1994): Friedrich Dürrenmatt. Schriftsteller und Maler. Zürich: Diogenes.

Stanislawski, Konstantin Sergeevič (1988): Die Arbeit des Schauspielers an sich selbst. Tagebuch eines Schülers. Bd. 1 u. 2. West-Berlin: verlag das europäische buch.

Steinweg, Reiner (1972): Das Lehrstück. Brechts Theorie einer politisch-ästhetischen Erziehung. Stuttgart: Metzler.
– (Hg.) (1976): Brechts Modell der Lehrstücke. Zeugnisse, Diskussion, Erfahrungen. Frankfurt/M.: Suhrkamp. (edition suhrkamp 751)
– (Hg.) (1978): Auf Anregung Bertolt Brechts: Lehrstücke mit Schülern, Arbeitern, Theaterleuten. Frankfurt/M.: Suhrkamp. (edition suhrkamp 929)
– / Wolfgang Heidefuß / Peter Petsch (1986): Weil wir ohne Waffen sind. Ein theaterpädagogisches Forschungsprojekt zur Politischen Bildung. Nach einem Vorschlag von Bert Brecht. Frankfurt/M.: Brandes & Apsel Verlag. (Wissen + Praxis 2)

Szondi, Peter (1969): Theorie des modernen Dramas. Frankfurt/M.: Suhrkamp, 6. Aufl. (edition suhrkamp 27)
– (1973): Die Theorie des bürgerlichen Trauerspiels im 18. Jahrhundert. [...] Studienausgabe der Vorlesungen. Bd. 1. Hg. v. Gert Mattenklott. Frankfurt/M.: Suhrkamp. (suhrkamp taschenbuch wissenschaft 15)

Tantow, Lutz (1992): Friedrich Dürrenmatt: Moralist und Komödiant. München: Wilhelm Heyne. (Heyne Biographie 12/216)

Thomas, Johannes (Hg.) (1984): Pirandello-Studien. Akten des I. Paderborner Pirandello Symposiums. Paderborn: Schöningh. (Schriften der Gesamthochschule Paderborn: Reihe Sprach- und Literaturwissenschaften 3)

Tschauder, Gerhard (1991): Wer „erzählt" das Drama? Versuch einer Typologie des Nebentexts. In: Sprache und Literatur in Wissenschaft und Unterricht. 22. Jg. 1991, H. 68, S. 50–67.

Vittorini, Domenico (1965): Luigi Pirandello – wie ich ihn sah. In: Mennemeier 1965, S. 173–186.

Vogt, Jochen (Hg.) (1971): Der Kriminalroman. Zur Theorie und Geschichte einer Gattung. Bd. 1 u. 2. München: W. Fink. (UTB 81 u. 82)
– (1987): Peter Weiss. Reinbek: Rowohlt. (rowohlts bildmonographien rororo 980)

Volkelt, Johannes (1910): System der Ästhetik. Bd. 2: Die ästhetischen Grundgestalten (Ästhetische Typenlehre). München: Beck.

Waldmann, Günter (1964): Dürrenmatts paradoxes Theater. Die Komödie des christlichen Glaubens. In: Wirkendes Wort. 14. Jg. 1964, S. 22–35.
– (1967): Das Verhängnis der Geschichtlichkeit. Max Frisch: „Die Chinesische Mauer". In: Wirkendes Wort. 17. Jg. 1967, S. 264–271; und in: Schmitz 1976, S. 207–219.
– (1968): Christliches Glauben und christliche Glaubenslosigkeit. Philosophische Untersuchungen zum Phänomen des christlichen Glaubensvorgangs und zu seiner Bedeutung für die Situation der Gegenwart. Tübingen: Niemeyer.
– (1971): Kriminalroman – Anti-Kriminalroman. Dürrenmatts Requiem auf den Kriminalroman und die Anti-Aufklärung. In: Vogt 1971, Bd. 1, S. 206–227; auch in: Waldmann 1977, S. 34–49.
– (1976): Kommunikationsästhetik I: Die Ideologie der Erzählform. Mit einer Modellanalyse von NS–Literatur. München: W. Fink. (UTB 525)
– (1977): Theorie und Didaktik der Trivialliteratur. Modellanalysen – Didaktikdiskussion – literarische Wertung. Mit einer ausführlichen Bibliographie. München: W. Fink, 2. Aufl. (Kritische Information 13)
– (1980): Literatur zur Unterhaltung. Bd. 1: Unterrichtsmodelle zur Analyse und Eigenproduktion von Trivialliteratur. Bd. 2: Texte, Gegentexte und Materialien zum produktiven Lesen. Reinbek: Rowohlt. (rororo 7351 u. 7352)
– (1984a): Grundzüge von Theorie und Praxis eines produktionsorientierten Literaturunterrichts. In: Handbuch „Deutsch" für Schule und Hochschule. Sekundarstufe I. Hg. v. Norbert Hopster. Paderborn: Schöningh. (UTB Große Reihe) S. 98–141.
– (1984b): Produktiver Umgang mit dem Drama in Hochschule und Schule. Modelle und Erfahrungen. In: Hein / Koch / Liebs 1984, S. 123–134.
– (1985): Von der Sprachkultur zur Bildkonsum-Kultur. In: Rolff / Zimmermann 1985, S. 159–166.
– (1987): Produktive literarische Differenzerfahrung. Skizze eines literaturtheoretischen Konzepts – am Beispiel Lyrik. In: Wirkendes Wort. 37. Jg. 1987, S. 32–45.
– (1990): Literarische Bildung als produktive literarische Erfahrung – ein alternatives Konzept. In: Der Deutschunterricht. 42. Jg. 1990, H. 5, S. 80–85.
– / Katrin Bothe (1992): Erzählen. Eine Einführung in kreatives Schreiben und produktives Verstehen von traditionellen und modernen Erzählformen. Stuttgart: Klett.
– (1998a): Produktiver Umgang mit Literatur im Unterricht: Grundriss einer produktiven Hermeneutik. Theorie – Didaktik – Verfahren – Modelle. Baltmannsweiler: Schneider. (Deutschdidaktik aktuell 1).
– (1998b): Produktiver Umgang mit Lyrik. Eine systematische Einführung in die Lyrik, ihre produktive Erfahrung und ihr Schreiben. Für Schule (Primar- und Sekundarstufe) und Hochschule sowie zum Selbststudium. Baltmannsweiler: Schneider, 5., völlig neubearbeitete und erweiterte Aufl.

Watzlawick, Paul / Janet H. Beavin / Don D. Jackson (1969): Menschliche Kommunikation. Formen, Störungen, Paradoxien. Bern / Stuttgart / Wien: Huber.

Weber, Richard (Hg.) (1992): Deutsches Drama der 80er Jahre. Frankfurt/M.: Suhrkamp. (suhrkamp taschenbuch materialien 2114)

Weiss, Peter (1968): Rapporte [1]. Frankfurt/M.: Suhrkamp. (edition suhrkamp 276)
– (1971): Rapporte 2. Frankfurt/M.: Suhrkamp. (edition suhrkamp 444)

Wekwerth, Manfred (1975): Schriften. Arbeit mit Brecht. Berlin: Henschelverlag.

Wermke, Jutta (1977): Drama ± Theater. Variationen zum Thema 'Dramentext und Theateraufführung als Unterrichtsgegenstände' [...]. In: Göbel 1977, S. 238–268.

Zima, Peter V. (1994): Die Dekonstruktion. Einführung und Kritik. Tübingen / Basel: Francke. (UTB 1805)

Zimmer, Reinhold (1982): Dramatischer Dialog und außersprachlicher Kontext. Dialogformen in deutschen Dramen des 17. bis 20. Jahrhunderts. Göttingen: Vandenhoeck & Ruprecht. (Palaestra 274)

11. Register
11.1. Personenregister

Das Register erfasst die im Text (nicht die in den Anmerkungen und im Literaturverzeichnis) erscheinenden Personennamen. Stellen, bei denen Texte der aufgeführten Personen abgedruckt sind, sind **halbfett** gesetzt.

11.2. Sachregister

Leser, literarischer 134 f., 140–142
– (als) Koproduzent 141
Literarische Kompetenz 139
Literarizität der Literatur 135–137, 141
Literaturtheorie (s. Differenztheorie; Dramentheorie) 135
– marxistische 20, 135
Lyrik 1–3, 5, 25, 117, 134, 139, 141, 264, 269 f.

Malerei 45
Märchen 5
Marionettentheater 5
Massenmedien 107, 116, 176
Mitleid im Drama 53–55
– Furcht und Mitleid 54 f., 58, 188
Monolog, dramatischer 31 f., 148, 232, 236, 238, 240, 242–244, 246, 263
Moritat 155

Neuzeit, Weltbild der 44 f.
Nô-Spiel 100, 142

Ökonomie 45, 52, 65, 81, 87, 90, 186, 220
Ort, dramatischer 60 f., 67 f., 69, 74, 79, 81, 148, 151

Pantomime 5, 15, 129, 146, 225–227
Paradoxe, das 157, 188, 191 f.
Parodie 153
Peripetie 68 f., 170 f.
Postmoderne 44, 194
Produktion (von) Dramen, freie 1–116, 143, 153–155, 196–199
– literarische 114, 136 f., 139 f., 149 f.
Produktionsästhetik 1, 136–140, 149–153
Produktiver Umgang mit Dramentexten 1–4, 134–156, 157–187 passim (s. 158), 193–267, 268–272
– mit Erzähltexten 1
– mit Lyrik 1

– produktiver – analytischer Textumgang mit Literatur 144
Produktives Verstehen 4, 135–144, 149 f., 268 f.
Psychodrama 15, 99, 118

Reim (Endreim) 136, 139, 143
Renaissance 44 f., 190
Rezeptionsästhetik 1, 135, 140–142, 147–149
Rollen, soziale 14 f.
Rollenspiel, literarisches 5, 15, 99, 118, 147, 150, 163–165

Schicksal 55, 62, 85–88, 90, 177, 184, 219 f., 227 f.
Spiel / Spielen (s. Drama – [als] Spieltext) 12–15
– Regelspiel 14, 17
– Rollenspiel 14 f., 17
– Spiel im Spiel 93, 207
– Spielregeln 12–14
– szenische Spiele 5
– Theaterspiel 13–15
Sprache 44, 136, 138 f., 213–215, 230 f.
Sprache, dramatische 61, 69, 80, 114 f., 152, 194, 196, 210, 228, 231 f., 235 f., 247–267
Sprechstück 195–199
Stegreiftheater 5
Szenische Erarbeitung („Interpretation") von Dramentexten 2, 63 f., 74, 76, 84, 100, 117–133, 145 ff., 157–177 passim (s. 158)

Text, literarischer 135, 138–140
– Produziertheit 138–140, 143
Theater
– alltägliches Theater 15, 17–20, 136
– Theaterspiel 13–15
– Theatertheater 15, 17, 19 f.
Tragödie / das Tragische 85, 88 f., 180 f., 185–189, 192, 263

Verfremdung 86f., 90–94, 99

Wahrhaftigkeit 65f.
Werte 66, 188–192

Zeit, dramatische 60f., 68f., 74, 79, 81, 148, 151
Zufall im Drama 177, 184, 188, 218, 220f., 227
Zuschauer 14f., 17–20, 53–55, 85–87, 89f., 89–91, 93, 94–96, 99, 102f., 214f., 230f., 270

Günter Waldmann

Autobiografisches als literarisches Schreiben

Kritische Theorie, moderne Erzählformen und -modelle, literarische Möglichkeiten eigenen autobiografischen Schreibens

2000. X, 299 Seiten. Kt. ISBN 389676313X. € 19, —

Von den zahllosen Veröffentlichungen zur Autobiografie ist dies die erste, die sie programmatisch als *Literatur* fasst, nämlich nach ihren konventionellen wie modernen literarischen Formen erarbeitet:

Dieses Buch beschreibt zunächst kritisch – u. a. mit erzähltheoretischen, soziologischen, psychologischen und philosophischen Überlegungen – die Probleme *konventioneller*, chronologisch in Ich-Form erzählender Autobiografien. Dann stellt es systematisch Erzählformen *modernen* autobiografischen Schreibens dar: in Ich-, Du-, Er-, Wir-Form, in Ich-Er-Form, mit erinnertem und erinnerndem, mit gespaltenem Ich, in diskontinuierlichen und anderen Erinnerungsformen, mit fiktionalen Teilen und in fiktionalisierenden Formen. Besonders wichtige und interessante moderne Erzählmodelle werden mit sechzehn größeren Textauszügen (u. a. von Peter Härtling, Christa Wolf, Nathalie Sarraute, Wolfgang Koeppen, Arno Schmidt, Georges Perec, Peter Weiss) belegt und näher erläutert.

Ein eigenes Kapitel behandelt die Möglichkeiten, diese modernen Erzählformen der Autobiografie an der Hochschule und in der Schule *produktiv* zu erarbeiten bzw. hier oder bei kreativem Schreiben selbst autobiografisch in ihnen zu schreiben – und dabei mehr als autobiografische Trivialliteratur hervorzubringen. Dafür sind ausführliche Kataloge von literarischen Formen und möglichen Inhalten autobiografischen Schreibens und sind als Beispiele auch neunzehn eigene autobiografische Texte in modernen Erzählformen beigegeben.

Produktiver Umgang mit Literatur im Unterricht

Grundriss einer produktiven Hermeneutik

Theorie – Didaktik – Verfahren – Modelle. Deutschdidaktik aktuell Band 1.

Von **Günter Waldmann**

4. unveränd. Aufl., 2004. XI, 149 Seiten. Kt. ISBN 3896766244. € 14, —

Dieses Buch bringt eine umfassende Darstellung der Formen und Möglichkeiten des produktiven Umgangs mit Literatur im Unterricht:

Es entwirft zunächst aufgrund literaturtheoretischer Überlegungen zum literarischen Text, Autor und Leser ein Grundmodell literarischen Verstehens. Aus ihm entwickelt es ein didaktisches Phasenmodell produktiven literarischen Textverstehens mit vier unterrichtlichen Verstehensphasen und einer spielhaften Vorphase. Ein umfangreicher „Katalog" ordnet 166 – erprobte wie auch neue – produktive Verfahren diesen unterrichtlichen Verstehensphasen dergestalt zu, dass jeder produktive Zugriff genau in seiner Funktion und Leistung für den Verstehensprozess der Schülerinnen und Schüler einschätzbar ist.

Didaktische Überlegungen u. a. zum Verhältnis von produktiven und analytischen Verfahren, vor allem ausführliche methodische Handreichungen zum unterrichtlichen Umgang.

 Schneider Verlag Hohengehren
Wilhelmstr. 13; D-73666 Baltmannsweiler